GERALD MESSADIÉ

Moïse

II

Le Prophète fondateur

JC LATTÈS

« Dieu lui-même ne saurait subsister sans les prophètes. »

Luther

Avant-propos

L'HOMME QUI FIT LE MONDE MODERNE

Le premier tome de la reconstitution romancée de la vie de Moïse, « Le Prince sans couronne », présentait le moule historique dans lequel fut coulé le personnage : la cour et l'Egypte de Ramsès II. Monarchie fortement centralisée, en formidable expansion conquérante, corruption endémique, tels sont les traits dominants de cette période fameuse de l'Egypte antique.

Il me semble qu'on ne peut faire d'histoire sans présenter à la fois le moule et le personnage qui en est issu. Le moule forme, le personnage se reforme.

Elevé au palais, dans la frivolité arrogante de la cour, le jeune homme Moïse, de sang royal par sa mère, s'en détache au physique et au moral. Au physique : Moïse est dépêché comme intendant des bâtiments royaux de Basse-Egypte, région jusqu'alors négligée par la capitale et dans laquelle Séti Ier, puis Ramsès II, son fils, mégalomane, construisent avec acharnement des villes nouvelles à la mesure de leur orgueil. C'est là qu'il découvre les Hébreux ou Apirous, immigrés quatre siècles auparavant dans le sillage de Jacob ; ce sont eux, en effet, qui construisent ces villes.

Mais les Hébreux ne sont alors plus des immigrants bienvenus, protégés comme jadis par le pouvoir royal ; ils ont été ravalés au rang de quasi-esclaves, corvéables à merci. Le Pentateuque, c'est-à-dire les cinq premiers livres de l'Ancien Testament, fait de Moïse « un grand personnage au royaume d'Egypte ». La formule est sans doute calquée sur le modèle de Joseph, conseiller d'un pharaon issu des Hyksos, envahisseurs qui avaient asservi le pays et avec lesquels les Hébreux entretenaient héréditairement des rapports d'intelligence. Mais la définition n'est pas entièrement fausse ; ce qu'elle ne dit pas, toutefois, est que, dans l'Egypte de Ramsès, on ne peut avoir de pouvoir que dans l'administration. Moïse fut donc un grand intendant.

En Basse-Egypte, Moïse apprend deux vertus qu'on ne pratiquait certes pas dans l'Egypte de Ramsès, la vraie, l'historique : la révolte et la spiritualité. La révolte lui est sans doute inspirée par les Hébreux et le dégoût des combines de la cour et des administrateurs de province. La spiritualité, elle, lui est sans doute inspirée par l'un des prêtres survivants de la religion désormais maudite du « roi fou », Akhenaton, qui fonda une sorte de monothéisme, peut-être à l'exemple des Hébreux, d'ailleurs. La révolte fait commettre à Moïse un meurtre, celui d'un contremaître bestial, et ce meurtre le contraint de s'enfuir dans le désert du Sinaï. Là, il entend la voix de Yahweh, qui lui commande de délivrer Son peuple du joug du pharaon. De loin, il organise donc l'Exode.

Là s'achève la première partie de l'histoire.

La seconde partie est plus délicate à reconstituer. Le Pentateuque offre, en effet, des versions pour le moins contradictoires de la gigantesque épopée de l'Exode. Ecrits plusieurs siècles après les événements, les cinq Livres tirent chacun l'interprétation de l'histoire dans le sens des quatre grandes écoles de rédacteurs qui ont bâti ou plutôt rebâti le récit. Les épisodes les plus célèbres font l'objet de versions diamétralement opposées. Pour les uns, par exemple, le Frappement du Rocher, lors duquel

Moïse fait jaillir une source afin d'abreuver les Hébreux assoiffés, est une preuve de la mission divine dont il est imparti ; pour les autres, au contraire, c'est l'erreur fatale qui lui vaudra la punition suprême : pour n'avoir pas frappé le rocher au nom de Yahweh, il ne verra jamais la Terre promise.

Il m'a donc fallu tracer une ligne entre ces contradictions en recourant à l'analyse historique, psychologique, textuelle et plus encore aux lacunes. On voit ainsi que, lorsqu'il s'est enfui en Arabie, actuellement séoudite, Moïse a été accueilli par un prêtre-mage madianite, Jéthro, et que celui-ci lui a donné en mariage sa fille Séphira. La femme de Moïse eût sans doute mérité une mention un peu affectueuse dans le Pentateuque, puisque celui-ci est censé avoir été écrit de la main même du prophète. Or, elle n'est mentionnée que deux fois et encore, de façon expéditive. Elle conçut de lui deux garçons, dont les descendants furent des Lévites respectés. Le suivit-elle dans l'Exode ? A coup sûr. Pourquoi le silence ? Parce qu'elle était étrangère.

Ce n'est là qu'un exemple ; il en est bien d'autres. A quoi bon écrire, d'ailleurs, si ce n'est pour faire partager au lecteur des analyses, des découvertes, des hypothèses ? Pour tenter de lui représenter ce caractère hors normes qu'est Moïse, possédé par la mission divine, mais néanmoins profondément humain, coléreux, angoissé, d'une générosité dont le Pentateuque n'offre, hélas, qu'un bien faible reflet. Car il fallait être généreux pour proclamer la bienveillance à l'égard de l'étranger : « N'oubliez pas que vous avez été étrangers en Egypte. »

Les générations de scribes postérieurs lui ont collé un masque de tyran : je le crois profondément bon. Il a sorti les Hébreux d'Egypte pour leur donner Canaan. La tâche était rude : ils n'avaient pas eu de chef depuis de nombreuses générations, ils gardaient chevillée au ventre la nostalgie des oies et des melons d'Egypte, ils lui ont donné du fil à retordre jusqu'à la fin, l'assaillant de leurs récriminations sur l'eau et la viande, et de leurs dissensions, lui reprochant d'avoir épousé une Madianite, allant jusqu'à lui contester l'autorité divine. Mais le caractère du chef était trempé : il était du même métal que Jacob, le Troisième Patriarche, qui rencontra un soir Yahweh lui-même et se battit contre cette puissance terrifiante et sans forme, ce qui lui valut de changer son nom en Israël : *Esra-El,* « qui lutte contre Dieu ». Moïse, qui a rencontré Dieu et s'est entretenu avec lui, ne se laissera pas vaincre par les descendants d'Israël.

Usé par l'effort, la contrariété, la frustration, il mourut avant d'arriver en Terre promise, sans doute vers la cinquantaine. Je ne crois pas que ce soit l'effet d'une vengeance de Yahweh. Dieu ne se venge pas. La vengeance est un sentiment humain. Même le Dieu jaloux de l'Ancien Testament ne put se défendre de tendresse à l'égard de ce géant dans les pas duquel le monde moderne, juifs, chrétiens, musulmans, marche encore, trois mille trois cents ans plus tard.

On le voit, j'admire Moïse au-delà de textes étroits, archaïques, et oserais-je le dire, d'une pauvreté affective déconcertante à l'égard de ce chef spirituel et politique de première grandeur. Incomparablement plus grand que l'ancêtre Abraham, il méritait bien mieux, par exemple, qu'une tombe anonyme dans les plaines de Moab. Car, sans lui, que serions-nous aujourd'hui ? Que serait le monde moderne sans les trois monothéismes ? Sans lui, aurions-nous eu Jésus ?

Paris, avril 1998
G.M.

I

L'EXODE

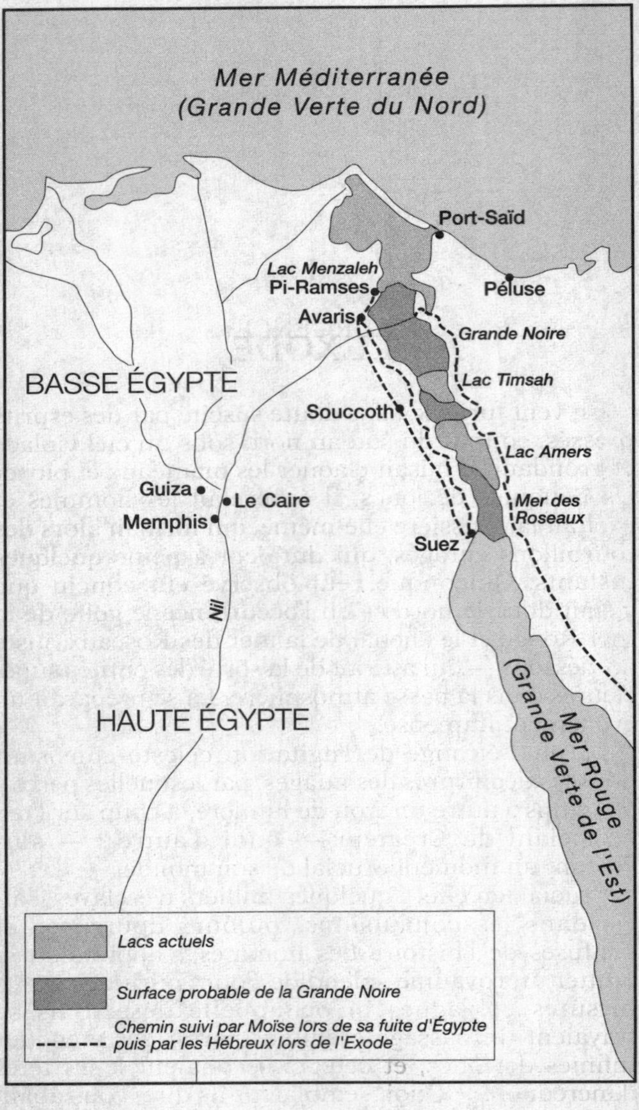
Mer Méditerranée
(Grande Verte du Nord)
Port-Saïd
Lac Menzaleh
Pi-Ramses
Péluse
Avaris
Grande Noire
BASSE ÉGYPTE
Lac Timsah
Souccoth
Lac Amers
Guiza
Le Caire
Memphis
Mer des
Roseaux
Suez
Nil
HAUTE ÉGYPTE
Mer Rouge
(Grande Verte de l'Est)
Lacs actuels
Surface probable de la Grande Noire
Chemin suivi par Moïse lors de sa fuite d'Égypte
puis par les Hébreux lors de l'Exode

1

L'URGENCE

Un vent furieux, sans doute suscité par des esprits pressés, courait du sud au nord sous un ciel violacé et grondant. Il faisait claquer les manteaux et ployer les bouquets de joncs, il échevelait les hommes et excitait la poussière elle-même, qui formait alors des tourbillons enragés, qui duraient à peine quelques instants. Quiconque l'eût observé eût conclu que c'était donc le nord — en l'occurrence le golfe de la mer Rouge et le chenal de la mer des Roseaux, juste au-dessous — qui attirait de la sorte des entités supérieures dans la basse atmosphère. Là se préparait un événement immense.

Le plus étrange de l'agitation céleste consistait dans les déchirures des nuages, par lesquelles perçait de temps à autre un trou de lumière, à coup sûr l'œil étincelant du Créateur — quoi d'autre ? — surveillant un moment crucial de son monde.

Crucial, en effet : quelques milliers d'esclaves, saisis dans les convulsions toujours douteuses et confuses de l'histoire des hommes, s'apprêtaient à quitter un royaume splendide pour courir ces terres hirsutes et vagues qu'on appelle désert. Ils se frayaient un passage crépitant parmi des étendues infinies de joncs, et ceux-ci secouaient leurs têtes d'incrédulité. « Quoi, semblaient-ils dire, vous abandonnez les terres grasses du Grand Fleuve, ses temples dorés, son gibier dodu et ses fruits juteux ? Mais où allez-vous donc, enfants d'Abraham ? »

Ils l'ignoraient eux-mêmes. Homme ni femme n'entrevoit jamais le dessin du destin, n'en reconnaissant dans le meilleur des cas que les pleins, jamais les déliés, ne comprenant rien, et sans doute pour son bien, au texte effrayant du Créateur. Des bribes de signes, des rêves, le souvenir de paroles anciennes avaient suscité des frémissements du moi. Des rancœurs avaient fermenté. L'appel du grand horizon avait soufflé. Une impatience tumultueuse avait porté au bouillonnement ces cuves ténébreuses d'avidité insatiable et de visions lumineuses, de craintes gribouillées et d'élans splendides, de haines ridicules et de songes transcendants, de convoitises fornicatrices et de tendresses angéliques, bref l'âme. Le Seigneur avait pointé son doigts vers l'Est. « Partez, c'est l'heure. »

Personne ne soupçonnait que les tournoiements du cœur, les anxiétés haletantes et les déchirements suscités par l'ordre suprême menaient, en fait, à un destin. Personne, sinon Mose. Et encore, tout juste. Possédés par l'ivresse toute neuve de la liberté, les lointains descendants d'Abraham piétinaient la rive occidentale de la Grande Noire, des femmes pleuraient et criaient, des hommes levaient les bras au ciel et, comme pour entretenir la confusion, ils soufflaient dans des buccins, gros coquillages changés en trompes grâce à un trou dans le petit bout de la spirale. Cela faisait un vacarme infernal qui finissait par effrayer les ânes et le petit bétail que les fuyards avaient emmenés dans leur exode. Ceux qui se trouvaient sur ses bords considéraient les eaux ridées de la Grande Noire, se demandant s'ils devaient vraiment les franchir et comment ils le feraient. Ils n'avaient jamais vu cette mer-là, elle ne leur disait rien de bon ; ils savaient simplement qu'on se noie dans l'eau.

Ils pensaient aussi qu'ils étaient encore sur la terre d'Egypte et qu'à n'importe quel moment, les armées de Ramsès pouvaient surgir dans un fracas d'airain et les réduire tous en viande pour les vautours.

Mose en avait conscience. Il se méfiait de Ramsès et des promesses royales. Mais il songeait obscurément que le Seigneur ne pouvait pas les avoir menés si loin pour les livrer au glaive du tyran.

Avant de redescendre des épaules de ceux qui l'avaient hissé au-dessus d'eux, pour que le peuple entier pût voir son libérateur, et qu'il pût, lui, les voir tous, Mose jeta un dernier regard sur ce champ de blé géant dont les épis étaient des humains. Un silence parfait régna sur la rive égyptienne de la mer des Roseaux, traversé par le seul bruit du vent. Les Apirous clignaient les yeux dans les bourrasques, dévisageant ce chef jusqu'alors inconnu de presque tous. Un homme jeune et fort au visage impérieux encadré de mèches brunes que le vent emplissait de véhémence et d'une barbe qui bouclait. C'était donc celui-là auquel le Seigneur d'Abraham avait parlé, après quatre siècles de silence. Un coup de vent furieux souleva son manteau et lui fit comme des ailes qui palpitaient à l'horizontale derrière lui.

« Louez le Seigneur ! cria-t-il de toute la force de ses poumons, tendant les bras vers le ciel. Louez votre Libérateur ! »

L'ordre fut répercuté de proche en proche et un grondement indistinct s'éleva du champ de blé jusqu'à ses confins les plus éloignés.

« Gloire à notre Seigneur ! Gloire à notre libérateur ! »

La réponse monta encore, un grondement évoquant plus un phénomène naturel que des voix humaines. Les mouettes s'affolèrent.

Enfin Mose s'appuya sur les épaules de ses porteurs, son frère Aaron et Arphaxad, et retomba sur le sol avec souplesse, le visage grave, presque soucieux. Les chefs, ou du moins ceux qui paraissaient l'être, se pressaient autour de lui, l'observant avec anxiété, le visage tendu, attendant un ordre. Pourtant, il ne disait mot, essayant de s'imprégner de l'immensité de l'événement, mais sans perdre le sentiment de l'urgence.

Son émotion avait été à la mesure du nombre et des circonstances, mais elle cédait le pas au sentiment d'une décision supérieure : seul un Dieu, et le plus grand de tous, pouvait avoir arraché tant de gens à leurs foyers et les avoir convaincus de se laisser guider vers une terre nouvelle. Près de trente mille âmes qui avaient déserté une terre où ils avaient cru jadis pouvoir s'enraciner. Et tout cela sur la parole d'un inconnu assurant que le Seigneur lui-même s'était manifesté à lui dans Sa toute-puissance. Mose s'en rendait bien compte, cela frisait l'absurde et cela n'aurait jamais été sans le secret espoir des Apirous de s'en aller vers un pays qui serait le leur et qui ne porterait pas le nom de Servitude. Un vrai, un merveilleux pays, celui dont les Anciens assuraient parfois, sans trop y croire, que le Dieu d'Abraham le leur avait promis. Ailleurs, loin des contremaîtres furieux, des corvées, de l'humiliation. Loin du service de ce roi fou qui n'en finissait pas de couvrir la terre d'édifices destinés à célébrer sa gloire. Ce n'était pas le vent de la mer qui faisait onduler ces épis, mais l'espoir. Il n'était pour rien, lui, dans cette entreprise extraordinaire ; il n'était qu'un exécuteur. Oui, la main du Seigneur s'était posée sur lui, comme on le lui avait si souvent dit.

« Tout cela est plus grand que toi, Ramsès ! murmura-t-il. Le Seigneur est plus grand que tous les dieux qui jacassent, aboient, ululent et grognent ! »

Il donna un coup de talon sur le sol ; il était impatient de quitter la terre d'Egypte. Encore fallait-il être à la hauteur de la tâche. Aaron observa le geste sans le comprendre.

Le vent, à la fin, sécha les larmes et le bruit des vagues reprit ses droits. Les criailleries intempestives des mouettes dominèrent les exclamations, les implorations, les prières exaltées, aussi bien que les exclamations des mères qui ne trouvaient plus leurs enfants et des vieillards qui se plaignaient de leurs pieds, de leurs dos, de leurs têtes. Et quand l'ivresse des retrouvailles avec ce peuple que le Seigneur lui avait confié se fut dissipée, là, au bord occidental de la mer des Roseaux qui les séparait de la liberté, Mose se trouva pris de panique. Il allait devoir conduire vers la sécurité, puis la liberté, trente ou quarante mille personnes, hommes, femmes, enfants, vieillards, venus de Basse-Egypte sur sa seule parole telle que leurs chefs la leur avaient transmise, convaincus par lui plus que par eux-mêmes qu'il était l'étoile de leur destin et que le Seigneur d'Abraham les guiderait vers des lendemains libres et prospères.

C'était une chose d'avoir désiré cela, une tout autre que d'assumer l'intendance quasi militaire de cette population. Et Mose se trouva saisi par un sentiment d'urgence. Ramsès était vindicatif, il pouvait très bien changer d'avis et faire pourchasser par son armée les exilés en puissance. Ce serait un massacre. On était déjà à la mi-journée et, même si la traversée de la mer des Roseaux commençait sur-le-champ, il était douteux qu'elle serait achevée avant la nuit tombée. Restait d'ailleurs à savoir si la mer des Roseaux dissuaderait les Egyptiens de pourchasser jusque dans le désert ces anciens esclaves qu'ils tenaient pour indirectement responsables de l'hécatombe d'enfantelets qui avait persuadé Ramsès de les laisser partir.

Mose parcourut du regard le vaste miroir d'eau devant lui, reflétant le ciel argenté. Une vraie mer, mais piquée de bouquets de roseaux hauts comme un homme et fertile en pièges. Par endroits la profondeur y était d'une coudée, à d'autres on pouvait s'y noyer. Là se trouvait, il le savait depuis les travaux de reconnaissance avec les architectes, un chenal qu'empruntaient les bateaux à fond plat ; or, ce chenal coupait à travers deux gués et, si l'on suivait ces gués, il fallait se résoudre à descendre dans l'eau jusqu'à la poitrine. C'était par là qu'il faudrait passer, car il n'était pas question d'emprunter la route côtière.

Il en était là de ses pensées quand il vit arriver une délégation d'hommes aux visages bouleversés, les sourcils relevés, les mains tendues devant eux et proches des larmes. C'étaient les chefs des clans, Enoch, Jernuel, Guershon, Libni, Mahli et tous les autres. Ils lui prirent un bras, puis l'autre. « Le Seigneur ! Le Tout-Puissant ! Il t'est apparu ! Pour notre salut ! Que les bénédictions montent vers Lui pendant les siècles des siècles ! Tu es notre chef ! Que Sa volonté soit faite ! »

Mose ne parvenait pas à placer un mot, tous ces hommes parlaient ensemble, postillonnant d'abondance, véhéments, pathétiques, exaltés, inspirés, prophétiques, n'écoutant rien, et il en était même qui voulaient faire un sacrifice sur place : ils avaient emmené des agneaux, des pigeons...

« Il n'en est pas question, trancha Mose.

— Pourquoi ?

— Nous n'avons pas de temps à perdre.

— Mais un sacrifice au Seigneur, notre sauveur, nous avons sûrement le temps...

— Nous sommes ici parce que nous nous préparons à franchir la mer des Roseaux et à mettre l'eau entre les Egyptiens et nous, selon la volonté du Seigneur, pas pour faire des célébrations. »

Quand ils eurent regagné leurs postes, visiblement déçus, Mose demanda à Aaron :

« Que t'a dit exactement le messager de Ramsès quand tu l'as vu ?

— Il a dit que nous étions nous-mêmes une plaie sur la face de son pays et que c'était parce que nous offensions les dieux de l'Egypte par notre présence que tant de malheurs s'étaient abattus sur son royaume. Et il a dit que, puisque nous voulions nous en aller, le maître des Deux Pays s'en félicitait. »

Aaron hésita un moment et Mose comprit qu'il taisait un point de ce discours.

« Qu'a-t-il dit d'autre ?

— Que la vengeance de Sekhmet contre les traîtres et les assassins qui nous menaient serait terrible et que la déesse les déchiquetterait. »

Les traîtres, c'était un pluriel qui désignait Mose.

« Y avait-il un message écrit ? demanda-t-il.

— Non. C'était un message verbal. »

Mose réfléchit un moment et questionna encore :

« Quelle est ton impression ?

— Qu'il voulait nous insulter », répondit Aaron.

Mose médita ce point.

« Je voudrais être sûr qu'il était convaincu de notre détermination à partir. Combien de vivres les Apirous ont-ils emportés ?

— A part quelques bêtes[1], comme tu vois, du pain qu'ils projettent de cuire en chemin, du fromage, des œufs...

— De l'eau ?

— De l'eau ? Quelques gourdes, oui. Pourquoi, il n'y a pas d'eau là où tu nous conduis ?

— Pourquoi ne leur as-tu pas fait prendre un peu plus de provisions ? C'est quand même un long voyage. »

Aaron considéra son frère d'un air étonné, légèrement teinté de reproche :

« Dès que le messager de Ramsès est reparti d'Avaris, j'ai donné l'ordre de se préparer. Nous avons suivi exactement tes instructions. Nous avions déjà réuni notre peuple dans les parages d'Avaris, certains que le Seigneur ne faillirait pas à sa promesse. Le messager est arrivé vers le milieu de l'après-midi ; le temps que l'ordre soit propagé, la nuit était venue. Nous avons pris un repas rapide et nous avons emporté tout ce que nous pouvions sans que cela nous embarrasse. Comme tu l'avais recommandé, nous avions donné Souccoth comme point de départ. Nous avons marché deux nuits et un jour pour y arriver et nous avons encore mis une nuit pour parvenir à Etam, puis la demi-journée pour arriver à ce point que tu nous avais fixé. Et nous voici[2]. L'essentiel était de se mettre en route, comprends-tu ? On partait, n'est-ce pas ? On arrivera, n'est-ce pas ? »

Mose réfléchit un moment. II s'étonna que les Egyptiens eussent laissé passer tout ce monde à Tjékou — Souccoth, comme les Apirous disaient dans leur langue. Il y avait là, en effet, une forteresse qui contrôlait la route d'accès de la Basse-Egypte. Les gardes-frontière avaient quand même dû s'étonner de voir ce fleuve humain qui s'échappait d'Egypte[3].

« Qu'est-ce qu'ils ont dit, à Tjékou, demanda-t-il, quand ils ont vu tout ce monde qui sortait du royaume ?

— Nous avons expliqué que le pharaon nous avait chassés, et de toute façon, ils n'ont pas vu grand-chose, il faisait nuit noire.

— Les gardes n'ont donc pas vu combien vous étiez ? murmura Mose, comme pour lui-même.

— Non, je ne crois pas qu'ils aient pu nous dénombrer. Quelle importance ? interrogea Aaron.

— Cela a de l'importance. Cela signifie que Ramsès n'apprendra que demain combien de gens ont quitté son pays.

— Et alors ?

— Et alors, sa surprise sera grande. Et les effets seront imprévisibles. »

Il se félicita d'avoir donné Souccoth comme point de ralliement ; s'ils avaient eu l'intention de s'opposer au départ des Apirous, les Egyptiens avaient sans doute imaginé que ceux-ci prendraient la route côtière, qui était la plus facile[4].

Arphaxad et Loumi s'étaient approchés d'eux et ils entendaient toute la conversation. Tous attendaient que Mose prît une décision, ils n'allaient pas passer la nuit là, à faire du sur place.

« Ils ont sur eux, je dirais pour trois jours de vivres. Ça ne suffira pas ? Le Seigneur y pourvoira.

— Le Seigneur y pourvoira », répéta Arphaxad, regardant Mose de ses yeux qui se voulaient rassurants, ignorant sans doute que Mose avait déjà fait le voyage. Il avait les yeux de gens qui tentent de vous donner confiance alors qu'ils ignorent tout de la réalité. Et Mose n'avait aucune ligne de repli. Il ne pouvait qu'aller de l'avant. Il évoqua une fraction d'instant ce qui se passerait s'il émettait le moindre doute sur l'issue de l'aventure. Il serait peut-être mis en pièces. Arphaxad devina l'inquiétude de Mose, car il lui prit le bras et répéta : « Le Seigneur y pourvoira, Mose. Il nous a conduits jusqu'ici, il nous conduira au-delà. »

A la fin, cette confiance était communicative, et Mose s'apaisa un peu.

« Bon, dit-il, il faut se presser. Dis au chef que tout le monde enlève ses sandales. Nous allons traverser par les deux gués qui sont à une centaine de coudées d'ici. Toi et moi resterons de ce côté-ci de la mer, pendant qu'ils traverseront.

— Tu ne vas pas leur parler ? s'enquit Aaron, surpris. Tu ne vas pas leur parler du Seigneur ?

— Le Seigneur ne nous a pas fait sortir d'Egypte pour que nous tenions des harangues en route, répliqua Mose.

— Pourquoi cette hâte ? demanda Arphaxad.

— Je me méfie des Egyptiens », répondit Mose, évitant d'évoquer la possibilité qu'une tempête dans la Grande Verte rendît la mer des Roseaux impraticable. Le temps avait été extrêmement variable ces derniers jours et la traversée depuis Ecyon-Géber avait parfois été périlleuse.

« Pourquoi ? Ramsès n'a-t-il pas compris que le Seigneur nous défend ? demanda Loumi. Oserait-il défier le Seigneur qui lui a infligé tant de maux ?

— Le Seigneur n'a infligé aucun mal à Ramsès jusqu'ici, rétorqua Mose. La capacité de vengeance de Ramsès est intacte. Il est tout à fait capable de changer d'avis et d'envoyer des troupes à notre poursuite. Nous perdons du temps à parler. Il faut commencer à traverser. Que chaque chef de clan mène les siens. »

Le ton était sans réplique et même teinté d'impatience. Aaron, Loumi, Arphaxad et les autres partirent vers l'arrière, expliquer aux chefs de clans qu'il fallait se mettre en route.

Ils vinrent donc, Enoch en tête, accompagné de sa femme, de ses enfants, d'un esclave qui n'avait pas voulu rester en arrière, craignant sans doute de subir la vindicte égyptienne et chargé de traîner deux moutons. Enoch se déchaussa, regarda l'eau et y trempa un pied prudent.

« C'est profond ! cria-t-il à Mose.

— L'eau n'arrive pas plus haut que les genoux, répondit Mose. Gardez bien le pied sur le gué ! Avancez tout droit ! »

Il le connaissait, ce gué : il était large de cinq ou six coudées, il n'y avait pas moyen de s'en écarter. Enoch rabattit son manteau sur sa tête, posa son ballot sur l'occiput en le pressant d'une main et s'avança enfin dans l'eau, suivi de sa femme qui lui tenait le bout du manteau. Les jeunes gens étaient plus lestes, ils avaient pris cela comme un jeu et devançaient déjà leur père. Les moutons suivirent sans trop rechigner, s'essayant presque à nager pour garder la tête hors de l'eau. Une soixantaine de personnes emboîtèrent le pas des pionniers, puis Enoch, saisi par un mouvement brusque du courant, faillit perdre l'équilibre, leva un bras et cria. Ses enfants revinrent sur leurs pas pour l'aider à se remettre sur pied. Le gué n'était pas plus long que cinq cents coudées, un peu plus profond par endroits sans doute, mais enfin, rien qu'à voir les enfants le franchir à grandes enjambées joyeuses, on comprenait que ce n'était pas une expédition périlleuse. On les voyait débarquer sur l'autre rive sans encombre, écartant les roseaux qui les cachaient ensuite à la vue. Mais tout cela prenait un temps fou à cause des femmes et des vieillards, qui n'étaient pas tous grands et s'épouvantaient d'avoir de l'eau si haut et qui craignaient de perdre les ballots posés sur leur tête.

« On n'en finira jamais ? cria Mose. Plus vite ! Aaron, surveille le passage par ce gué-ci et divisons le passage entre celui-ci et l'autre, qui est plus bas. Dis aux autres de m'y rejoindre. »

L'autre gué était à portée de vue du premier[5]. Mose s'y avança afin de donner l'exemple, agitant les bras pour inviter les fugitifs et bientôt, en effet, ils furent aussi nombreux aux deux gués.

Cela dura des heures, puis au moment où le soleil déclinait, l'un des chefs de clans, Mishaël, qui semblait avoir plus de bon sens que d'autres, vint vers Mose. C'était un homme d'une trentaine d'années, au visage nerveux, qui avait été quelque temps contremaître à Memphis.

« Mose, mon frère, seule la moitié de notre peuple a franchi les gués. La nuit va tomber et cela va créer du désarroi si cette moitié est séparée de l'autre. Or, j'ai cru comprendre que tu veux que nous ayons traversé le plus tôt possible. »

Mose l'interrogea du regard.

« Il faut donc que nous continuions de traverser pendant la nuit, reprit Mishaël. Ne penses-tu pas que nous devrions éclairer le passage ?

— Juste, reconnut Mose. Avons-nous de la poix ?

— J'en ai emporté un grand pot.

— Et des braises ?

— Et des braises[6].

— Très bien, dit Mose. Prépare deux torches, une pour chaque gué. Il faut que chaque porteur de torche se tienne au milieu du gué afin d'éclairer celui-ci à égale distance et d'indiquer le chemin. »

Les torches furent prêtes moins d'une demi-heure

plus tard, le temps d'embraser du petit bois pour avoir une flamme, puis d'enflammer la poix. Mishaël lui-même alla se poster au milieu du premier gué, et un autre homme, un jeune homme que Mose ne connaissait pas, se posta au milieu du second, devant Mose. Les torches s'échevelèrent dans le vent de la mer, mais enfin, il y avait assez de poix et de bonne qualité pour qu'elles ne s'éteignissent pas.

« Ces flammes peuvent attirer l'attention des Egyptiens, vint dire Aaron.

— Il n'y a pas d'Egyptiens dans ces parages, rien que des marins sur les bateaux, et je préfère courir ce risque plutôt que d'interrompre la traversée jusqu'à l'aube », répondit Mose, qui commençait à éprouver de la fatigue. Ce n'était pas rien que de rester debout pendant des heures, les pieds dans l'eau ; il n'avait pas pris un moment de repos depuis la veille et il n'avait quasiment rien mangé. Il fouilla dans sa besace, en tira du pain et des figues sèches. Il s'interrogeait aussi sur la résistance des autres, particulièrement des femmes et des vieillards, qui marchaient depuis deux jours et deux nuits.

« Retourne à ton poste », dit-il à Aaron.

Soudain, des cris éclatèrent dans la file qui passait par le gué que surveillait Mose. Une femme avait glissé, elle était tombée dans l'eau et des hommes l'avaient relevée. Elle ne s'était pas fait grand mal, mais elle pleurait et criait, assurant qu'elle avait trop vécu et que tout cela était au-dessus de ses forces. Des parents vinrent se plaindre à Mose que la femme était lasse, qu'ils étaient eux-mêmes fatigués et qu'ils ne pouvaient plus avancer.

« Il s'agit de votre liberté, de notre liberté, dit Mose.

— Sans doute, dit un vieil homme, mais on ne sait pas où on va. »

Mose ne le savait pas très bien non plus.

« D'accord, dit-il. Faites une halte sur l'autre rive et prenez un peu de repos jusqu'à l'aube.

— A la belle étoile ? demanda l'homme, indigné[7].

— Vous n'allez quand même pas dresser des tentes pour quatre ou cinq heures de sommeil...

— Quatre ou cinq heures ? répéta l'homme, incrédule. Mais nous sommes épuisés, ça va faire trois nuits et deux jours que nous marchons !

— J'ai dit quatre ou cinq heures, jusqu'à l'aube, c'est tout.

— Et où allons-nous ensuite ?

— En Canaan, répondit Mose, au bord de l'exaspération.

— C'est loin ?

— C'est loin, oui. »

Et il tourna le dos à l'homme pour aller prévenir les deux porteurs de torches et Aaron : ceux qui voudraient observer une halte de l'autre côté de la mer des Roseaux pourraient le faire jusqu'à l'aube, mais pas au-delà. Dans cette nuit venteuse, il était impossible de retrouver les chefs de clans pour les charger de transmettre ces ordres. La traversée tournait à la débandade et, une heure plus tard, il n'y avait plus personne sur les gués : de part et d'autre de la mer des Roseaux, les fugitifs s'étaient couchés dans les dunes, emmitouflés dans leurs couvertures pour prendre un peu de sommeil. Quelques-uns avaient emprunté du feu aux torches pour faire cuire du pain. Entre-temps les clans avaient été défaits, et c'était chacun pour soi.

Cela commençait de façon difficile et Mose, qui était lui-même épuisé, alla relever Aaron de son guet. Ils dormiraient chacun trois heures à tour de rôle. La traversée reprendrait le lendemain. Les porteurs de torches revinrent sur leurs pas, étouffèrent les torches dans le sable et se couchèrent à leur tour.

Mose dormit le premier, terrassé par la fatigue. Il s'était enroulé dans son manteau et adossé à une dune. Le sommeil le saisit comme la mort.

2

« ILS N'ONT PAS DE DIEU DE LA MER. »

Quand Aaron vint le réveiller, à la deuxième heure après minuit, il étouffa un cri et recula, effrayé. Mose ouvrit les yeux, se leva et bondit sur lui, le poing levé. Puis, Mose se figea et tourna vers son frère un visage hagard.

« Aaron !

— C'est moi. Qu'as-tu ?

Mose se passa la main sur le visage. « Je croyais que... que c'était Ramsès, dit-il d'un ton las. Ramsès qui venait m'attaquer. » Il s'étira et but une grande goulée d'eau à sa gourde. L'humidité de la nuit lui imprégnait les os. Il chercha du regard un feu où se chauffer.

« Tu ne penses qu'à Ramsès. Tu rêves même de lui. Je vais me coucher un peu.

— Rien à signaler ?

— Rien. Ils dorment tous, de part et d'autre de la mer.

— Je te réveillerai dans trois heures.

— Mais ce ne sera même pas l'aube ! s'écria Aaron.

— Le temps qu'on réveille tout le monde et que le reste des gens ait traversé, ce sera l'aube.

— Mais pourquoi es-tu donc si pressé ?

— Je te l'ai dit. Je me méfie de Ramsès. Il vous a laissés partir trop facilement.

— Tu ne crois pas qu'il a peur du Seigneur, maintenant ? demanda Aaron en s'allongeant.

— Il n'a peur de personne », répondit Mose en s'éloignant à la recherche d'un feu.

Il en trouva un qui mourait à distance. Il y jeta du petit bois qu'il venait de casser et le feu crépita avec force et fuma. Un vieillard qui dormait près de là se réveilla et bougonna, puis s'approcha, s'assit et lança à Mose un regard opaque et chassieux. Visiblement il ne l'avait pas reconnu ; peut-être même ne l'avait-il jamais vu. Il marmonna :

« Il est fou, ce Mose.

— Pourquoi ? s'enquit Mose.

— Pourquoi lui et ses amis nous ont-ils fait quitter l'Egypte ? Nous étions bien là-bas, nous avions nos maisons, nos troupeaux, nos cultures.

— Nous étions des esclaves, répliqua Mose.

— Nous étions des esclaves parce que nous étions trop peu nombreux et que nous ne pouvions pas nous défendre ni nous faire respecter. C'est le même sort qui nous attend partout où nous irons. »

Il tendit les mains vers le feu et reprit :

« Je l'ai dit à Korah. Mais Korah a dit que ce Mose avait reçu l'ordre du Seigneur d'Abraham.

— Tu ne le crois pas ? demanda Mose.

— Non. Je ne vois pas pourquoi ce Seigneur se manifeste après quatre siècles de silence pour nous lancer dans une expédition éreintante sans savoir où nous allons. Nous n'avons pas eu trace de son existence depuis que nous sommes arrivés en Egypte.

— Il s'est manifesté parce qu'il a vu que nous étions dans la servitude », dit Mose.

Des chacals hurlèrent.

« Je n'ai jamais vu non plus que les dieux apparaissent pour parler à un mortel, reprit le vieillard. De quel clan es-tu ?

— De Lévi[1]. »

Le vieillard hocha la tête.

« Tu as la voix jeune. Tu es donc vaillant. Mais beaucoup d'entre nous ne le sont pas et cette fuite représente pour eux une épreuve physique dont ils ne verront pas le terme.

— Tu ne crois pas au Seigneur ? demanda Mose au bout d'un temps.

— Je voudrais que le Seigneur croie à moi, dit le vieillard. A quoi sert un dieu s'il vous laisse souffrir ? Je travaille depuis l'âge de dix ans, j'ai eu une vie honnête, j'ai élevé mes enfants et mes enfants ont élevé mes petits-enfants, et me voici jeté dans le désert, la nuit et le froid comme un homme malhonnête. Ce Seigneur est donc aveugle ?

— Espère.

— Et toi, qui es-tu, qui espères ?

— Mose », dit Mose en se levant.

Il laissa le vieillard devant le feu et s'en fut marcher le long de l'eau, dans le chuintement des roseaux, qui passait de la confidence tendre à la prophétie de fou. Il scruta la nuit comme on tente d'apercevoir la mort à l'horizon et ne vit rien. Il regarda les étoiles et se dit qu'elles avaient été là avant lui et qu'elles resteraient après. Le vent avait pris de la force et le rendait anxieux. Il revint parmi les groupes de dormeurs et les considéra comme un père regarde ses enfants endormis. C'étaient ses enfants, désormais. Ils seraient sans doute ingrats à son égard, comme ils l'étaient à l'égard de leur Père céleste. Il soupira. Pourquoi le Seigneur lui avait-il confié ce fardeau ? Parce qu'il était fort ? Fallait-il toujours que les forts paient pour leur force ? Une ombre s'approcha de lui.

« Tu ne dors pas, constata l'homme, et Mose reconnut la voix de Mishaël.

— Il faut un veilleur.

— Contre quel ennemi montes-tu ainsi le guet ?

— Ramsès, dit Mose.

— Crois-tu qu'il nous attaquerait la nuit ? Il n'y verrait pas plus clair que nous.

— Il peut envoyer des espions.

— Pour quoi faire ?

— Pour l'informer de notre position. Il nous attaquerait ensuite à l'aube.

— Pourquoi nous attaquerait-il ? Ne nous a-t-il pas permis de partir ? Les désastres ne l'ont pas instruit ?

— Sa permission n'était qu'un geste de dépit ; il voulait nous signifier que nous n'avions pour lui aucune valeur. Mais je le crois capable de revenir sur sa parole, pour nous faire expier les calamités qui se sont abattues sur l'Egypte, pour nous punir aussi de notre fuite. Et surtout, nous l'avons privé de l'essentiel de sa force de travail.

— Mais pourtant, insista Mishaël, il a pris la peine d'envoyer un messager à ton frère pour lui dire que nous étions libres de nous en aller. Crois-tu qu'il se dédirait ? Qu'il n'ait pas de parole ?

— La seule parole des forts, c'est leur force.

— Tu le connais, toi. Est-il donc sans honneur ?

— La force ne connaît pas l'honneur, Mishaël. Ramsès est fou de pouvoir. Son père connaissait peut-être l'honneur, parce qu'il avait peur de son dieu éponyme, Seth. Mais Ramsès estime qu'il est la divinité incarnée. Comme tel, il pense qu'il ne peut pas se dédire. Tout ce qu'il fait est pour lui juste, à l'instar de ce que font les dieux. »

Mishaël ne dit plus rien, accablé par le réalisme de son chef. Mose leva les yeux vers les étoiles ; la cinquième heure après minuit s'achevait. Il mangea un peu du pain et du fromage qu'il avait emportés d'Ecyon-Géber, puis quelques figues sèches et il but une longue goulée de sa gourde. Il s'écarta pour satisfaire à ses besoins et alla réveiller Aaron.

L'autre avait le sommeil lourd. Il s'éveilla enfin, se passa les mains sur le visage, dévisagea la forme penchée sur lui, soupira et dit :

« Il fait encore nuit.

— Dans une heure, c'est l'aube. Lève-toi. Je vais réveiller ceux qui sont sur la rive d'Egypte et toi tu réveilles ceux qui sont sur celle-ci. »

Aaron se leva enfin, respirant bruyamment.

« Le vent se lève, dit Mose. Hâtons-nous.

— Quel rapport avec le vent ?

— Je t'expliquerai. Ou bien tu verras. »

Il chercha Mishaël du regard, ne le trouva pas et cria son nom. Mishaël accourut.

« Prépare-toi à rallumer les torches, lui dit Mose.

— Tu n'attends pas l'aube ?

— Non. Je vais sur l'autre rive. Tous ceux qui sont prêts à traverser commenceront à le faire aussi. J'ai besoin des torches pour traverser. »

Mishaël revint un instant plus tard avec une torche qui crachait, à cause du sable qui s'était mélangé à la poix. Une autre torche brûlait dans les mains d'un homme, à quelques pas de là. Mose repéra le gué. Le courant était devenu beaucoup plus fort. Il se dirigea à pas comptés vers la rive d'Egypte. « Suis-moi ! cria-t-il à Mishaël, qui se tenait là-haut sur la berge d'Asie. Fais attention au courant ! » Ils gravirent enfin la berge d'Egypte, reprirent leur souffle, puis parcoururent les paquets de dormeurs entassés comme les morts d'une mystérieuse bataille. Mose calcula au jugé qu'il y avait là au moins une quinzaine de milliers d'hommes.

« Debout ! leur cria-t-il d'une voix de stentor. Debout tout le monde ! Il faut traverser !

— A cette heure-ci ? lui lança une femme. Tu n'as donc pas de pitié dans le cœur ?

— C'est la pitié qui me fait parler, rétorqua Mose. Levez-vous si vous tenez à la vie ! Il faut achever la traversée !

— En pleine nuit ? s'indigna un homme.

— L'aube va poindre dans quelques moments, dit Mose. Ramassez vos affaires et préparez-vous. »

Des moutons bêlèrent ; cela contribua à réveiller les humains.

« Que les chefs de clans parmi vous se lèvent et viennent à moi ! » cria Mose, éclairé par la torche de Mishaël.

Cinq ou six hommes apparurent, le pas lent.

« Quelle est cette hâte ? demanda d'un d'entre eux, Kohath.

— Il faut que nous ayons tous traversé avant que le jour se soit entièrement levé.

— C'est toi qui le dis ! répliqua Kohath.

— Je le dis sur les ordres du Seigneur qui nous protège. Vous n'êtes pas venus d'Avaris pour vous installer ici, que je sache ! »

Les échos de l'échange avaient contribué à réveiller d'autres dormeurs. Les uns firent leurs ballots, les autres allèrent vaquer à leurs besoins, et ils furent bientôt plusieurs douzaines à se tenir prêts.

« Montre-leur le chemin », dit Mose à Mishaël.

Il alla houspiller les derniers récalcitrants. Certains ne voulaient pas traverser la mer des Roseaux avant d'y voir tout à fait clair. La marche vers le gué reprit et le ciel pâlissait imperceptiblement. Mishaël, debout au milieu, invitait les gens du geste. Bientôt, le flux des émigrés atteignit la densité de la veille. Quand les ombres de la nuit pâlirent, Mose alla se placer au milieu de l'autre gué, agitant les bras et criant : « Par ici ! Par ici ! Vite ! »

Une partie de la foule le rejoignit. Il tenait la main des vieillards et les rassurait. A l'autre gué, Mishaël avait éteint la torche. Le vent s'était levé avec violence. Des vagues de plus en plus fortes déferlaient par-dessus les gués.

« Combien en reste-t-il ? cria Mose au bout d'une heure à un homme qui s'avançait sur son gué.

— Deux mille environ, je ne sais pas.

— Retourne leur dire de se hâter. »

L'homme obtempéra, content de jouer un rôle dans cette entreprise. Un mouton au milieu de l'eau bêla et, quand on alla à son secours, on s'avisa qu'un requineau long comme le bras lui avait saisi la queue et il fallut encore assommer le requineau pour lui faire lâcher prise. Mose se souvint qu'en effet les requins se reproduisaient un peu plus haut, près de la Grande Noire.

Bientôt les flux des émigrés se clairsemèrent et, du côté de Mose, il ne venait plus personne. Il courut vers la rive, l'escalada en hâte et scruta le paysage. Plus rien que des feux qui fumaient. Les derniers fuyards descendaient la rive vers le gué où se tenait Mishaël.

« Vite, vite ! » cria-t-il.

Ils s'élancèrent et pataugèrent. L'un d'eux tomba et Mose alla le relever.

« L'eau est glacée, geignit le fuyard.

— La mort l'est encore plus ! » répliqua Mose.

Le vent criblait les hommes du sable du désert. Mose traversa le gué le dernier et tomba sur Aaron.

« Dis-leur d'avancer ! Nous n'allons pas rester toute la journée sur cette rive.

— Où sommes-nous ? demanda Aaron.

— Au bord du désert de Shour. »

Aaron médita cette réponse un moment, ignorant totalement ce qu'était ce désert-là.

« Où faut-il aller ? s'enquit-il.

— Vers le sud[2]. »

L'aube s'annonçait venteuse, noire de nuages et froide.

Debout sur la rive orientale de l'exil, Mose plissait les yeux, parcourant du regard le dernier paysage de cette Egypte à laquelle il disait adieu. Il y était né, on l'y avait comblé d'honneurs, mais il ne lui en restait qu'un goût de cendres. Les hommes y avaient mis les dieux à leur service, mais Dieu n'était le serviteur de personne. Pauvres arrogants ! Ils pensaient lutter contre la corruption avec des aromates et des embaumeurs ! *Elle est dans vos têtes, la corruption !* Un frémissement imperceptible brouilla l'horizon vers le nord, puis se précisa : c'étaient les fantassins de Ramsès, précédés par douze chars et les cris hystériques des mouettes.

« Les voilà ! s'écria-t-il d'une voix étranglée.

— Qui ? » questionna Aaron.

Mose ne répondit pas. Quelques hommes étaient venus les rejoindre et se demandaient ce qu'ils regardaient, puis ne se le demandèrent plus.

« Exactement ce que j'avais craint ! murmura Mose. Ils viennent du nord ! Ils ont essayé de nous barrer la route côtière ! Voilà la raison de leur retard. »

Aaron et les autres ne comprirent rien à ce que disait Mose et ils poussèrent des cris.

« Mais ils vont nous rattraper ! Ils nous massacreront !

— Cela ne sert à rien de fuir, dit Mose. Mieux vaut les attendre ici.

— Tu es fou ! cria un homme.

— Tu cours plus vite qu'un cheval ? demanda Mose en se retournant vers lui.

— Toutes ces souffrances pour rien ! soupira un homme. Nous sommes maudits !

— Ce doit être la première garnison d'Avaris, dit Mose[3]. Mille neuf cents hommes. »

Un râle continu sortait de la gorge d'Aaron.

« Est-ce que les chars pourront traverser les gués ? demanda-t-il en gémissant.

— Ce serait possible en temps ordinaire, répondit Mose. Et à la condition de connaître les gués. »

Peut-être les marchands avaient-ils informé les Egyptiens de l'existence des gués, mais les avaient-ils également renseignés sur le chenal ? Il semblait douteux que les chars pussent le traverser, songea Mose. Mais alors, pourquoi étaient-ils venus ?

« Ils croyaient sans doute nous trouver sur leur rive, dit Mose.

— Ils nous auraient dépecés ! cria l'un des hommes.

— Je comprends à présent ta hâte, dit Aaron à Mose. Mais maintenant ?

— Priez le Seigneur ! » commanda Mose en se retournant.

Ils étaient là plus de mille, désormais, à regarder, fascinés, l'avance des Egyptiens, qui semblaient se rapprocher à la vitesse du vent. Bientôt, les chars furent au bord de l'autre rive, couverte de roseaux. Mose, de nouveau, en compta douze[4]. Chacun portant un officier, avec sa cuirasse et son casque, et un guerrier derrière lui. Ils s'arrêtèrent et crièrent quelque chose à l'adresse des Apirous. Sans doute des injures, mais le vent, qui fouettait furieusement les manteaux des fuyards, emporta les paroles vers le désert. Mose tenta de les compter ; ils étaient, au jugé, près de deux mille. Toute la première garnison d'Avaris. Ramsès avait donc accordé beaucoup plus d'importance au départ des Apirous que ne le laissait penser le message adressé à Aaron. Il avait dû calculer que deux mille hommes suffiraient à décimer le gros des fuyards et à ramener dix ou vingt mille prisonniers. Six ou sept fantassins égyptiens descendirent la rive, sans doute à la recherche des gués. Ils pataugèrent un moment sous les yeux vitreux des Apirous, luttant malaisément contre le courant qui semblait furieux. A la fin, ils indiquèrent par des gestes qu'ils en avaient trouvé un.

« Il faut fuir ! s'écria Aaron.

— Calme-toi, je t'ai dit que cela ne servirait à rien, déclara Mose, les yeux fixés sur la mer des Roseaux vers le sud. Tout ce qu'il faut espérer est qu'ils nous attaquent vite. »

Un des chars s'avança en cahotant vers le gué, les chevaux se cabrant devant les vagues. L'officier qui le montait se retourna et fit un geste aux fantassins qui descendirent également vers le gué, sans guère plus d'assurance que les fugitifs lors de leur traversée. La première vague des fantassins se lança dans l'eau et plusieurs d'entre eux perdirent l'équilibre et poussèrent des cris. L'un d'eux, qui ignorait ce qu'était un gué, se trouva pris dans un mascaret et les autres durent aller à sa rescousse. Le premier char s'engagea dans les vagues et un autre le suivit de près, puis un troisième. Les officiers étaient trop occupés à tenir les chevaux affolés par le courant qui s'engouffrait de façon de plus en plus furieuse dans le goulet de la Grande Noire au nord, pour prêter attention aux fugitifs qui les regardaient du haut de la rive, habités par l'épouvante. Mais, de temps en temps, ils leur lançaient un regard sans équivoque. La pluie commença de tomber.

« Mose ! » gémit Aaron.

Mose regardait toujours, les dents serrées, le sud de la mer des Roseaux.

C'est alors que l'impossible se produisit.

Sept chars à la queue leu leu et un millier de soldats égyptiens se débattaient dans la mer, essayant de garder pied sur le gué, quand la tempête se déchaîna vraiment. Une première vague venue du sud et de la hauteur d'un homme grand déferla sur les Egyptiens. Les fantassins perdirent pied et s'en allèrent à la dérive, les officiers des chars furent déséquilibrés, un char se renversa, les chevaux se cabrèrent et hennirent, tirant en désordre tous les chars désormais vides et faisant perdre l'équilibre aux autres officiers. Une deuxième vague encore plus forte noya les chevaux et la plupart des fantassins. Du haut de la rive d'Egypte, les conducteurs des chars et les fantassins qui n'avaient pas encore entrepris de franchir la mer regardèrent consternés le désastre des leurs[5].

« Ils ne savent pas nager, murmura Mose. Ils n'ont pas de dieu de la mer, n'est-ce pas. Mais le Seigneur est aussi le Dieu de la mer. »

Une fois de plus, Aaron ne comprenait pas ce qu'il

disait. Il était tombé à genoux et sanglotait sous la pluie et dans le vent.

« Le Seigneur ! Le Seigneur nous a sauvés ! » criait-il. Et, accroché à la main de Mose, il l'embrassait. « Tu savais ! Tu savais !

— Il savait ! » crièrent les autres. Ils l'entouraient dans la tempête, le visage baigné de larmes et de pluie. Mose, lui, ne détournait pas son regard de l'autre rive. Plus question pour les Egyptiens de traverser, désormais. Un cheval avait réussi à se défaire de son harnais et gravissait la rive où se trouvaient les Apirous.

« Qu'on l'attrape », ordonna Mose. Et comme si ç'avait été la volonté même du Seigneur, plusieurs hommes s'élancèrent à la poursuite de l'animal.

« Recueillez l'eau de pluie ! » ordonna-t-il encore. Et il ouvrit lui-même sa gourde et la posa au sol, pour qu'elle s'emplît. Les Egyptiens, sur l'autre rive, paraissaient désemparés. Des corps flottaient sur l'eau. Un fantassin égyptien, puis un autre et encore un autre parvinrent à gravir le rivage vers les Apirous et titubèrent, puis s'effondrèrent, haletants. Mose alla examiner le plus proche et lui enleva la dague qu'il portait à la ceinture.

« Achevons-les ! cria un chef de clan.

— Non, dit Mose. Ce sont nos prisonniers. C'est à notre tour de prendre des prisonniers !

— Nous allons nourrir des Egyptiens, maintenant ? s'indigna l'homme.

— Nous allons nourrir nos esclaves », dit Mose.

D'autres rescapés gravissaient la berge opposée, puis s'écroulaient au sol.

« Pourquoi restes-tu là ? demanda Aaron, la voix brisée.

— Je veux voir ce qu'ils vont faire, à présent... »

Il n'attendit pas longtemps : les cinq chars qui avaient échappé au désastre commençaient déjà à faire demi-tour. C'était la décision la plus sage, car la tempête redoublait de violence.

« Ramsès ! cria Mose. Le Dieu des Apirous est le plus grand ! »

Il regarda les derniers Egyptiens battre en retraite. Son manteau était trempé.

« Nous aurons rempli nos gourdes », dit-il.

Il chargea Aaron de convoquer les chefs de clans. Mishaël, qui semblait s'être attaché à Mose, et trois autres, dont un tout jeune homme ivre de fierté, vinrent lui dire qu'ils avaient fait trente et un prisonniers[6] et qu'ils avaient capturé cinq des douze chevaux de chars.

« Nous allons vers le sud, chaque chef à la tête de son clan, dit Mose. Nous marcherons toute la journée et je vous dirai où vous abriter quand l'heure viendra. »

Il s'avisa que sa voix était rauque. Et tout d'un coup, devant tous ces hommes et en dépit des efforts qu'il faisait, il vit brutalement la mort à laquelle ils avaient échappé. L'émotion le submergea, il se mit à trembler de tous ses membres, se prit le visage dans les mains et pleura.

3

PREMIERS REGRETS

Ils avançaient, encore sous le coup de l'émotion. Ils ne parlaient que de cela : si le Seigneur n'avait dépêché Ses flots pour noyer l'armée égyptienne, à l'heure qu'il était leurs cadavres joncheraient le désert par milliers ! Ils en pleuraient tant qu'on eût pu se demander si c'était vraiment de gratitude et les enfants roulaient des yeux épouvantés et pleuraient aussi à la description de la mort atroce qui les avait frôlés.

Ils s'étaient une fois de plus regroupés par clans, spontanément, et chaque chef avançait avec ses fils à ses côtés, les femmes, les sœurs et les filles derrière, puis le reste des parents et dépendants, les domestiques fermant la marche. Le rare bétail et les quelques ânes et mulets arrachés à la terre grasse d'Egypte allaient de part et d'autre. Mose et Aaron marchaient en tête, suivis par Miriam et les siens, ainsi que l'épouse d'Aaron, Elisheba et leurs quatre fils, Nadab, Abihou, Eléazar et Ithamar. Ils se retournaient de temps à autre pour montrer aux autres qu'ils se trouvaient dans le clan de tête. Mose avait deux ou trois fois déjà entendu Miriam dire « Mon frère Mose » et cela l'avait irrité. Ne se mêlait-elle pas de prédire l'avenir, comme le lui avait confié Aaron avec embarras !

« Elle dit qu'elle est habitée par le Seigneur.

— Depuis quand ? demanda Mose.

— Ces derniers mois », répondit Aaron sans grande conviction.

Depuis qu'elle avait appris que Mose avait entendu la voix du Tout-Puissant dans le désert, oui ! Il faudrait y mettre bon ordre à l'occasion. Quant à la femme d'Aaron, Mose l'avait aussi vue jaboter comme si c'était elle qui avait organisé la traversée de la mer des Roseaux. Il avait dû, la veille, tancer d'importance les deux commères.

« Les femmes derrière ! » avait-il ordonné d'un ton sans réplique, foudroyant du regard Miriam et Elisheba. Elles en étaient restées pantoises. Aaron avait à peine émis un son de protestation.

Ah ! vraiment, ce n'était pas Séphira, son épouse qui se fût comportée comme pareille volaille... Séphira, l'intelligence de la grâce, la grâce de l'intelligence ! La pensée de Mose dériva irrésistiblement vers celle qu'il considérait comme sa vraie, sa seule épouse, mais il se contraignit à penser à autre chose. Il la reverrait, il le savait. Le Seigneur ne le séparerait pas du seul lien qu'il conservât avec ce monde matériel. C'était en elle qu'il puisait ses forces, et grâce à elle qu'il pourrait exécuter la volonté du Seigneur. Un homme seul se mange les entrailles, comme on le disait jadis en Egypte.

Il décida soudain qu'il monterait l'un des chevaux capturés ; c'était le meilleur moyen de tenir les femmes à distance. Il envoya l'un des fils d'Aaron quérir l'une des montures. Le garçon revint une heure plus tard avec deux chevaux et Mose décida d'attribuer le second à Aaron, qui éprouva les plus grandes peines à monter en selle, puis à s'y tenir, mais qui, ne voulant pas déchoir publiquement, s'y obstina.

Mose ne tarda pas à y découvrir un avantage supplémentaire. Outre qu'il épargnait ses forces, il dominait le paysage et, de temps à autre, il tournait les yeux vers l'autre rive de la Grande Verte, guettant avec anxiété d'éventuels observateurs égyptiens. Mais les rives de la mer s'écartaient de plus en plus et, au bout d'une heure, la côte égyptienne ne fut plus qu'une ligne blanche au-delà des eaux. On ne voyait plus rien sur cette ligne dans laquelle s'était engloutie une jeunesse, des intrigues, des humeurs, des femmes. On ne voyait plus les palais de Memphis ni les grenadiers d'Avaris, les intrigues d'Hapê-nakht, les scribes devant leurs abaques ni les sorcelleries de Bouto. On ne voyait même plus les deux enfants que Mose avait laissés là-bas[1], que les yeux des courtisans suivraient sans doute d'un œil réprobateur et qui grandiraient sous un autre nom.

Un souci agitait cependant Mose. Du temps où il avait servi en Egypte, Séti et Ramsès avaient fait construire des galères qui parcouraient la Grande Verte de l'est ; le risque demeurait que, dans sa fureur, Ramsès en expédiât quelques-unes à la poursuite des fugitifs. C'étaient de grandes galères, dont chacune pouvait transporter une soixantaine d'archers. Cinq ou six cents archers pouvaient, avec leurs arcs composites, leur infliger des pertes cuisantes. Aussi Mose inspectait-il la mer, guettant des voiles suspectes. Il connaissait la voilure des galères : une grande et une petite voile. Mais, depuis le départ, il n'avait vu qu'une barque marchande à une seule voile carrée, qui remontait sans doute de Koush[2]. Il reportait donc le regard devant lui.

Le désert. Le désert qu'il avait connu quelques années auparavant quand il avait, lui aussi, évité la route côtière et qu'il était descendu vers le sud, comme guidé par un pressentiment. Par la main du Seigneur. Le désert devant, à l'infini. Les montagnes roses et jaunes à gauche, la mer à droite. Il reconnaissait les embryons de piste, cette caillasse fracturée par les intempéries et les pas des chameaux, et il reconnaissait aussi cette façon que les buissons et les épineux avaient de s'en écarter, déjà perclus, harcelés, taxés par les chaleurs infernales, le vent hargneux, les grignotages fébriles des insectes, des lézards, balbuzards et charognards affamés, ainsi que par le froid perçant des nuits.

Aaron, qui ne connaissait pas ces parages, regardait autour de lui, consterné par le dénuement du paysage. Des montagnes arides, du sable, la mer... Il ne voyait rien de la richesse du désert, il ne distinguait pas plus les tamaris et les acacias parasols que les zizyphes aux fruits comestibles, minuscules, musqués et orangés ; il ne reconnaissait pas plus les rétames que l'armoise blanche, comme Houssam et ses fils l'avaient jadis appris à Mose. Il nourrissait la nostalgie des cultures. Mose le devinait à son regard désolé : il voulait un monde tout prêt, garni, avec des palmiers-dattiers ployant sous le poids des fruits et des femmes aux hanches pleines, à l'inverse de Mose, pour qui le manque, c'était la plénitude et toute soif, la promesse de l'eau. « Au fond, j'étais fait pour le désert », se dit mélancoliquement Mose. Il avait été libre, dans le désert ; il y avait survécu, il s'y était battu et il s'y était trouvé, comme ce jour-là, devant le buisson ardent...

« Est-ce pareil, là où nous allons ? questionna Aaron à la fin.

— Non. Canaan est verte et grasse. Pour le moment, nous faisons un détour, répliqua Mose.

— Pourquoi ?

— Parce que, si nous prenions la route directe, nous tomberions dans les territoires contrôlés par les armées de Ramsès. Au fait, ajouta-t-il, va me chercher un des prisonniers. »

Aaron s'exécuta et ramena quelques moments plus tard un militaire égyptien, les poignets attachés derrière le dos. Mose descendit de son cheval et le conduisit par la longe pour examiner la piste de plus près et déceler des traces éventuelles de passage récent.

« Qui lui a attaché les poignets ? » demanda-t-il à Aaron, qui ne sut que répondre. Mose délia les poignets du militaire et donna l'ordre de défaire les liens de tous les autres. Puis il s'adressa à l'Egyptien dans sa langue.

« Ce n'est pas en te liant les poignets que je ferai de toi un prisonnier.

— Comment le feras-tu, alors ? rétorqua en se massant les poignets l'Egyptien, un garçon de vingt ans à la mâchoire butée.

— En te faisant comprendre qu'il est dans ton intérêt d'être à mon service. Quel était ton rang dans l'armée ?

— Je suis toujours officier de char, répondit l'Egyptien.

— Pour le moment, tu es mon prisonnier, dit Mose. D'où veniez-vous quand vous êtes arrivés à la mer des Roseaux ?

— De Sin, sur la route côtière. »

Telle était donc la raison pour laquelle l'armée égyptienne était arrivée avec tant de retard. Malgré leur lenteur, les fugitifs avaient pu accomplir la fatidique traversée.

« C'est à Sin que vous avez cru nous rattraper ?

— Oui, nous voulions vous couper le chemin du Sinaï. Mais quand les gardes-frontière nous ont dit qu'ils ne vous avaient pas vus, nous avons pensé que vous aviez dû prendre une route vers le sud et que vous étiez encore sur les terres du royaume.

— Sais-tu pourquoi le roi a changé d'avis, alors qu'il nous avait donné l'autorisation de partir ? demanda Mose.

— Nous n'avons jamais cru, dans l'armée, que vous partiriez. Pourquoi êtes-vous partis ?

— Nous étions las. Votre pays était devenu une immense prison. »

L'officier réfléchit à cette réponse, mais ne parut pas en saisir la portée.

« Et où allez-vous maintenant ? s'enquit-il.

— En Canaan, là d'où nous étions venus.

— Qu'est-ce qu'il y a de plus là-bas qu'en Egypte ?

— La liberté. »

Cette notion aussi laissa l'Egyptien perplexe. Que pouvait donc être pour lui la liberté ? Il était libre dans son pays et ne concevait pas plus qu'il pût en être autrement pour d'autres.

« Si tu parles si bien égyptien, c'est que tu es le neveu d'Ouserpetrê, non ? reprit-il.

— Oui.

— C'est toi le chef des Apirous ?

— Oui.

— Nous avons entendu parler de toi à l'armée. Ouserpetrê te donnera à manger aux chiens s'il t'attrape.

— Il ne m'attrapera pas.

— Pourquoi ?

— Parce que mon Dieu est plus puissant que les siens et qu'Il vous a vaincus.

— Nous sommes vaincus ? s'étonna l'autre. Mais vous n'avez pas une lance !

— Comme tu le vois, il n'est pas besoin de lances pour faire des prisonniers, dit Mose en se penchant pour examiner la piste de près.

— De quoi a-t-on besoin, alors ?

— D'un Dieu.

— Nous avons des dieux, nous aussi.

— Ils ne vous ont pas sauvés des eaux. Ni des sauterelles, ni de l'ensanglantement du Nil, ni des grenouilles, ni des moustiques. Ni de la mort de vos nouveau-nés », répondit Mose.

L'Egyptien réfléchit un moment.

« C'étaient pourtant tes dieux, dit-il. N'es-tu pas le neveu d'Ouserpetrê ?

— Quels dieux sont-ce là ? répliqua Mose. Des dieux à tête d'animal, des dieux qui s'entre-tuent...

Non, ce ne sont plus mes dieux. Le vrai Dieu s'est manifesté à moi.

— Quel est ton dieu, alors ? demanda l'Egyptien.

— Il est Celui qui est.

— Ça ne veut rien dire.

— Peut-être que tes oreilles sont bouchées et que tu es aveugle. Peut-être n'as-tu pas vu les tourments qu'il a abattus sur l'Egypte parce que Ramsès refusait de nous laisser partir. Et, tout à l'heure, n'as-tu pas vu qu'il a englouti les soldats qui étaient partis à notre poursuite ?

— Dis-moi quel est ton dieu. S'il est si puissant que cela, je veux que ce soit le mien, s'exclama le soldat avec intensité.

— Alors renonce à tes dieux.

— Pourquoi, il est l'ennemi des autres dieux ?

— Il n'y a pas d'autres dieux, il n'y a que Lui ! s'écria Mose avec force.

— A quoi ressemble-t-il ?

— Il ne ressemble à rien et il ressemble à tout, puisqu'il a créé ce monde. »

Le ciel, jusqu'alors noir de nuages, se dégagea soudain, mais le vent soufflait toujours avec force et la mer moutonnait. Peu après la mi-journée, quatre chefs de clans — Kohath, leur grand-père, Mahli, Josué, Korah — vinrent voir Mose et Aaron.

« Maintenant que nous sommes sortis d'Egypte et qu'il n'y a plus d'urgence, dirent-ils, nous voudrions faire une halte pour nous restaurer un peu et nous reposer. Beaucoup sont fatigués. »

Mose donna son accord, faisant observer qu'il valait mieux ne pas prolonger les haltes pour ne pas allonger le voyage.

« Quand trouverons-nous des vivres et de l'eau ? demanda encore Korah.

— L'eau, pas avant trois jours au moins », répondit-il, se rappelant le voyage qu'il avait jadis accompli dans la région. Et encore, à l'époque il avait avancé sans faire beaucoup de haltes, sauf pour la nuit.

Miriam était apparue derrière les chefs, accompagnée de son mari ; elle écoutait avec cette expression éternellement contrariée dont elle ne semblait jamais se départir.

« Combien d'eau vous reste-t-il ? questionna Mose. Je vous avais recommandé de remplir vos gourdes quand il pleuvait, là-bas, à la mer des Roseaux.

— C'est ce que nous avons fait. Mais nous n'en aurons que pour un jour ou deux, et encore...

— Dis-leur de boire avec parcimonie.

— Bon, autant pour l'eau, reprit Korah. Mais pour les vivres ?

— Vous avez emporté du pain, non ? demanda Aaron. Et du fromage, et des œufs, des dattes, des figues...

— Oui, mais il n'y en aura pas pour plus de quatre ou cinq jours...

— Eh bien, nous verrons à ce moment-là, répliqua Mose.

— Attends un peu, intervint un autre chef de clan, Jémuel, qui s'était joint aux autres, est-ce que tu es en train de nous dire qu'il n'y a pas de vivres en Canaan ?

— Je n'ai jamais rien dit de tel, expliqua Mose. Canaan est une terre fertile et le Seigneur ne nous aurait jamais libérés d'Egypte pour nous emmener vivre dans le désert. Mais le chemin vers Canaan est long, il passe par le désert, et jusqu'à ce que nous y parvenions il faudra vivre de peu. Est-ce clair ? »

Les chefs de clans demeurèrent silencieux un moment, puis Jémuel reprit : « A combien de jours est Canaan ? »

Mose réfléchit un moment.

« Je ne peux pas le dire de manière précise. Un à deux mois selon le pas auquel nous avancerons.

— Un à deux mois ? s'exclamèrent les chefs. Mais nous allons mourir de faim et de soif ! »

Et ils jetèrent des regards malveillants à l'Egyptien, qui n'avait pas quitté Mose, en se disant que celui-là et les autres prisonniers feraient encore des bouches inutiles.

« Mais il y a des femmes qui allaitent ! dit quelqu'un.

— Elles auront la priorité sur l'eau et les vivres. N'avez-vous pas vu que le Seigneur a fait périr les enfants des Egyptiens et a épargné les nôtres ? Croyez-vous qu'il laissera périr des enfants au sein ? Le Seigneur ne vous a pas laissé succomber aux coups de l'armée de Ramsès, dit Mose avec une irritation à peine contenue, et c'était il y a seulement quelques heures. Votre mémoire est-elle donc si courte ? Croyez-vous qu'il vous laissera mourir de faim et de soif ? Ou bien ne croyez-vous pas au Seigneur ?

— Pardonne-nous, pardonne-nous ! s'empressèrent de dire les chefs. Nous croyons au Seigneur, Mose, comment oserions-nous... Nous nous posions seulement des questions matérielles... »

Mose hocha la tête, mais chacun pouvait voir qu'il s'était rembruni. Les chefs retournèrent à leurs places, à l'exception de Josué, un des fils de Noûn[3], gaillard râblé que Mose avait remarqué au cours de la traversée de la mer des Roseaux, en raison de l'énergie qu'il avait déployée à aider des femmes et des vieillards sans qu'une ombre affectât jamais son visage impassible.

« Mose, dit-il, n'avons-nous que les Egyptiens comme ennemis ? »

En voilà un au moins qui ne parlait ni de pain, ni de vin...

« Que veux-tu dire ?

— Je veux dire qu'à part les bâtons des chefs et des vieillards et les dagues que possèdent quelques-uns d'entre nous, nous n'avons pas une seule arme dans le cas où nous serions attaqués. Pas une lance, pas un arc, pas une flèche. J'ai entendu dire que tu étais déjà venu dans ce pays et je te demande s'il n'y a pas d'autres ennemis à craindre.

— Il y a des bandes de pillards, mais ils ne feraient pas le poids devant nous. Quelques dizaines de cavaliers qui attaquent les caravanes, mais ils ne pourraient pas nous faire grand mal.

— Personne d'autre ?

— Je ne sais pas », répondit Mose, à qui la question apparaissait pour la première fois. On lui avait jadis fait bon accueil, parce qu'il était jeune, fort, beau et surtout seul, mais qu'en serait-il des populations qui verraient arriver des dizaines de milliers d'étrangers ? Ne risqueraient-elles pas de les considérer comme des envahisseurs ?

« Que proposes-tu de faire ? demanda-t-il au jeune homme.

— Je vois qu'il y a quand même des arbres dans ce pays, déclara Josué. On pourrait y tailler les branches les plus droites, et les tailler encore de façon à les rendre plus droites et de les épointer, puis durcir les pointes au feu. Cela fera quand même quelques armes... »

Mose hocha la tête, se remémorant la peine avec laquelle il avait jadis confectionné un arc.

« Il y a beaucoup de jeunes gens parmi nous, reprit Josué, ils pourraient faire cela en marchant et cela les occuperait pendant les haltes.

— C'est une excellente idée, dit Mose. Choisissez donc les branches les plus longues, ou bien les jeunes cyprès droits ; nous allons bientôt en trouver sur notre route. Mais n'avez-vous pas aussi des frondeurs, parmi vous ?

— Si.

— Dis-leur de garder sur eux quelques cailloux choisis et de s'entraîner. »

Le jeune homme inclina la tête et s'en fut vers les siens.

Ce fut Miriam qui succéda à Josué. Elle fronçait les sourcils.

« Mose, dit-elle, il y a parmi nous des gens qui te font aveuglément confiance, mais il y en a d'autres qui sont simplement partis parce qu'ils ne voulaient pas rester seuls en Egypte.

— Et alors ? demanda Mose.

— Nous avons très peu de vivres, reprit-elle, et si nous venons à avoir faim et soif, ces gens vont se révolter. Es-tu sûr du chemin que tu nous fais suivre ?

— Je l'ai déjà parcouru quand je me suis enfui, dit Mose. Il est pénible, mais il n'est pas mortel. Si ces gens ne croient pas que le Seigneur les a fait sortir d'Egypte et qu'il les protégera, ils sont perdus.

— Il faut qu'ils le voient, Mose ! s'écria Miriam d'un ton passionné. Il faut qu'ils voient quel Seigneur les protège ! Aaron me l'a dit, il nous l'a dit, tu as vu, toi, le Seigneur dans une flamme — c'était donc ainsi qu'ils interprétaient l'épisode du buisson ardent — mais eux, ils n'ont rien vu !

— Que me demandes-tu ? fit Mose au bout d'un temps.

— Je te demande de garder en mémoire que tous ces gens ne croient pas au Seigneur, dit-elle en soutenant le regard de son frère.

— A quoi croient-ils donc ?

— Ils croient à toutes sortes de dieux, ne le sais-tu pas ? Tu nous connais mal. Tu as vécu à la cour du roi, puis comme un prince et tu sais à peine notre langue. Ils croient à Baal, à Apis, à Osiris et à Isis. Quand tu leur parles du Seigneur, ils pensent que c'est Baal ou un autre de ces dieux.

— Et alors ? demanda Mose, d'un ton sombre, agacé par la condescendance de sa sœur.

— Il faut leur montrer que le Seigneur n'est pas l'un de ces dieux, dit Miriam. Il faut le faire vite, le plus tôt possible. »

Mose hocha la tête et elle s'en fut, l'air important.

Elle n'avait pas tort, mais elle avait le tort de le faire savoir trop lourdement.

Une première halte avait été décidée, mais Aaron dut courir tout au long de la foule pour empêcher qu'on dressât des tentes. Certains voulaient y faire la sieste, d'autres s'y abriter du vent ou du soleil...

« Non, criait Aaron, nous nous arrêtons juste pour manger et prendre un peu de repos. Nous devons poursuivre notre marche ! »

Les enfants et les jeunes gens s'étaient égaillés vers la mer et, comme la plupart ne l'avaient jamais vue, ils s'y jetèrent tout nus en poussant des cris.

Mose parcourait cette longue foule et il entendit une femme dire à son passage : « Nous étions bien en Egypte. Nous voilà dans le désert sans rien. »

Miriam avait raison : il faudrait leur montrer.

Sa pensée s'abandonna un moment à ses souvenirs, à ses rencontres avec Loumi, Arphaxad et quelques anciens dans les nuits chaudes d'Avaris, quand ils venaient lui demander de les guider vers un exil imaginaire. Il chercha dans sa mémoire le parfum de lotus qui s'exhalait des seins de sa concubine Bouto, les étirements des chats vigilants dans le jardin de grenadiers et d'asphodèles, les frissons des papyrus dans le crépuscule couleur d'abricot. Les langueurs et les frustrations qui se tissaient à l'ombre du pouvoir.

Cela n'était plus. La puissance d'outre-monde avait parlé. Les vibrations de la Grande Voix avaient dispersé les bibelots qu'il avait pris pour une vie, le semblant de pouvoir, le sexe facile, les chaises d'ébène et les tables d'albâtre, comme le vent disperse la poussière sur la route. Une volonté supérieure lui avait forgé un destin et le lui avait posé sur les épaules, comme un pectoral fait d'étoiles.

Il n'aurait pas pu rester en Egypte, même s'il n'avait pas tué ce contremaître. C'était trop corrompu. Et à la fin, oui, il préférait l'odeur de la poussière à celle des amandiers en fleurs et des petites danseuses frottées de jasmin.

« Contremaître de Yahweh, murmura-t-il en marchant le long de la mer, voilà ce que je suis. »

4

L'OR DES PRINCES, LE SANG DE LA LIBERTÉ

Quand ils eurent trouvé un lieu où s'abriter pour la nuit, au pied des montagnes, quand ils eurent allumé des feux et qu'on les eut convaincus de s'en tenir à un repas frugal, pour épargner les vivres, quand enfin ils eurent dressé leurs tentes pour la nuit, Mose partagea celle d'Aaron. Elisheba fut envoyée coucher avec ses enfants dans la tente de Miriam[1].

« Voulaient-ils vraiment la liberté ? demanda Mose d'un ton désabusé.

— Ne l'as-tu pas entendu de tes oreilles quand tu étais en Egypte ? se récria Aaron. Et moi, aurais-je suivi tes instructions s'ils ne voulaient pas s'en aller ? L'aurais-je pu ? Ils venaient tous les soirs m'interroger : avais-je reçu le messager du roi ? Avais-je des nouvelles de toi ?

— Et puis il y a eu cette sédition...

— C'est la preuve ! s'exclama Aaron.

— Comment cela s'est-il passé ?

— Tu te rappelles le nouveau nomarque, celui qu'avait choisi Ramsès ?

— Setepentoth. »

Mose n'en gardait pas un souvenir chaleureux : un jeune homme sec et pédant, bon administrateur mais franc comme un renard en laisse. Il revit brièvement Avaris, la chaleur, l'odeur des acacias en fleurs se mêlant à celle de la bouse, les chiens fous qui couraient dans les rues, les relents presque suffocants d'intrigues...

« Setepentoth, oui. Quand tu es parti, il y a soudain eu un vide. Après tout, tu représentais Ramsès, tu faisais peser une contrainte sur les fonctionnaires. Toute ton autorité s'est trouvée de fait reportée sur Setepentoth, puisqu'il était, lui aussi, l'homme de confiance du roi. Bon, au bout de quelque temps, je suppose que le goût du pouvoir lui est monté à la tête. Les domestiques me rapportaient que les propriétaires de la région affluaient chez lui. Ils rendaient grâces à Amon de les avoir débarrassés de toi. Il n'était pas tolérable que le pouvoir royal pût s'être livré à des exactions telles que celles qu'ils avaient subies de ta part... »

Mose écoutait, amusé.

« Pour ces gens, en effet, la justice équivalait à une exaction.

— Leur argumentation s'enhardissait. Pour le roi, disaient-ils encore, la Basse-Egypte ne servait qu'à rapporter des impôts et à fournir de la main-d'œuvre à bon marché. Leur sort était à peine plus enviable que celui des Apirous, clamaient-ils. Au fond, Memphis se moquait pas mal d'Avaris, Ramsès n'y était venu qu'une seule fois, et l'idéal, ah ! l'idéal, c'eût été que la Basse-Egypte fût un pays à part, sous la conduite d'un esprit aussi éclairé que Setepentoth...

— Et nous, qu'avons-nous à faire avec tout ça ? interrompit Mose.

— Nous avons commencé à recevoir des visites de scribes qui souriaient de toutes leurs dents, ce qui était nouveau. Ils nous faisaient de petits cadeaux et nous tenaient des discours inattendus : au fond, nous étions là depuis si longtemps que nous étions comme eux, des Egyptiens, et ils se mettaient à nous plaindre.

— A nous plaindre !

— Notre sort malheureux était dû à la cruauté des gens de Memphis, car ils commençaient à dire "les gens de Memphis". Si la Basse-Egypte s'affranchissait du pouvoir royal, notre sort en serait grandement amélioré... Au bout de plusieurs semaines de ces manœuvres, Arphaxad et quelques autres de nos chefs leur ont demandé tout net où ils voulaient en venir. C'est alors qu'ils nous ont proposé le marché suivant : si nous aidions le nomarque à s'affranchir de Memphis, nous serions grassement récompensés en or, en argent, en cuivre, et nous pourrions acheter des terres. Mais il faudrait se battre contre les soldats du roi. Nous avons répondu que nous demandions le paiement d'avance. Après plusieurs jours de discussions, ils en sont convenus.

— Qui étaient ces émissaires ?

— Des scribes qui venaient nous rendre visite au cœur de la nuit et disaient à peine leurs noms. Mais le paiement est bien arrivé. A pleins sacs. C'étaient les gros fermiers qui y avaient contribué et ils n'avaient pas lésiné. Ils tenaient à leur armée privée d'Apirous, car ils n'auraient jamais trouvé assez de paysans pour les défendre, et les garnisons royales auraient sans doute pris le parti de Ramsès. Nous ne parvenions même pas à peser tout cet or, tout cet argent, tout ce cuivre. On nous a ensuite informés que le soulèvement aurait lieu deux jours plus tard. Nous devrions prendre d'assaut les garnisons d'Avaris et faire prisonniers les soldats du roi. Et aussi construire en hâte de grandes barricades sur les routes de Memphis, pour barrer le chemin aux troupes de Ramsès.

— Et vous avez accepté tout cela ?

— Cela répond à ta question sur le désir de liberté. Nous voulions, ils voulaient si ardemment leur liberté qu'ils auraient collaboré avec Apopis !

— Comment cela a-t-il échoué ?

— Le lendemain même, un détachement de troupes est arrivé de Memphis. Les officiers ont arrêté Setepentoth et toute sa famille et les ont emmenés à Memphis. Les gros fermiers ont tous été arrêtés et jetés en prison. Un général de Ramsès a pris immédiatement la succession du nomarque.

— Ils avaient certainement été trahis, sans doute par ce renard de Hapê-Nakht. Et vous ?

— Nous avions gardé l'or. Mais nous étions inquiets. Si les fermiers et Setepentoth racontaient qu'ils nous avaient payés pour prendre leur parti, c'en était fait de nous. C'est alors que le message de Ramsès nous est parvenu. Nous avons décampé avec la hâte que tu peux imaginer.

— Et vous avez cet or avec vous.

— Nous l'avons. »

Mose réfléchit un long moment.

« J'ai pourtant peine à comprendre que ce peuple soit aussi pusillanime, dit-il en s'allongeant à demi, appuyé sur un coude. Ils ont bien vu, ce matin même, comment la volonté du Seigneur, quoi d'autre, a déclenché le raz de marée et noyé les Egyptiens. Mais tout ce que j'ai entendu de la journée, c'étaient des récriminations sur les vivres, l'eau, le vin, que sais-je... N'ont-ils pas compris que la liberté ne se conquiert qu'au prix de sacrifices ? Jusqu'ici nous n'avons pas souffert de la soif, ni de la faim, nous n'avons pas eu à nous défendre contre des bêtes sauvages, mais que sera-ce lorsque nous devrons affronter de véritables épreuves ?

— Les chefs sont convaincus, Mose, dit Aaron d'un ton qui se voulait apaisant. Ils convaincront les autres. Mais la masse des nôtres, que veux-tu, elle ne sait même pas ce qu'est le Seigneur ! Un dieu, comme Amon ou Râ... En Egypte, ils avaient une terre, même si ce n'était pas la leur. Les voilà dans le désert, contraints de s'en remettre à la parole d'un seul homme... Comprends.

— Ce que je comprends, c'est que les chefs qui

sont venus m'interroger ne semblaient pas plus éclairés que les autres.

— Peut-être ne savent-ils pas ce qu'est le Seigneur, Mose. Il y a quatre siècles... Quatre siècles !

— Je sais, dit Mose. Demain nous ferons un sacrifice au Seigneur pour manifester publiquement notre obéissance à Sa volonté.

— Avec quoi feras-tu le sacrifice ? demanda Aaron, alarmé.

— Il y a des brebis, des moutons...

— Tu n'y songes pas ! s'écria Aaron. Ils se préparent à se les sacrifier à eux-mêmes dès que nous ferons une halte assez longue ! Il y aura une révolte si...

— Il n'y aura pas de révolte du tout ! coupa Mose. Nous ferons un sacrifice et ils mangeront ensuite la bête. Il faut absolument faire un sacrifice au Seigneur.

— Tu ne prévois pas assez les détails, Mose, dit Aaron. On ne va pas partager un mouton entre trente mille personnes ! Et si l'on ne répartit les quartiers de mouton qu'entre quelques-uns, une vingtaine de personnes tout au plus, cela va faire des jaloux et attiser encore les récriminations. D'autant que tu as préféré prendre des prisonniers égyptiens plutôt que de les tuer. Mieux vaut attendre, pour ce sacrifice, que nous fassions une halte assez longue pour que l'on puisse abattre d'autres bêtes, et surtout que nous soyons ravitaillés. »

Mose se rendit au raisonnement d'Aaron.

« Alors, nous prierons le Seigneur publiquement.

— Cela me paraît sage, dit Aaron. Mais, dis-moi, dans combien de temps penses-tu que nous pourrons être ravitaillés ?

— Je ne sais pas, dit Mose. La première cité que j'ai rencontrée sur ce chemin, El Alaat, est à huit jours au moins d'ici, au train où nous avançons. Il y a là des bergers auxquels nous pourrons acheter des moutons, des cultivateurs auxquels nous pourrons acheter de la farine, des fèves et des lentilles. Mais je ne suis pas sûr que leurs provisions ni leurs troupeaux soient suffisants et qu'il y en ait pour tout le monde. Trente mille personnes, c'est un peuple à nourrir. De toute façon, ce n'est pas à El Alaat que nous ferons bombance.

— Et comment les paierons-nous, ces bergers et ces cultivateurs ? » demanda Aaron.

Toujours ce côté pratique d'Aaron, qui souvent amusait Mose, mais qui, cette fois, l'agaça.

« Et tout votre or, à quoi va-t-il donc servir ? »

Il devinait la réponse : ils répugneraient à céder cet or, pour se nourrir, alors qu'ils avaient probablement espéré trouver, au sortir d'Egypte, un pays accueillant et des maisons déjà installées, avec pots et timbales. Mose reconnut le hurlement familier des chacals dans la nuit, qui inquiéta les occupants de la tente voisine. Un homme cria dans le noir qu'il fallait monter une garde contre les bêtes sauvages. C'était la voix du mari de Miriam. Cet homme ignorait apparemment que les chacals n'attaquaient pas les humains, mais seulement les animaux, et que c'était sans doute l'odeur des moutons qui les excitait. Mose sortit le rassurer et revint.

« Il se fait tard, dit Aaron. Je vais me coucher, parce que je suppose que nous nous lèverons à l'aube. »

Ils étaient déjà allongés sous la tente, que le vent faisait claquer, quand la voix d'Aaron s'éleva dans l'obscurité :

« Comment savais-tu qu'il y aurait un raz de marée à la mer des Roseaux ? »

La question piqua Mose. Aaron ne croyait donc pas entièrement à l'intervention du Seigneur, ou peut-être n'y croyait-il pas du tout.

« Je ne savais pas qu'il y aurait un raz de marée, répondit-il. Je savais simplement qu'il y aurait une marée, comme tous les matins. Le raz de marée, qui a été causé par la tempête, a été de la volonté du Seigneur. Je ne pouvais évidemment pas prévoir la tempête. »

Un long silence suivit cette explication. Mais Aaron était obstiné.

« La marée ordinaire aurait-elle suffi à empêcher l'armée égyptienne de nous poursuivre ?

— Oui. Les chars n'auraient pas pu traverser ; ils auraient été empêtrés dans les flots, et emportés quand même. Il y aurait sans doute eu moins de morts, mais l'attaque égyptienne aurait été freinée.

— C'est pour cela que tu nous as fait traverser à la mer des Roseaux ?

— Oui.

— Tu étais donc assuré du succès ?

— Le Seigneur a voulu que je connaisse et la mer des Roseaux et les deux gués, alors que l'armée égyptienne ne les connaissait pas, et c'est pour cela que j'ai pris la responsabilité de traverser là, répondit Mose.

— Comment savais-tu alors que l'armée égyptienne ignorait la marée de la mer des Roseaux et l'existence des gués ?

— L'armée égyptienne n'a jamais eu l'occasion de tenter le passage à la mer des Roseaux, puisqu'elle dispose de la route côtière. Il y avait peu de chances qu'elle connût le phénomène de la marée et encore moins celui des fortes marées qui peuvent être déclenchées par une tempête. Tout au plus pouvait-elle avoir entendu parler des deux gués.

— C'est donc ta connaissance de la mer des Roseaux qui nous a sauvés ? demanda Aaron.

— Ecoute, Aaron, dit Mose que cette conversation impatientait, ce que je savais est aussi le fait du Seigneur. Tout comme les calamités qui se sont abattues sur l'Egypte avant que Ramsès nous donne l'autorisation de partir. »

Il mit quelque temps à s'endormir, troublé par le

scepticisme de son demi-frère. Le Seigneur l'avait choisi, lui Mose, comme l'instrument de la libération des Apirous. C'était l'évidence, mais les autres n'en étaient pas pénétrés. Pas encore.

« Je suis le levain, se dit-il. Et la pâte est lourde. »

5

LE LEVAIN

L'aube trouva Mose en alerte, les sens et l'esprit aux aguets. Il sortit de la tente pour vaquer à ses besoins dans la caillasse au pied des montagnes. Le ciel se dégageait. Dans la grisaille du petit jour, quelques milliers de tentes frémissaient dans le vent, dominées par les silhouettes des cinq chevaux et des ânes. Une trentaine de milliers d'êtres humains encore endormis, un peuple futur flottant dans les limbes sous l'œil du Seigneur. Mose se retourna et son regard s'attarda sur un grand rocher plat, de la hauteur de deux hommes, qui se dressait sur un vaste terrain piqué de broussailles ; cela ferait une tribune convenable. Un léopard s'était plaqué dessus et considérait lui aussi le paysage. La coïncidence fit sourire Mose. Il lança une pierre sur l'animal et l'atteignit à l'arrière-train. Le fauve détala. Mose alla se baigner dans la mer encore froide pour se fouetter le sang.

Il revint à la tente afin de réveiller Aaron, but une goulée d'eau et estima, en agitant sa gourde, qu'il lui en resterait assez pour la journée et le lendemain, mais qu'après cela, la soif menacerait. La situation deviendrait difficile, car on pouvait manger peu, mais il fallait boire assez.

« Mose ! » appela une voix de femme à l'extérieur.

Il sortit. Miriam lui tendait un bol de lait et une demi-galette.

« J'avais mis ceci de côté pour toi. »

Il hésita. De quand datait donc le lait ?

« Je l'ai fait bouillir hier soir, dit-elle, devinant sa réserve. Tu auras besoin de forces aujourd'hui. Car c'est bien aujourd'hui que tu vas leur parler, n'est-ce pas ? »

Il saisit pain et bol, sans répondre, et rentra sous la tente. Prétendait-elle lui dicter sa conduite ? Aaron émergeait lourdement du sommeil ; lui aussi manquait de levain. Pour la première fois, une image d'Aaron sans les ornements de l'affection naturelle ou forcée s'imposa à Mose : un homme mal assis entre la trentaine et la quarantaine, porté sur l'embonpoint, les pieds plats, menacé par la calvitie et une certaine lâcheté. Il n'y avait rien à y faire, le Seigneur consentait ses grâces à certains et les refusait à d'autres et ces grâces étaient accordées en bloc, celles de l'esprit avec celles du corps : Ali et ses frères, Stitho, possédaient un esprit aussi délié que les articulations, une façon rapide, angélique de s'accorder au monde, la capacité de changer d'un instant l'autre à l'instar du vent, le pied ailé et l'esprit subtil. Ce n'était pas le cas d'Aaron. Il avait dû être conçu un jour que ses parents avaient le ventre plein de fèves et d'oignons.

« Lève-toi, lui dit Mose. Le jour se lève, lui. »

Aaron produisit une série de grognements, souffles et raclements de gorge, puis il s'assit, dirigea vers Mose un regard vitreux et chercha des mots pour se donner contenance, mais n'en trouva pas. Visiblement, il s'était attendu à voir sa femme près de lui et ce n'était que son frère, levé avant lui, frais et dispos.

« Il y a du travail à faire, dit Mose. Va te dégager le corps et bois de l'eau. Tu peux aussi te baigner dans la mer, cela réveille. »

Aaron obtempéra de mauvaise grâce. Mose sortit

après lui et constata qu'Aaron était entré sous la tente voisine. Il avait besoin des femmes comme les bébés ont besoin de leur mère : pas en conquérant, non, pas en messager ailé, la fleur du sourire aux lèvres, la queue d'airain, non, en marmot mal poussé, garni de hernies et de verrues. De fait, Aaron sortit de la tente avec un bol de lait dans les mains, suivi par trois des quatre enfants rechigneurs que lui avait donnés Elisheba. Ah ! ce n'était pas celui-là qui verrait le buisson ardent. Il but son bol de lait d'un air frileux et, tout d'un coup, saisit l'image de Mose aux limites de son champ de vision.

« Il fait froid, gémit-il.

— Aaron, dépêche-toi », dit Mose, d'un ton navré. Et, soudain, il mesura sa solitude. Il remonta le long des campements et fut content de trouver, coup sur coup, Josué, puis Mishaël. Ceux-là étaient peut-être des compagnons, des compagnons comme ceux de jadis, qui vous regardent avec ardeur tailler un arc. Josué était sur pied depuis un moment, son corps ruisselait d'eau de mer et il se frictionnait avec ardeur, l'œil gai.

« Ça réveille », dit-il pour dire quelque chose.

On pouvait faire quelque chose avec de pareils gaillards. Mishaël aussi arriva en souriant. Mose s'avisa qu'un sourire au réveil était la bénédiction du monde. Le Seigneur avait conféré son énergie aux gens qui se lèvent tôt et amènes. Une fois de plus, son esprit dériva vers Séphira, qui se réveillait toujours fraîche et douce. Une source qui recommençait à jaillir.

« Qu'est-ce qu'on fait, aujourd'hui ? demanda Mishaël. On reprend tout de suite la route, ou bien il y a quelque chose de particulier ?

— Il y a quelque chose de particulier, dit Mose, mais c'est moi qui le fais.

— Qu'est-ce que tu fais ?

— Je vais vous rappeler ce que nous faisons », répondit Mose.

Ils attendirent qu'il s'expliquât, mais il ne le fit pas.

« Allez réveiller les gens, vous deux, dit-il. Ils ont le sommeil gluant. »

Mishaël se mit à rire.

« Mose, tu es fait d'air et de feu ; ce n'est pas le cas de tout le monde ! »

Mose lui donna une tape sur l'épaule. Mishaël et Josué partirent le long des tentes en chantant à tue-tête : « Debout, le jour est là ! La nuit est morte, le jour est né ! Debout pour louer le Seigneur ! » en donnant du plat de la main contre un tambourin qu'ils avaient trouvé on ne savait où.

Des visages furibards sortirent des portières des tentes, les uns se limitant à maugréer, d'autres lançant des imprécations à l'adresse des deux fâcheux.

« Voilà vraiment des jeunes gens habités par la vertu, murmura Mose, en observant Aaron qui avançait vers la mer d'un pas dolent.

— Où va-t-il comme ça ? demanda Elisheba.

— Il va se baigner dans la mer sur mon conseil, Elisheba, lui dit Mose d'un ton autoritaire. Ça rend vigoureux.

— Dans la mer ? Mais elle est glacée ! Il va attraper mal ! s'écria Elisheba, s'apprêtant à rejoindre Aaron pour l'empêcher de se baigner.

— Elle n'est pas glacée, elle est simplement froide. Reste ici. Ou alors, va faire de même.

— On voit bien que tu n'as pas de femme, pour te faire entendre raison, Mose », dit-elle en lui lançant un regard hargneux, et elle rentra criailler sous sa tente.

Une bonne heure s'écoula avant que tous fussent prêts. Mose convoqua les chefs et leur fit convoquer à leur tour les Apirous autour du grand rocher, qu'il avait repéré. Quand ils furent là, Mose le gravit par l'arrière et apparut devant eux. Il tournait le dos au soleil et à la montagne, qui étincela tout à coup, le baignant, lui seul, d'une lumière dorée. Il considéra un moment cette mer humaine. Peut-être le Créateur avait-il considéré du même œil la matière inerte à laquelle il fallait prêter le frémissement de la vie, puis l'identité avant la conscience. Un chaos de sentiments misérables, d'égoïsmes dérisoires, de calculs minables, d'inquiétudes vénielles, de tourments viscéraux, d'émois ridicules, de frustrations infantiles, qu'il fallait élever vers la conscience suprême d'un Dieu unique. Il faillit se trouver las avant même de commencer.

« Hier, commença-t-il néanmoins d'une voix forte, vous étiez des esclaves. Aujourd'hui, vous êtes des hommes et des femmes libres en route vers le pays de leurs ancêtres. Hier, un roi qui vous méprisait vous assujettissait à la souffrance d'un travail sans relâche pour sa propre gloire. Aujourd'hui, votre souffrance n'est destinée qu'à glorifier votre Dieu libérateur. »

Sa voix résonnait contre les pierres et l'écho rejaillissait avec une force minérale dont il se servait comme d'autant de pointes pour faire éclater la gangue dans laquelle dormaient toutes ces cervelles.

« Sans ce Dieu qui vous a tirés de l'esclavage, vous seriez encore à peine mieux que la boue du Nil, passant de la sueur aux larmes et des larmes à la sueur. Vous seriez englués dans votre peine aveugle, dominés par des dieux aux visages d'animaux, des chacals, des crocodiles, des singes, des hippopotames, bref, des dieux dignes d'êtres inférieurs ! »

Ils écoutaient, c'était toujours ça. Au premier rang de ses auditeurs, il reconnut Mishaël et Josué, et fut frappé par leurs visages ardents. Ceux-là écoutaient avidement.

« Et ce Dieu, le Dieu de vos ancêtres Abraham et Jacob, a déchiré le linceul dans lequel vous étiez ensevelis par tant d'années de servitude ! Vous étiez pareils à des cadavres, Il vous a rendu la vie ! Il m'est apparu dans le désert, ce Seigneur, une flamme qui enveloppait un buisson sans le consumer, une voix plus forte que tous les tonnerres, et Il m'a dit : “Tu seras mon instrument dans la libération de mon peuple ! Va leur dire que l'heure est venue ! Va, va dire au pharaon qu'il doit les laisser partir !" »

Le silence commençait à pénétrer cette foule et Mose le ressentait.

« J'ai écrit à Ramsès, moi, le serviteur du Seigneur, sur les ordres du Seigneur. Je lui ai demandé de vous laisser partir. Mais vous le savez, vous l'avez vu, Ramsès n'a pas cru à la volonté de ce Dieu. Ramsès est le serviteur des dieux aux visages de bêtes, des dieux qui ne parlent que des instincts animaux. Et le Seigneur a manifesté une première fois sa puissance et sa colère, vous le savez, vous l'avez vu : le Nil est devenu rouge comme le sang, et son eau est devenue imbuvable. Ne l'avez-vous pas vu ?

— Nous l'avons vu », répondirent des voix, au premier rang desquelles celles de Mishaël, Aaron, et Josué.

C'était la première fois que cette foule réagissait.

Seigneur, pensa Mose, *donne-moi, donne-moi le levain pour faire lever cette pâte pesante !*

« Mais Ramsès ne craint pas le Seigneur, il ne le connaît pas. Ramsès est comme la bête sauvage qui ne connaît que la flèche du chasseur ! Et le Seigneur a couvert le pays de grenouilles, ne l'avez-vous pas vu ?

— Nous l'avons vu ! répondirent des voix encore plus nombreuses que la première fois.

— Mais Ramsès est resté sourd et le Seigneur a fait envahir le pays de moustiques, les moustiques qui portent les fièvres, et tout le pays en a été infesté, sauf la Basse-Egypte dans laquelle vous habitiez. Et Ramsès est resté sourd, il ne voulait pas entendre les avertissements de la plus grande puissance de l'univers ! Alors le Seigneur a fait tomber des pierres du ciel. Ne l'avez-vous pas vu ?

— Nous l'avons vu ! cria un torrent de voix.

— Mais le crâne de Ramsès est encore plus dur

que les pierres du ciel, alors le Seigneur a frappé le roi dans la richesse de son royaume, Il a couvert le pays de nuages de sauterelles qui ont mangé les récoltes. Et le Seigneur a fait régner la nuit en plein jour, je sais que vous l'avez tous vu. Et Ramsès restait sourd. Alors, le Seigneur, qui voulait vous libérer, vous, les Apirous, au nom de la promesse qu'Il avait faite à vos ancêtres, le Seigneur a perdu patience. Il a envoyé des fièvres méphitiques qui ont tué les enfants en bas âge et beaucoup de gens d'âge mûr. Cela, vous ne l'avez pas vu, parce que, dans sa bonté pour vous, le Seigneur a épargné la Basse-Egypte où vous habitiez, mais je sais que vous l'avez appris. Alors, même les prêtres des dieux aux visages d'animaux ont pris peur. Ils ont vu que c'étaient les générations futures qui payaient le prix de l'obstination bestiale de Ramsès. Ils ont compris que leurs dieux inférieurs étaient incapables de résister à notre Dieu unique, ils sont allés supplier Ramsès de nous laisser partir. Et c'est à ce moment-là que Ramsès a dépêché un messager pour nous accorder enfin le droit de nous en aller. »

Mose reprit son souffle et parcourut du regard son immense auditoire. Ils étaient saisis, ils attendaient la prosopopée qu'ils ne pouvaient prévoir, mais qu'ils devinaient obscurément.

« Vos chefs sont allés vous avertir que l'heure du départ était venue. Ils vous ont donné rendez-vous à Souccoth, comme le Seigneur m'avait commandé de vous le dire et puis, ils vous ont emmenés sur la rive de la mer des Roseaux, comme le Seigneur m'avait également commandé de vous le dire. Parce que le Seigneur est d'une sagesse et d'une clairvoyance infinies. Il avait compris la duplicité de Ramsès. Il savait que Ramsès allait envoyer ses armées pour vous arrêter, et Il savait encore que Ramsès enverrait ses armées par la route côtière ! C'est pour cela qu'Il vous a fait partir par la route du sud, celle que Ramsès n'avait pas prévue !

« Le voyez-vous, enfants d'Abraham ? Le voyez-vous maintenant ? C'est la volonté du Seigneur qui vous a fait sortir d'Egypte qui vous a protégés jusqu'ici ! Le voyez-vous ?

— Nous le voyons ! crièrent-ils.

— Dans son omniscience, le Seigneur a mené l'armée du pharaon dans la mer des Roseaux et c'est alors que, sur Sa volonté, les eaux qui vous avaient laissés passer se sont refermées sur les chars et les soldats de Ramsès ! » Il leva les bras et les yeux au ciel. « Qui peut se comparer à Toi, Seigneur de tous les dieux ? Qui est comparable à Toi dans sa majestueuse puissance ? Ton amour a conduit Ton peuple à travers les périls, Ta force a englouti les chars des ennemis de Ton peuple comme du plomb fondu[1] ! »

Ils l'écoutaient, médusés.

« Sentez-vous désormais la puissance du Seigneur ?

— Nous sentons la puissance du Seigneur ! »

Il percevait clairement les voix de Mishaël, de Josué, d'Aaron au premier rang et de milliers d'hommes et de femmes derrière eux.

« Non, vous ne faites que la deviner ! Car si chacun de vous vivait autant d'années qu'il y a de grains dans le sable du désert, il n'en verrait encore qu'une infime partie. Et cela, parce que la puissance de votre Seigneur est infinie. Comprenez-vous que le Seigneur est votre Dieu et qu'il est le Dieu unique ?

— Nous comprenons que le Seigneur est notre Dieu et notre Dieu unique ! répétèrent-ils.

— Je veux vous l'entendre dire, tous, que le Seigneur vous protège !

— Le Seigneur nous protège ! » clamèrent-ils.

Jamais autant de voix n'avaient fait écho à la sienne : la montagne en résonna.

« Mais le Seigneur s'est indigné de votre ingratitude, reprit Mose. Il s'est manifesté à moi pour annoncer son intention de vous libérer. Il vous a prodigué depuis des semaines les preuves de sa bonté, de sa protection et de sa puissance, et quelques heures après que vous avez franchi la mer des Roseaux sous sa protection, vous avez commencé à vous plaindre. Est-ce là le comportement d'enfants reconnaissants ? »

Un silence lourd accueillit cette question.

« Nous le regrettons ! » clamèrent quelques voix du premier rang et c'étaient encore Aaron, Josué et Mishaël. Ils se retournèrent et invitèrent du geste le reste de la foule à suivre leur exemple. Il sembla à Mose qu'ils avaient des complices essaimés tout au long de la foule, des jeunes comme eux qui levèrent énergiquement le bras. D'autres protestations s'élevèrent alors, timides pour commencer, plus résolues ensuite.

« Le Seigneur a désigné comme votre pays futur la terre de Canaan, reprit Mose. C'est une terre fertile. Mais le Seigneur qui est votre chef veut que vous vous comportiez comme des soldats dignes de Lui, et non pas comme du bétail engraissé sur la terre d'Egypte pour les abattoirs de Ramsès ! Le voyage sera long, il sera difficile. Il comportera des privations. Allez-vous offenser le Seigneur par d'autres récriminations ? Allez-vous provoquer une fois de plus la colère de votre Maître unique ?

— Non ! Non ! »

Ce fut comme la fois précédente, une réponse d'abord molle, puis un peu plus convaincue lorsqu'elle avait été fouettée par quelques meneurs.

« Quand trouverons-nous de l'eau ? » demanda avec véhémence une voix de femme, et Mose reconnut celle de la femme d'Aaron, Elisheba. Aaron, et d'autres tentèrent de la faire taire, mais elle se débattit avec colère.

« J'ai le droit de demander quand nous allons trouver de l'eau ! Etes-vous des hypocrites ? Vous êtes aussi impatients que moi de le savoir ! Puisque Mose sait ce que veut le Seigneur, qu'il nous dise quand nous allons trouver de l'eau ! »

Elle leva vers Mose un visage congestionné.

« Est-ce ainsi que tu t'adresses au Seigneur, femme ? répondit Mose.

— Je ne m'adresse pas au Seigneur, je m'adresse à toi, Mose, puisque tu prétends être le messager du Seigneur, car toi tu n'es certainement pas mon Seigneur. Quand trouverons-nous de l'eau ?

— Femme, tu mérites que le Seigneur te fasse mourir de soif ! rétorqua Mose, faisant effort pour se contenir. Mais le Seigneur ne te réservera pas un sort particulier. Il ne laissera pas un seul d'entre vous périr de soif, et toi non plus, femme de peu de foi.

— Il ne répond toujours pas ! cria-t-elle. Il ne le sait pas ! »

A la fin, Aaron l'entraîna hors de la foule et le bruit de leur querelle fut étouffé par les reproches de la foule.

« Ai-je parlé pour rien ? s'écria alors Mose, laissant libre cours à sa colère. Voulez-vous que je vous abandonne ? Etes-vous las de moi ? Ma parole n'a-t-elle donc aucun poids auprès de vous ? Voulez-vous que je vous abandonne au désert ? Voulez-vous que je vous abandonne à la colère du Seigneur ? Car lorsque je serai parti, vous ne trouverez pas un seul intermédiaire pour vous adresser au Dieu de vos ancêtres ! »

Un mouvement se fit dans la foule et les chefs s'avancèrent vers le rocher, suivis par une masse de jeunes et quelques femmes.

« Non, Mose, non ! Tu es notre chef ! N'écoute pas cette femme ! Vas-tu nous condamner à cause de l'insolence d'une femme insensée ? »

Et deux ou trois d'entre les chefs gravirent le rocher ; ils prirent Mose par la main, par l'épaule, multipliant les mots d'apaisement. Josué, puis Mishaël vinrent se joindre à eux.

« Mose, dit Josué prenant sa main, si ce n'était que pour moi, je t'en conjure, calme ta colère.

— Bien, dit Mose. Mettons-nous en route[2]. »

6

« BOIRE ! MANGER ! »

Toutes les femmes lui étaient-elles donc aussi hostiles ? Il observa de loin, tandis qu'on repliait les tentes, des apartés entre Miriam et Elisheba qui trahissaient plus la complicité entre les belles-sœurs que des réprimandes de Miriam. Aaron saisit son regard et le comprit.

« La nature des femmes est de protéger les foyers. Tu leur as fait abandonner les leurs pour l'inconnu.

— L'inconnu ? La liberté, tu veux dire ! rétorqua Mose. Sont-elles vouées à la servitude ?

— Elles le sont déjà à la servitude domestique.

— Ta femme, en tout cas, est vouée à l'insolence.

— Cela passera quand nous trouverons de l'eau. C'est la question qui les angoisse le plus. Tu admettras que, lorsqu'on regarde ces parages, cela n'augure rien de bon », dit Aaron[1].

Mose calcula que, depuis leur départ de la mer des Roseaux, ils n'avaient couvert que la moitié du trajet qu'il avait fait dans le même temps, lors de sa fuite d'Egypte. Il était allé à cheval et n'avait presque pas dormi ; à présent, ils allaient à pied et ils faisaient de longues haltes. Ils n'atteindraient donc pas avant deux jours le torrent où il s'était jadis désaltéré. Or, tous ces gens ne supporteraient pas deux jours de plus sans eau et il convenait de trouver rapidement une source ou de creuser un puits, d'autant que la chaleur montait avec le soleil.

Vers midi, en effet, des imprécations s'élevèrent dans la caravane.

« Qu'est-ce qui se passe ? » demanda Mose à Josué.

Le jeune homme alla s'en informer et revint pour dire que des gens commençaient à avoir soif et qu'ils craignaient de mourir dans le désert. Mose se rappela que Houssam lui avait conseillé de chercher les dépressions naturelles dans le terrain pour y creuser un puits, puisque c'était là que l'eau tendait à s'amasser. Les orages récents avaient dû imprégner le sol. Au bout d'une heure, il repéra une cuvette autour de laquelle la végétation semblait plus abondante. Il descendit de cheval et envoya Josué et Mishaël quérir des hommes robustes équipés de pelles. Il avait, en effet, remarqué que de très nombreux ouvriers avaient emporté leurs outils, songeant naïvement qu'ils trouveraient du travail là où ils allaient.

« Pourquoi fais-tu halte ? s'enquit Aaron.

— Parce que je vais trouver de l'eau.

— Ici ? »

Mose ne répondit pas, mais quand les deux jeunes gens et les terrassiers furent arrivés, il dit à Aaron :

« Va leur dire que nous allons creuser un puits et que nous y trouverons de l'eau.

— Et s'il n'y en avait pas ? Tu perdrais la face.

— Il y en aura ! » rétorqua Mose avec impatience. Et il indiqua aux hommes où il fallait creuser.

Les groupes de tête, parmi lesquels se trouvaient Issar, Loumi et Arphaxad, parvenaient à cet instant à leur hauteur et s'arrêtèrent pour voir ce qui se passait. Les discussions s'animèrent et tournèrent vite au conseil de clans. Mose entendait les réflexions à distance.

« De l'eau en plein désert ? Ce serait un miracle !

— Qui a décidé de creuser là ?

— Mose.

— Mais s'il y avait de l'eau, il y aurait au moins un ruisseau !

— Mose n'est pas fou.

— Non, mais je n'ai jamais vu creuser un puits dans le désert ! »

Les terrassiers avaient déjà creusé un trou de quelque trois coudées de large et d'une coudée et demie de profondeur. Mose se pencha et vit que la terre devenait plus sombre, parce que plus humide. C'était un mélange de gravier et de rochers.

« Continuez. »

Une coudée plus bas, les terrassiers atteignirent une profondeur où le gravier luisait d'humidité ; cela renouvela leur ardeur. Ils s'attelèrent alors à l'élargissement du puits et celui-ci fut assez grand pour que deux hommes pussent s'y tenir ensemble.

« Le sol est mouillé sous nos pieds ! cria l'un d'eux.

— Très bien. Continuez. »

Un cercle immense de gens s'était formé autour du trou. Les commentaires se faisaient plus rares.

« C'est un miracle ! cria Aaron. De l'eau ! Le Seigneur nous protège vraiment, voyez !

— Reste à savoir si nous trouverons assez d'eau pour nous tous », dit quelqu'un.

A un peu plus de quatre coudées, les deux terrassiers du fond crièrent : « De l'eau ! » Ils étaient mouillés jusqu'aux chevilles.

« Creusez encore « , dit Mose.

C'était désormais du gravier mouillé qu'ils rejetaient. Un peu moins d'une heure plus tard, l'eau montait jusqu'aux genoux des terrassiers.

« Nous y sommes, dit Mose. Qu'on me passe une écuelle. »

Mishaël alla lui en chercher une et Mose demanda aux terrassiers de la lui remplir. Deux ou trois milliers de paires d'yeux observèrent le chef d'un peuple nouveau goûter l'eau.

« Elle est saumâtre, mais elle est buvable,

constata-t-il. On peut y faire cuire des aliments à condition de la purifier. »

Le puits était trop proche de la mer et l'eau de pluie avait dû s'amasser sur des terres chargées de sel.

Il passa l'écuelle à Kohath, le chef de clan, qui voulait goûter, lui aussi.

« Elle est saumâtre ! dit-il. Elle est saumâtre, Seigneur ! Qu'allons-nous faire ? »

Un murmure s'éleva de la foule.

« Silence ! cria Mose. Que ceux d'entre vous qui ont des aliments à faire cuire viennent s'approvisionner de cette eau saumâtre. Je verrai plus tard à l'adoucir pour la boisson.

— Comment vas-tu l'adoucir ? demanda Aaron.

— Nous n'avons toujours pas d'eau à boire ? s'inquiéta Elisheba, le visage renfrogné.

— Silence, j'ai dit ! » ordonna Mose.

Il fallut trois bonnes heures pour que ceux qui avaient besoin d'eau pour leur cuisine et la cuisson de leur pain se fussent approvisionnés. Mose, entretemps, était allé chercher l'arbuste qu'il avait jadis vu écorcer pour l'adoucissement de l'eau. Lui et sa petite équipe en ramassèrent des fagots et commencèrent à les écorcer. Il donna ensuite l'ordre de remplir les récipients de l'eau qu'on destinait à la boisson, et il y fit jeter le petit bois écorcé. La sève gluante recouvrit immédiatement l'eau d'une pellicule.

« Laissez les récipients immobiles pendant une demi-heure, conseilla Mose, le temps que cette pellicule tombe au fond et qu'elle ait entraîné le sel. Ensuite, vous pourrez boire l'eau ou la verser dans les gourdes. »

Le délai passé, Mose goûta de l'eau et la trouva potable ; certes, le goût en était encore nuancé de sel, mais cela valait toujours mieux que de mourir de soif. Même les sceptiques s'affairèrent à jeter dans leurs pots le bois écorcé qu'on leur avait distribué. Le temps que tout le monde eût étanché sa soif, non sans grimaces, et qu'on eût refait des provisions liquides, le soleil avait baissé à l'horizon et Mose décida qu'on camperait là, et qu'on reprendrait la route le lendemain avant l'aube, pour regagner le temps perdu. Ce jour-là, les fugitifs n'avaient pas fait plus de trois heures de chemin. A ce rythme-là, ils ne parviendraient pas à Ecyon-Géber avant plusieurs semaines.

« Y a-t-il des raisons de se hâter ? » demanda Josué.

C'était vrai, pourquoi se presser, maintenant qu'on était sorti d'Egypte ? L'ingénuité de la question fit rire Mose.

« Nous sommes une masse informe, Josué, expliqua Mose. Or, il nous faut devenir un peuple. Comprends-tu ? Le Seigneur nous a arrachés des griffes de Ramsès, mais cela ne suffit pas. Si nous devions errer pendant des mois, nous ne serions pas différents des animaux, sans lois et sans âme[2]. »

On dressa donc les tentes qu'on avait repliées quelques heures plus tôt et l'on ralluma des feux. Mose rassembla près d'un feu certains des chefs et des hommes qui lui étaient le plus dévoués ainsi que Josué, Mishaël, Loumi, Issar et Arphaxad.

Le repas fut d'une frugalité exemplaire : du pain que Miriam avait fait cuire, une bouchée de fromage, un œuf dur et des fruits secs. Pour toute boisson, de l'eau même pas tout à fait douce.

« Nous autres, nous faisons partie de ceux qui peuvent se contenter de peu, dit Issar. Mais il y en a beaucoup qui en souffrent. Quand pouvons-nous espérer retrouver sinon l'abondance, du moins un régime moins austère ? »

Toujours cette question de la nourriture. Mose s'efforça de ne pas laisser paraître son agacement.

« Demain nous pêcherons du poisson, répondit-il[3].

— Du poisson ? Et comment le pêcherons-nous ?

— Nous fabriquerons des filets.

— Est-on sûr d'en trouver, du poisson ? »

Mose ne releva pas l'absurdité.

« Et comment fabrique-t-on des filets ? demanda Arphaxad.

— En effilochant des tissus pour en tirer les fils que nous nouerons ensemble. »

Le projet enthousiasma visiblement Mishaël et Josué, mais les autres restaient pensifs.

« Si tu me demandes, Issar, quand nous serons installés dans nos maisons avec nos ustensiles de cuisine, de la volaille, de la viande, du pain, des légumes et des fruits en abondance, avec nos métiers à filer, nos litières de paille fraîche, je te répondrai que ce ne sera pas avant plusieurs mois dans le meilleur des cas. Il nous faudra alors construire nos maisons et labourer nos terres. Mais j'ajouterai que nous ne sommes pas du bétail qu'on engraisse dans l'oisiveté et que des êtres humains que le Seigneur a sauvés devraient témoigner d'un peu plus de gratitude à son égard et parler un peu moins souvent de nourriture.

— Notre gratitude n'est pas en cause. Ce que je dis, c'est qu'il faut vivre et que, pour vivre, Mose, il faut manger.

— C'est bien toi, Issar, qui me pressais en Egypte de prendre la direction de notre peuple, si je ne me trompe.

— C'est moi, Mose. Je n'ai pas changé d'avis. »

Mose hocha la tête.

« Le Seigneur vous a-t-il fait défaut depuis que vous avez quitté l'Egypte ? Il ne vous fera pas défaut, même si vous ne retrouvez pas tout de suite des oignons pleins de jus et des melons sucrés. »

Il était visiblement de mauvaise humeur et personne n'avait envie de l'affronter.

« J'en ai assez de vous entendre crier famine. Vous avez emporté des chèvres et des moutons, vous n'avez qu'à les manger ! » Il se leva. « Manger ! Boire, encore, je comprends ! Mais manger ! Je n'entends que ça !

— Nous sommes près de trente mille, Mose, répliqua Issar sans se laisser démonter, et les quelques chèvres et moutons que nous avons emportés ne nourriraient pas le cinquième d'entre nous[4]. Personne ne conteste ce que tu dis. Nous te posons simplement des questions, puisque tu connais cette région. »

Mose ne répondit pas ; il l'avait déjà fait.

« Commençons tout de suite à faire des filets, dit Mishaël. Je n'ai pas sommeil. Nous avons déjà taillé cinq piques. »

Ces gamins-là avaient le don de l'apaiser.

« Il nous faudra beaucoup plus que cinq piques.

— Combien ?

— Au moins mille.

— Mille !

— Et même cinq mille, Mishaël. Si nous en avons besoin, ce ne sera pas pour une bagarre de rue. Pour le moment, allez récupérer tous les tissus de chanvre et de laine dont les gens n'ont pas un besoin pressant. Nous avons plus besoin de nourriture que de piques. Je l'espère, du moins. »

Ils revinrent une heure plus tard, alors que les convives du festin de miettes étaient partis se coucher dans la tristesse du ventre vide, sous un quartier de lune qui évoquait une tranche de melon déjà mangée. Ils portaient des paquets de tissus. Ils ranimèrent le feu pour y voir clair et commencèrent, sur les instructions de Mose, à les effilocher, puis à torsader cinq ou six fils ensemble, de façon à obtenir des cordelettes de plusieurs coudées de long.

Lui-même partit se promener dans les parages, seul et sombre. Il était agité. Nourrir trente mille personnes. Des milliers d'êtres humains que l'insatisfaction avait rabaissés au rang de bébés voraces et hurleurs, malgracieux, hargneux, dentus. La longueur des campements atteignait, estima-t-il, dix mille coudées. C'était effrayant, trente mille personnes à nourrir ; il en fut presque paralysé.

« Seigneur, je sais que c'est Toi qui nous as fait sortir. Je sais que Tes desseins sont obscurs et qu'ils ne se manifestent qu'exceptionnellement. Ils me sont apparus, pourtant, avec la clarté de la lune sur le ciel noir. Tu es le Maître absolu, Tu sais tout, Tu prévois tout et Tu peux tout. Je ne suis que Ton instrument, mais que vais-je faire de ces gens-là ? Ils ne me parlent que de boire et de manger. Si c'est Ton peuple, ne peux-Tu leur faire comprendre ?... »

La nuit était peuplée de lézards, de hiboux, de chauves-souris, de serpents, de quadrupèdes furtifs et souples, faits de dents, de pattes et d'estomacs, prédateurs mystérieux qu'on ne devinait qu'à des bruissements de feuilles dans le noir, des craquements, des piaulements, des feulements. Que cherchaient-ils ? A boire et à manger, sans doute, eux aussi, à entretenir la forme la plus élémentaire de la vie. Lui, Mose, il devait faire éclater aux yeux de tous la volonté du Seigneur. La solitude le saisit comme une fièvre. Ses pensées allèrent vers Séphira. Même quand elle ne comprenait pas, elle comprenait. Elle était son peuple à lui. Mais le Seigneur ne s'était pas révélé à lui pour la seule conquête de Séphira.

Le ciel et ses milliards d'étoiles lui parurent un poids trop lourd. Il titubait presque quand il retrouva enfin la tente d'Aaron et sa dernière pensée fut que l'homme qui sait est souvent le plus misérable de tous. Le plus solitaire.

7

LA JOURNÉE DES CALCULS

« En avons-nous assez ? »

Ils lui présentaient des écheveaux de cordelette torsadée plus ou moins réguliers. Ils s'étaient, dit Mishaël, levés à l'aube pour reprendre le travail interrompu la veille et ils avaient, en effet, les yeux rouges. Aaron regardait les écheveaux par-dessus l'épaule de Mose, l'air dubitatif. Mose saisit un écheveau et tira un fil avec force entre ses deux mains.

« Ça ira. Maintenant, il faut couper des bouts de même longueur, douze coudées chacun, et les nouer en les croisant, avec une distance de trois doigts entre eux. »

Mishaël hocha la tête.

« Nous faisons halte ici aujourd'hui ? demanda-t-il. C'est un travail qu'on ne peut pas faire en marchant. »

Quand Mose lui eut précisé qu'ils prolongeraient la halte pour la journée, Mishaël s'en fut avec Josué et deux autres jeunes filles. Mose se tourna vers Aaron.

« Je veux que tu réunisses les chefs de clans et que tu leur dises de faire chacun le compte des siens, tous, domestiques compris. Il faut que nous sachions notre nombre exactement.

— Qu'est-ce que ça changera ?

— C'est nécessaire pour le ravitaillement, quand le moment viendra. »

Aaron paraissait maussade, mais Mose n'y accorda pas d'importance.

Après cela, il faudrait constituer une troupe avec les hommes les plus vaillants, en cas d'attaque. Mose ne voyait guère d'où elle pourrait surgir, ni quel en serait l'objet, mais il fallait être prêt à cette éventualité. Le Seigneur, au commencement des temps, avait dû faire un travail comparable, quand Il organisait le chaos en y introduisant de la logique. Il monta sur son cheval et partit en avant, pour reconnaître le chemin.

Le paysage avait changé depuis trois ans. Certaines parties de la montagne semblaient s'être effondrées, des taches de végétation qu'il ne se rappelait pas étaient apparues, bouquets de jujubiers et de chênes nains, que des pluies récentes avaient lavés. Il descendit de cheval pour inventorier la végétation et poussa une exclamation : les tamaris devenaient abondants et il y préleva plusieurs fragments de manne pour les goûter. C'était bien cela, et si l'on en trouvait assez, cela tiendrait lieu de pain. Il trouva même un figuier sauvage qu'il dépouilla de tous ses fruits, et des chicorées sauvages en abondance, dont il arracha quelques plants. Non, ce n'était pas le manque d'eau qui l'inquiétait. Ni même de nourriture. C'était l'installation finale. Il mangea quelques figues et alla laver la chicorée dans la mer pour la goûter. Ce n'était pas un régal, et cela emplissait tout juste l'estomac, mais c'était toujours ça. Il revint au campement vers midi.

Mishaël accourut et l'aida à descendre de cheval.

« Viens ! Je vais te montrer ! »

Ils avaient travaillé rapidement. Deux filets étaient prêts, à plat sur le sol.

« Très bien, dit Mose. Il faut renforcer les bords avec une longueur de cordelette. Puis attacher des poignées renforcées aux coins. »

Les garçons et les filles se hâtèrent de faire ce qu'il disait. Entre-temps, des hommes vinrent examiner les filets, critiquant ceci et cela.

« Vous en avez, vous, des filets ? demanda Mishaël. Non ? Alors qu'est-ce que vous critiquez ? Nous avons fait ces filets de nos mains pour pêcher du poisson et, si vous ne voulez pas de notre poisson, nous le mangerons seuls !

— Vous ne pêcherez jamais de poisson avec des filets aussi légers, ripostèrent les hommes. Des filets faits par des filles ! »

Des mots acides volèrent, on faillit en venir aux mains.

« Ne perdons pas de temps ! cria Mose. Il faudra quatre hommes pour chaque filet. Josué, va chercher du renfort. »

Le premier filet était à peine prêt que Mishaël et les deux filles qui l'avaient aidé à le confectionner étaient dans l'eau. Les jeunes gens mandés par Josué arrivaient en courant. Les deux filets furent dans l'eau en deux temps trois mouvements, sous la surveillance de Mose et les regards goguenards d'une centaine d'hommes qui assistaient à la scène les bras croisés. Mose lui-même s'avança dans l'eau jusqu'à la poitrine, pour tirer l'un des filets plus au large. Au bout de quelques minutes, le filet commença à se tendre, les filles criaient d'excitation et le groupe qui maniait l'autre filet poussait également des cris. Tout le monde était trempé jusqu'aux cheveux.

« Tenez bon ! »

Le filet menaçait, en effet, d'échapper aux prises et l'une des filles avait déjà lâché sa poignée et remontait sur la rive, haletante et dépitée.

« Assez ! On hale ! »

Le filet avait tenu bon, à quelques mailles près. Le contenu en fut déversé sur le sable et sauta, frétilla, se tordit, happa l'air. De gros poissons gris, des roses, des jaunâtres, des ronds, des effilés, une quantité de petits d'apparence bizarre.

« Rejetez tous les petits ! » ordonna Mose.

Il donna lui-même l'exemple, saisissant le fretin par la queue pour le balancer dans l'eau. Dans le filet ramené par Mose et Mishaël, se trouvaient un requineau et deux poissons serpentins, des anguilles. « Rejetez aussi les poissons sans écailles ! Ne les touchez pas ! La peau est venimeuse ! » Il se rappelait les préceptes des pêcheurs d'Ecyon-Géber, chez lesquels le contact avec les anguilles avait déclenché d'alarmantes inflammations de la peau des mains, et prêcha d'exemple en les poussant vers l'eau avec un bâton. Le bilan fut vite fait : le contenu des deux premiers filets pouvait nourrir une trentaine de personnes. Il eût fallu cinq cents filets pour nourrir tout le monde en deux prises, calcula Mose, retrouvant ses talents de surveillant des chantiers. Deux cent cinquante en quatre prises, cent vingt-cinq en huit, soixante-deux et demi, si l'on pouvait ainsi dire, en seize prises... Or, il n'y avait là que deux filets et ils ne pourraient pas, ce jour-là, ramener plus de dix prises, soit assez pour trois cents personnes. Les spectateurs observaient toujours, sans enthousiasme.

« Vous allez nourrir combien de gens avec ça ? s'enquit l'un d'eux.

— Nous allons recommencer et surtout, nous allons fabriquer d'autres filets », répondit Mose d'un ton égal.

Des femmes étaient venues considérer la prise, admirant les thons et les daurades, tandis que Josué, Mishaël et les filles s'affairaient déjà à réparer leurs filets.

« C'est du beau poisson, dit l'une d'elles.

— Mes sœurs et moi pourrions aussi faire un filet, dit une des deux filles qui avaient aidé les garçons.

— Faites-le. Vite. Pendant ce temps, dit Mose aux femmes, vous pouvez déjà commencer à écailler et vider ce poisson-là. Et revenez dans une demi-heure, il y en aura autant.

— A qui allons-nous attribuer ce poisson ? demanda Aaron, revenu de ses conciliabules avec les chefs de clans.

— Aux femmes âgées, à celles qui allaitent, aux enfants d'abord. Tu as donné mes instructions aux chefs ?

— C'est fait. Le décompte est commencé. »

Mose partit chercher des hommes robustes qui pourraient remplacer Mishaël et Josué dans la fabrication des filets.

« Il vous reste des écheveaux ?

— Nous pouvons en faire quelques autres.

— Combien de filets pouvez-vous fabriquer ?

— Quatre, peut-être. Il faudra voir. Nous avons aussi besoin de fil pour réparer les deux premiers. »

Vers le crépuscule, Mishaël annonça que trois autres filets étaient prêts et que le fil restant ne permettrait d'en fabriquer que deux autres. Sept en tout. Mose recommença à calculer, évoquant au passage le souvenir de son précepteur, Amsetse, qui lui avait enseigné le calcul, sans imaginer à quoi ses leçons serviraient un jour. Cent cinq personnes en une prise, mille cinquante en dix prises. Or, le lendemain, la pêche pourrait commencer à l'aube. Il serait donc possible d'effectuer vingt prises au moins, ce qui assurait de la nourriture à deux mille cent personnes. Les hommes ne goûteraient pas à ce poisson de sitôt. Il fallait doubler le nombre des filets et, surtout, trouver une autre source de nourriture.

Mose commença par le premier problème. Or, il ne restait plus beaucoup de tissus dont les gens pourraient se passer et qui fourniraient un fil assez résistant. Il en trouva assez pour confectionner cinq filets de plus et c'était là le point final. « Trois mille six cents personnes en vingt prises », murmura Mose. Pas assez et de loin : la cohésion de son peuple dépendait du partage de nourriture.

Vers le soir, il dut réviser ses calculs. Josué, en

effet, avait constitué des équipes qui pêcheraient sans relâche, même pendant la nuit.

« Combien de prises ? lui demanda Mose.

— Au moins trente pour un jour et une nuit, peut-être plus.

— Très bien. Ne surchargez pas les filets. »

La prise d'un seul filet nourrissant quinze personnes en une fois, cela ferait de la nourriture pour cinq mille quatre cents personnes, un peu plus du tiers des femmes. Toujours pas assez. Soixante-dix filets au moins seraient nécessaires pour donner du poisson à tout le monde.

Miriam vint lui offrir deux morceaux de daurade grillés. D'après ses propres recommandations, il n'y avait pas droit ; mais il voulait en connaître le goût. C'était savoureux et nourrissant. Mais le problème demeurait : s'ils campaient plus longtemps à cet endroit, le temps de fabriquer d'autres filets, ils réduisaient leurs chances de trouver de la nourriture ailleurs et le mécontentement croîtrait alors parmi les hommes. Mose était assis devant la tente, regardant le soleil se coucher sur l'Egypte et les pêcheurs dans l'eau jusqu'au torse, quand Aaron arriva, d'un pas lent. Il annonça les résultats du recensement : ils étaient vingt-sept mille.

« Moins que je ne pensais, observa Mose, surpris, les sourcils relevés. Beaucoup moins. Presque dix mille de moins, si je compte que vous avez emmené des serviteurs. »

Aaron gardait les yeux baissés et Mose se rendit alors compte qu'il ne lui avait pas demandé, quand ils s'étaient retrouvés là-haut, sur la rive de la mer des Roseaux, si tout le monde était parti d'tgypte. Tout le monde. Jusqu'au dernier Apirou. Le sang lui afflua au visage. Ils étaient au soir du quatrième jour depuis leur départ et c'était seulement alors que la vérité lui était révélée.

« Aaron », dit-il d'une voix à peine audible.

L'autre leva les yeux.

« Ramsès, je l'ai entendu de sa bouche, disait que nous étions trente ou quarante mille.

— Aucun recensement de notre peuple n'a jamais été fait, répliqua Aaron. L'estimation de Ramsès ne reposait sur rien.

— Mais il en est qui sont restés là-bas, et tu le sais.

— Il en est resté, oui. Je ne sais pas combien.

— Tu n'en as aucune idée ?

— Trois, quatre mille, peut-être un peu plus. »

Josué vint bâtir un feu et, ayant jeté un regard aux deux hommes, devina la tension entre eux et s'en fut sans un mot dès que le feu eut pris.

« Pourquoi ne me l'as-tu pas dit plus tôt ?

— Les circonstances ne s'y prêtaient pas. Tu avais assez de problèmes à affronter. Nous les affrontons encore, et je pensais que tu l'avais compris à mes lettres. Je t'avais écrit que tous les chefs de clans ne s'étaient pas rangés à notre opinion. »

Les chauves-souris avaient entrepris leurs premiers vols, là-bas, à l'ombre des montagnes. Le bois vert crépita et fuma. Mose comprit qu'il avait présumé de son autorité.

« Pourquoi sont-ils restés ?

— Il en est auxquels nous n'avons pas pu déléguer de messagers. Certaines équipes se trouvaient en Haute-Egypte, où elles avaient été expédiées pour creuser le tombeau de Séti. Il en est aussi qui n'ont pas voulu se joindre à nous. »

Aaron tendit les mains vers le feu, puis délia un petit sac de dattes sèches et en offrit à Mose.

« Qu'aurions-nous fait, d'ailleurs, de gens qui seraient venus à contre cœur ? reprit-il. Ils auraient été un sujet de troubles[1].

— Pourquoi n'ont-ils pas voulu se joindre à nous ? » demanda Mose en mâchant pensivement une datte.

Là-bas, les pêcheurs ramenaient des filets qui semblaient très lourds, trop lourds.

Aaron haussa les épaules.

« Peut-être étaient-ils moins attachés que nous à la foi de nos pères. Peut-être n'y étaient-ils plus attachés du tout. Il en est beaucoup qui avaient du bien, leurs maisons, leurs champs. Ils avaient épousé des Egyptiennes. Ils n'étaient pas malheureux. Leurs enfants se considéraient comme des Egyptiens... »

Il jeta à Mose un regard qui signifiait : *Et toi aussi, tu étais presque un Egyptien.*

« Nous sommes donc vingt-sept mille », dit Mose, pour couper court.

Il n'avait plus l'esprit à calculer combien de poisson il faudrait pour tous. Une seule chose occupait son esprit : ce peuple n'en était pas encore un. Rien ne cimentait tous ces gens, qu'une fidélité vague à la religion de leurs pères, renforcée par l'aversion à l'égard de leurs anciens oppresseurs. La protection du Seigneur apparaissait à beaucoup d'entre eux comme un concept flou. Si le Seigneur entendait les protéger, pourquoi ne leur donnait-il donc pas de l'eau claire et de la nourriture ? Pas de nourriture, pas de foi ! La mission que le Seigneur lui avait confiée n'était pas achevée... Le discours de la veille leur était certainement passé par-dessus la tête. Des mots ! Et qu'est-ce qui leur prouvait que ce Mose, ce Ptahmose, avait vraiment entendu le commandement du Seigneur ?

Il poussa un soupir et se leva pour aller examiner les prises jetées sur la grève. Des femmes attendaient et se servaient elles-mêmes sans attendre, emportant le poisson vers leurs tentes. Il y en avait sûrement qui se servaient deux ou trois fois. Un préposé à la distribution du poisson serait nécessaire. Mais les prises lui semblaient plus abondantes que le jour. Il se mit en quête de Josué afin de lui demander d'allumer des torches pour la nuit[2] et de veiller à ce que les mêmes femmes ne se servissent pas deux fois. Plusieurs équipes s'étaient constituées pour pêcher presque sans interruption, et ces hommes se servaient évidemment sans trop se soucier des ordres de Mose. On ne pouvait pas le leur reprocher, ils avaient gagné leur nourriture. Le vent du soir poussait dans l'air des fumées de poisson grillé tout le long du rivage.

En longeant le campement, Mose entendit une femme se lamenter de n'avoir pas d'huile.

Il dormit tard, parce que, pour la première fois depuis longtemps, il reprenait ses exercices de méditation et de concentration. Ce n'était plus la ligne de feu qu'il tentait d'apercevoir, c'était la flamme ardente dont la Voix avait surgi. Sans le souvenir, le sentiment, l'immanence de cette voix, il était désarmé, il était comme tous ces gens, un exilé au ventre presque vide.

« Le Seigneur est ma force », murmura-t-il quand l'apaisement lui fut venu.

8

PREMIÈRE CONTESTATION

Dès le lendemain, Mose décida de lever le camp. Il en était temps, les hommes, même si leurs épouses avaient partagé leur poisson avec eux, manifestaient la méchante humeur que donne un ventre léger.

« Nous n'avons même plus de pain ! Plus de farine !

— Nous allons en trouver.

— Où ?

— Nous allons en trouver. Pour le moment, approvisionnez-vous en eau.

— Tu appelles ça de l'eau ? »

Pour ne rien arranger, un vieillard, Eliab, le Roubénite, était mort au petit matin, ce qui déclencha une scène d'hystérie collective dans tout le clan.

« Que ne sommes-nous morts nous-mêmes ! gémissaient les femmes en se frappant le visage. Le désert sera notre tombe ! » Elles criaient, jacassaient, glapissaient à pleins poumons, alertant les voisins, mettant la mort d'Eliab au compte de leur exode et tentant à l'évidence de déclencher une révolte.

Mose, alerté par son oncle Issar, dont c'était le clan, celui de Kohath, père d'Issar et grand-père de Moïse et d'Aaron, se rendit sur les lieux escorté par Aaron, qui n'en menait pas large, à en juger par sa mine crispée. Ce que Mose ne savait pas, c'était que la révolte était menée par le propre fils d'Issar, qui ne portait pas son cousin dans son cœur. Il l'appelait « le bâtard ». Une querelle de famille menaçait, dont le prestige de Mose risquait de pâtir.

« Vos lamentations offensent le Seigneur ! cria Mose, courroucé. En vérité, je Le prierai moi-même de mettre fin à vos jours, puisque vous êtes à ce point indignes de Sa bonté !

— N'avons-nous plus le droit de pleurer notre père ? lui demanda une femme, le visage mauvais.

— Vous avez le droit de pleurer votre père, mais vous n'avez pas le droit de faire un scandale de votre mécontentement !

— C'est mon père, Mose, qui est mort, à cause de cette fuite hors d'Egypte, dit sur un ton menaçant un homme du nom de Dathan que Mose avait déjà remarqué pour son agressivité.

— Notre père, entends-tu ? cria le frère de Dathan, Abiram.

— Qu'as-tu à nous raconter, Mose, maintenant qu'Eliab est mort à cause des souffrances que tu lui as infligées ? renchérit la femme.

— Que la foudre du Seigneur s'abatte sur toi ! Tous les hommes de l'âge d'Eliab sont-ils donc morts ? Eliab a rendu l'âme parce que le Seigneur avait décidé de son heure, et tes récriminations et celles de tes pareils offensent le Seigneur ! »

Kohath avait blêmi. Mose s'arrogeait donc le droit de tancer les gens de son clan sans en référer d'abord à lui, l'aïeul...

« Est-ce ainsi que tu parles à mon aïeul, Egyptien ?

— Toi, mon cousin, lui déclara Mose, si tu n'es pas capable de faire régner l'ordre et la soumission au Seigneur dans ton clan, je nommerai un chef à ta place.

— De quel droit ? cria Kohath, agitant une main furieuse sous le nez de Mose. Je détiens ici l'autorité suprême, petit Egyptien, et je suis ton aïeul ! Et je le déplore ! Tu ne parles même pas notre langue ! Tu es le fils d'une Egyptienne, une sœur de Ramsès !

— Tes déplorations n'intéressent que toi et les gens assez sots pour t'écouter, Kohath. Ton autorité est nulle en comparaison de celle que le Seigneur m'a conférée sur vous tous et sur toi aussi ! La loi du sang est nulle en ce qui me concerne, Kohath ! Une rébellion de plus et tous les chefs qui m'ont suivi de plein gré seront d'accord pour vous abandonner ici dans le désert. Nous verrons comment vous survivrez avec la malédiction du Tout-Puissant sur vos têtes ! En attendant, je te somme de ramener ton petit-fils à la raison.

— Calme, mon père ! intervint Issar.

— Je te maudis ! cria Kohath à l'adresse de Mose, la salive coulant de sa bouche sénile et ridée. Je te maudis, sang impur ! »

Issar se voilait le visage de ses mains. Une rumeur montait autour d'eux, des femmes pleuraient et d'autres criaient, et Mishaël, le cousin de Mose, lui serrait le bras, dans un geste d'imploration.

« Kohath, père de mon père, et toi Korah, toute malédiction que vous proférerez contre l'envoyé du Très-Haut se retournera contre vous, reprit Mose, blême de colère. Il vous reste peu de temps pour vous repentir, car c'est le Seigneur qui vous maudit ! »

La solennité de la menace eut raison des cris. On vint soutenir Kohath et l'on retint Korah, Dathan et Abiram, qui voulaient se jeter sur Mose, tandis que Mishaël murmurait à l'oreille de Mose : « Mon cousin, mon cousin je t'en supplie ! » Un attroupement s'était formé. Aaron, livide, semblait près de défaillir et sa femme Elisheba, accrochée à son bras, grognait comme une bête.

« Je sais qui tu es, Korah, s'exclama Mose, d'une voix sonore. Tu es de ceux qui répugnaient à partir. Tu es de ceux qui préfèrent un ventre plein d'oignons et de fèves égyptiennes à la bénédiction du Seigneur ! Tu es de ceux qui ne savent le sens ni de la liberté, ni de la dignité ! » Il reprit son souffle. « Je te déchois, Korah, mon cousin. Dès maintenant, je déclare que ta famille est soumise à l'autorité directe d'Aaron. Maintenant, enterrez votre père, afin que nous levions le camp le plus tôt possible.

— Nous allons l'enterrer ici, dans le désert, comme une bête sauvage ? questionna une vieille femme, qui était sans doute la veuve d'Eliab.

— Tu veux l'emmener pourrir sur un dos d'âne, par cette chaleur ? intervint Aaron. As-tu perdu la tête ? Où veux-tu l'enterrer, femme ? Peut-être possèdes-tu près d'ici un lieu de sépulture pour ta famille ?

— En effet, où donc voudrais-tu l'enterrer ? demanda Issar à la femme.

— Toi, ferme ta gueule ! cria la vieille. Tu es un domestique de Mose !

— Ferme ta gueule toi-même, femme ! » ordonna Aaron.

Ce courage soudain lui venait d'un renfort. En effet, plusieurs chefs de clans voisins étaient venus s'informer des raisons de l'esclandre et ils ne paraissaient pas disposés à prendre le parti de Kohath.

« Nous n'avons pas besoin de rébellion en ce moment, déclara l'un d'eux, Jémuel. Vos cris et vos insolences, que nous entendons depuis que nous avons quitté l'Egypte, sont un mauvais exemple pour les gens de nos clans. Vous n'avez pas cessé de vous plaindre et de contester l'autorité de Mose. Nous l'avons choisi comme chef et nous n'avons que ce chef, désigné par le Très-Haut. Nous vous adjurons publiquement de craindre la colère du Seigneur[1].

Kohath ravala sa salive.

« Enterrez Eliab, ordonna-t-il. Et rapidement. »

Crispé de colère, Mose s'éloigna, suivi d'Aaron, d'Issar, de Mishaël et de Josué.

« Tu ne m'avais pas dit que l'opposition avait été si forte, dit Mose à Aaron.

— Les choses ne sont pas si simples. J'ai fait ce

que j'ai pu, répondit Aaron. Peut-être ai-je trop bien fait. Peut-être aussi ai-je forcé la main à certains, comme Korah. Il n'a accepté de se joindre à nous que sur la pression de son père, n'est-ce pas vrai, Issar ? Peut-être encore n'ai-je pas tenu compte du fait que pour ceux de ta... de notre famille, tu étais... tu fais partie de la famille de Ramsès. Tu ne parles pas assez bien notre langue. Il y a des jalousies... »

Les autres écoutaient, la tête basse.

« Ton fils est jaloux de moi ? demanda Mose à Issar.

— Je le découvre avec toi.

— Tu ne soupçonnais rien ?

— J'ai sans doute eu le tort de ne pas prêter assez d'attention à ses réserves. Pour lui, en effet, pour beaucoup d'autres aussi, tu n'es pas vraiment des nôtres. Tu es un seigneur, enfin, tu l'étais là-bas. Nous, nous étions des esclaves. Une fois de plus, c'est un seigneur qui prenait notre commandement. »

Issar s'exprimait comme à regret.

« Il y en a beaucoup d'autres qui s'opposent à moi ? »

Issar hocha la tête.

« Oui, je ne peux pas te mentir. Un grand nombre nourrissent à ton égard les mêmes sentiments que mon propre fils. Ils sont jaloux. Ils disent : "Une fois de plus, c'est un Egyptien qui nous commande." J'ai beau faire observer que tu nous protégeais contre les Egyptiens... »

Aaron alla aider ses fils à replier la tente. Les autres s'en furent à leurs préparatifs, à l'exception de Josué.

« Tu es en colère, constata ce dernier. Je le comprends, Mose, et tu auras encore bien des occasions de te mettre en colère jusqu'à ce que nous arrivions là où tu veux nous mener. Mais la colère ne peut que te freiner. Et donc nous freiner tous. »

Mose adressa un regard au jeune homme. Un visage large, dense, rendu encore plus massif par le crâne tondu. Comment savait-il ces choses à vingt-cinq ans ? Et pourquoi avait-il, lui, choisi le parti de Mose ? Il le lui demanda.

« Je n'aime pas la lourdeur, répondit-il. Toi, tu es ailé.

— Ils ont mangé trop de fèves », dit Mose.

Et ils éclatèrent de rire tous les deux.

Ces convulsions et l'enterrement d'Eliab coûtèrent trois heures de retard. Les pêcheurs en avaient profité pour jeter de nouveau leurs filets, et Mose interrogea Josué sur la préparation d'une phalange de défense qu'il lui avait confiée.

Un groupe de femmes vint l'interrompre :

« Et le poisson ?

— Nous pêcherons plus loin.

— Mais le poisson que nous avons pêché ? »

Que nous avons pêché !

« Il tiendra quelques heures, répliqua Mose, mais pas plus. Il faut qu'il soit cuit d'ici ce soir. » Il se tourna vers Josué. « Montre-moi les piques que tu as fait confectionner. »

Josué partit au pas de course et revint, suivi de Mishaël et d'une douzaine de jeunes hommes qui portaient chacun plusieurs piques.

« Les autres sont en train d'aider à replier les tentes et de faire des ballots, dit Josué. Nous sommes près de mille. Voici les piques. »

Mose fut surpris par leur qualité. Elles étaient de longueurs inégales, mais aussi droites qu'on pouvait l'espérer dans les conditions où elles avaient été fabriquées. Presque toutes étaient en bois de cyprès. Les pointes en avaient été durcies au feu, comme l'avait recommandé Mose, qui en éprouva la pointe de l'index et hocha la tête. Il en saisit une, la soupesa et la lança au loin. Elle fila sur une cinquantaine de coudées et alla se ficher dans le sable à un peu moins d'une coudée de profondeur, preuve qu'elle était assez lourde pour un lancer efficace. Les jeunes hommes avaient observé la démonstration avec une surprise admirative. L'homme auquel le Seigneur s'était révélé possédait donc aussi la force physique ! Il alla retirer la pique et revint vers eux.

« Combien en avez-vous ?

— Deux cent quatre-vingt-une, répondit Josué. Ce n'est pas assez, je le sais, mais nous n'avons pas eu beaucoup de temps. Il a fallu s'occuper aussi des filets. »

Mose sourit. Il examina les jeunes hommes. Tous, d'anciens travailleurs des chantiers d'Egypte. Des corps fermes et alertes et des visages décidés.

« Pour le moment, leur dit-il, nous allons vers la terre qui nous est destinée, celle dont vient notre ancêtre Abraham. Nous serons considérés comme un peuple errant par tous ceux qui possèdent déjà leurs terres. Donc, comme une menace. Ou bien nous serons attaqués par ceux qui voudraient une fois de plus faire de nous des esclaves, ou bien par ceux qui voudront nous empêcher de conquérir nos terres. Nous sommes donc contraints de fabriquer nos propres armes. Mille piques, ce serait bien, et il faut qu'elles soient prêtes le plus tôt possible. Mais ce ne sera pas assez. »

Ils attendirent. Combien ?

« Si nous sommes attaqués, reprit Mose, il faudra que ce soit par un ennemi assez puissant pour oser s'en prendre à vingt-sept mille personnes, dont la moitié au moins sera en mesure de se défendre. Et si nous attaquons, il faudra que cela en vaille la peine. Nous ne pourrions ni nous défendre ni attaquer à moins d'une force constituée de cinq mille hommes. »

Et, se tournant vers Josué, il ajouta :

« Je suis certain que tu trouveras rapidement quatre mille hommes de plus parmi nous. Vigoureux et alertes comme ceux-ci. Avez-vous des dagues ? »

Plusieurs d'entre eux en possédaient.

« Une armée doit détenir plusieurs sortes d'armes, expliqua Mose. Des arcs, des lances, des glaives, des lances ou à défaut des piques telles que celles-ci, des massues et, pour se défendre, des boucliers. Nous ne disposerons que des armes que vous aurez fabriquées. Je veux que vous vous entraîniez à la fronde. C'est une arme redoutable dans la main d'un homme qui sait la manier, et elle est facile à fabriquer. »

Ils hochèrent la tête. Plusieurs d'entre eux, dirent-ils, savaient la manier.

« Plus tard, nous posséderons les armes que vous aurez conquises », reprit-il.

Ils parurent étonnés.

« Un ennemi vaincu l'est deux fois, parce qu'il laisse ses armes sur le terrain. »

Il jeta un coup d'œil par-dessus leurs épaules. La plupart des tentes étaient déjà repliées.

« Mais souvenez-vous, conclut-il en souriant, les armes n'ont qu'une importance secondaire. Ce qui compte, c'est la tête qui commande le bras au bout duquel se trouve l'arme. Je veux des gens rapides, vifs, malins. Je ne suis que votre lieutenant. Votre chef, votre vrai chef, c'est le Seigneur. Je vous demande d'être dignes de sa protection. Dites-le à voix haute et dites-le à voix basse : *Le Seigneur me protège.* »

Ils le répétèrent.

« Josué, tu seras après moi le chef de ces hommes et de ceux que tu choisiras. Vous marcherez ensemble et non avec vos clans, une moitié d'entre vous juste derrière moi, l'autre pour fermer la marche[2]. »

Il était presque midi lorsque toutes les tentes furent repliées. Mose estima qu'ils ne marcheraient pas plus de six heures. Eliab avait été enterré et son tombeau recouvert de grosses pierres. Josué menait cinq cents hommes derrière Mose et les cinq cents autres fermaient le convoi. Les gens demandèrent ce qu'étaient ces escortes. Les moutons bêlaient et les ânes brayaient. Mose monta sur son cheval et la colonne s'ébranla. Une colonne de vingt-sept mille âmes, longue de quelque dix mille coudées et chargée d'espoir, de ressentiments, d'anxiété, de cette boue que le Seigneur a jetée dans chacune de ses créatures, ensemble avec des paillettes d'or.

« Seigneur, allons-nous vraiment fonder une nation ? » pensa Mose.

Le ciel, cependant, était clair. Vers l'est, on aurait dit une nacre teintée de vert.

9

« SANS LUI, TU N'ES QU'UNE CHOUETTE ! »

Il faudrait bientôt leur donner une loi, songea Mose, contemplant la mer et les sables dorés par le couchant, par-dessus la crinière de son cheval. Maintenant qu'ils avaient échappé au joug égyptien, ils devenaient rebelles. Mais, avant la loi, il fallait surtout les nourrir. Sa pensée revint une fois de plus à Séphira, à ses enfants, à Jéthro, quand Aaron, qui montait aussi l'un des chevaux pris aux Egyptiens et qui se révélaient étonnamment endurants, lâcha :

« Je commence à avoir faim.

— Il y avait longtemps... » repartit Mose.

Ayant balayé du regard la végétation à sa gauche, d'un vert si sombre qu'il tournait au noir sur le fond des montagnes qui rosissaient et violaçaient, il se retourna et ordonna la halte. Une bonne heure de clarté les séparait pourtant de la nuit.

« Maintenant ? » s'étonna Aaron, qui grignotait des dattes.

« Halte ! » cria Josué en se retournant lui aussi. « Halte ! » crièrent les hommes du dernier rang de l'escorte. « Halte ! » répétèrent quelques hommes tout au long de la colonne. Mose descendit de cheval et pria Aaron de convoquer les chefs et seuls. Il leur demanda de le suivre jusqu'à un tamaris.

« Vous voyez ces excroissances blanches ? dit-il en

en détachant une du tronc. Elles sont comestibles. » Il tendit à l'un des chefs un grain de la taille d'une grosse fève. « Tu peux goûter. »

L'autre plaça prudemment la manne[1] entre ses dents et commença de la mâcher.

« Cela ressemble à du pain au miel.

— On peut en tout cas en faire du pain. »

Aaron, qui ne connaissait pas la manne, alla en prélever un échantillon et en tâta lui aussi du bout des dents. Les autres chefs suivirent son exemple.

« Qu'est-ce que c'est[2] ?

— Ce *qu'est-ce que c'est* est le pain que le Seigneur vous offre afin de ne pas mourir de faim », répondit Mose.

Ils le dévisagèrent, à demi sceptiques. Sans doute en était-il qui se demandaient si le Seigneur n'était pas à court de farine ou, tout au moins, de froment. Il le devinait à leurs regards : ils auraient préféré tomber sur un champ de froment, comme ça, dans le désert.

« C'est mangeable, en effet. Et il y en aurait assez pour nourrir tout le monde ?

— Il y en aura assez. Je veux que demain, quand le soleil poindra, les femmes aillent le recueillir sur les arbres, à raison d'un *omer* par famille[3]. Cette manne sera recueillie tôt, et seulement pour les besoins de la journée. »

Une fois de plus, ils levèrent sur Mose des yeux étonnés. Même Aaron.

« Et si le lendemain nous n'en trouvions pas ?

— Vous n'en trouverez pas si vous ne faites confiance au Seigneur, répondit Mose.

— Pourquoi faut-il récolter cette chose avant le grand soleil ? demanda un autre chef.

— Parce qu'elle fond à la chaleur et que les vers y prolifèrent[4]. Il convient de la piler et de la cuire tout de suite pour en faire du pain. De plus, vous voyez ces herbes ? reprit Mose, en arrachant un plant de chicorée sauvage qu'il alla laver dans la mer. Cela se mange aussi. C'est de la chicorée. Une fois lavée, elle est comestible. »

Et, joignant le geste à la parole, il en mâcha quelques feuilles et leur tendit le reste.

« Il y en a en abondance. Du pain et de la salade, cela enrichira l'ordinaire... » Il regarda les doigts détacher les feuilles et se dit que même les doigts pouvaient exprimer le scepticisme.

« Si tant est qu'il y ait un ordinaire..., murmura un chef.

— C'est un peu amer, dit un autre.

— De la salade sans sel ? s'étonna un troisième.

— Si vous voulez du sel, laissez au soleil un pot rempli d'eau de mer. Le soir, quand l'eau se sera évaporée, vous trouverez un peu de sel. »

Ils ne paraissaient guère enthousiastes, mais ils apprenaient à ne pas discuter avec Mose et ils retournèrent vers les leurs. Une fois de plus, les tentes furent dressées et les feux allumés, tandis que les pêcheurs reprenaient leur labeur.

Dans un vacarme de claquements d'ailes et de becs, une bande de cigognes noires venues du sud s'abattit soudain sur la grève, là où les prises fraîches de poisson venaient d'être déversées, et les oiseaux commencèrent à se servir du menu fretin. Des gamins et des fillettes accoururent pour les chasser, mais les volatiles ne se laissaient pas facilement intimider, pointant du bec et donnant des coups d'aile. Il y en avait une bonne centaine ; on les chassait d'un côté, elles revenaient de l'autre.

« Laissez-les ! crièrent des pêcheurs qui avaient observé les intruses. Elles ne mangent que ce que nous rejetons ! »

On les regarda donc un bon moment se repaître des crevettes égarées dans les filets, de mollusques et de poissons si petits qu'on s'étonnait qu'ils eussent été retenus par les mailles. Puis elles poussèrent quelques clameurs et s'envolèrent vers les broussailles, où elles achèveraient leur repas avec des criquets, des lézards et autres bestioles avant de prendre leurs quartiers pour la nuit. Le matin, elles seraient reparties.

Mose avait observé la scène ; il parut songeur.

« D'où viennent-elles ? »

Il se tourna vers celle qui avait parlé ; c'était sa nièce, la fille d'Aaron. Une fleur qui prenait des couleurs nouvelles au vent du désert et de la mer, loin des langueurs de l'Egypte. Il espéra brièvement qu'elle échapperait à l'aigreur de sa mère et à la sottise rance qui s'épaissit dans la pécore avant qu'elle passe à l'état de donzelle, puis à celui de femelle féconde.

« Elles viennent d'Afrique, répondit-il, où elles séjournent pendant l'hiver et qu'elles quittent quand le printemps vient. »

Toute jeunesse est belle. C'étaient les mauvaises pensées qui rendaient les adultes si laids, les rancœurs, les lâchetés, les mensonges, les jalousies crasseuses, l'irrémédiable vanité des individus qui tous se prennent pour le centre du monde, l'inertie de la paresse, le manque de cœur, la méconnaissance de la mort et, pis encore, la peur de la mort. Il voulait une nation de jeunes, une nation de beauté et de courage. Pas de ces vieux dont la face était à ce point marquée qu'on eût pensé que c'était sur elle qu'ils marchaient, et non sur leurs pieds.

« Où vont-elles ?

— Vers le nord. Au-delà de la Grande Verte, il y a des terres inconnues. »

Il leva les yeux et aperçut un couple de vautours qui tournoyait très haut dans le ciel, avec l'espoir de se repaître de quelques carcasses de cigognes épuisées.

« Aaron ! »

C'était la voix d'Elisheba, qui avait rabaissé son caquet et qui se tenait désormais à distance respectueuse de Mose. Aaron s'absenta pour aider sa famille à dresser la tente, puis il revint pour dresser celle qu'il partageait seul avec Mose. Une heure plus tard, le rivage était une fois de plus couvert des fumées du poisson grillé. Mose se dévêtit et alla se baigner. Seuls quelques jeunes suivaient son exemple ; les autres, sans doute, attendaient une source. Quand il revint, se séchant, il constata que son cousin Mishaël avait allumé un feu pour lui et faisait griller deux grands filets de poisson à son intention sur une pierre plate.

« J'ai dit que le poisson serait réservé pour les femmes, observa Mose.

— C'est la portion de ma mère et de mes tantes, répondit Mishaël. Elles disent qu'elles en ont trop mangé hier. Elles ont grignoté un peu et puis se sont déclarées repues. Elles n'en veulent pas ce soir.

— Ce n'est donc pas tant la faim, rit Mose, qui motive ces lamentations sur la nourriture, que la recherche du plaisir de manger. »

Mishaël leva vers lui un regard chargé de sous-entendus ironiques et retourna les filets avec sa dague.

« Et toi, en as-tu mangé ? demanda Mose

— Non, je suis tes ordres. Tu as dit que le poisson était pour les femmes.

— Mais puisque les femmes de ta famille n'en voulaient pas, pourquoi ne t'es-tu pas servi ?

— J'ai préféré te servir d'abord.

— Pourquoi ?

— Parce que je vois ce que tu vois et je devine ce que tu penses.

— Crois-tu ?

— Nous sommes nombreux à comprendre que, sans toi, nous aurions encore le fouet des contremaîtres égyptiens sur le dos.

— C'est tout ce que vous comprenez ?

— Et aussi que tu es un père. »

Mose hocha la tête. Un père ! Lui qui n'en avait jamais eu...

« Alors partage un filet avec moi, et nous laisserons l'autre pour Aaron, dit-il.

— Si tu l'ordonnes. »

Comme Aaron arrivait, Mose lui offrit l'autre filet de poisson.

« Tout cela est bien, dit celui-ci à la dernière bouchée. Demain il y aura donc du pain pour tous. Mais nous n'avons toujours pas de viande. »

Mose et Mishaël éclatèrent de rire, et Aaron les considéra avec une surprise scandalisée. Deux de ses fils, Nadab et Eléazar, l'observaient à distance, apparemment étonnés de le voir manger du poisson.

« Ai-je dit quelque chose de sot ? demanda-t-il, feignant de ne s'adresser qu'à son cousin.

— Tu viens de manger du poisson frais et tu te plains de n'avoir pas de viande ! De plus, Mishaël et moi avons partagé un filet et t'en avons laissé un entier.

— Je ne me plains pas. Je dis que les autres sont habitués à manger de la viande et que nous n'en avons toujours pas, répondit Aaron, piqué au vif.

— Eh bien, nous ne sommes pas encore morts de faim !

— L'indulgence n'est pas ton fort, observa Aaron. Il faut pourtant comprendre les gens que tu commandes.

— Non, l'indulgence ne doit pas dominer un chef, Aaron. Tu fais erreur. Comprendre quelqu'un, c'est se condamner à tenir toujours compte de ses faiblesses, c'est-à-dire être gêné dans toutes les décisions importantes. Je n'ai pas l'intention de tenir compte des récriminations sur les différences entre la nourriture d'Egypte et celle que nous pouvons trouver dans le désert ! Croyez-vous que nous allons rester éternellement au régime maigre ? Ne pouvez-vous prendre patience au nom du Seigneur qui vous a libérés ? »

C'était étonnant que cette incapacité d'imaginer le futur ! Même les enfants, quand on leur promettait quelque chose pour le lendemain, étaient capables de s'armer de patience. Mais non, il fallait à ces hommes de la viande, et tout de suite. Les seuls qu'il n'entendait pas protester étaient les jeunes. Pourquoi ? Parce que dans toute jeunesse fermente une rébellion ? Parce que la rébellion porte en elle l'espoir ? Ou bien parce qu'ils n'avaient pas encore été amollis par l'habitude du confort comme les aînés ?

Josué et un autre jeune homme du nom de Zikri, que Mose avait déjà vu à ses côtés, venaient de se joindre à eux.

« Le Seigneur m'a chargé de fonder votre nation dans la terre qu'Il a choisie, Aaron. Et je n'ai pas l'intention de fonder une nation avec des obsédés de ragoûts ! Ce n'est pas une vie facile qui nous attend, en Canaan, même si la terre est fertile. Je veux fonder une nation jeune et courageuse, capable de se défendre et d'attaquer et de supporter des privations. Je vous demande d'être dignes du Seigneur ! Des soldats du Seigneur ! Si vous êtes des créatures du Seigneur, je veux voir en vous la lumière de l'espoir ! »

Mais il s'avoua que l'espoir ne pouvait survivre sans objet, faute de quoi il est bu par le monde comme l'eau par le sable. Il devait, lui, leur offrir une image à laquelle s'accrocher ou, plutôt, se raccrocher, une image précise qui s'imposerait même à leurs rêves. La notion de liberté était trop abstraite, de même que celle de dignité. Si la liberté et la dignité étaient associées en eux à un ventre creux, elles les rebuteraient. Il tiendrait compte de cela la prochaine fois qu'il s'adresserait à eux.

Aaron se taisait, consterné. Tout son sens de la diplomatie était battu en brèche, sans recours.

« Les vieux seront morts, heureusement pour eux, murmura-t-il à la fin. D'ailleurs une vieille femme est morte tout à l'heure.

— Quel était son mal ?

— L'âge. Elle n'avait pas voulu laisser ses fils partir seuls. La fatigue a eu raison d'elle. »

Personne n'avait promis que l'exode serait une garantie contre la mort.

« Nous avons tous notre heure. Il ne faudrait pas, Aaron, que la mort de vieillards, qui aurait été accueillie en Egypte comme un chagrin prévisible, change de sens dans le désert et qu'elle soit interprétée comme la sanction de la liberté. Je te demande de veiller à cela. Le départ d'Egypte et les épreuves du désert ne sont pas un subterfuge pour nous débarrasser de nos aînés, as-tu compris ? Les gens âgés détiennent une partie de notre mémoire, et c'est pourquoi je leur ai réservé, ainsi qu'aux femmes, une préférence dans les rations alimentaires. »

Aaron paraissait troublé. Toutes ces idées... Il était las et se félicitait presque que ce ne fût pas à lui que le Seigneur se fût adressé. Mose était un homme instruit, il avait déjà l'expérience du pouvoir, il pouvait manier ces concepts et ces problèmes, tandis que lui[5]...

« Zikri, reprit Mose au bout d'un temps, est-il vrai que des femmes refusent de manger du poisson ? »

L'autre parut embarrassé.

« Je ne peux répondre pour toutes les femmes, Mose. Et peut-être que refuser est un terme un peu fort. Mais il est vrai que j'en ai entendu quelques-unes dire qu'elles étaient lasses d'écailler et de vider pour manger ce qu'elles avaient déjà mangé la veille. Elles voudraient aussi manger le poisson frit.

— Très bien. Va dire aux pêcheurs que, puisqu'il en est ainsi, un dixième des prises leur reviendra. »

Zikri lança un regard amusé à Mose et se leva pour aller vers la grève.

« A propos de viande, dit Josué, j'ai aperçu des gazelles, là-haut, dans les montagnes. Ne pourrions-nous les chasser ?

— A condition de les atteindre. Avec quoi te proposes-tu de les chasser ?

— A la fronde.

— Et quand tu en aurais abattu, il faudrait encore

que tu ailles dans la montagne les ramener. Et quand tu les aurais ramenées, il faudrait les partager et je ne suis pas sûr qu'il y aurait assez de viande pour tout le monde. Les gazelles de ces parages sont petites, une bête ne peut pas nourrir plus de dix ou douze personnes. Tu te rends compte ? Il faudrait abattre deux mille cinq cents gazelles pour un seul repas ! Sinon, tu ferais des jaloux. »

Josué se mit à rire, provoquant un sourire de Mose.

« On n'entendrait plus parler de viande », observa-t-il[6].

La nuit était tombée depuis longtemps. La fatigue et les contrariétés de la journée poussèrent hommes et femmes, jeunes et vieux, vers le sommeil comme la mer roule des galets sur la grève.

Le cri d'une chouette réveilla Mose dans la nuit. Il l'écouta et lui trouva le ton d'une question. Seule sur un arbre voisin, elle disait, lui sembla-t-il, l'anxiété d'un être solitaire dans la nuit. Elle cherchait le sens de sa vie.

« Le Seigneur ! murmura-t-il pour lui répondre. Le Seigneur, chouette ! Avec Lui, tu règnes sur la nuit ; sans Lui, tu n'es qu'une chouette ! »

Comme si elle l'avait entendu, elle se tut et il se rendormit.

Dès l'aube, ils furent des centaines à aller ramasser la manne sur les tamaris. Cela les mena loin et déclencha quelques émois, parce que, dès qu'on s'avançait dans la rocaille où poussaient les arbustes, on courait le risque de tomber sur des serpents. Et l'on tomba. Quelques-uns furent mordus en effet, et ils vinrent trouver Mose, comme si c'était sa faute s'ils s'étaient fait piquer.

« Comment était ce serpent ? demanda Mose.

— Un serpent, quoi ! dit un homme, montrant sa main enflée.

— La tête, elle était ovale ou triangulaire ?

— Ovale, je crois.
— De quelle couleur ?
— Noire.
— De quelle longueur ?
— Très long, quatre ou cinq coudées. »

Mose alla chercher du plantain dans les herbes, en cueillit une douzaine de feuilles et revint en disant à la victime : « Que ta femme les fasse cuire une demi-heure avec quelque chose de gras, de l'huile s'il lui en reste, sinon l'eau suffira. Applique les feuilles cuites sur ta main et mets un pansement par-dessus. Demain il n'y paraîtra presque plus. C'est une couleuvre de Syrie qui t'a mordu. Elle n'est pas venimeuse. »

Il y eut aussi deux cas de morsures de vipère. Mose ouvrit la morsure à la pointe de sa dague et fit couler le sang.

Consigne fut donnée immédiatement aux cueilleurs de manne de battre les fourrés avec des bâtons avant de s'y aventurer. Ce qui ne fut pas non plus sans péril, car il y avait parmi les serpents des cobras noirs qui ne se laissaient pas intimider et qui se dressaient furieusement, prêts à attaquer ceux qui les dérangeaient. Enfin, sur un ordre de Mose, la cueillette fut achevée avant le grand soleil.

La manne fut pilée, mélangée avec de l'eau et mise à cuire sur des pierres. Le produit des deux opérations fut un pain évidemment plat, douceâtre, qu'on pouvait manger avec de la chicorée, des restes de fromage ou du poisson. Le goût était nouveau ; on s'en lassa quand même.

10

CE QUE DIT ALI LE CARAVANIER

Ils mangèrent de la manne et du poisson sur le chemin pendant cinq jours. L'ordinaire était agrémenté pour quelques-uns de baies de zizyphe, sucrées et légèrement acidulées, de fruits de dattiers sauvages, mais de matières grasses, point. Mose avait beau fouiller les souvenirs du temps où il avait partagé l'ordinaire de Houssam et de ses fils, il ne se rappela aucune source sauvage de matières grasses ; le seul gras des repas provenait du lait, et les trois vaches emmenées d'Egypte eussent été bien incapables de subvenir aux besoins de la communauté. De plus, les produits laitiers se fussent très mal conservés dans cette chaleur. C'est d'ailleurs pourquoi Mose avait ordonné que ce lait fût strictement réservé aux femmes enceintes et à celles qui allaitaient et, s'il en restait, aux enfants en bas âge, auxquels il s'efforçait d'éviter la disette.

Le matin du cinquième jour, il vit arriver une caravane et s'élança vers elle[1]. D'où venaient ces gens ? D'Ecyon-Géber, puis des campements au-dessus, répondirent les caravaniers, stupéfiés par la masse d'humains qu'ils apercevaient au soleil derrière Mose.

« Et vous ? demanda leur chef.

— Nous venons d'Egypte.

— Tant de monde ?

— Nous avons quitté le royaume.

— C'était donc vrai ?

— Quoi ?

— Ce que les bateliers nous avaient rapporté, que les Apirous avaient pris la fuite. »

Mose hocha la tête.

« Et où allez-vous ?

— En Canaan. »

Ils le dévisagèrent comme s'il leur avait répondu qu'ils allaient dans la Lune.

« Et c'est toi le chef, n'est-ce pas ? Il me semble te reconnaître. N'es-tu pas Mose, le roi des démons ? »

Mose se mit à rire et le chef aussi et les autres caravaniers. Ils se répétaient de chameau en chameau : « C'est le roi des démons ! » et ils riaient, de leur rire solaire et guttural. Ils n'avaient donc pas oublié ce surnom que lui avaient valu ses combats contre les pillards ! Josué, Mishaël et Aaron, qui avaient rejoint Mose, examinaient les chameaux avec stupéfaction.

« Et Ali ? Et ses frères ? s'enquit Mose.

— Ali est prospère. Il demande souvent si l'on t'a vu dans les parages. Il est à Alaat, en ce moment, avec sa famille.

— A quelle distance sommes-nous d'Alaat ?

— Vous y serez ce soir. Mais la citadelle ne pourra pas vous accueillir, comme tu sais.

— Je sais. »

Mose n'osait évoquer les possibilités d'approvisionnement en vivres et en eau.

« Y a-t-il dans le désert des plantes dont on puisse tirer de l'huile ? » questionna-t-il.

Le chef des caravaniers parut perplexe.

« Il y a les amandiers sauvages, mais vous n'en trouverez pas souvent, ni beaucoup, et leurs amandes donnent peu d'huile. Peut-être pourrez-vous acheter de l'huile d'olive à Alaat. »

Ils se donnèrent l'accolade. « Salut, roi des démons ! Salut, mon frère ! » Et les caravaniers reprirent leur chemin, longeant l'immense masse des exilés.

« Tu connais ces gens ? demanda Josué. Ils semblent te porter de l'affection. »

Et Mose lui expliqua que les populations de ces régions l'avaient jadis accueilli, quand il s'était enfui d'Egypte.

« Et c'est alors que tu as pris femme, parmi eux. »

Mose fut surpris que Josué fût au courant de ce mariage. Mais c'était Aaron qui avait répandu l'information — Aaron qui était retourné à l'arrière de l'interminable caravane, commenter à sa façon l'entretien de Mose avec les Bédouins.

« Qu'a-t-il dit d'autre ? »

Josué parut embarrassé.

« Que tu n'aurais pas dû prendre femme parmi des étrangers. »

Ils parvinrent, en effet, à Alaat à la tombée de la nuit. Mose reconnut le profil de la citadelle, qui semblait s'être agrandie depuis trois ans. Des cris s'élevèrent. « Des lumières ! Il y a des gens ! »

« On fait halte ! » ordonna Mose. Il annonça qu'il allait monter à la citadelle essayer d'obtenir des droits d'approvisionnement en eau et des vivres. L'agitation se répandit, car certains s'étaient aventurés dans la plaine au pied d'Alaat et, ayant distingué dans le crépuscule des palmiers et des cultures, ils croyaient être parvenus enfin en Canaan[2]. Mose s'élança à cheval sur le chemin qu'il connaissait et se fit admettre en se recommandant du nom d'Ali, fils de Houssam.

L'accueil ! Les accolades ! Les protestations maladroites. Les rires. L'émotion. La chaleur. Puis le dîner. La saveur du vin, du pain, de la grouse aux épices... Puis les explications.

« Où sont tes frères, Samot et Nibbiot ?

— Ils seront bientôt de retour. J'ai toujours ton arc et tes flèches, sais-tu... Tu retournes à Ecyon-Géber ?

Tu vas revoir ta femme ? J'ai vu ton beau-père, Jéthro, j'ai vu ton fils, Guershôn... On raconte que tu es devenu le roi des Apirous, que tu les as emmenés hors d'Egypte...

— Non, écoute, j'ai besoin de toi... »

Et Mose raconta.

Ali écouta, allant d'étonnement en étonnement.

« Combien êtes-vous ?

— Vingt-sept mille.

— Vingt-sept mille !

— Il nous faut de l'eau et des vivres.

— Pour tout ce monde ! Je ne peux pas décider seul. Nous avons, comme tu le sais, trois sources et onze puits. Mais vous allez les occuper plusieurs jours et c'est la saison de l'engraissement des troupeaux...

— Consentez-nous un certain nombre d'heures par jour. Nous paierons, dit Mose. Pouvez-vous nous vendre de l'huile et de la farine ?

— Certainement. Mais je ne sais pas si nos magasins suffiront à vous approvisionner.

— Où sont les chefs ?

— Ils sont ici, à Alaat. Nous allons aller les voir tout de suite, dit Ali en se levant. Viens avec moi. »

Ils allèrent ainsi de porte en porte dans la nuit froide et, chaque fois, c'était le même cérémonial ; ils trouvaient le chef en train de se chauffer devant un brasero ou un foyer, entouré de ses fils, de ses filles les plus jeunes, de clients, d'esclaves, Ali présentait Mose, mais oui, chacun se souvenait de lui, le roi des démons, les chefs riaient, ils les invitaient à s'asseoir et Ali exposait le problème : le roi des démons était devenu le chef des Apirous et il demandait le droit payant de s'approvisionner en eau, il voulait acheter de la farine et de l'huile. Il fallait chaque fois expliquer pourquoi les Apirous avaient quitté le royaume du pharaon, puis il fallait avouer le chiffre des exilés. Et c'était chaque fois la même exclamation : « Vingt-sept mille ! »

Trois heures plus tard, Ali obtint enfin un accord en ce qui concernait l'eau : les Apirous auraient le droit de s'approvisionner pendant les trois premières heures de la journée trois jours de suite, moyennant cent shekels d'argent. Samot et Nibbiot, qui venaient de rentrer, jugèrent que, pour les vivres, mieux valait remettre les inventaires au lendemain à la lumière du jour.

« Dors chez moi, dit Ali quand les tractations furent achevées, c'est plus chaud que sous une tente.

— Alors envoie un émissaire à mon frère pour l'en informer, sans quoi il s'inquiétera. »

Comme l'émissaire le confirma, Aaron et les autres s'inquiétaient déjà, en effet, s'imaginant que Mose avait été enlevé. Ali et Mose se retirèrent pour la nuit, chacun allongé sur sa litière, dans la clarté rougeâtre du feu, comme ce soir où, trois ans auparavant, Mose avait partagé son premier souper avec Houssam. Pour la première fois depuis longtemps, Mose s'allongea sur une litière, dans l'odeur aromatique du bois calciné, de l'encens et du suint que dégageait sa couverture en peau de mouton. Il mangea des dattes, des amandes, des figues, des galettes au miel et au sésame, disposées dans les bols au centre de la pièce, essayant d'étouffer en lui le remords que lui valaient ces privilèges. Manger lui donnait encore plus faim et Ali lui dit à la fin :

« Cela me peine.

— Quoi ?

— De voir ton visage amaigri. »

Puis au bout d'un temps :

« Pourquoi n'es-tu pas resté avec nous ?

— Ton père l'avait dit : la main de Dieu s'est posée sur moi.

— Tu serais resté avec nous, tu aurais pris femme et tu n'aurais pas tous ces gens à ta charge. Nous avons des dieux, nous aussi.

— Le mien m'a chargé de conduire ce peuple hors d'Egypte.

— Et où irez-vous ?

— En Canaan. »

Ali avait changé. Il y avait plus de profondeur en lui, et moins d'impétuosité. Mose avait connu un jeune fauve, il découvrait un homme réfléchi, fin, moelleux.

« Vous voulez conquérir ce territoire ? Il y a déjà des gens, là-bas : les Cananéens, les Amorrites, et les Hittites, qui sont pires que tous...

— Il y a aussi des Apirous. Ils se joindront à nous. Il le faut. Nous le prendrons, ce territoire.

— Avec quoi ? Vas-tu fabriquer des arcs ? Des flèches ? »

Mose sourit au souvenir d'antan[3].

« Non. Mais nous le prendrons. C'est le Seigneur qui le veut.

— Crois-tu que ton Dieu veuille le bonheur des hommes ? »

La question prit Mose de court.

« Qu'est-ce que le bonheur ? Bien manger, avoir une femme, être en bonne santé ? Mon peuple avait tout cela en Egypte. Ce n'était pas assez, Ali. Ils ont décidé de partir.

— Pourquoi ?

— Il leur manquait la liberté, la dignité, la fierté.

— Et nous, Mose, n'avons-nous pas la liberté, la dignité et la fierté ? Ne les avons-nous pas en même temps que le bonheur ?

— Vous les avez, sans doute. Vous les avez, oui, je l'ai vérifié. Mais nous, nous ne les avions pas. Il nous fallait les conquérir.

— Mais ce n'est pas vraiment ton peuple, plaida Ali. Tu nous l'as dit, tu es un Egyptien... »

— Le Seigneur me l'a imposé, ce peuple.

— Comment ?

— Je l'ai vu, une flamme blanche qui s'élevait d'un buisson. Une voix qui se répandait jusqu'aux montagnes et qui faisait vibrer la terre. Je l'ai vu, il s'est manifesté à moi, Ali. Je ne peux pas le nier.

— Est-ce pour répondre à son ordre que tu as quitté ta femme ?

— Il est plus fort que tout, Ali », répliqua Mose d'une voix somnolente. Le vin, la nourriture, la chaleur : il dodelinait de la tête.

« Dors, dit Ali. Un jour, demande à ton Seigneur de t'expliquer pourquoi je sens que tu es mon frère autant que les fils de mon père. »

Cette dernière phrase emplit Mose d'un vertige, mais sa tête ne répondait plus à sa volonté, il glissait dans le sommeil comme dans les bras d'une femme. Et il songea que la tendresse des hommes était confondante. Il n'avait jamais su la juger...

11

L'ACTION DE GRÂCES OUBLIÉE

Le lendemain matin, une main souleva sa tête, et Mose reconnut les yeux bruns d'Ali, qui lui tendait un bol de lait chaud. Il le but pensivement, touché par ce geste.

Puis il descendit informer Aaron et les chefs, qui l'attendaient, encore inquiets, des résultats de ses entretiens. Oui, ils auraient le droit à l'eau, mais il devrait remonter évaluer ce que les chefs d'Alaat leur céderaient comme huile, comme farine, comme lentilles, comme fèves, comme légumes[1]... Ils poussèrent des cris d'extase. De l'eau, des lentilles, des fèves, des légumes... Plusieurs d'entre eux s'étaient aventurés à nouveau dès l'aube dans la plaine au pied de la montagne et, comme ils avaient retrouvé des cultures, des troupeaux, des sources, ils avaient repris leur antienne : c'était Canaan et ils allaient s'installer ici. Il les ramena à la raison : les plaines ne pouvaient certes pas accueillir tout leur peuple ; Canaan, c'était plus loin.

Il vaqua ensuite à sa toilette et se baigna dans la mer. Puis, Ali descendit avec un caravanier pour régler les échanges commerciaux : les Apirous pourraient-ils payer cent sacs de farine ? Vingt sacs de lentilles ? Dix de fèves ? Dix autres de fruits secs ? Cinquante *omers* d'huile d'olive ? Les quelques chefs de clans présents demandaient la contenance d'un sac. Quinze *omers*, répondit Mose, qui la connaissait. Ils demandèrent le prix. Cinq shekels d'argent le sac de farine, six le sac de lentilles, autant le sac de fèves et celui de fruits secs. Cela faisait cinq cents shekels d'argent, plus cent, plus cinquante, plus les cent shekels de droits de puits pendant trois jours, soit au total, sept cents shekels d'argent. Les Bédouins accepteraient-ils aussi de l'or ? demandèrent les chefs. Le caravanier qui servait de comptable répondit qu'il prenait deux shekels d'or pour dix d'argent et quinze de cuivre. Les chefs s'en allèrent consulter les leurs et revinrent une bonne heure plus tard portant deux sacs de jute qui tintinnabulaient. Aaron tenait à l'écart les femmes qui se pressaient, incrédules, pour voir les marchands qui cédaient cette incroyable provende et aussi pour y mettre leur grain de sel. Cela suscita des éclats de voix et même une dispute entre Aaron et sa femme.

« L'huile ! Nous allions oublier l'huile ! » s'écria Mose.

Cela coûtait cinq shekels les trois *omers,* mais Nibbiot ne pouvait garantir la livraison de plus de dix cruches de trois *omers*. Cinquante shekels de plus. Ali observait ces transactions d'un œil mi-étonné, mi-amusé.

Le caravanier sortit une balance qu'Aaron et quelques chefs commencèrent par examiner d'un œil soupçonneux, ce qui eût été offensant, mais le comptable souriait d'un air ironique pendant qu'ils se passaient la balance de main en main et soupesaient les plateaux pour vérifier qu'il n'y en avait pas un plus lourd que l'autre. Mose et Ali surveillèrent de loin les pesées. Cela prit toute la matinée. Puis, Mose chargea Aaron et Josué de réunir une centaine d'hommes pour aller chercher les sacs de vivres.

« Sur quoi allez-vous les charger ? demanda Nibbiot, parcourant le campement du regard et n'apercevant que quelques ânes et chevaux.

— Nous n'emporterons certes pas tout, répondit Mose. Je pense que, pendant les trois jours de halte ici, nous en consommerons une bonne partie. Nous n'avons pas fait un vrai repas depuis quinze jours que nous sommes partis d'Egypte. Mettons que nous serons plus légers d'un bon tiers.

— Tu as parlé de légumes, dit Aaron, s'adressant à Mose. Tout le monde me parle de légumes. Que pouvons-nous avoir comme légumes ?

— Des salades et des oignons, répliqua Nibbiot.

— Qui sont ces hommes ? demanda Aaron en aparté, désignant Ali et Nibbiot.

— Des frères.

— Comment peux-tu appeler frères des gens d'une autre foi ?

— Comme tu m'appelais frère, repartit Mose.

— J'ajoute les légumes ? questionna Nibbiot.

— Et comment ! » cria un chef.

Le comptable ajouta donc vingt shekels d'argent pour des salades.

« Qui est cet homme ? s'informa Ali à mi-voix, indiquant Aaron.

— Mon frère, répondit Mose en souriant dans sa barbe de la symétrie des questions[2].

— Allons ! Tu sais que nous sommes tes seuls frères, repartit Ali en riant. Et de quoi avez-vous donc vécu tout ce temps ?

— De manne et de poisson. Est-ce que nous pouvons acheter des moutons ?

— Quinze shekels le mouton, précisa Nibbiot. Mais nous ne pouvons pas vous céder plus de vingt têtes. »

Le comptable ajouta donc trois cents shekels pour les moutons.

« Quelle responsabilité t'es-tu mise sur les bras ! » soupira Ali.

Les porteurs descendaient de la citadelle les premiers sacs de farine et l'attroupement qui s'était formé autour d'eux faillit les faire basculer. L'on criait, l'on chantait et l'on dansait même autour de ces sacs, sous le regard songeur de Mose. Consigne dut être donnée à Aaron et aux chefs : un tiers seulement de la farine, des lentilles et des fèves serait consommé pendant cette halte-là. Seuls les moutons seraient tous mangés.

« Vous ne trouverez plus de provisions comparables d'ici Ecyon-Géber, avait averti Nibbiot.

— Nous avons oublié le vin ! » s'écria Mose.

Et s'adressant à Ali :

« Vous avez du vin ?

— On peut vous céder quelques outres, tout juste.

— Est-il bien sage de leur donner à boire du vin ? s'inquiéta Aaron.

— On peut le couper d'eau, suggéra Josué.

— Cinq outres alors, pas plus. »

La soirée fit oublier toutes les privations précédentes. Les femmes avaient fait cuire du pain, du vrai pain clamaient-elles, tout l'après-midi. Les moutons avaient ensuite été égorgés et mis à rôtir sur des broches de cyprès, et l'odeur même en enivra plus d'un. Fèves et lentilles avaient été mises à cuire dans une infinité de pots ; le campement brasillait, rougeoyait, grésillait de mille feux. Ali offrit de l'ail pour parfumer le repas et, l'heure venue, on s'assit autour des feux et l'on mangea — on bâfra, plutôt. Du mouton avec des salades à l'huile, lentilles à l'ail, poireaux et laitues. Furieux exercice de mandibules ! L'eau, pourtant à peine teintée de vin, déclencha des crises d'ébriété caractérisées. Un homme tomba par terre, les bras en croix, au bout de quelques gorgées, un autre se mit à faire des bonds le long du campement et faillit choir dans un brasier. Des femmes dansaient, des hommes chantaient en chœur ou se laissaient aller à des éclats de rire insensés.

La satisfaction des sens débrida sans pudeur des natures, des comportements et des humeurs que la faim avait refrénés. Des seins apparurent, puis des nombrils et des bas-ventres, la chair s'agita, s'érigea, et des couples singuliers se formèrent. Les bêtes nocturnes en furent effarouchées et le cri des chacals dans la nuit parut exprimer pour Mose l'indignation qu'il ressentait lui-même. Ces gens se croyaient encore en Egypte, ils festoyaient comme aux temps de leur séjour dans le royaume. Dans leurs têtes, ils étaient encore sujets du pharaon et fidèles de ses dieux. Et pourtant, les militaires égyptiens qu'ils avaient faits captifs semblaient, eux, les plus retenus. La discipline de l'armée les tenait toujours, même loin de leurs chefs. Mose soupira. Il lui incombait d'installer ce peuple dans son pays. Un pays qui serait le leur, sous le regard d'un Dieu qui serait le leur, le seul, l'Innommé, l'Innommable, l'Esprit purificateur[3].

Il observait tout cela d'un regard désapprobateur. « Ils ont oublié le Seigneur, murmura-t-il. Pas une prière, pas une action de grâces ! »

Samot, Nibbiot et Ali le trouvèrent dans cette contemplation morose et l'emmenèrent souper avec eux. Devinaient-ils ses pensées ? En tout cas, ils respectèrent son silence.

12

LA VIANDE TOMBÉE DU CIEL

Les outres, les gourdes, les jarres furent remplies d'eau. Les ânes furent chargés à ployer sous les sacs de farine, de lentilles, de fèves, dont plusieurs avaient d'ailleurs été divisés en trois ou quatre sacs plus petits qu'un homme pouvait porter. Du vin, il ne restait plus une goutte. Il fallait reprendre la route. Le départ d'Elim fut pour Mose plus pénible que sa fuite d'Egypte.

« Nous ne nous perdrons plus », dirent les fils de Houssam, en entassant sur son cheval des cadeaux : des sacs de fruits secs qu'il aimait, du sel, des clous de girofle... Puis, la formidable caravane des Apirous s'ébranla. Le vent de la mer se levait et gonflait les voiles rouges d'une barque au large.

Une fois de plus, ils se retrouvèrent cheminant entre les montagnes à gauche, la mer à droite et l'avenir devant eux, ondulant déjà sous l'effet de la chaleur, mère des mirages.

Bientôt, songea Mose, il faudrait reprendre la pêche. Fabriquer d'autres filets avec les cordages qu'il avait achetés à Elim — de vrais cordages de chanvre tressé, qui feraient d'excellents filets.

A la halte du soir, Mose réunit les chefs.

« Voici trois semaines que le Seigneur nous a conduits hors d'Egypte, commença-t-il. Pendant ces jours, nous étions agités de pensées confuses et j'ai souffert de n'avoir pas entendu vos prières de grâces au Seigneur après la bombance que vous avez faite à Elim. Que seriez-vous sans Lui ? Y songez-vous ? Si vous ne Le gardez présent dans vos esprits, Il se mettra justement en colère et se détournera de vous. Je veux désormais qu'un jour par semaine, le septième, soit consacré à la prière. Ce jour-là, vous ne ferez rien d'autre que Le prier. Vous ne ferez pas cuire de nourriture, vous ne vous déplacerez pas à plus de cent coudées. Il n'y aura pas de pêche. Je ne veux entendre ni cris ni querelles ; ce jour doit être saint et consacré au Seigneur. Or, il tombe demain. Ce soir, vous préparerez donc de la nourriture à cet effet.

— La lumière est vraiment avec toi. Mose, dit un des chefs, Zéphon, de la tribu des Gadites, l'un de ceux qui avaient toujours témoigné de son admiration pour Mose. C'était notre coutume depuis notre père Abraham. Ce que tu dis est juste et conforme à la volonté divine. Ce jour était le septième, et celui que tu as désigné est le septième[1]. Que ta sagesse soit bénie.

— Que chacun d'entre vous en instruise ceux qui sont sous son autorité.

— Pourrons-nous faire des feux ? demanda un autre chef.

— Non. Aucune activité. Bâtissez les feux et allumez-les avant que le soleil se couche.

— Pourrons-nous souffler dessus ? »

Mose se tourna vers Zéphon.

« Souffler seulement, répondit celui-ci.

— Il y a parmi nous des esclaves qui ne sont pas des nôtres. Pourrons-nous les charger d'entretenir les feux ainsi que nous le faisions en Egypte ? demanda un autre chef.

— Cela est licite. Les prisonniers égyptiens sont assez nombreux pour s'en charger. Que chacun de vous exerce sa surveillance sur les siens. »

Mose observa une pause.

« J'ai été choqué par les débordements du festin qui a eu lieu le premier soir à Elim, reprit-il. Des filles dansaient nues, prises de boisson. Des garçons guère plus vêtus s'agitaient de manière indécente, des gens d'âge mûr ne faisaient guère mieux...

— Mose ! intervint un chef. De la nourriture, ils n'en avaient pas vu depuis longtemps...

— Trois semaines, je sais. Les militaires égyptiens se tenaient mieux. Ce n'est pas le comportement d'un peuple respectueux de son Seigneur et qui va fonder une nation. Je ne veux plus voir cela. »

Le calme et le silence dans le campement, le lendemain, furent saisissants. Seuls les prisonniers égyptiens s'activaient, allant d'un feu l'autre pour y jeter du bois, rétablir un pot de ragoût qui menaçait de verser. Les esprits de ce peuple étaient pareils à des eaux troublées par l'agitation ; le repos les purifierait, songea Mose.

« Et si nous étions attaqués un jour de sabbat ? demanda Josué, qui s'était joint à Mose comme à son habitude.

— Nous nous défendrions. Et nous ferions ensuite un sacrifice pour nous le faire pardonner. »

Le camp fut levé deux jours plus tard, après une pêche abondante. Aaron avait imposé de sécher tout le poisson qui n'était pas consommé le jour même, après qu'il eut été éviscéré. Il séchait d'ailleurs vite sous le soleil et dans le vent. On l'étalait le matin et, le lendemain, il ressemblait à du cuir.

Au quatrième jour, il ne restait que des quantités infimes des provisions achetées à Elim. L'ordinaire de manne et de poisson fut remis en vigueur et il parut plus austère après les délices d'Elim.

Les lamentations reprirent donc, chauffant les oreilles de Mose, d'Aaron, de Josué, de Mishaël. Des femmes couraient sur plusieurs centaines de coudées, depuis l'arrière-garde, pour protester parce qu'elles n'avaient plus de farine, plus d'huile et ainsi de suite. L'eau aussi commençait à manquer.

Le soir, on campa dans la mauvaise humeur. Cela maugréait de partout. Des remontrances n'eussent servi à rien.

Ce fut le matin suivant que la chose se passa.

Tout à coup, le ciel bruissa, pépia et s'obscurcit, puis des bêtes menues et plumeuses tombèrent sur le sol, par centaines, sous les regards stupéfaits des Apirous. Mose comprit en une fraction de seconde que c'étaient des cailles. Il alerta les hommes les plus proches.

« Vite ! Capturez-les avant qu'elles reprennent leur vol ! »

Suivi de Mishaël et d'Eléazar, il s'élança au pas de course le long du campement pour alerter les autres. Mais, déjà, des femmes avaient jailli des tentes en poussant des cris, jetant sur les volatiles des couvertures, des vêtements, des jupons ; les enfants aussi couraient de gauche et de droite et presque tous les hommes étaient accroupis, pareils à des grenouilles s'apprêtant à saisir leur prochain repas. Une agitation sans pareille s'était emparée du campement, qui atteignit son comble quand deux renards roux, surgis des fourrés proches, eurent l'impudence de s'avancer parmi les humains affairés pour s'emparer eux aussi de cailles avant de filer vers leurs repaires. Mose pour sa part avait saisi cinq cailles, qu'il assomma d'un coup de pierre plate et revint jeter dans sa tente.

Il leva les yeux, aperçut d'abord trois couples d'éperviers roux, puis un autre vol de cailles qui piquetait le ciel. Sous la menace des éperviers, le vol d'oiseaux ondula comme un tissu dans le vent, puis se déchira et un large fragment de la bande perdit vertigineusement de l'altitude et s'abattit également au sol, dans les clameurs des humains. Les éperviers s'étaient déjà servis, là-haut, au passage. Puis le reste du vol se reforma, errant de droite à gauche, avant de reprendre sa direction originelle.

Mose captura encore deux cailles, mais renonça à entreprendre le décompte de ceux qui en avaient eu, aussi bien qu'à donner des consignes. Il y aurait le lendemain ou le jour suivant un autre vol de cailles, c'était la saison. Ceux qui n'en auraient pas mangé seraient alors servis. Quand il eut repris son souffle, il s'écria : « Sois loué, Seigneur ! Sois loué pour Ta générosité ! »

Ces cailles étaient un cadeau pour lui encore plus que pour la communauté ; elles le libéraient, du moins pour un temps, des récriminations sur la nourriture. Le Seigneur s'était manifesté et c'était cela qui comptait[2].

Tout l'après-midi, on pluma, on vida et on grilla. Certains avaient mis les volatiles à sécher tout simplement. Le soir, devant le feu, Mose, Aaron, Josué, Mishaël et Zikri dévorèrent chacun deux cailles dans un silence absorbé. On entendait craquer les os frêles sous les dents, ce qui en disait assez.

13

LA QUERELLE DES CAILLES

Sortant de la mer au petit matin, comme à l'accoutumée, Mose trouva Mishaël qui l'attendait sur le rivage, déjà baigné et le cheveu plat et brillant sur le crâne. Il l'interrogea du regard. Visiblement, Mishaël avait quelque chose à dire. Ses yeux de cheval pensif brillaient d'un éclat sombre.

« Eh bien ? fit Mose, secouant la tête comme un chien qui s'ébroue. Tu n'as pas l'air bien gai. »

Comme les Egyptiens — et au fond il était égyptien jusqu'il y a un mois, Mishaël répugnait à annoncer de mauvaises nouvelles. Son visage esquissa des gestes du menton qui n'eurent d'autre effet que de le rendre encore plus chevalin.

« Faudra-t-il te donner du bâton pour que tu parles, mon cousin ? »

Mishaël émit un rire bref, en forme de hennissement, et Mose éprouva un élan d'affection pour une nature à ce point dénuée d'apprêt.

Enfin, il parla, tandis que Mose s'essorait les cheveux. Il lâcha les informations par bribes, comme s'il n'y croyait pas tout à fait. Mose écouta, consterné.

Les estomacs avaient-ils donc été déshabitués de telle bombance, si tant est que deux ou trois cailles pour les plus goulus fussent une bombance ? En si peu de temps ? Toujours fut-il que la nuit avait été agitée pour bon nombre de gens et fatale pour quelques-uns. Mishaël poursuivait son compte rendu d'après ce qu'il avait appris. Beaucoup de gens avaient été pris de malaises et s'étaient plaints d'un cœur turbulent. « Turbulences du cœur », c'étaient bien les termes qu'utilisaient les plus instruits. Trois personnes étaient mortes, une dizaine d'autres haletaient sous leurs tentes. Un trouble émanait du ton froid, presque administratif de Mishaël ; se pouvait-il que les cailles, qui avaient d'abord été accueillies comme une magnanimité du Seigneur, eussent au contraire été une vengeance du Très-Haut ? Mais contre quoi ?

Mose en fut décontenancé. Il n'avait pas de remède à un mal dont il ignorait la cause. Il savait seulement que les cailles en étaient responsables. Il en avait bien mangé en Egypte sans en être incommodé et encore moins malade, et eux aussi à coup sûr, et il se rappela alors qu'on en déconseillait une consommation trop abondante, mais il n'y avait plus pensé. De toute façon, il devrait expliquer ce phénomène. Le justifier.

Le désarroi s'empara de lui comme une maladie. Il se trouvait à la tête d'une population d'exilés en quête d'un pays, d'une identité et d'une foi. Ces gens lui avaient accordé leur confiance mais parcimonieusement, et ils supportaient son autorité en rechignant. Etait-il réellement délégué par le Seigneur ? Beaucoup comme Korah, n'en étaient pas sûrs, il le devinait à leur impertinence, voire leur malveillance. Il imaginait le discours qu'ils lui tiendraient : « Nous avons demandé de la viande et nous avons cru que le Seigneur exauçait notre demande, mais nous nous sommes trompés. Les cailles qu'Il nous a envoyées nous ont empoisonnés et elles ont causé la mort de plusieurs d'entre nous. Est-ce donc cette protection divine dont tu nous parlais hier ? Ou bien alors se pourrait-il que ce dieu qui t'est apparu, et dont tu prétends qu'il serait celui de nos pères, en soit un autre ? »

Il les vit arriver le long du rivage. Une trentaine d'hommes parmi lesquels, bien sûr, il reconnaissait Korath et Korah. Il les attendit dans une posture décidée. Ils se firent face d'abord sans mot dire, trente hommes en colère et lui, torse et pieds nus. Il regarda par-dessus leurs épaules et vit au loin Josué et Mishaël, à la tête d'une bande assez nombreuse de jeunes gens armés de piques. Ils accouraient spontanément pour le protéger. L'ennemi n'était pas celui qu'il avait prévu. Mais si l'on en venait à l'affrontement, ce serait la scission dans le meilleur des cas. Aaron aussi accourait.

« Mose, commença Abiram d'un ton menaçant sous sa froideur, quatre des nôtres sont morts et de nombreux autres sont malades. Ils le sont parce qu'ils ont mangé des cailles. » Korath tenta de lui couper la parole, mais Abiram ne le laissa pas faire. « Nous avions demandé au Seigneur de la viande. Nous avions cru que notre prière était exaucée. Mais c'était une tromperie... »

Korath essaya de nouveau de l'interrompre :

« Le Seigneur d'Abraham ne peut nous tromper ! Ce n'est pas le Tout-Puissant qui nous a exaucés ! »

Abiram reprit son discours :

« Est-ce le Tout-Puissant qui nous a exaucés ? Ou bien est-ce un mauvais dieu dont tu te dis le prophète ? »

Exactement ce qu'il avait prévu.

« N'as-tu pas mangé de cailles, Abiram ? demanda Mose. Et toi, Korath ? Et vous autres ? »

Ils convinrent qu'en effet, ils en avaient mangé.

« Et cependant, vous êtes assez vaillants pour marcher et vous ne semblez pas malades. »

Ils clignèrent les yeux, pris de court.

« Vous prêtez au Seigneur, me semble-t-il, l'intention d'avoir voulu vous empoisonner. Le vrai poison, c'est celui de votre insatiable avidité. Vous aviez du poisson, puis de la manne, puis vous avez demandé encore de la viande. Vous ne vous êtes jamais refrénés, vous n'avez jamais songé que vos réclamations incessantes finiraient par irriter le Seigneur ! »

Josué et ses jeunes gens armés de piques étaient arrivés à hauteur du groupe. Des regards indignés les accueillirent.

« De quoi sont donc morts ceux qui en ont mangé ? demanda avec un geste impertinent du menton Nemuel, un autre fils d'Eliab.

— Ne saviez-vous pas, en Egypte, qu'il ne faut pas abuser des cailles ? Ne saviez-vous pas qu'il faut éviscérer ces oiseaux et n'en manger que la chair ? Etiez-vous tellement goulus que vous en ayez perdu toute prudence ? Le Seigneur a puni l'avidité.

— Tu as toujours des explications savantes, mais il y a eu des morts ! cria Korah. Et il y en aura peut-être d'autres ! Tu es responsable. Tu te dis notre chef, tu aurais dû nous prévenir. C'est toi qui as causé ces morts », vociféra-t-il en s'approchant de trop près de Mose.

Issar intervint pour retenir son fils. Mais Mose avait déjà repoussé celui-ci d'une main ferme.

« Je n'ai causé aucune mort, Korah. Mais toi, prends garde de ne pas causer la tienne avant l'heure.

— Tu me menaces ? cria Korah, le visage tendu vers Mose. Tu oses me menacer ? »

Des poignes l'avaient immobilisé. Il hurlait à tue-tête :

« Nous aurons ta peau, petit prince ! Nous aurons ta peau, petit bâtard ! »

Issar le gifla et Josué et Mishaël, qui retenaient le forcené, commencèrent à lui administrer des coups de poing. Dathan et Abiram, impuissants, s'élancèrent vers Mose, mais eux aussi furent saisis par les bras.

« Vous ne ferez pas la loi ici, déclara Aaron.

— Ces hommes resteront enchaînés sous ta garde, Josué, jusqu'à ce que j'en aie décidé autrement, dit Mose.

— Nous avons les nôtres ! cria Dathan. Mose, c'est toi qui ne feras pas la loi ! »

Mais Mishaël lui avait coupé la parole d'un geste brutal, en le poussant devant lui et en le retournant pour lui lier les mains. On l'entraîna aux côtés de Dathan et de Korah, également liés.

« Est-ce vraiment pour de telles scènes que le Seigneur vous a fait sortir d'Egypte, Issar ? J'aurais mieux fait de rester à Avaris et de vous laisser sous le fouet des contremaîtres égyptiens.

— Ne dis pas cela, murmura Issar. Mon cœur est une plaie.

— Le Seigneur m'a désigné, vous m'avez choisi, le sort est scellé, Issar. Dussé-je mettre à mort ton propre fils, je vous mènerai là où le Seigneur a dit.

— Je le sais, Mose. »

Les femmes assistaient à distance à ces confrontations, le visage cendreux et l'œil noir. Le groupe des hommes qui étaient venus soutenir la querelle de Korah se délitait sous l'œil sévère de la garde commandée par Josué.

C'était la première fois que Mose évoquait la mise à mort d'un homme, une mort qu'il commanderait et, pire que tout, celle d'un homme de son sang. Mais, ces gens s'opposaient aux desseins du Seigneur ; il n'y avait pas de pire crime au monde.

Mose se retrouva seul en compagnie d'Aaron et de Josué. Ils restèrent silencieux un long moment. La journée était perdue, il fallait enterrer les morts et attendre le rétablissement des malades.

« Je ne suis rien, murmura Mose à la fin. Mais celui qui s'oppose à moi se dresse contre la volonté du Seigneur. Josué, tu es le gardien de la volonté du Seigneur.

— Je suis son serviteur. »

Mose chercha le regard du jeune homme et le trouva. Deux agates. Ni haine, ni colère, c'était ainsi que devait être un serviteur du Très-Haut.

« J'ai recruté hier cinq cents hommes de plus, dit Josué.

— Incorpore les Egyptiens.

— C'est ce que j'ai fait. Ce sont de bons soldats. Ils donnent l'exemple aux autres.

— Vous êtes donc mille cinq cents. Il en faut encore trois mille cinq cents. Au moins. Et les piques. Que chaque homme taille la sienne. Montre-leur comment.

— Tout cela sera fait dans les prochains jours. »

Mose hocha la tête, puis il monta sur son cheval et s'en alla loin devant pour méditer. Il avait repris la coutume ancienne de cette prière où l'être entier s'emplit de la présence divine. Mais ce ne fut pas, cette fois-ci, cette présence qui rayonna en lui. Il se revit soudain jeune homme en présence du roi Séti.

« *A ton avis, qui est l'homme du royaume qui est le gardien suprême de la justice ?*

— *C'est toi, parce que tu détiens l'autorité suprême.*

— *Et si j'étais injuste ?*

— *Seth te punirait.*

— *Oui, Seth me punirait. Il n'y a pas de justice qui ne vienne des dieux, parce qu'ils sont les plus forts. La justice, Ptahmose, c'est la Loi, et la Loi vient des dieux, ne l'oublie jamais.* »

La scène s'imposa à lui avec une telle force qu'il en fut saisi. Il écarquilla les yeux et le paysage de bronze, d'or et d'azur remplaça l'image de la salle royale des audiences.

La Loi. La Loi vient des dieux. Il n'y aurait pas de justice dans son peuple s'il n'y avait la Loi. Il n'y aurait même plus de peuple, rien que des bandes désorganisées menées par leurs orgueils, leurs rapacités, leurs folies. Oui, il devrait leur imposer la Loi. Mais comment ?

Il se souvint du passage de la Sagesse de Ptah-Hotep, que son précepteur Amsetse lui dictait et faisait écrire en bel hiératique sur un papyrus neuf.

« *N'inspire pas de crainte chez les hommes, car le dieu te combattra de même. Si quelqu'un prétend vivre de cette manière, le dieu lui ôtera le pain de bouche. Quand quelqu'un prétend s'enrichir, il dit : "Je saurai tirer à moi cette richesse." Si quelqu'un prétend se battre, il finira réduit à l'impuissance. Qu'on ne mette pas la crainte chez l'homme, qu'on lui procure une vie au sein de la paix et qu'on fasse en sorte qu'il donne de bonne volonté ce qu'on lui prenait par la crainte.* »

Paroles de force, songea-t-il, propres à décourager la rébellion. Ne se battait-il pas, lui ? Et comment imposerait-il la Loi à des gens tels qu'Abiram et Dathan, si ce n'était par la crainte ? Pas la crainte de Mose, mais celle du Seigneur. Tant que le Seigneur était à ses côtés, il serait protégé contre la défaite.

Les Egyptiens n'avaient même pas appliqué leurs propres préceptes, puisqu'ils avaient inspiré aux Apirous la crainte et la haine. Ils avaient oublié que Dieu se porte aux côtés des siens. Il revit le visage de Schou-enschi, le prêtre d'Avaris, pétri de duplicité et d'arrogance, et en rejeta l'image. Non, le peuple du Seigneur ne compterait jamais des prêtres tels que ceux-là !

« Seigneur, soutiens mon bras ! implora-t-il. Ces choix sont difficiles, éclaire-moi. »

Un léopard juché sur un rocher lui lança un regard jaune. Mose mit la main à sa dague. Mais le léopard le suivit de ses yeux d'or et il sembla même à Mose qu'il souriait.

Quand il revint, Aaron lui annonça que les gens avaient décidé d'appeler cette halte les Tombeaux de la Cupidité, *Kibroth-hattaavah.* Ils reconnaissaient donc la cause du mal. Seules quatre personnes étaient mortes et elles avaient été enterrées. Les malades se rétablissaient. On pourrait repartir le lendemain[1].

14

LES BLASPHÉMATEURS

Il fallait trouver de l'eau rapidement, avant même la halte du soir[1].

Mose se rappelait bien qu'à deux jours d'Alaat se trouvait l'oasis de Sebiia. Mais c'était en voyageant à dos de chameau. A pied, et avec les longues haltes nocturnes, il fallait compter le double. D'ici là, et avec la chaleur, la soif serait devenue intolérable.

Il gardait donc l'œil sur la bande de végétation plus ou moins dense qui s'étendait entre les montagnes et la mer, guettant les vautours, les éperviers et les masses de végétation les plus claires. S'il y avait des oiseaux de proie, cela signifiait qu'il y avait du gibier et, dans ce cas, une source ou un cours d'eau étaient proches. Quant aux masses de végétation claire, elles indiquaient de l'eau affleurant à la surface. Car les petits chênes presque noirs qui parsemaient la bande côtière se contentaient, eux, de l'humidité de la nuit et ils plongeaient souvent leurs racines très profondément.

Soudain, il repéra une masse de végétation d'un vert tendre et il descendit de cheval pour aller l'explorer. Des acacias, des sycomores, quelques amandiers sauvages poussant dans une selve drue de saxifrages, de tamaris, de daturas, de lauriers-roses. Des feuilles vertes en abondance, à l'approche du printemps. Il fit venir les terrassiers.

« Là il y a de l'eau. »

Ils enfoncèrent leurs pelles.

« Et si elle était saumâtre ? demanda Aaron.

— Nous l'adoucirons.

— Même adoucie, elle est tout juste buvable.

— Mieux vaut tout juste buvable que la mort. »

Une heure après, les terrassiers tombaient sur une glaise humide. Un peu plus tard, leurs pieds trempaient dans une mare.

« Une écuelle. »

Il goûta l'eau.

« Elle est presque douce.

— Il n'y en a pas assez, gémit Aaron, toujours porté à l'inquiétude.

— Il y en aura assez. »

Mose connaissait désormais ces nappes souterraines. La faible profondeur de celle-ci, grossie par les pluies de printemps, témoignait de son abondance. A l'été, toutefois, elle serait réduite de moitié.

« D'ici deux jours ou trois, nous arriverons à une autre oasis.

— Comment le sais-tu ?

— Parce que je la connais.

— Nous ne trouvons plus beaucoup de manne.

— Nous en trouverons plus loin.

— Tu sais tout.

— J'en sais assez. »

Il y eut, en effet, assez d'eau et elle était tout à fait buvable. Néanmoins, ceux qui venaient s'approvisionner le faisaient à mine dégoûtée : c'est bien le moins, avaient-ils l'air de dire.

Dieu n'est vraiment fait que pour quelques-uns, songea Mose. Comment jugeait-Il tout cela de là-haut ?

Les gens regardaient le ciel, mais il n'y avait pas de cailles. Les jeunes s'étaient lancés dans la chasse à la gazelle, à la fronde, sur les instructions de Josué.

Cela ne pouvait certes pas fournir assez de viande pour tous, mais Mose avait décrété que le chasseur réserverait sa viande à son clan, comme bon lui semblerait. Après tout, il fallait stimuler un peu l'instinct de conquête.

Mishaël, qui avait abattu une gazelle la veille, en apporta un quartier à Mose, qui le divisa en trois et le fit rôtir au bout d'une branche de chêne, ce qui aromatisait un peu la venaison. C'était ferme et de goût fort, mais cela changeait du poisson.

La déception les attendait à Sebiia : les Bédouins ne disposaient que de trois sacs de farine et trois outres de vin pour la vente ; ils gardaient le reste pour eux. Ils n'avaient pas non plus de moutons, les ayant vendus à Ecyon-Géber, et ils n'allaient certes pas céder les reproducteurs. Mose décida que le pain confectionné à l'aide des trois sacs de farine serait distribué selon la hiérarchie désormais admise : femmes, enfants, vieillards, soldats. On obtint tout juste un pain pour chaque femme. Une dizaine de bottes d'oignons furent distribuées au hasard. Mais enfin, on eut de l'eau.

On obtint à peine plus à l'oasis de Temina. Un peu de viande de gazelle, pas mal de poisson séché, des galettes ; les estomacs commencent à se resserrer, pensa Aaron. Mais l'humeur, elle, déclinait, en raison de la monotonie, de la fatigue et aussi du temps. D'un instant à l'autre, le ciel virait au noir et déversait des trombes d'eau, changeant la piste en fondrière et détrempant tout le monde. Tantôt l'on était glacé et tantôt l'on cuisait. Le seul avantage des averses était qu'elles regarnissaient les provisions d'eau. Les jeunes et les enfants, toutefois, accueillaient ces saucées avec bonne humeur et même des rires, car cela les lavait de la poussière du chemin, et les enfants adoraient sauter au milieu des flaques. Mishaël, lui, chassait la grouse à la fronde, il en abattait une ou deux par jour et confectionnait le soir des potées semi-clandestines dont il réservait toujours une portion pour Mose. Ce dernier n'acceptait ces cadeaux subreptices qu'en raison de l'ironie de Mishaël. Lui, Josué et quelques autres jeunes lui étaient dévoués corps et âme. Ils parlaient librement ; c'était un luxe car, même avec Aaron, Mose ne se sentait pas toujours en confiance. Mais une complicité l'unissait à ces jeunes. Eux, ils avaient l'ardeur. C'étaient eux qui bâtiraient Israël, pas les amateurs de ragoûts, ni les nostalgiques des oignons et des melons.

« Ça ne va pas pouvoir durer comme ça longtemps, Mose, dit Josué. Ils arrivent à bout de leur patience.

— Et alors ?

— Ils se révolteront.

— Et alors ?

— Et alors, on les abandonnera dans le désert, dit tranquillement Josué, en suçant un pilon de grouse. Ils ne savent même pas où trouver de l'eau. Tu n'as pas la moitié de ce peuple qui te soit dévouée. Les autres sont des traînards malcontents. Peut-être, en effet, vaudrait-il mieux les abandonner dans le désert. Tu dis que tu veux fonder une nation. La fonderas-tu avec ces récriminateurs perpétuels ?

— Je ne peux pas les abandonner. Le Seigneur me les a confiés, tous.

— Il y en a qui te maudissent.

— Je sais. »

Il y eut un silence.

« Combien d'hommes as-tu maintenant sous tes ordres ? interrogea Mose.

— Trois mille deux cents. Trois mille piques.

— Dépêche-toi. J'ai dit cinq mille.

— Je fais aussi vite que je peux. Ils se demandent contre qui ils vont se battre. Leurs aînés les découragent. Ils croient tous que nous allons arriver en Canaan et trouver les fours chauds pour le pain, les concombres dans les bols et les vaches dans les prés. »

Josué leva sur Mose son regard placide.

« Ce qu'ils voulaient, Mose, c'est se tailler un petit royaume en Basse-Egypte à la faveur de la conspiration de Setepentoth, et non pas courir dans le désert comme ça. »

La jeunesse voyait donc la situation de plus haut et avec plus de réalisme que les anciens. Pour elle, l'exode n'était pas une affaire de pain et de concombres, mais une entreprise magnifique et glorieuse. L'ironie souvent âpre de Mishaël, de Josué, de Zikri et de quelques autres constituait le seul vrai réconfort de Mose.

« Le Seigneur en a décidé autrement, Josué. »

A Réphidim, plus au sud[2], la journée commença par une agitation proche de l'émeute, à cause du manque d'eau vraiment douce. Il n'avait pas plu depuis cinq jours et les trois puits creusés les jours précédents n'avaient donné que de l'eau saumâtre. En plus de la faim et de la fatigue, la contagion de l'hostilité à Mose avait fait le lit d'un conflit détestable. La veille, le campement avait été installé au pied des montagnes élevées qui bordaient le désert de Sin. Le lendemain à l'aube, ils vinrent quelque deux cents à la tente où dormait Mose. Leurs clameurs le réveillèrent et plongèrent Aaron dans l'effarement, quand il s'avisa que plusieurs hommes portaient des pierres en main.

« Nous avons passé la nuit dans la soif ! dirent-ils. Ton eau saumâtre ne fait qu'aggraver notre soif ! Et qu'allons-nous faire dans la chaleur du jour ? Tu nous as menés jusqu'ici, sous le prétexte que le Seigneur te l'avait commandé. Mais quel est ce Seigneur qui nous expose depuis trois mois à la soif et à la faim ? De quel Seigneur es-tu le prophète, Mose ? Est-ce le nôtre ? Ou bien est-ce un autre ? Ne serais-tu pas le pasteur de Pazouzou[3] ? »

Mose vit bien les pierres, mais il écouta tranquillement ces blasphèmes. *Pourquoi le Très Haut a-t il créé cet animal ?* se demanda-t-il. L'air du matin était frais, mais la haine autour de lui était chaude. Il leva les yeux et vit les montagnes couronnées de neige. Les tiédeurs du printemps la faisaient sans doute fondre et alimentaient un torrent. Encore fallait-il le découvrir.

« Attendez ici, répondit-il sans perdre son calme. Je serai revenu avant midi et je vous indiquerai où trouver de l'eau[4]. »

Il revêtit sa robe et son manteau, prit son bâton et partit vers la montagne. Il escalada les rochers, se félicitant d'avoir conservé la cuisse puissante et le mollet élastique. C'était plus un chemin pour une gazelle que pour un homme. Il s'écorcha les mains et les mollets, souffla, monta, s'agrippant de roc en roc et, deux heures plus tard, s'arrêta pour reprendre haleine.

« Même si je trouve de l'eau, songea-t-il, ils ne monteront pas jusqu'ici pour s'y abreuver. »

Il regarda autour de lui. Un paysage immense, d'or et d'azur, une immense peau de dragon étalée sur la surface du monde, ici rocailleuse, là-bas lisse. C'était donc de ces hauteurs que le Tout-Puissant considérait le monde, protégé des haleines fétides et des appétits sordides. Un vent de titan le balaya, le fouetta et l'enthousiasma. Un vent qui balayait le cerveau et purifiait le corps.

« Seigneur ! cria-t-il. Si Tu veux que je les mène là où Tu veux, au moins indique-moi où il y a de l'eau ! »

Ses bras lui semblèrent plus lourds, accablés par l'espoir qui retombait.

Un bruit sec lui fit tourner la tête. Quelque chose avait bougé à l'extrémité de son champ de vision. Une gazelle. Elle avait sans doute envoyé du bout du sabot un roc bouler. Elle l'avait déjà aperçu et le guettait d'un œil velouté et inquiet, à une centaine de coudées de distance. Or, les gazelles devaient boire au moins une fois par jour. Il s'avança périlleusement sur un plateau et domina l'autre versant des contreforts de la montagne. La gazelle détala, à l'instar d'une vierge, comme le font tous les animaux sauvages. Le regard de Mose plongea le long du flanc de la montagne, jusqu'à une vallée verdoyante qui s'ouvrait par paliers successifs vers la plaine en contrebas. La montagne rouge se dressait devant lui, nimbée d'or par le soleil qu'elle masquait. Au sein de la vallée, un torrent cascadait.

Il en observa le parcours. L'eau dévalait furieusement de palier en palier, dans un lit ancien, assez profond par endroits. En bas, dans la plaine, le torrent moussait sous un petit arc-en-ciel, puis miroitait dans des méandres orientés vers l'est.

Parviendrait-il à suivre le torrent ? Il repéra les parages, éprouva la chaleur, enleva son manteau et en fit un ballot qu'il s'attacha à la ceinture, puis il descendit, pente rude, pente douce, s'accrochant aux arbustes, aux racines, aux pierres les plus stables, sous le regard ironique de deux ou trois autres gazelles. Une heure plus tard, ruisselant de sueur, il parvint au pied du torrent et s'ébattit comme un enfant dans l'eau bouillonnante et fraîche. Il but jusqu'à plus soif, mâcha une herbe parfumée qui nettoyait les dents et explora la plaine.

Celle-ci s'étendait tout autour des contreforts de la montagne. Il la suivit et retrouva la plaine côtière. Une heure encore plus tard, il était de retour au campement, les muscles las et la tête pleine de ciel.

« Alors ? lui demanda Aaron.

— Suivez-moi, avec vos outres, vos gourdes et vos pots. »

A l'arrivée, ils considérèrent le torrent d'un œil incrédule. Même en Egypte, ils n'avaient jamais vu d'eau aussi pure. Puis ils levèrent les yeux vers lui.

« C'est le Seigneur qui me l'a indiqué, dit Mose. Et maintenant, buvez. Moi, j'en ai assez de vos gémissements de mécréants. Vous êtes indignes du Très-Haut. »

La gêne et l'effroi se peignaient sur les visages.

« Ce torrent se nommera Tentation et Querelle », conclut-il[5].

Son front était chargé d'orages noirs. Seuls Josué, Mishaël et Zikri osèrent le suivre.

« Je n'ai jamais vu une eau aussi pure », observa Josué.

L'eau pure et la Loi, songea Mose. Il convenait d'imposer la Loi avant que les blasphémateurs prissent trop de champ.

Le destin, qui est le nom masqué du Très-Haut, allait en décider autrement.

15

PREMIÈRES ARMES, PREMIER TRIOMPHE

Ils campaient là depuis deux jours, s'approvisionnant régulièrement de l'eau cristalline du torrent, quand l'accident survint.

A la quatrième heure environ après le lever du soleil, Mose était assis sous sa tente, réglant avec un chef et des plaignants une affaire d'héritage que devaient se partager les enfants de deux lits différents, quand des femmes arrivèrent en hurlant, s'arrachant les cheveux et pleurant. Les hommes qui les accompagnaient poussaient également des cris. Mose et le chef sortirent de la tente.

« Mose ! Ils ont enlevé nos hommes ! Nos frères ! Nos fils !

— Qui ?

— Je ne sais pas ! Des hommes sur ces animaux affreux comme en avaient tes amis bédouins ! »

Ils parlaient tous à la fois et Mose eut de la peine à comprendre ce qui s'était passé. Un millier d'hommes et de femmes étaient allés s'approvisionner au torrent, comme la veille, quand une bande d'hommes était arrivée, les avait attaqués et avait fait un nombre indéterminé de prisonniers. Plusieurs Apirous avaient été poignardés. Mose ne parvint toutefois pas à se faire une idée du nombre exact des assaillants.

Josué et Mishaël étaient accourus.

« Josué ! Réunis tes hommes ! » ordonna Mose.

Josué et Mishaël partirent au pas de course. Moins d'une demi-heure plus tard, Josué revenait, à la tête de la phalange qu'il avait constituée, Egyptiens compris.

« Combien êtes-vous ?

— Trois mille huit cents.

— Choisis sur-le-champ sept lieutenants. Chacun d'eux commandera quatre cent soixante-quinze hommes. Mets en tête les gens armés de piques.

— Nous avons presque tous des piques.

— Bien. Vous irez au torrent et vous suivrez la piste des assaillants. Quand vous les aurez trouvés et qu'ils vous auront vus, ils vous attaqueront à dos de chameau. Visez leurs jambes avec vos piques et faites-les tomber. Efforcez-vous de vous tenir à distance de leurs glaives. Cela doit être possible avec les piques, car ils n'ont pas ces armes. L'essentiel est de les faire tomber. Vous les transpercerez quand ils seront à terre. Ceux qui viendront après seront à pied, ils seront donc moins vulnérables. Mais vos piques doivent vous donner l'avantage. Ensuite, vous retrouverez nos prisonniers et vous les libérerez. Je vais aller sur la montagne, d'où je pourrai apercevoir le repaire de ces ennemis. Donne-moi un homme agile, qui m'accompagnera et qui pourra descendre vous informer. »

C'était un esprit vif que Josué. Les lieutenants furent choisis en un tournemain et les ordres résumés avec une clarté exemplaire. Un gamin maigriot dont Mose n'eût pas donné cher vint le rejoindre.

« Je suis ton messager. Je me nomme Hour.

— Allez ! » cria Mose à Josué. Et il partit à l'escalade, comme le jour où il avait découvert le torrent. Chemin faisant, il réfléchissait. Ce n'étaient pas des pillards qui avaient organisé l'attaque ; c'étaient des gens alarmés par l'utilisation de leur point d'eau, donc des pasteurs. Ils devaient être plus nombreux que des pillards, qui n'eussent pas osé s'attaquer à deux mille personnes, même désarmées[1].

Il parvint enfin au plateau d'où il avait découvert le torrent et s'avisa que le jeune messager désigné par Josué était d'une agilité stupéfiante. Hour s'élançait d'un rocher à l'autre comme une chèvre, faisant des bonds de dix coudées et atterrissant sur les surfaces les plus inégales avec un équilibre parfait. Mose chercha du regard ce qui pouvait ressembler à un campement d'étrangers qu'il n'eût pas aperçu l'autre jour. Il ne vit pas de campement, mais des moutons qui buvaient. Près de cent têtes, surveillées par des chiens noirs. Une douzaine d'hommes en manteaux clairs regardaient autour d'eux, comme s'ils guettaient des ennemis éventuels. Où étaient donc les autres ? Mose cligna les yeux dans le grand soleil.

« Là-bas ! » s'écria Hour.

Des fumées s'élevaient, en effet, au sud. C'étaient là que se trouvaient les campements ennemis, dans une vallée invisible du rocher où perchaient Mose et Hour, et qui débouchait sans doute sur la côte. Mose se retourna et aperçut la phalange dirigée par Josué, qui contournait la montagne. Et ce fut trop tard qu'il aperçut la ruée des pillards, deux ou trois cents hommes à cheval, qui fonçaient le long de la côte ! Quelques instants plus tard, ce fut le choc. Les pillards, en rangs de cinq, se heurtèrent à une armée de piques et les premières rangées furent débandées en quelques instants. Les autres s'étalèrent alors, pour encercler le groupe constitué des hommes de Josué et de ceux des leurs qui étaient tombés, transpercés par les piques, écrasés par les chameaux qui gisaient à terre. Ils décrivaient de grands arcs avec leurs sabres, mais appliquant à merveille les conseils de Mose, les hommes de Josué les tenaient en respect du bout de leurs armes, les émoustillaient de la pointe, feintaient et, à la première faille dans la parade, enfonçaient d'un coup sec la pointe dans les corps des cavaliers. L'erreur commune que commettaient les assaillants consistait à tenter d'immobiliser d'une main la pique qui les menaçait, tandis que de l'autre, ils s'efforçaient d'atteindre du sabre celui qui la tenait. Mais la portée du sabre était moindre que celle de la pique et, s'agrippant à celle-ci, le cavalier finissait vite par être déséquilibré et précipité du haut de sa monture.

Il ne resta bientôt plus de la première vague qu'une ou deux dizaines de pillards qui fonçaient vers le campement apirou. De là-haut, Mose et Hour entendirent crier les femmes, mais ils virent aussi les chameaux se cabrer, et les assaillants pris d'assaut par des hordes de vingt ou trente personnes, jetés à terre et massacrés sans merci avec leurs propres sabres.

Ce n'était que la première vague. Une autre accourut peu après, mais, apercevant les cadavres des siens à terre, elle fut prise d'une indécision fatale. Les assaillants ralentirent, stupéfiés par la défaite d'un si grand nombre de valeureux guerriers. Josué et ses hommes s'élancèrent à leur rencontre et firent subir aux premières rangées des pillards le même sort qu'à leurs prédécesseurs. Les dernières rangées firent alors demi-tour, mais à la surprise de Mose, Josué et plusieurs de ses hommes s'étaient emparés de ceux des chameaux qui étaient encore valides et, ayant réussi à se hisser dessus, poursuivaient de leurs ennemis.

« Quels gaillards ! » murmura Mose.

Les cuisses serrées sur leurs chameaux, les jeunes lanciers parvenaient à la hauteur des pillards et leur transperçaient le ventre, le torse, le cou, puis les désarçonnaient de quelques coups de pique. Quelques-uns pourchassèrent leurs assaillants jusqu'à l'horizon.

« Les prisonniers ! » cria Mose, et suivi de Hour, il redescendit aussi vite qu'il le pouvait, sautant de rocher en rocher. Là, il trouva un des hommes de Josué sur l'un des chevaux enlevés aux Egyptiens et lui cria : « Donne-moi ton cheval ! » Il galopa à la recherche de la vallée au fond de laquelle se trouvait le campement des pillards et, sûrement aussi, les prisonniers apirous. Les traces de sabots le renseignèrent bientôt, et il héla tous les hommes qui passaient, leur ordonnant d'alerter Josué.

Ils se regroupèrent une heure plus tard à l'entrée de la vallée et y pénétrèrent au trot, dans le lit d'un torrent presque asséché. Le campement s'étalait au fond de la vallée, étagé sur les contreforts de la montagne. Mais les pillards, leurs femmes et leur marmaille les virent aussi arriver et remplirent la vallée de leurs clameurs. Ignorant encore la déroute de leurs combattants, des vieillards, des jeunes garçons et même des femmes sortirent des tentes, armés des sabres qui leur restaient, de dagues, de bâtons, de massues. Ils sautaient sur place. Mose compta là mille à mille cinq cents âmes, mais le spectacle des armes qu'on agitait sous leurs nez redoubla la rage vengeresse de Josué et de sa bande. Les quelques chameliers improvisés, suivis des fantassins, déferlèrent vers le campement en deux ou trois masses compactes. Les chameliers firent un carnage, transperçant aveuglément tout être humain qui se dressait devant eux, quels qu'en fussent l'âge et le sexe. Une femme se jeta sur Mose avec un sabre dressé, et s'inclinant sur sa selle, Mose la décapita d'un seul trait du bronze déjà ensanglanté qu'il avait auparavant ravi à l'un des morts. Ceux des hommes de Josué qui s'étaient armés de même sur les cadavres de leurs ennemis achevaient entre-temps la besogne des chameliers, taillant les tentes et y mettant le feu. Ce fut alors qu'on en vit jaillir les prisonniers apirous ; comprenant que l'heure de la délivrance avait sonné, ils se jetèrent sur leurs geôliers. Mose fut saisi par la promptitude avec laquelle ils surent s'emparer des armes qui gisaient au sol, glaives et poignards, et par la sauvagerie avec laquelle ils exécutèrent leur vengeance libératrice. Au fond, il les avait méjugés ; ces anciens esclaves brûlaient de se battre.

Les rancœurs accumulées pendant des siècles leur avaient forgé un cœur militaire, et une pensée fugitive lui vint : si la sédition de Setepentoth avait réussi, ils auraient donné du fil à retordre aux soldats de Ramsès.

Il ne resta bientôt plus un ennemi au combat dans le campement. Quelques vieillards, quelques femmes hagards, des fillettes, des garçons parmi les cadavres... Le feu achevait de dévorer les tentes. La laine calcinée expédiait au ciel une fumée nauséabonde et noire.

Josué sonna de la trompe par-dessus les lamentations des vaincus. Ses hommes s'arrêtèrent. Il se dirigea au trot vers Mose.

« Tes ordres, demanda-t-il.

— Tu es un vrai chef, lui répondit Mose, regardant le masque ruisselant de sueur, mais toujours impassible du jeune homme. Comptez nos prisonniers. Qu'on cherche s'il n'y a pas de blessés parmi eux. Et reviens me voir. »

Un garçonnet de sept ou huit ans le considérait à côté de son cheval. Il se jeta sur l'animal et Mose mit prestement le pied à terre, saisit le gamin et le gifla, puis le prit à bras-le-corps tandis que l'autre hurlait et se débattait. Mose saisit un chiffon qui traînait là et en lia les mains du gamin derrière son dos. Il n'eût jamais pu tuer un enfant ; c'eût été se tuer lui-même.

« Tu veux être un homme, alors tu seras mon prisonnier. Comprends-tu ce que je te dis ? »

L'autre le regarda, stupéfait.

« Comprends-tu ? »

Le gamin hocha la tête.

La même chose qu'avec Stitho, pensa Mose. La force et la magnanimité en font des agneaux.

« Cent quatre-vingt-six, vint annoncer Josué. Plusieurs blessés, mais apparemment rien de fatal[2].

— Nous allons examiner les blessés. Les agonisants seront achevés. Ceux qui peuvent se rétablir et marcher seront emmenés comme esclaves. Le campement sera pillé. Surveille la répartition du butin. Les armes seront attribuées d'abord à ceux des plus valeureux qui n'en avaient pas. Je ne veux pas qu'il reste une once de nourriture. Après quoi, le campement sera brûlé et les cadavres incinérés. Que nos prisonniers conduisent tout de suite les troupeaux chez nous. Ces moutons serviront demain à célébrer notre festin de victoire. Mais je ne veux pas qu'on touche à un seul d'entre eux en mon absence. »

Josué hocha la tête. Pour la première fois un sourire s'esquissa sur son visage.

« Qui sont ces gens ? demanda Mose.

— J'ai interrogé une femme. Des sujets d'Amalek.

— D'où viennent-ils ?

— Du nord. »

Information vague. On verrait plus tard à l'approfondir.

Les vautours planaient déjà au-dessus de ce qui avait été le campement amalécite.

Ils rentrèrent à la nuit tombée, devancés par des porteurs de torches et suivis des prisonniers qu'ils avaient ramenés, poussant devant eux les moutons, les chameaux et les chevaux chargés de butin et de vivres, les yeux creusés par le spectacle atroce et vengeur des corps d'ennemis qui brûlaient. Ils n'étaient partis que lorsque les derniers ossements noircis s'étaient effondrés dans le brasier qu'ils avaient bâti au milieu du campement.

La clameur qui accueillit les premiers guerriers s'enfla jusqu'au ciel quand Mose arriva, précédé par les porteurs de torches. Hommes, femmes, enfants se pressèrent autour de lui et le portèrent dans leurs bras. Il fut hissé sur les épaules de ses guerriers. Le garçonnet qu'il avait pris comme prisonnier se retrouva seul sur son cheval, stupéfait.

« Remerciez le Seigneur, » répétait Mose.

Car c'était le Seigneur qui avait voulu ce soir de triomphe, et c'était le Sien.

16

SOLITUDE

A peine sorti de la mer, le lendemain matin, Mose chargea Aaron de convoquer Josué et les chefs.

« Nous nous sommes battus hier. Nous étions mal armés et nous avons vaincu. Cette victoire nous a été accordée par le Seigneur, afin que, dans notre faiblesse, nous prenions conscience de Ses desseins et de notre force quand Il arme notre bras. Elle a démontré que nous pouvons nous battre et vaincre à la condition de le faire au nom du Dieu unique. Et nous nous battrons encore, cela est inévitable. »

Se trouvaient là tous ceux qui l'avaient ouvertement défié quelques jours auparavant. Ils l'écoutaient gravement, mais il eût donné cher pour connaître leurs réactions. Comme ils n'en exprimaient pas, Mose poursuivit.

« Nous avons ramené des troupeaux en butin. Le plus beau de ces animaux sera sacrifié au Seigneur avant que vous touchiez à n'importe lequel des autres, afin que nous lui témoignions solennellement notre reconnaissance. »

Ils hochèrent la tête.

« Ne l'avons-nous pas déjà payée de notre sueur et de nos efforts, cette victoire ? » demanda l'un des chefs.

Mose serra les mâchoires.

« Disputerais-tu Sa part au Seigneur ? Cours-tu au devant de Sa colère, pour tenir des propos aussi insolents ? Ou bien n'as-tu pas de tête ? Si je n'avais, sur l'inspiration divine, fait tailler des piques, nous ne serions peut-être pas vivants à l'heure qu'il est. Si ces piques n'avaient pas été employées comme l'inspiration divine me l'avait prescrit, il en serait de même. En dépit de notre sueur et de nos efforts.

— Es-tu habité en permanence par l'inspiration divine ? » s'exclama quelqu'un.

L'insolence, une fois de plus.

« Les faits sont là. Le Seigneur vous a fait sortir d'Egypte. Il a accablé ce pays de plaies pour témoigner Sa colère au roi. Il a noyé les armées là où vous avez traversé la mer des Roseaux. Nous nous sommes battus sous Sa vigilance avec des armes de fortune. Croyez-vous que ce soient là des preuves de mon génie ? Avez-vous des yeux pour ne rien voir ? Je le crains. Plusieurs d'entre vous sont venus contester mon autorité. Ils sont venus m'éveiller l'autre matin avec des pierres à la main. C'étaient les mêmes qui avaient blasphémé quand ils avaient mangé trop de cailles. Comment faudrait-il alors interpréter tous les signes que j'ai énumérés, sinon comme des preuves de la vigilance que nous témoigne le Tout-Puissant, dont j'ai entendu la voix et qui m'a chargé de vous transmettre ses commandements ? »

Leurs regards incrédules se heurtèrent à ses yeux de bronze. Ils baissèrent la tête. S'ils le reconnaissaient comme le mandant du Seigneur, son autorité sur eux serait absolue. Et la leur serait infime. Il le savait, tous ces hommes débattraient entre eux de ses propos quand ils se retrouveraient seuls, plus tard.

« Les prisonniers que tu as voulu ramener participeront-ils au festin de ce soir ? demanda un chef.

— C'étaient des prisonniers, désormais ce sont des esclaves. Ils font donc partie des nôtres. Il est juste qu'ils partagent le sort des autres esclaves.

— Etait-il juste qu'ils prennent nos hommes comme prisonniers ?

— Ce ne l'était pas. Nous leur donnerons l'exemple de la justice. Ainsi, nous leur imposerons notre loi, qui est la Loi du Seigneur. Vous pouvez aller, maintenant. »

Ils se levèrent, plusieurs d'entre eux gardant un visage sombre. Sur le point de retourner vers sa tente, un autre chef se retourna et dit à Mose :

« Ils nous insultent, que devons-nous faire ?

— J'irai avec vous. Combien sont-ils ?

— Cent onze. »

Le gamin que Mose avait dompté la veille et fait dormir avec Aaron et lui sous la tente observait la scène de ses yeux perpétuellement étonnés.

« Viens avec moi », lui commanda Mose.

Les prisonniers amalécites étaient assis ou couchés, dans un espace entre deux tentes, plus haut dans le campement, sous la surveillance d'une douzaine des soldats de Josué. L'air déjeté, certains encore couverts du sang des leurs, ils avaient les mains liées et paraissaient maussades.

« Leur avez-vous donné à boire et à manger ? demanda Mose.

— Pas encore. »

Les chefs observaient la scène d'un œil sourcilleux. Mose s'avança parmi les prisonniers. « Ecoutez-moi ! » cria-t-il. Quelques-uns tournèrent la tête vers lui et surtout vers le gamin qui marchait en liberté près de lui.

« Vous nous avez attaqués, vous avez perdu. Vous êtes prisonniers. Vous pouvez changer cette condition contre celle d'esclaves. Vous partagerez alors notre sort et notre nourriture, vous serez soumis à nos lois et à notre Dieu. Mais, dans ce cas, vous vous abstiendrez de nous offenser et vous nous témoignerez le même dévouement que tous les autres esclaves. M'avez-vous entendu ?

— Tu as mis à mort nos pères, nos frères et nos

fils, rétorqua l'un d'eux, et maintenant, tu exiges notre loyauté ? »

Il s'exprimait dans la même langue que les Madianites, qui était presque la même que celle des Apirous, et tout le monde pouvait les comprendre.

« Nous avons mis à mort ceux qui nous ont attaqués et qui ont voulu prendre les nôtres. S'il en est parmi vous qui veulent entretenir leur haine, libre à eux. Que ceux qui préfèrent le sort d'esclaves à l'abandon dans le désert répondent sur-le-champ en se levant. Ils seront conduits avec une gourde d'eau et un pain à ce qui reste de leur campement. Que ceux qui veulent se joindre à nous dans les conditions que j'ai dites restent assis.

— Cet enfant qui est à tes côtés, que vas-tu en faire ? demanda un autre.

— Il m'a attaqué, je l'ai maîtrisé et je lui ai fait entendre raison. Je prendrai soin de lui comme d'un enfant des nôtres, répondit Mose en se tournant vers le garçon qui leva vers lui des yeux pensifs.

— Qu'adviendra-t-il de lui ?

— Dans six ans, ce sera un homme libre.

— Et nous ?

— Dans six ans, ceux qui sont nos esclaves deviendront également des hommes libres[1]. »

Les prisonniers commencèrent à débattre. Quelques-uns esquissèrent le geste de se lever, mais les protestations des autres les firent se rasseoir.

« J'attends votre réponse, dit Mose. Je ne vais pas l'attendre toute la journée.

— Nous acceptons, dit enfin un homme d'un certain âge.

— Très bien. Déliez-les, ordonna Mose en s'adressant aux soldats qui les gardaient. Donnez-leur de quoi boire et manger et puis emmenez-les à la mer, pour qu'ils s'y lavent. Aaron, tu veilleras au partage de ces esclaves selon les clans. Ils aideront les pêcheurs. »

Mose s'en fut avec ceux des chefs qui lui étaient

favorables examiner le troupeau pris aux Amalécites. Il y choisit le plus beau bélier et décida que ce serait celui-là qui serait sacrifié au Seigneur. Suivi d'Aaron, il se déplaçait avec majesté, pour prêter à la cérémonie toute la solennité nécessaire. Puis il se dirigea vers le milieu du campement et chercha des yeux un rocher plat et élevé, qui pût servir d'autel et visible de tous. Quand il l'eut trouvé, il exigea que toutes les activités du camp fussent suspendues, ce qui prit un certain temps. Aaron se fit donner le sabre le plus effilé pour sacrifier l'animal.

« Ce bélier va être sacrifié au Seigneur, le Dieu unique qui vous a fait sortir d'Egypte ! proclama Mose, laissant l'écho de sa voix se réverbérer sur les parois de la montagne. Le Seigneur est votre Dieu unique et votre chef, et c'est à Lui que doivent être sacrifiés les premiers de vos biens les plus précieux. Quand nous serons en Canaan, c'est à Lui que vous sacrifierez le premier vin, la première botte de blé, les premiers fruits de vos vergers. »

Il cherchait des yeux les séditieux, ceux qui étaient venus avec des pierres à la main, et les trouvait disséminés, çà et là, par groupes de trois ou quatre. Ils l'observaient eux aussi, les sourcils froncés, mais muets, se doutant qu'à la première protestation, ils seraient saisis par les soldats de Josué, ces soldats qui avaient triomphé et qui ne toléreraient pas qu'on mît en doute la protection du Seigneur.

« Sans le Seigneur votre Dieu, reprit Mose, vous n'êtes qu'une bande de fuyards errant dans le désert, sans feu ni lieu. Avec le Seigneur, vous êtes un peuple qui se dirige vers la terre qui a été promise à ses ancêtres. Depuis que nous avons quitté l'Egypte, plusieurs d'entre vous ont été saisis par des esprits mauvais et se sont rebellés, car ils étaient incapables d'endurer quelques heures de plus de faim ou de soif. Ils ont cru se rebeller contre moi, mais ils se sont trompés ! » La voix tonna. « Je ne suis que l'homme que vous avez choisi comme chef pour vous guider hors d'Egypte, mais je suis l'instrument du Seigneur ! Les rebelles se sont levés contre le Seigneur et ils ont suscité Sa colère[2] ! »

Des murmures s'élevèrent, des regards coulèrent vers les chefs qui l'avaient défié. Mose laissa peser le silence. A l'arrière, Josué et ses soldats dressaient leurs piques. On l'avait menacé de la force, voire de meurtre ; il répliquerait de même.

« Vous vous étiez accoutumés aux dieux fragiles de l'Egypte, ces dieux qui n'interviennent pas dans la vie des mortels. Mais notre Seigneur est éternel ! Il est Tout-Puissant ! Et Il intervient dans la vie des mortels qu'Il a choisis ! Il est parmi nous en ce moment, Il sonde nos cœurs ! Que la crainte du Seigneur soit en vous comme la crainte de votre perte ! »

Cette fois, le silence fut total. On n'entendait que le vent et le bruit des vagues.

« Demain est le jour du sabbat, dois-je le rappeler ? La viande que vous ferez cuire ce jour devra vous servir pour demain. »

Josué et Mishaël mettaient le feu au bois accumulé sur l'autel improvisé. Mose fit signe à Aaron et deux hommes tirèrent le bélier jusqu'à l'autel. Le sang se répandit sur la pierre et les servants de Josué et de Mishaël portèrent la bête sur le brasier. Il y eut la fumée âcre de la fourrure qui brûlait, celle, douceâtre, du sang, puis de la chair qui se calcinait dans le brasier. Mose se tourna vers la foule et la toisa du regard.

« Allez en paix. »

Ils s'ébranlèrent lentement. Il savait très bien ce qu'ils pensaient : il leur faisait peur désormais. Ils l'avaient pris pour un des leurs, certes un homme au destin singulier, mais dont ils pouvaient contester les décisions. Ils s'étaient mépris et, s'il était le porte-parole du Seigneur, ils couraient en le désavouant le risque de déplaire à Celui-ci. Mose croisa le regard d'Aaron, qui détournait le visage de la fumée, et le trouva fuyant. La victoire militaire et la viande qu'ils allaient faire cuire avaient leur prix : la soumission à l'autorité.

Les gémissements des bêtes qu'on égorgeait emplirent le camp. Mose monta sur son cheval et s'en fut galoper le long de la mer. Sa tête était habitée par le souvenir de Nesaton, la hauteur de Jéthro, des souvenirs mélangés dont il ne parvenait pas à tisser la trame. Il devinait que le désenchantement le menaçait et il s'emplit la poitrine d'air, s'efforçant de respirer comme le lui avait enseigné Nesaton, afin de se purifier ! Il supporterait la solitude, mais à la condition d'être pur.

La solitude, elle, était assurée.

17

RETOUR À ECYON-GÉBER

Deux mois plus tard, ils longeaient les côtes du golfe d'Ecyon-Géber. De nombreux navires croisaient au large. On devinait, sans les distinguer, les regards incrédules des matelots et des marchands penchés aux rambardes, devant le spectacle fantastique de dizaines de milliers d'humains qui avançaient sur le rivage, d'un pas lent, irrésistible, un peuple entier en marche.

Mose imagina alors, non pas l'étonnement, mais l'épouvante des gens d'Ecyon-Géber quand ils verraient cette masse de population encercler leur ville.

« Attendez-moi ici ! dit-il à Aaron, quand le convoi ne fut plus qu'à une demi-journée de la ville, qui scintillait au loin dans le soleil. Cela ne sert à rien d'aller tous à Ecyon-Géber, qui est beaucoup trop petite pour nous accueillir.

— Laisse-moi t'accompagner. »

Mose hésita, puis accepta. Ils partirent au trot.

Ils devaient longer le port avant de s'engager dans les collines comme le projetait Mose, là où l'attendaient Séphira, ses enfants et Jéthro. Les appels fusèrent. Ils s'arrêtèrent et descendirent de cheval. Marchands et bateliers les prirent par le bras, les accolades se succédèrent à n'en plus finir.

« Mose ! Ce que nous avons entendu, est-ce vrai ? »

Ils l'avaient entendu des bateliers qui avaient été en Egypte, bien sûr.

« Mose, tu vas chez Jéthro, n'est-ce pas ? Lui et ta femme t'attendent. Jéthro l'avait dit, que tu reviendrais.

— Mais où sont les Apirous ?

— En arrière. Je voudrais traiter des droits de passage, des droits d'eau, acheter des vivres.

— Combien êtes-vous ? »

Celui qui avait posé la question était l'un des chefs des marchands, un des seigneurs locaux qui lui avaient jadis témoigné de l'amitié.

« Vingt-sept mille.

— Tu as fait sortir d'Egypte vingt-sept mille Apirous ? »

Un attroupement s'était formé autour d'eux.

« Mais c'est un peuple, cela ! Tu es devenu roi ! Où allez-vous ?

— En Canaan.

— Il faudra que nous en débattions au conseil des tribus. Les droits de passage vous seront accordés, n'en doute pas. Mais les droits d'eau, il faudra les payer, Mose. Je ne sais même pas si nous avons assez de puits. Le niveau de la 'Araba[1] est en train de baisser.

— J'entends. C'est bien de cela que je veux m'entretenir avec vous.

— Va chez Jéthro, nous nous retrouverons tous ce soir. »

Aaron semblait soucieux.

« Qui est-ce ce Jéthro ? demanda-t-il.

— Mon beau-père. Tu l'as vu. Tu as dormi chez lui quand tu es venu d'Egypte. C'est un chef madianite qui m'a recueilli quand j'avais fui d'Egypte[2].

— Tu es marié à sa fille ? Tu es marié à une Madianite ?

— J'en ai même deux enfants.

— Tu as donc quatre enfants, deux d'une Egyptienne et deux d'une Madianite ? »

Mose ne répondit pas ; son visage se colora.

« Mais comment peux-tu être notre chef et l'époux d'une Madianite ? »

Mose tira soudain les rênes du cheval.

« Es-tu sûr que tu veux venir avec moi voir Jéthro ? Je peux très bien discuter seul des droits à payer. »

Le ton était sec, presque menaçant.

« Es-tu un Madianite ou l'un des nôtres ? rétorqua Aaron.

— Tu n'es certainement pas un frère selon mon cœur, Aaron ! dit Mose entre ses dents serrées. Toujours un jugement à la bouche ! Toujours une parole aigre ! Pareil à ta sœur ! Voudrais-tu faire la guerre aux Madianites ? Et vous, hypocrites, n'avez-vous pas assez forniqué avec les Egyptiens et les Egyptiennes ?

— Je ne tolérerai pas...

— Tu n'as rien à tolérer, Aaron ! Fais demi-tour ! Tu n'iras pas chez Jéthro. Ta présence est de celles qui font tourner le lait ! Arrière ! »

Et il partit au galop, haletant et l'œil sombre.

S'étant ressaisi un peu plus tard, il ralentit l'allure et s'écria : « Seigneur ! Pourquoi m'as-tu infligé des gens sans cœur ? Tu m'as choisi parmi les Egyptiens pour mener ce fleuve de mesquinerie vers Ton royaume ! Aide-moi, alors ! »

Il respira profondément, songeant qu'il y avait, malgré tout, parmi ces gens, des Josué, des Issar, des Mishaël. Les larmes lui vinrent aux yeux.

Quand il arriva au pied des collines et qu'il les reconnut, d'autres larmes jaillirent. Il fonça vers les tentes. Quelques instants plus tard, une femme sortit, une cruche à la main et, mystérieusement, ayant peut-être entendu les sabots du cheval, elle se retourna, s'immobilisa et le regarda de loin, de moins loin, de presque près... Un nuage de sang et de feu lui emplit le cœur.

Il tomba presque du cheval à ses pieds[3].

« Je savais que c'était toi, je ne sais pas comment », murmura-t-elle.

Jéthro[4] et tous les autres étaient sortis. Stitho, le petit voleur de jadis, était à genoux, enlaçant les jambes de Mose et répétant : « Mon maître ! Mon maître ! » La joie de vivre submergea Mose. Il riait. On en oubliait son visage émacié, ses rides précoces, ses premiers cheveux blancs.

Le Seigneur lui accordait un répit.

II

LA MONTAGNE DU SEIGNEUR

1

LE PROFIL DES GLAIVES

Un émissaire fut dépêché vers les Apirous immobilisés à quelques heures de cheval d'Ecyon-Géber, afin de les avertir que Mose ne rentrerait que le lendemain pour les informer de ses pourparlers.

Les huit chefs d'Ecyon-Géber organisèrent un festin chez Jéthro. Ils firent de leur mieux ; ils recevaient un roi. C'était ainsi qu'ils le désignaient.

Ils interrogèrent de nouveau Mose sur le nombre d'Apirous sortis d'Egypte.

« Vingt-sept mille ! s'écrièrent-ils, stupéfaits. Les maîtrises-tu ? »

Et comme Mose répondait par l'affirmative :

« Nous ne voudrions pas que quelques têtes brûlées dans ce nombre se piquent de nous attaquer. Car, malgré l'amitié que nous te portons, nous riposterions.

— Personne des nôtres ne vous attaquera[1].

— Et où allez-vous ?

— En Canaan.

— C'est vrai qu'il y a des Apirous, là-bas... Nous avons appris que tu t'es battu avec les Amalécites.

— Ce sont eux qui nous ont attaqués. Ils ont prétendu prendre deux cents de nos hommes comme prisonniers, sans crier gare. Nous sommes allés les délivrer. Et c'est nous qui avons fait des prisonniers », expliqua Mose.

Il but pensivement son vin. Depuis une semaine, le profil des glaives se dessinait au-dessus de l'horizon. Le désert n'avait été qu'une trêve. Désormais, il faudrait compter avec les autres peuples. Et il se dit qu'au bout du compte il faisait fonction d'intendant aux vivres et de chef de guerre. Manger et se battre, c'étaient les deux activités de base d'un peuple. Dans Sa sagesse suprême, le Seigneur ne l'en avait pas prévenu. Et sans doute avait-Il choisi l'homme qu'il fallait : avec les Egyptiens, il avait acquis l'expérience du commandement.

« Tu es donc le chef de vingt-sept mille personnes, reprit le doyen des chefs. Les plus puissants d'entre nous étendent leur pouvoir sur deux mille tout au plus. Tu n'as pas encore de royaume, mais nous te connaissons depuis que les voleurs te décrivaient comme le roi des démons. Ton royaume ne saurait se dérober à toi longtemps. »

Il leva son verre et Mose fit de même. Le vin était râpeux, mais c'était pour lui une boisson digne de Dieu.

« Je ne suis que le serviteur de mon Dieu, répondit-il.

— Il n'a été, n'est et ne sera d'être humain sur la terre qui ne soit le serviteur de son dieu, Mose. L'essentiel est de le savoir. »

Ils levèrent de nouveau les verres.

« Gloire à nos dieux !

— Mais même parmi ceux qui le savent, il en est peu qui ont été désignés comme rois, reprit le vieillard. Certains conquièrent par leurs glaives. Toi, tu possèdes le don le plus précieux : tu conquiers par ta présence. Nous avons entendu Jéthro. Il est notre médiateur. Il parle à nos dieux. Son regard porte plus loin que les nôtres, et pourtant, je ne crois pas manquer d'expérience. Il nous a dit que la main des dieux s'était posée sur toi. Une fois de plus, il a vu juste.

— Buvons à la clairvoyance de Jéthro ! »

Cela valait mieux que de boire à la clairvoyance de l'orateur, songea Mose, celui-ci ne se priverait pas d'user non plus du glaive. Son expression devait trahir ses pensées, car il s'avisa soudain qu'un des convives le considérait d'un œil tenace, amusé. Gêné autant qu'intrigué, Mose lui rendit le regard et s'avisa que c'était un des frères de Séphira, Hobab, son propre beau-frère ! Il se mit à rire et Hobab rit aussi, puis se déplaça et vint s'asseoir près de Mose, légèrement en retrait, de telle sorte qu'ils pussent s'entretenir sans que tout le monde les entendît.

« Tu ne m'avais pas reconnu.

— Non. Pardonne-moi.

— Le temps. J'ai changé.

— Ta barbe est plus belle et ta mine plus assurée.

— Toi, tu n'as pas changé. Tu es le même que celui dont mon père disait que la main des dieux s'était posée sur lui. Tout à l'heure, tu riais en toi-même quand les chefs buvaient à la clairvoyance de mon père.

— Ce n'est pas des vœux que je riais, Hobab, et encore moins de la clairvoyance de ton père, qui est grande. C'est de la futilité des alliances humaines. Ces hommes qui m'honorent plongeront leur dague dans mon ventre dès que je leur demanderai de partager avec mon peuple l'eau d'un puits.

— Tu ne crois donc pas aux alliances humaines ?

— Ne l'ai-je pas dit ?

— Pourquoi crois-tu alors à la fidélité de mon père à ton égard ?

— Parce que ce n'est pas sur moi qu'elle se porte, mais sur le fait que nous avons reconnu l'un dans l'autre notre allégeance à la puissance divine.

— Tu ne croirais donc pas à mon allégeance, si je te la déclarais ?

— J'y croirais si tu acceptais de me suivre, de partager mon destin et celui de mon peuple. Aucun homme ne peut retenir la fidélité d'un autre toute la vie. Seule l'allégeance à un dieu est durable. Seule l'alliance avec un dieu mérite l'effort.

— Tu ne me croirais donc que si je te suis ?

— Ne l'ai-je pas dit ? Veux-tu me suivre ?

— J'ai mon pays, mes dieux...

— Viens avec nous ! Tu seras notre guide et tu partageras notre fortune. Ce ne sera pas moi, mais mon Seigneur qui te récompensera. »

Hobab demeura un long moment sans répondre. A la fin, il déclara :

« Je viendrai, Mose. Mais ce sera à cause de toi et du reflet de ton dieu sur toi. C'est en vérité un dieu qui a posé la main sur toi, je ne sais comment je le sais, mais je le sais désormais[2]. »

Les chefs parlèrent bien avant dans la nuit. Ils accordèrent enfin à Mose les droits de puits pour cent shekels d'argent pour un mois, à la condition qu'il n'y eût pas plus de cent personnes par jour à chacun des quatorze puits, car ils devaient assurer leur propre approvisionnement. Ils lui vendraient ce qu'ils pourraient de farine, d'huile et de légumes, et les bêtes dont ils pourraient disposer : trois cent trente agneaux, moutons et brebis au maximum. Tout le monde convint, selon l'avis de Jéthro, qu'il valait mieux que les Apirous ne vinssent pas en masse à Ecyon-Géber ; leur nombre inquiéterait les populations. Ils pourraient s'installer dans les collines du nord, le long de la 'Araba, aux confins du désert de Parân. Là, sur les rives du torrent, ils pourraient compléter leur approvisionnement en eau en fonction des pluies. Puis les chefs reprirent leurs chameaux et rentrèrent chez eux. Tout cela était satisfaisant et Mose se félicita qu'Aaron n'eût pas participé à la réunion.

Mose demeura seul avec Jéthro.

« On me rapportait des récits et ma tête n'y croyait pas. Mais mon cœur, si. Tu as défait les Amalécites, m'a-t-on raconté ? »

Mose hocha la tête.

« Mais vous n'aviez pas d'armes ?

— Des piques taillées dans les arbres et dont nous avions fait durcir la pointe au feu.

— Tu es impatient de retrouver ta femme. Va dormir. Nous reprendrons cet entretien demain soir. »

Elle, l'oasis après le désert.

« Tu es un don de mon Dieu », murmura-t-il.

Ils s'endormirent en riant, enlacés, d'un coup. Parfois le sentiment domine l'animal. Le cœur, alambic du sang grossier, distille la tendresse.

Ce furent les enfants qui les éveillèrent. Guershôn, qui avait presque cinq ans, et Eléazar, trois ans et demi, lionceaux dodus et dorés qui vinrent se rouler en riant dans les litières de leurs parents.

« Qu'en feras-tu ? lui demanda-t-il. Ne viendras-tu pas avec moi ?

— Mais où donc vas-tu ?

— En Canaan. »

Elle se leva pour entrouvrir la portière de la tente, puis alla chercher du lait chaud et revint avec une cruche et quatre bols, ainsi que des petits pains au miel.

« Il y aura peut-être des batailles, Mose. Exposeras-tu tes fils aux glaives des ennemis ? » Elle versa du lait dans un bol et le tendit à Mose. « Je te rejoindrai en Canaan. Je sais que je n'attendrai pas longtemps. »

Il but pensivement son lait. Oui, il y aurait des batailles, en effet. Et il y aurait aussi Aaron, Miriam et quelques autres, pleins d'animosité à l'égard de l'étrangère.

Il avait fini de se laver dans la même cabane rudimentaire que jadis, cette fois-ci avec l'aide de Stitho, quand Jéthro apparut.

« Allez-vous monter directement vers Canaan comme tu l'as dit hier soir ? s'enquit-il. Vous allez donc demander un droit de passage aux Edomites, qui ne sont pas gens commodes.

— Veux-tu dire que nous allons devoir nous battre contre eux ?

— Je le crains. Ils sont plus nombreux que la bande d'Amalécites à laquelle vous avez eu affaire. Ils possèdent des places fortes. Et ils ont conclu des alliances avec les Egyptiens.

— Cela appelle réflexion, en effet.

— Je m'inquiète par ailleurs de tout ce que tu as à faire. Tu es à la fois le chef, le général et le maître des provisions de tous ces gens. J'imagine que ce peuple nourrit inévitablement des querelles internes et que tu dois, par-dessus le marché, servir de juge. Et je n'ai même pas évoqué tes fonctions de chef religieux. Comment peux-tu assumer tout cela à la fois ?

— Je suis assisté par mon frère Aaron. Et j'ai déjà délégué la responsabilité de nos soldats. Mais il est exact que j'ai trop à faire. Tu as une solution ?

— Répartir les responsabilités, Mose. Avoir des juges, des chefs des provisions, des trésoriers... Autrement, tu ne pourras mener ton projet à bien.

— Mais il faudrait déjà que quelqu'un m'aide à le faire.

— Je veux bien t'aider.

— Dans ce cas, il faudrait que tu viennes au campement.

— Je le ferai demain, il faut que ces problèmes soient réglés avant que vous vous remettiez en route[3]. »

Mose monta sur son cheval, dûment pansé et bouchonné par Stitho, et pria ce dernier de l'accompagner, car il aurait besoin d'un messager pour les va-et-vient entre le campement des Apirous et Ecyon-Géber. Il trouva le campement, Aaron et les chefs en effervescence, et il se demanda s'il n'y avait pas quelque complot sous roche pour nommer un autre chef à sa place. Faute d'indices, il toisa tout ce monde de haut et l'informa du marché conclu avec les chefs madianites.

« Pourquoi ne pouvons-nous pas nous installer chez ces gens-là ? demanda un chef.

— Nous sommes vingt-sept mille. Ce serait un envahissement et nous serions à l'étroit. Leurs campements ne tolèrent au mieux que deux mille personnes. Nous ajouterions donc l'inconfort à la contrariété. »

L'argument laissa Aaron sceptique.

« Quand nous livreront-ils les vivres ?

— Dans la journée.

— Nous avons faim.

— Vous avez toujours faim, répliqua Mose. Il n'est pas question de faire bombance. Les temps de la frugalité ne sont pas achevés. Trois cent trente-sept moutons suffiront à peine au repas d'un jour. J'ignore encore quelles quantités de farine et d'huile nous seront attribuées, mais je sais que les provisions des Madianites ne sont pas immenses. Les pains seront donc confectionnés au fur et à mesure et distribués au plus juste.

— Sommes-nous loin de Canaan ?

— Dans la distance, non. Dans le temps oui. Pour y parvenir, il nous faut demander passage aux Edomites et il est douteux qu'ils nous l'accordent sans problèmes, si toutefois ils l'accordent.

— Nous avons eu raison des Amalécites, dit Aaron. Pourquoi n'aurions-nous pas également raison des Edomites ?

— Parce qu'ils sont plus nombreux, parce qu'ils sont mieux armés et qu'ils contrôlent les routes depuis des places fortes. Et parce que j'entends éviter les effusions de sang autant que possible.

— Et alors ?

— Et alors, j'aviserai. »

Deux ou trois douzaines d'hommes et de femmes de tous âges arrivèrent à ce moment-là. Mose les interrogea ; ils avaient tous des problèmes à régler, des conseils à demander, des querelles à faire arbitrer...

« Comme tu le vois, nous avons bien des questions à débattre entre nous, dit un autre chef. Certains des nôtres sont morts et cela soulève des questions d'héritage. Il y a aussi des questions de rachat. »

Depuis l'affaire de la succession d'Eliab, plusieurs mois auparavant, Mose avait déjà servi de juge dans bien des débats. Mais d'autres anciens étaient morts par la suite, et cela soulevait évidemment de nouveaux problèmes. Il semblait que le nombre en allât croissant au fil des jours.

« De quoi s'agit-il donc cette fois-ci ? fit-il avec humeur. Y a-t-il donc de si grands patrimoines qu'il faille en régler juridiquement le partage ?

— Nous ne serons pas toujours dans le désert, argumenta l'un des chefs. Nous allons bientôt arriver dans une terre qui sera la nôtre. Il vaut mieux que les choses soient claires.

— Nous allons nous organiser rapidement, décida Mose repensant aux conseils de Jéthro. Car je ne peux m'occuper personnellement de chacun de vous. »

La tâche devenait lourde, se dit-il. Il n'en devinait pas la moitié.

2

LES MOUTONS DE LA DISCORDE

Trois nouveaux problèmes surgirent presque simultanément.

Le premier fut la mauvaise humeur manifeste avec laquelle Mose fut accueilli quand, le lendemain matin, après la nuit chez Séphira, dans les collines, il revint au campement. Aaron et un certain nombre de chefs, auxquels se joignirent plusieurs femmes, le toisèrent avec malveillance. Miriam et Elisheba étaient au premier rang.

« Quels sont ces regards de harpie ? demanda Mose à Miriam avec rudesse.

— Es-tu des nôtres ou des Madianites, que tu ailles tous les soirs coucher avec une Madianite ? » cria-t-elle.

Les autres femmes écoutaient l'altercation à distance.

« C'est ma femme depuis que les Madianites m'ont jadis donné refuge.

— Je le sais bien ! s'exclama Miriam. C'est là que le bât blesse ! Tu as des enfants madianites !

— Ils ne sont pas madianites, puisqu'ils sont des miens.

— Des sang-mêlé ! » siffla avec mépris Elisheba, l'épouse d'Aaron.

Il s'avança vers elle, le pas lourd de menace :

« Es-tu une femme ou bien une hyène ? Si le Seigneur s'était détourné de moi, il ne se serait pas adressé à moi alors que j'avais déjà pris cette femme pour épouse ! »

Des femmes et des hommes se tenaient à l'arrière, marmonnant qu'« il » voulait ramener dans leur sein les fils d'une étrangère.

« Le Seigneur ! Le Seigneur ! Tu n'as que ce mot à la bouche ! glapit Elisheba. Qu'aurais-tu donc fait si mon mari Aaron n'avait rallié les nôtres en Egypte ? »

Mose leva le bras pour gifler sa belle-sœur, mais se retint.

« En voilà assez ! tonna-t-il. Ce n'est pas seulement de la rébellion ! Ce sont les voix de l'infamie qui insultent le Seigneur ! Cette femme est mon épouse et j'entends qu'on la respecte et qu'on ne m'en parle plus !

— Les femmes ont raison, déclara Aaron, soudain enhardi. Comment peux-tu être notre chef si tu introduis une Madianite dans notre peuple ? Tes enfants auront donc tété du lait étranger ! »

Quelques-uns des chefs de clans, toujours les mêmes, répétèrent les propos d'Aaron avec des variantes. Il devinait leur jeu : c'était Aaron qu'ils voulaient comme chef. Comme il était bien plus malléable que lui, ils lui dicteraient plus commodément leurs volontés.

« Et vous donc, bande d'hypocrites ! Voulez-vous que je parcoure le campement pour dénombrer vos épouses égyptiennes et nubiennes ? Aaron, Miriam, et toi, Elisheba, qui sécrètes du venin du bout de ta langue, disparaissez de ma vue ! Un mot de plus sur mon épouse et je vous considérerai comme prisonniers et vous ferai mettre sous la garde des soldats ! Repentez-vous ! Ou bien je vous fais exclure du camp pour une semaine ! Toi inclus, Aaron ! »

Mishaël, son cousin, qui était désormais l'un des lieutenants de Josué, assistait aussi à la scène en compagnie de quelques soldats ; il expédia l'un d'eux alerter Josué. Aaron et son épouse, ainsi que Miriam, reculèrent et rentrèrent sous leurs tentes en maugréant. Mose tendit le doigt vers les chefs :

« Vous aussi ! Disparaissez de ma vue et repentez-vous ! Je n'hésiterai pas non plus à vous exclure du camp ! La malédiction tombera sur tous ceux qui s'opposent aux projets du Seigneur, ne l'oubliez jamais plus[1] ! »

Miriam ressortit aussitôt de sa tente dans un état d'agitation extrême. Echevelée, les bras tendus vers le ciel, elle tenait des propos que sa voix rauque rendait presque inintelligibles.

« Le Seigneur ! clamait-elle. Je vois le Seigneur ! Dans notre souffrance, Seigneur, viens-nous en aide ! Le Seigneur nous commande de nous libérer de la tyrannie ! Seigneur, je t'entends ! Tu me demandes de lever mon peuple contre la tyrannie ! »

Elle tournait autour de sa tente, forcenée, l'œil révulsé et les vêtements tellement en désordre qu'un sein en avait jailli. Elle faisait sa prophétesse. Un petit attroupement se forma pour observer la scène et murmurant que, oui, la tyrannie, il fallait s'en libérer !

« Cette femme clabaude, dit un ancien, goguenard. Elle a mangé de la jusquiame, donnez-lui de l'ellébore[2] !

— C'est ma sœur ! protesta Aaron. C'est une prophétesse ! »

Mais si tout le monde n'était pas dupe, Miriam pouvait quand même se constituer une faction parmi les ennemis de Mose. Point n'était besoin de grandes lumières pour comprendre le motif de son exhibition impromptue : il s'agissait pour elle de rivaliser avec Mose et de contester son autorité. Quant aux discours sur la libération de son peuple, ils étaient proprement séditieux, et ce fut bien ainsi que Mose et Josué les entendirent.

« Elle va faire un esclandre », murmura Josué.

Mose se dirigea d'un pas décidé vers Miriam et lui saisit le bras. Feignant de sortir de sa transe, elle poussa un cri perçant et tenta de reculer. Mais il la tenait d'une poigne sans défaut.

« Veux-tu cesser tes simagrées tout de suite ! Assez d'imposture ! Tu n'es pas plus une prophétesse que la première chèvre venue ! »

Elle le fixa de ses yeux exorbités, muette, bavant.

« Le Seigneur..., marmonna-t-elle d'une voix caverneuse.

— Le Seigneur va te pulvériser, pécore impudente ! cria Mose en la secouant violemment. Rentre sous ta tente. »

Et, s'adressant à son beau-frère : « Ramène cette créature sous la tente, et que je ne l'entende plus[3] ! »

Le deuxième problème surgit un peu avant midi, quand les émissaires des marchands d'Ecyon-Géber vinrent annoncer qu'ils amenaient le troupeau de moutons vendus et qu'ils demandèrent hommes et montures pour décharger de leurs chameaux la farine, l'huile et les légumes qui faisaient partie du troc. Mais ce problème-là, Mose, encore troublé par le déchaînement de hargne et les gesticulations du matin, ne le percevrait que plus tard. Tout le monde sortit des tentes pour considérer le bétail qui avançait sous la houlette d'une demi-douzaine de bergers madianites, le long du chemin ombragé par les chênes et les acacias nains au pied de la montagne.

Mose envoya Mishaël quérir Aaron. Celui-ci arriva, contraint et contrit tout à la fois.

« Convoque les chefs, ordonna Mose d'un ton sec. Qu'ils viennent avec l'or, l'argent et le cuivre nécessaires pour payer les moutons. »

Mose chargea ensuite Mishaël de réunir les hommes et les montures indispensables pour aller chercher la farine, l'huile et les légumes, et il surveillait les procédures de paiement lorsque le troisième problème surgit. Jéthro arriva, suivi de deux serviteurs qui portaient à Mose des plats de friandises et de fruits.

Dès qu'il l'aperçut, Aaron se figea dans une attitude raide. Mose se tourna vers son frère et, de loin, le tança du regard. Aaron baissa la tête. Et quand ils virent Mose aller au-devant de Jéthro et échanger avec lui salutations et accolades empreintes de respect et d'affection, plusieurs chefs qui assistaient aux règlements allèrent interroger Aaron. Alors s'engagea un conciliabule que Mose surveillait du coin de l'œil et qui ne lui disait rien de bon. Ayant installé Jéthro sous sa tente, il envoya chercher Josué, pour le charger de convoquer tous les chefs devant sa tente.

Ils arrivèrent, les uns sourcilleux — ceux qui avaient pris le parti d'Aaron le matin même —, les autres curieux. Mose attendit qu'ils fussent tous réunis autour de lui, Josué et une centaine de soldats armés de piques montant la garde, puis il prit la parole.

« Jéthro le Madianite, qui nous fait l'honneur de nous visiter, est mon beau-père. Et c'est un homme sage. »

Jéthro inclina plusieurs fois la tête avec un sourire. Les chefs dévisagèrent l'étranger qui avait le privilège des compliments de Mose, et qui était le beau-père de leur chef.

« C'est aussi pourquoi je lui ai demandé son conseil, reprit Mose. Vous le savez, nous sommes nombreux et je ne peux m'occuper à la fois de la nourriture, de l'eau, des paiements, des jugements et de la guerre. »

Il céda la parole à Jéthro, et celui-ci expliqua que la seule manière d'organiser une communauté aussi nombreuse et soumise à des besoins aussi divers que ceux d'une nation était d'établir une hiérarchie. Il suggérait que Mose choisît les hommes qu'il jugeait les plus dignes de confiance et qu'il leur donnât la responsabilité d'un certain nombre d'hommes, cent par exemple. Ces hommes désigneraient à leur tour des responsables qui seraient chacun garant d'une centaine d'âmes. Les chefs, instruits par Mose de la loi qu'il voulait faire appliquer, tiendraient l'office de juges, dépêchant les affaires simples et n'en référant à Mose que pour les cas où ils ne sauraient trancher.

« Mais nous avons déjà nos chefs de clans », objecta avec humeur l'un de ceux-ci.

Jéthro tarda à répondre, d'un air entendu. « Pour être juge, il faut être impartial. Or, les chefs ne sont-ils pas liés à leurs clans ?

— De toute façon, interrompit Mose, un clan ne représente pas mille personnes et je suis de l'avis de Jéthro. Les chefs de clans sont d'abord dévoués à leurs clans. Dans le cas d'un conflit ils tendront naturellement à privilégier le leur. Or, nous ne sommes plus des clans, nous sommes un peuple, et, je veux que chacun de nous ait d'abord le souci de l'intérêt général. »

Les chefs tirèrent des mines longues d'une coudée ; ils voyaient en quelques instants tout leur pouvoir s'évanouir. Mais, à l'évidence, plusieurs d'entre eux briguaient déjà dans leur tête le poste de chef de section.

« Mais il ne nous restera donc plus aucun pouvoir ? demanda un autre d'entre eux.

— Il vous restera le pouvoir que vous détenez sur vos familles, trancha Mose. De plus, j'entends qu'un trésorier prenne en charge l'ensemble des paiements que nous devrons faire et de la répartition du butin que nous conquerrons. Il n'est pas juste que certains clans soient plus riches que d'autres. Nous devons mettre toutes nos ressources en commun jusqu'à ce que nous nous établissions en Canaan. Pour le paiement des moutons, par exemple, il y a des clans qui ont payé plus que d'autres et il ne serait pas juste qu'ils prétendent disposer de plus de bêtes que ceux qui ne pouvaient payer davantage.

— Nous n'avions pas tous les mêmes richesses en Egypte, objecta un autre.

— En Egypte, nous étions soumis au pharaon. Maintenant, je le répète, nous sommes un peuple libre et nous avons besoin de toutes nos forces. Or, nous ne pouvons être forts que dans l'union. Vous avez accepté que Josué prenne le commandement de nos soldats, et vous n'avez qu'à vous en féliciter. Vous vous féliciterez pareillement de ce qu'un trésorier se charge des problèmes financiers de la communauté. »

Ils se dispersèrent en discutant. Le paysage semblait pacifique. Le ciel était clair et l'air doux. Les pêcheurs halaient leurs filets. Les femmes se partageaient la farine et l'huile, des fumées odorantes montaient, puis se dispersaient au pied des brises, charriant l'odeur aromatique du bois d'acacia et, celle, charnelle, du pain à l'huile. Cela ressemblait presque au bonheur. On eût pensé que la vie pouvait se poursuivre ainsi sans discontinuer.

Vers le soir, quand Jéthro fut parti, les chefs revinrent. Nahshôn, le fils ainé d'un chef qui s'appelait Aminadab, s'adressa à Mose :

« Nous avons réfléchi et nous te demandons ton conseil. Ces moutons que nous avons achetés, ils feront un ou deux repas et après il n'en restera rien, comme la dernière fois. Or, nos ressources en or, en argent et en cuivre ne sont pas infinies. »

Il fit une pause, interrogeant Mose de ses yeux sombres.

« Je comprends, répondit celui-ci.

— Il y a beaucoup de brebis parmi les bêtes que nous avons achetées. »

Mose hocha la tête en signe d'approbation. Mais il voyait soudain surgir le problème qu'il n'avait pas distingué quand les bergers madianites avaient amené les moutons. Ces bêtes buvaient de l'eau. Les problèmes d'accès aux puits risquaient donc de s'envenimer, même avec les Madianites. Par ailleurs, il ne pouvait pas refuser à ses gens de constituer des troupeaux qui seraient bien à eux et qui assureraient leur approvisionnement en viande — approvisionnement d'autant plus précieux que, dans peu de jours, les Apirous s'engageraient dans les hautes terres, en direction de Canaan, loin de la mer, et que le poisson ferait défaut. Le sort en était jeté ! décida Mose. Israël avait besoin de troupeaux pour survivre et il se battrait donc, puisqu'il le fallait, contre les autres peuples. La veille, il avait cru voir l'ombre des glaives se lever à l'horizon ; il était désormais sûr que ce seraient les glaives qui tailleraient le territoire des enfants d'Israël.

« Faites donc comme vous le proposez », conclut-il.

Ils hochèrent la tête avec satisfaction, mais ne semblaient pas disposés à se lever.

« Nous avons aussi une question, reprit à la fin Nahshôn. Jéthro sera-t-il l'un de nos juges ? »

— Nullement, répondit Mose au bout d'un temps. Il ne connaît pas notre loi. »

La réponse les laissa perplexes.

« Quelle est notre loi ? Où est-elle écrite ? interrogea un autre chef.

— Le Seigneur la dictera quand Il le jugera bon. »

A ce point-ci, personne ne connaissait encore la loi. Qui donc pouvait être juge ? Mais personne ne releva cette contradiction.

« Si nous entrions en conflit avec les Madianites, demanda encore quelqu'un, où sera la fidélité de ta femme ? Et où sera la tienne ? »

— Mettez-vous mon allégeance en doute ? se récria Mose d'un ton offensé. Ne vous suffit-il pas que je vous aie menés jusqu'ici sur l'ordre du Seigneur ? Ne vous suffit-il pas d'avoir triomphé des Egyptiens et des Amalécites ? Et vous venez me poser pareilles questions ! Croyez-vous que je prendrais le parti des Madianites contre vous ? Et croyez-vous que ma femme prendra le parti des Madianites contre son époux et ses enfants ? »

Un lourd silence suivit.

« Nous ne voulions pas t'offenser, dit Nahshôn. Peut-être devrais-tu considérer notre franchise comme la preuve de notre confiance. Nous te soumettons ce que nous avons dans le cœur[4].

— Je souhaiterais que vos cœurs soient plus intelligents et vos intelligences plus sereines », répondit Mose.

Le soir venu, il appela Josué près du feu. Le jeune homme s'assit par terre, près de lui. La question de Mose fut simple :

« Et maintenant, combien d'hommes et combien d'armes ?

— Près de quatre mille trois cents. Tous armés. Ceux qui n'ont pas de piques ont les glaives enlevés aux Amalécites. Quelques boucliers en cuir. Je n'ai pas fait le compte des frondes. En fait, nous sommes tous frondeurs. » Il tendit les mains vers le feu. « J'ai enrôlé tous les prisonniers égyptiens et j'ai commencé à enrôler quelques Amalécites. »

Mose parut étonné.

« Ils font d'excellents soldats, reprit Josué. Les Egyptiens étaient déjà entraînés. Et ces hommes font de meilleurs soldats qu'ils ne feraient de bons esclaves. Leur amour-propre est sauf. L'humiliation les aurait rendus rebelles.

— Tu sais ce que tu fais, tu as ma confiance, dit Mose. Je t'avais dit qu'il nous fallait au minimum cinq mille hommes... »

Josué allait l'interrompre, mais Mose le coupa :

« Tu as fait de ton mieux, j'en suis certain. Mais il nous faut cinq mille hommes rapidement, Josué. Et même plus. Et vite. »

Josué posa sur lui son regard calme et clair.

« A cause des troupeaux, n'est-ce pas ? »

Mose fut surpris par la vivacité d'esprit du jeune homme.

« Tu vois juste.

— En effet, observa Josué en se levant, le temps presse. »

Les étoiles scintillèrent Mose pria, puis il prit son cheval et rentra chez Jéthro, près de Séphira.

Un jour ou l'autre, il devrait ramener sa femme et ses fils parmi les siens. Quel accueil leur ferait-on ? Fallait-il donc que son bonheur le plus intime fût contesté par les siens ? Il leva les yeux vers le ciel, mais les étoiles scintillaient plus fort, simplement, parce que la nuit était plus noire.

Et si l'on respirait profondément, si l'on expulsait de soi toutes ces pensées fiévreuses, la nuit et les étoiles commençaient à entrer en vous, comme un flacon débouché s'emplit de l'eau du ciel... Le Seigneur entrait en vous. Oui, ce ne pouvait être que le Seigneur, cette nuit bruissante d'étoiles.

3

PREMIÈRE INSTALLATION

Le lendemain du sabbat, le convoi se remit en route sur l'ordre bref de Mose.

« Où allons-nous ? demanda Aaron, constatant qu'ils ne suivaient pas la route d'Ecyon-Géber, mais qu'ils obliquaient vers le nord et s'engageaient dans une vallée étroite entre deux massifs montagneux[1].

— Vers un territoire où nous reprendrons haleine, répondit Mose. J'ai remarqué que beaucoup d'entre nous et parmi les meilleurs sont devenus pareils à des chevaux haletants. Voici trois mois que nous sommes partis, et les épreuves commencent à altérer les cœurs. Il est temps que nous ayons conscience de ce que nous sommes, que nos âmes se reposent et que la présence du Seigneur pénètre nos cœurs. »

Il avait répondu presque sans y penser. Les mots avaient jailli de lui au terme de réflexions parfois inabouties. Maintenant, ses idées étaient mûres.

« Le désert est en train de nous changer en une horde et non en un peuple, et l'organisation que j'ai dictée sur le conseil de Jéthro ne suffirait pas à y remédier. Rien ne servirait d'être gouvernés par des lois et des hommes si nous n'entendions la vibration divine. »

Il tournait à peine la tête pour parler à son frère. « Nous sommes ici par la volonté du Seigneur, reprit-il d'une voix sonore, mais je ne Le vois ni dans les yeux, ni dans les cœurs. Depuis que nous sommes partis, l'esprit de discorde se répand. Il t'a même contaminé, Aaron. »

Aaron baissa la tête. Séphira et les deux fils de Mose les suivaient de près, sur l'un des chameaux pris aux Amalécites. Il les avait ramenés de chez Jéthro et les avait imposés, le regard chargé de promesses de foudre autant que d'éclairs. Mais, à cet instant, son regard était devenu songeur, presque doux. Il repensait à la violence avec laquelle, la nuit précédente, il avait pris possession du corps de Séphira. Comme un voleur ! Comme un violeur insatiable ! Comme un adolescent qui découvre pour la première fois le corps de la fille aimée ! Comme un carnassier, aussi, dévorant tout de la bouche, des doigts, du sexe... Pétrissant tour à tour les pieds, les fesses, les seins, comme s'il était en train de la modeler, puis reprenant l'assaut comme un assassin jusqu'à ce que les spasmes s'étendant aux épaules et aux lèvres de Séphira lui eussent prouvé qu'elle était bien morte à elle-même, qu'elle était entièrement à lui, chair, sang, fluides et souffle...

Au point que Séphira s'était alarmée de cet orage de muscles et de peau qui l'avait enserrée comme un tourbillon.

« Il y a un temps pour tout, avait-il répondu à mi-voix. Il en viendra un où je ne m'appartiendrai plus, Séphira. J'appartiendrai au Seigneur. Alors, je te donne ce que je peux te donner, je te prends ce que je peux prendre avant que nos mémoires s'emplissent de poussière. »

Quand ils s'étaient allongés l'un près de l'autre, épuisés, il avait songé que l'amour est un duel avec le monde. Le corps d'une femme est le chaos avant la naissance de l'univers. Et peut-être, après tout, Adam avait-il créé Eve dans une étreinte furieuse avec une argile à laquelle le Créateur avait enfin consenti la vie... Il imagina Adam possédé par une érection formidable, roulant sur la berge d'un fleuve, en proie aux affres et aux délices du désir... C'était sans doute cela qu'avait voulu le Créateur : après avoir peiné à organiser l'immense désordre sorti de Ses mains, Il avait laissé sa succession à l'homme et l'avait chargé de créer lui-même la femme...

Mais ces rêveries furent interrompues par la voix d'Aaron.

« Tu me tiens rigueur d'avoir pris le parti de Miriam. »

Mose tourna son regard doré vers son frère.

« Si je te tenais rigueur de cet aveuglement, je ne parlerais que pour moi, Aaron. Je ne parle pas pour moi. Je parle au nom du Dieu qui vous a sortis d'Egypte pour faire de vous un peuple. Vous avez pris en Egypte les habitudes vicieuses qu'engendre l'esclavage et ici, dans le désert, vous êtes encore des esclaves. Des esclaves en fuite, mais sans piété. »

Le soleil peignait de jaune et de rose les montagnes basses à l'est et l'ombre répandait du rouge violacé sur les montagnes élevées à l'ouest.

« Si nous continuions ainsi jusqu'en Canaan, reprit Mose, nous serions pareils aux Amalécites, une vaste horde qui ne rêve que fêtes, combats et ripailles, ruminant sans fin vindictes et rivalités. Cela n'est pas digne des desseins divins.

— Que veux-tu faire ?

— Je ne le sais pas. Le Seigneur, dont je ne suis que le serviteur, me le dictera. »

Le ton était sans réplique et d'autant plus impérieux qu'il était tranquille. Aaron ne reconnaissait plus le jeune homme fougueux qu'il avait retrouvé sur l'autre bord de la mer des Roseaux.

« Il y a une chose que je n'ai pas dite, poursuivi Mose. Nous choisirons dans chaque tribu les hommes qui nous paraissent les plus ardents, les plus pieux, les plus ouverts au Seigneur. Ce seront ceux qui célébreront le Seigneur. » Mose laissa un moment s'écouler. « Tu seras leur chef. » Puis, après un autre silence : « Il est hors de question que ceux qui se sont opposés à moi figurent dans ce choix.

— Il est pourtant parmi eux des hommes pieux, objecta Aaron.

— Piété de convenance. Ils n'avaient pas le cœur ouvert à la volonté du Seigneur. »

Trois jours plus tard, ils parvinrent dans les vallées qui se trouvaient à l'ouest de la 'Araba. La distance qu'ils avaient parcourue était courte, mais maintenant qu'ils conduisaient leurs troupeaux, en effet, ils avançaient plus lentement. C'était la cinquième heure après l'aube. Mose embrassa le paysage d'un regard circulaire. Au loin, un arc irrégulier de montagnes. Des vallées s'évasaient en descendant, se fondant en un ensemble de collines dans les creux desquelles la végétation s'efforçait de prospérer, mais gardait çà et là une teinte grisâtre. Les moutons, toutefois, ne dépériraient pas, ils trouveraient de quoi brouter pour les jours à venir. La nuit avait été coupée d'éclairs, un bref orage avait regarni la 'Araba et gorgé l'herbe d'eau. Mais, dès ce soir, ce flot qui scintillait ne serait plus qu'un ruisselet. Il faudrait donc creuser des puits[2].

« C'est ici », déclara Mose.

Aaron examina le paysage, incapable d'en saisir l'intérêt particulier et plus encore d'en discuter avec son frère, puis il fit demi-tour et galopa vers l'arrière du convoi pour en informer les chefs et les juges. Mose se retourna, saisit l'image de Séphira qui parlait avec ses deux enfants et l'enveloppa de tendresse. Puis le regard aux aguets de Josué. Sur un bref signe de tête de son chef, ce dernier accourut.

« Allons explorer les lieux », dit Mose.

Des chênes nains, des acacias, des térébinthes, des lauriers, des tamaris, et, sur les hauteurs, quelques pins et de rares cyprès ; l'endroit ne manquait donc jamais tout à fait d'eau. En témoignaient des touffes de myrtes, de galbanums et d'herbes indistinctes qui s'obstinaient à lutter contre des plaques de caillasse ingrate. Mose y reconnut la fraxinelle qu'il avait vue s'enflammer spontanément un jour, alors qu'il errait plus au sud, juste avant d'entendre la Voix...

« Pas commode à défendre, observa Josué. On peut être facilement cernés. » Il désigna çà et là des traces noircies de feux, des alignements de pierres, des espaces arasés visiblement pour l'installation de tentes. « Nous ne sommes ici ni les seuls, ni les premiers. »

Mose hocha la tête. Il avait repéré lui aussi les traces de feux, les os blanchis d'un festin, les fragments d'une poterie cassée. Josué commençait à avoir l'œil d'un chef ; il méritait chaque jour davantage la confiance que Mose lui avait instinctivement accordée.

« Que proposes-tu donc ? demanda-t-il.

— De nous installer sur les collines les plus hautes », répondit Josué.

Il pointa le doigt vers ce qui ressemblait à des pistes, certes vagues, mais néanmoins trop précises pour être dues au hasard. « Les gens viennent ici de l'est et du nord. » Il partit à cheval le long d'une de ces pistes et Mose le suivit.

« Regarde, là, c'est de l'herbe qui a été broutée voici quelques semaines. Et regarde les arbrisseaux : les branches basses ont été broutées, l'écorce a été grignotée, c'est le travail de chèvres. Regarde encore là-bas, toutes ces crottes d'animaux. Des troupeaux viennent paître ici. »

Il se tourna vers Mose.

« Si nous n'avons pas encore été attaqués, c'est qu'on ne nous a pas vus. Mais je ne donnerais pas plus de quelques jours avant que nous le soyons.

— Alors il faudra se battre, dit Mose d'un ton fiévreux. Nous ne pouvons nous installer que là où il y a de l'eau, et partout où il y a de l'eau, il y a déjà des gens. Notre survie dépend des armes. La parole divine nous protégera, Josué.

— Nous ne sommes pas encore en Canaan, dit

Josué, interrogeant Mose du regard. Combien de temps veux-tu t'installer ici ?

— Plusieurs mois. »

La réponse parut contrarier Josué.

« Il faudra construire des remparts, dit-il.

— Construisons des remparts.

— Il faut d'abord savoir sur quelle colline les gens s'établiront. »

Il examina une fois de plus le paysage.

« Ou plutôt sur lesquelles, reprit-il, car nous sommes nombreux. Je choisirais celles qui offrent une protection naturelle, parce qu'elles sont adossées à la montagne. Celles-là, par exemple. »

Du doigt, il indiquait les collines qui se trouvaient à l'est.

Mose écoutait, réfléchissait, puis soudain ne réfléchissait plus. Le soleil brillait, étincelait, explosait au-dessus d'une montagne, là-bas au nord, dans un ciel parfaitement pur, et Mose en fut saisi, comme privé de pensée, comme s'il voyait le soleil pour la première fois, comme si ce soleil-là était porteur d'un message extraordinaire. Mose en ressentit un éblouissement extérieur et intérieur, un embrasement, une conflagration fixe. Ce sentiment commença par l'estomac, avec tant de violence que Mose dut maîtriser une nausée, puis il monta vers le cœur et emplit toute la tête, menaçant de jaillir par les orbites et de noyer Mose dans une nuée ardente. Cette lumière, c'était... oui c'était la ligne de feu qu'il avait cherchée jadis... Sa main se leva, comme poussée par une autre volonté que la sienne. Empli de splendeur, il demeura de la sorte, le bras tendu, tout l'être suspendu, pareil à un lingot de métal en fusion.

Puis il s'avisa de la présence de Josué à ses côtés. Il se tourna vers le jeune homme et l'expression alarmée, stupéfaite, de Josué passa à travers le rideau lumineux qui aveuglait Mose. Ses lèvres s'écartèrent, mais il n'articula rien.

« Mose ! »

Pourquoi donc cette inquiétude ? se demanda confusément Mose. Pourquoi accorder de l'importance au monde extérieur ? Et pourquoi, lui, Mose, répondrait-il aux dérisoires inquiétudes des autres ?

« Mose ! répéta Josué, rapprochant son cheval, puis tendant le bras vers son chef. Tu te sens bien ?

— Tout à fait bien, répondit Mose. Pourquoi ? »

Josué ravala sa salive.

« On nous attend, derrière, dit-il d'une voix qu'il essayait de garder égale. Je fais donc installer les gens sur les collines que je t'ai indiquées ? »

Mose hocha la tête.

« Il vaudrait mieux que tu sois avec moi quand j'organiserai l'installation, reprit Josué. Il y en aura certainement quelques-uns qui feront des objections. »

Mose balaya de la main l'évocation des objections. Une bande de ratiocineurs qui guettaient la première occasion de manifester leur dérisoire existence et de saliver.

Aaron accourut à cheval, inquiet.

« Que se passe-t-il ? Qu'as-tu décidé ? Le peuple attend, il s'impatiente. »

Cette impatience impatienta Mose.

« Dis-leur de venir. Ils s'installeront sur les deux collines que voilà.

— Ces deux collines ? Mais nous allons être exposés aux vents de toutes les directions... »

Le regard sévère de Mose coupa la parole d'Aaron.

« Bon, j'y vais.

— Je pars chercher les soldats ! cria Josué. Il faut commencer à élever les remparts dès aujourd'hui ! »

Mose demeura seul dans la vallée. Son regard se tourna irrésistiblement vers la montagne. Des nuages voilaient le soleil ; la splendeur était donc intermittente. Il alla au pas vers la montagne, qui ressemblait à un lion couché. Chemin faisant, il aperçut au bas d'une colline, près d'un alignement de pierres qui marquait sans doute les limites d'un campement, un rocher plat. Il l'examina et reconnut des traces de sang. Une colère lui vint. Les autres dieux, les faux dieux... Il les annihilerait ! Il cracha sur l'autel et poursuivit son chemin. Il n'existait qu'un seul Dieu. Celui qui s'était manifesté à lui dans le désert.

« Un seul Dieu ! » s'exclama-t-il.

Il se retourna et distingua au loin les soldats de Josué qui arrivaient. Il avait promis à Josué d'être présent lors de l'installation. Il tira donc la bride et retourna sur ses pas, encore irradié par la lumière qui l'avait possédé quelques instants auparavant. C'était Dieu, ce ne pouvait être que Dieu qui lui avait adressé ce signal.

4

LES INTRUS

« Pourquoi avoir choisi les sommets de ces collines, qui sont venteux ? Nous allons périr de froid !

— Et où trouverons-nous de l'eau quand les torrents se seront asséchés ?

— Le clan d'Issachar prétend occuper un territoire plus grand que celui des autres, c'est inadmissible !

— Qu'est-ce que c'est que ces remparts ? Contre quoi sont-ils censés nous protéger ? Contre des chèvres ? »

Mose fut réveillé à l'aube du premier jour par les échos des protestations et des indignations. Il se leva d'un bond et alla voir Aaron.

« Viens avec moi. »

Ils réunirent les juges en conseil d'urgence. Ceux-ci étaient au nombre de onze.

« Je ne veux plus entendre le bruit de ces dissensions. S'il parvient aux oreilles du Seigneur, la colère divine nous enverra une plaie plus grande que celles qui ont frappé l'Egypte. Je vous charge de restaurer dans l'heure la bonne volonté de tous, en respect pour le Seigneur qui nous a protégés jusqu'ici. Aaron veillera à ce que, d'ici ce soir, tout esprit de querelle ait disparu d'entre nous.

— Est-ce là le pays que le Seigneur nous a attribué ? demanda l'un des juges, Nadab. Pourquoi nous arrêtons-nous ici ? Quel est le sens de cette installation ? »

L'irritation perceptible dans sa voix surprit Mose, qui se tourna vers Aaron.

« Mon frère, qui est votre chef après moi, ne vous a-t-il pas expliqué qu'une pause est nécessaire dans notre voyage vers la Terre promise, afin que nous nous ressaisissions ? répliqua-t-il. Depuis que nous avons quitté l'Egypte, je n'entends que votre mécontentement. Vous n'avez pas une seule fois rendu une seule action de grâces spontanée à la puissance céleste qui vous a délivrés du pharaon. J'entends que ce pays-ci vous donne l'occasion de vous recueillir et de prendre conscience du fait que vous êtes un seul peuple soumis à la volonté du Seigneur, et non pas une horde de vagabonds affamés sans cesse mécontents.

— Aaron nous l'a dit, répondit le juge. Cela ne suffit pas à nous convaincre. Nous sommes mécontents parce que nous ne sommes pas encore dans ce pays que le Seigneur a promis à notre père Abraham. Installe-nous là-bas au plus vite et le mécontentement qui te mécontente disparaîtra de lui-même.

— Et comment donc croyez-vous que nous entrerons en Canaan ? s'écria Mose. Croyez-vous que des terres attendent là-bas que nous veuillions bien y répandre nos semailles pour nous donner des moissons, que des puits et des rivières sont restés inexploités et le resteront jusqu'à ce que nous nous donnions la peine d'y puiser de l'eau ? Mais où avez-vous donc la tête, à la fin ? Pensez-vous que nos maisons sont déjà construites en Canaan, avec des foyers allumés et des marmites pour y faire cuire des ragoûts ? Nous devrons le conquérir, ce pays ! Nous devrons le conquérir par la force des armes, par notre vaillance et par notre unité ! Et quel peut donc être le ciment de notre unité, si ce n'est notre foi dans le Seigneur ? Mais votre unité est inexistante ! Vous êtes sans cesse agités par des bisbilles ! La preuve en est que j'ai dû vous désigner pour régler ces chamailleries incessantes et que vous ne cessez de siéger pour en juger ! Je vous avais crédités de sagesse et voilà qu'à peine investis, vous vous prenez pour les chefs de notre peuple ! Et votre vaillance est pareille à celle des enfants au sein, puisque vous ne pouvez pas supporter la soif ni la faim un seul jour ! Quant aux armes, si je ne vous avais donné la milice qui est dirigée par Josué, un homme bien plus sage que vous, soit dit en passant, vous auriez déjà été décimés par les Amalécites ! »

Il reprit son souffle.

« J'entends que, pendant notre séjour ici, vous preniez conscience de ce que vous êtes le peuple choisi par le Seigneur et que, sans le Seigneur, vous n'êtes rien ! Rien qu'une bande de fuyards aux âmes enténébrées ! »

Les éclats de sa voix avaient attiré une centaine d'hommes autour du petit groupe. L'un d'eux, un vieillard inconnu de Mose, s'avança et leva un bras décharné.

« Le Seigneur ne s'est pas révélé à moi, dit-il. Je n'ai pas le caractère de Mose. Je ne sais pas ce que le Seigneur lui a dit. Mais j'entends dans sa voix ce qu'il y a dans son cœur, et je sais que ce qu'il dit est juste et bien pour nous tous. »

Les juges se retournèrent vers le vieillard, décontenancés.

« Ecoutez-moi, hommes sages, reprit celui-ci. J'ai souffert pendant notre exode, comme nous tous, et sans doute un peu plus que la plupart d'entre nous, à cause de mon âge. J'ai le droit de vous parler, hommes sages. Je vais ajouter quelque chose à ce que vient de vous dire Mose. Il vous dit que sans le Seigneur nous ne sommes rien. Et moi, je vous dis que, sans Mose non plus, nous ne serions rien. Et je ne suis pas le seul de cet avis ! »

Les juges baissèrent la tête, consternés. S'ils

étaient désavoués par ceux-là mêmes qui étaient censés les soutenir, leur autorité s'en trouvait compromise.

« Combien de temps devrons-nous rester dans ce pays ? demanda un nommé Gilead.

— Il n'appartient pas à l'homme de mesurer le temps du Seigneur, répondit Mose. Seul le Seigneur peut décider de l'heure à laquelle nous devrons reprendre notre chemin. »

Les jours suivants furent plus paisibles, en dépit de l'agitation et des discussions inévitables lors d'une installation à long terme. Josué et ses hommes s'affairaient à protéger les territoires des campements par des murs de pierres entassées les unes sur les autres, faute de mortier. Ces remparts de fortune s'élevaient à peine à hauteur d'une poitrine d'homme, mais c'était bien assez comme protection, estima Josué. Erigés à flanc de colline, ils permettraient déjà aux défenseurs de repousser des assaillants à coups d'autres pierres. L'idéal eût été de dresser à leur place des palissades en troncs d'arbres, mais ceux-ci, et surtout le temps, faisaient défaut.

« Trois heures sont nécessaires pour abattre un seul arbre, l'équarrir et l'épointer pour le planter dans le sol, expliqua Josué dans le rapport qu'il fit à Mose. Or, il nous faudrait au moins mille arbres et nous n'avons pas assez de haches. »

Mose hocha la tête.

« Tu vois ce flanc de montagne ? reprit Josué. Il domine les deux collines. Je vais installer là un poste de guet avec dix hommes chargés de surveiller les alentours, afin de nous prévenir de toute intrusion d'étrangers. Je veux te demander une dérogation. C'est que ces hommes aient l'autorisation de descendre nous avertir si une attaque devait advenir, même le jour du sabbat. »

Mose ne répondit pas. Il sentait le regard de Josué peser sur lui.

« Si nous sommes le peuple du Seigneur, poursuivit Josué, n'est-il pas juste que nous Le défendions le jour qui Lui est consacré ? »

Mose leva la tête, surpris par le raisonnement.

« Ce qui compte, Mose, est-ce ce qui est inscrit dans le cœur, ou bien ce que dit la Loi ? »

Mose soupira.

« Ce qui est inscrit dans le cœur, quand ce cœur est pur. » Il réfléchit un temps et ajouta :

« Mais qui, parmi les hommes, sera le juge des cœurs ?

— Le Seigneur sera le seul juge, dit Josué.

— Je ne peux pas laisser les hommes seuls en face du Créateur, sans avoir à répondre à aucune autorité terrestre. Alors, à quoi servirait la Loi ?

— La Loi commande-t-elle que ceux qui la respectent au pied de la lettre soient massacrés ? Si ceux qui la respectent doivent être massacrés, il n'y aurait donc plus de Loi, puisqu'il ne resterait plus personne pour la respecter.

— Josué, dit doucement Mose, pourquoi me tourmentes-tu ? »

Pour la première fois, l'homme auquel il avait accordé le plus de confiance prenait le pas sur lui.

« Pardonne-moi, je ne veux pas te tourmenter. Je suis venu te demander l'autorisation d'engager le combat si nous sommes attaqués le jour du sabbat.

— Je te la donne, Josué. Nous ferons ensuite un sacrifice de contrition. Mais je prierai le Seigneur que nous ne soyons pas attaqués ce jour-là.

— Je veux te demander une autre dérogation, Mose. »

Mose leva sur le jeune homme des yeux inquiets.

« Je veux te demander de nous rejoindre là-haut si nous sommes attaqués. »

Mose baissa les paupières.

« Tu es notre chef. Qu'adviendrait-il de nous si tu tombais sous les coups de nos ennemis ? »

Mose soupira.

« Qui donc m'accorderait le pardon, Mose, si tu venais à mourir ? cria Josué.

— Josué ! Josué ! Ce que je crains est qu'un jour ne vienne un autre Josué qui défera ce que j'ai fait ! »

Mose se prit le visage dans les mains.

« Pour que ce jour vienne, reprit doucement Josué, il faudrait que notre peuple soit encore vivant, c'est-à-dire que tu m'aies accordé les deux dérogations que je te demande.

— Je te les accorde. Mais il faudra alors que tes hommes viennent me chercher de force[1]. »

Josué resta sans mot dire un moment.

« Non, Mose. Je ne peux pas accepter cela. J'aurai besoin de tous mes hommes et ce que tu me demandes est hypocrite. Le Seigneur est trop intelligent pour l'accepter. »

Mose hocha la tête avec résignation. Pour la première fois de sa vie, il se sentait las. Il posa la main sur l'épaule du jeune homme.

« Mose, dit Josué d'un ton pensif, peut-être es-tu plus égyptien que tu le penses. »

L'entrée en matière annonçait une déclaration ; Mose l'attendit.

« La loi que tu nous imposes, nous ne l'avons jamais subie quand nous étions en Egypte. »

Josué leva les yeux vers son aîné, mais celui-ci attendait toujours la conclusion ; Josué jouissait du privilège exceptionnel de pouvoir lui dire ce qu'il pensait, parce qu'il savait la confiance qui les unissait ; il le dirait donc.

« Et l'armée que tu m'as fait constituer et que tu m'as confiée, elle est à l'image de l'armée du pharaon. »

Mose réprima un sourire.

« Au fond, Mose, tu es notre pharaon. »

Cette fois, Mose se mit à rire, puis il devint pensif. Il était vrai qu'il était égyptien ; ne l'étaient-ils pas tous, d'une certaine manière, au terme de quatre siècles passés en Egypte ? Mais lui était encore plus égyptien que les autres, par le sang et par le fait qu'il avait été élevé au palais. Et même par son opposition à Ramsès. L'ennemi avait si fortement réfléchi son image sur lui qu'il l'en avait imprégné. C'était sans doute ce que ressentait Josué[2].

« Le Seigneur ne s'est pas manifesté à Ramsès, Josué. Cela devrait suffire à me différencier du pharaon. Et je n'ai pas formulé de loi ; où vois-tu que je l'aie fait ? Aurais-je imposé une loi si le Seigneur ne me l'avait dictée ?

— Tu n'en as pas formulé, mais chacun la devine. Tu entends la voix du Seigneur et tu l'appliques au fur et à mesure, comme lorsque tu nous as imposé le sabbat.

— Pourquoi me dis-tu tout cela ? demanda Mose, troublé.

— Parce que, pour notre peuple, la loi reste secrète et ce Seigneur qu'ils avaient oublié, en Egypte, est encore invisible. Ton autorité sera contestée aussi longtemps que les volontés du Seigneur ne seront entendues que par toi. Je suis ton soldat, Mose, encore plus que si j'étais ton fils, et je te défendrai avec mes hommes jusqu'à mon dernier souffle, mais je souffrirai néanmoins de ce que ton autorité sera contestée et, à la fin, notre peuple finira par se scinder. »

Josué voyait juste. Mose fut une fois de plus ému par l'intuition du jeune homme. Il fallait que la présence du Seigneur fût manifestée aux yeux de tous de façon éclatante. Mais cela appelait des réflexions trop longues et trop secrètes pour qu'il fût possible de les formuler sur-le-champ. Mose lui posa de nouveau la main sur l'épaule et hocha lentement la tête. Le geste invitait à la patience et au secret.

Ils ne dirent plus un mot jusqu'à ce que Mishaël vînt chercher Josué pour le ramener auprès des soldats.

Ce fut Aaron, suivi de son fils Eléazar, qui lui succéda.

« Mose, ces torrents autour de nous sont nombreux, mais fugaces. Des femmes sont allées chercher de l'eau à l'un d'eux qui coulait encore hier, mais il s'était presque asséché. Il nous faut au moins un puits.

— Allons chercher des terrassiers, dit Mose.

— Il faut que ce soit toi qui les commandes, parce qu'ils sont tous affairés à dresser les remparts. »

Mose alla donc détacher une équipe de terrassiers parmi les hommes qui empilaient de grosses pierres sur des alignements de fortune. Il fit creuser un premier puits et ne trouva qu'une nappe d'eau médiocre, mais ordonna qu'on le laissât quand même ouvert. Il en fit creuser un autre et, quand il en eut goûté l'eau et l'eut trouvée douce, puis quand il y eut fait plonger une corde lestée d'une pierre et mesuré que la nappe d'eau atteignait au moins quatre coudées, il le fit élargir et maçonner sur tout son pourtour.

Les femmes vinrent chanter et danser au puits, ce qui le fit sourire.

« Tu vas te rendre malade », disait doucement Séphira, le soir, quand il rentrait à leur tente pour le seul vrai repas qu'il prenait de la journée. Il mangeait presque sans mot dire, considérant sa femme et ses enfants, les caressant des yeux et parfois de la main, puis il s'allongeait et s'endormait aussitôt.

Les travaux d'installation, qui avaient demandé dix jours, étaient achevés quand Mishaël et un autre lieutenant de Josué vinrent éveiller Mose à l'aube.

« Vite ! Ils arrivent ! »

Mose se leva d'un bond et accompagna les deux hommes vers le nord de l'enceinte. Dans les premières vapeurs de l'aube, une masse humaine coulait dans la vallée. Stitho qui, comme à son accoutumée, dormait devant la tente s'élança derrière son maître. D'abord venaient des moutons et des chèvres, puis une quinzaine de chameaux chargés de gros ballots dans lesquels on reconnaissait des tentes, puis des gens à pied, puis encore un petit groupe de cavaliers. Il devait y avoir là près de deux mille personnes.

« Qui peuvent-ils être ? demanda Mishaël.

— Des Madianites sans doute, répondit Mose.

— Ils viennent jusqu'ici ?

— Nous verrons bien. »

Un deuxième groupe à peu près équivalent suivit le premier ; il comptait davantage de cavaliers. Les premiers arrivants s'étaient arrêtés et des hommes commençaient déjà à décharger les chameaux. Des bergers menaient le bétail paître plus au nord. Le deuxième groupe s'arrêta et les têtes se tournèrent vers les enceintes de pierres. Mose crut deviner que des délibérations s'organisaient. Plus au nord encore, il discerna la tête d'un troisième groupe d'arrivants.

Six mille hommes, donc, et rien ne disait qu'il n'en viendrait pas d'autres.

Le plus déconcertant était que ces gens ne semblaient pas animés d'intentions belliqueuses. On ne fait pas la guerre en poussant des moutons devant soi. Pas d'emblée[3].

Le soleil déversait dans la vallée une lumière grenadine. Mose se tourna vers le sud et distingua les bergers de son peuple qui, eux aussi, menaient paître leurs moutons et leurs chèvres. Il évoqua brièvement les réserves d'eau de la région et les problèmes que poserait à coup sûr leur partage.

Mais surtout, Canaan était au nord et ces nouveaux venus s'interposaient donc sur la route de la Terre promise. Madianites ou autres, c'étaient des intrus.

Pour tout compliquer, Hobab arriva, intrigué par les bruits de voix qu'il avait entendus à l'aube. Son regard suivit celui de Mose, et quand Josué lui dit que c'étaient des Madianites et qu'il saisit les expressions soucieuses des hommes, il se rembrunit, lui aussi.

5

LE FIL ET L'AIGUILLE

Josué, haletant de sa course depuis son poste de guet, attendait devant Mose, muet, les yeux emplis d'interrogation, le visage contracté.

« Ils ne sont pas venus nous attaquer, dit enfin Mose. Du moins, pas tout de suite. »

La main gauche de Josué se crispa sur une pierre du mur, la droite sur la lance qui ne le quittait pas, les muscles de son bras se convulsèrent sous sa peau comme des poissons filant sous l'eau. Ses épaules luisaient de sueur. Il ne parvenait pas à détacher ses yeux de ces étrangers qui envahissaient son territoire.

« Ils vont nous disputer l'eau, dit-il.

— Dans ce cas, nous aviserons, répliqua Mose.

— Regardez, ils nous envoient des émissaires ! » dit Mishaël.

Une délégation de deux douzaines d'hommes escortait, en effet, un personnage à cheval qui se dirigeait vers la première des deux collines, sur laquelle se tenait Mose. C'était un homme d'un certain âge, dont la poitrine était barrée par un pectoral visible à distance. Deux lanciers à pied l'encadraient. Suivi de son escorte, il commença à gravir la colline, le regard fixé sur les hommes qui l'observaient du haut des murs de pierres.

« Je veux parler à votre chef !

— C'est moi, Mose, le chef des Apirous ! Qui es-tu ?

— Je suis Ewi ! »

Mose ne répondit pas.

« Qui est Ewi ? demanda-t-il à Hobab.

— Un des rois madianites.

— Va chercher deux douzaines d'hommes ! » ordonna Mose à Josué.

Ewi continuait à gravir la colline.

« Arrête-toi à mi-chemin, lui cria Mose. C'est là que nous nous rencontrerons.

— Pourquoi m'arrêterais-je ?

— Parce que tu es ici en territoire apirou et que nous ne t'attendions pas. »

La déclaration ne parut pas du goût d'Ewi et de son escorte. Ils se mirent à délibérer, mais s'arrêtèrent néanmoins. Josué arriva, suivi des hommes requis, dûment armés de piques et de glaives, et Mose, suivi de Josué, de Mishaël, de Hobab et des soldats, descendit à la rencontre d'Ewi. Il y mit le temps, avançant d'un pas solennel, l'œil sévère. Les deux chefs se firent face un long moment, puis Ewi déclara :

« Que la force des dieux soit avec nous.

— Que la paix du Seigneur soit donnée aux pacifiques.

— Vous occupez notre territoire », dit enfin Ewi.

Il n'avait pas l'air d'un méchant homme, et sa bedaine trahissait plutôt un homme porté sur les plaisirs de ce monde. Mais Mose avait depuis longtemps cessé de se fier au physique des gens. Certains gros bonasses contenaient des âmes de vipères et certains maigres hargneux, de lions.

« Nous sommes sur le territoire du Seigneur notre Dieu, répondit Mose sévèrement.

— C'est ici que nous faisons paître nos moutons depuis toujours. Vous n'étiez pas ici il y a un mois.

— Ce n'est pas aux humains de mesurer le temps

du Seigneur. Je ne sais ce que tu entends par *toujours* mais je comprends quand même ce que tu veux dire. »

Josué chuchota à l'oreille de Mishaël, qui s'éclipsa.

« Pourquoi n'allez-vous pas plus au nord, sur le territoire de Moab ? Nous sommes des Madianites et c'est ici que nous faisons paître nos moutons », redit Ewi.

Son escorte toisait celle de Mose, examinant les piques et les glaives. Ils avaient tous des glaives, eux aussi, mais pas tous des piques.

« Je t'ai entendu, Ewi. Nous irons à coup sûr vers le nord, mais pour le moment vous y êtes. De plus, c'est également ici que nous avons décidé de faire paître nos propres troupeaux pour le moment.

— Crois-tu qu'il y ait assez d'eau pour nos deux peuples ?

— Si, par malheur, il n'y en avait pas assez, je le regretterais pour vous. »

Un des lieutenants d'Ewi s'avança et lui murmura quelque chose.

« Nous ne sommes pas des gens belliqueux, Mose. Mais nous pouvons nous battre pour notre subsistance.

— C'est ce qu'avaient voulu faire les Amalécites, Ewi. »

La repartie laissa les Madianites muets un bref instant ; ils avaient entendu parler de cette histoire.

« Allez d'abord voir s'il y a assez d'eau pour vous avant de parler des armes, reprit Mose. Si vous n'en trouvez pas assez, il y en aura plus au nord. L'eau ne vaut pas le sang, crois-moi. Quant à nous, nous sommes bien là où nous sommes. Nous avons construit ces remparts. Ils nous serviront le temps qu'il faut. »

Mose entendit un mouvement à quelque distance derrière lui. Ewi et son escorte levèrent les yeux et regardèrent quelque chose au-delà de Mose. Ils parurent saisis. Mose devina ce qu'ils regardaient.

« Peut-être pouvons-nous donc vivre en bon voisinage, déclara Ewi au bout d'un moment, d'un ton conciliant. Puisque vous devez aller plus au nord, nous considérerons que vous êtes nos hôtes pendant ce temps-là. »

Mose hocha la tête.

« Cela me paraît plus sage. Va en paix, Ewi. Comme je te l'ai dit, que la paix du Seigneur notre Dieu soit avec les pacifiques et que Son glaive s'abatte sur les ennemis de Son peuple.

— Je t'enverrai une outre de notre vin », dit Ewi sur un ton qu'il voulait plaisant. Puis il fit demi-tour et descendit la colline, suivi de ses gens.

Mose se retourna alors pour remonter vers le campement et ce fut à son tour d'être saisi. Josué avait fait disposer ses hommes tout autour des remparts, en rangs si serrés qu'une pierre n'eût pas passé entre eux. Une forêt de piques se dressait vers le ciel, les glaives étincelaient. Josué se tenait devant eux. Mose alla lentement vers lui, le regarda longuement dans les yeux, puis il sourit, se pencha vers lui et, devant tous ses soldats, lui donna une longue accolade.

« Tu es le défenseur du Seigneur ! » déclara-t-il d'une voix sonore.

Hobab assistait à la scène.

« Je suis heureux que tout se soit bien passé, confia-t-il à Mose un peu plus tard. J'aurais souffert s'il y avait eu... un conflit.

— Il y aura un conflit, n'en doute pas, répondit Mose. Tu es dans le camp du Seigneur, je l'ai dit à Ecyon-Géber. Nos ennemis sont ceux du Seigneur, Hobab, et puisque tu es des nôtres, ce sont désormais les tiens. »

Mais nul — et Mose pas plus que les autres — n'aurait pu imaginer comment le conflit s'engagerait, ni pourquoi. Les premiers jours suivant l'installation des Madianites dans la vallée, les contacts entre eux et les Apirous se limitèrent à de brefs échanges entre les bergers sur les rives des cours d'eau. Plusieurs orages avaient regarni ceux-ci et il n'y avait donc pas sujet à querelle. Les bergers se dévisagèrent de loin, sans chaleur, mais sans hostilité non plus. Puis, le métier prenant le dessus, ils se mirent à comparer leurs troupeaux et, au bout de quelques jours, il fut question de viandes, de maladies, de qualité des herbages, de tonte des moutons, de fertilité, de saillies. Cela ne pouvait léser personne qu'un Madianite prêtât un reproducteur à un Apirou, ni l'inverse. On en vint promptement à des recettes de fabrication de fromage de chèvre et de brebis, puis à des échanges de ces produits. Il se trouvait que les Madianites disposaient de textiles abondants et que la plupart des Apirous, n'ayant guère eu le temps ni les moyens de filer, tramaient les mêmes hardes depuis qu'ils avaient quitté l'Egypte. On passa au troc. Un manteau de laine contre trois plateaux de fromages, une robe de lin contre deux plateaux. Puisqu'il était question de tissus, les femmes s'en mêlèrent et, Madianites et Apirous, elles se rencontrèrent sur le pré, en terrain neutre, pour tâter de l'étoffe.

Le commerce étant le berceau de la civilité, cela devait évidemment mener à des partages d'agapes. Un berger apirou accepta d'aller souper chez un Madianite, et réciproquement. « Tiens, vous avez telle épice, tiens, vous avez telles herbes... » On prit l'habitude d'échanger de la coriandre, du cumin, des oignons, de l'ail, des fèves, du poisson séché... Puis les Madianites donnèrent une fête en l'honneur de leur dieu, Baal de Hor. Ils allumèrent des feux dans la montagne, sacrifièrent un chevreau sur un autel, chantèrent des hymnes célébrant celui qui était leur plus grand dieu et firent rôtir des moutons, puis ils dansèrent et, parmi les danseurs, il y avait des filles autant que des garçons.

Et enfin, de la musique résonna ! Tambourins, cistres et castagnettes, sans compter des flûtiaux en os de mouton et des harpes longues en bois de cyprès qui rendaient un son voluptueux ! Le vin, les mélodies, la chère et la chair attirèrent ce coup-ci d'autre monde que des bergers. La jeunesse apirou, qui s'ennuyait ferme depuis le départ d'Egypte, trouva là sa première occasion de se prouver que la vie valait quand même d'être vécue et n'était pas qu'une longue traversée du désert. Les remontrances inquiètes des anciens n'eurent guère d'effets : si les filles apirous furent peu nombreuses à courir chez les Madianites, il y en eut quand même. Quant aux filles madianites, moins farouches, elles furent excitées de découvrir les visages neufs des jeunes Apirous et, par la même occasion, des galanteries inconnues.

Après la fête de Baal, il y eut un festival de l'automne, où l'on goûta une bière nouvelle, et les Apirous qui avaient tâté des réjouissances madianites se firent un devoir de s'y rendre. Au terme de plusieurs semaines, des feux brillaient tous les soirs dans les collines, autour desquels, pour une raison ou l'autre, les jeunes gens des deux peuples se rencontraient et festoyaient plus ou moins discrètement.

Mose observait tout cela de loin, guère informé du détail de ces joyeusetés, parce que ses soirées en compagnie des juges et des chefs, quand ce n'était de sa famille, étaient bien plus austères, et que personne ne se hasardait à lui rapporter des licences qui n'eussent pas été de son goût. Il ignorait ainsi que de jeunes Apirous avaient dansé devant l'autel de Baal et qu'un autre soir certains s'étaient mêlés à de jeunes Madianites à peine vêtus, célébrant plus tard, dans le secret de la nuit et des collines, ce qu'ils appelaient des rites de la fertilité. Bref, la fleur des deux peuples ne répugnait ni à boire, ni à forniquer. Aaron, lui, le devinait à certaines observations de son fils Eléazar, qui fréquentait les gens de son âge et qui était d'un naturel prude, en entendait les confidences. Mais il n'en savait pas assez long pour se scandaliser. Après tout, on avait aussi festoyé en Egypte et qu'on eût quitté ce pays ne signifiait pas forcément qu'on dût mener jusqu'au tombeau une vie de pénitence. Puis, la jeunesse, de tout temps, sème ses graines à tout vent et l'on n'allait pas tenir rigueur à celle-ci de témoigner qu'elle avait de la sève et du sang.

Ce fut tout juste si quelques anciens se hasardèrent à suggérer, un soir, que, peut-être, le mélange intime des deux peuples n'était pas conforme à la réserve qui leur paraissait de rigueur.

« Quel mélange intime ? » demanda Mose, soudain sourcilleux. Il se tourna vers Aaron et l'interrogea du regard.

« Rien de bien grave, répondit Aaron. Du commerce, quelques ripailles, sans doute des amitiés. Nous n'allons quand même pas nous jeter avec la dague au poing sur tous les gens qui nous achètent des lentilles. Tu as bien accepté et bu le vin d'Ewi, non ? »

Josué, qui en savait davantage et qui avait goûté des séductions madianites, lui lança un regard ironique, mais Mose ne s'en avisa pas. Encore une fois, on n'allait pas importuner Mose avec des considérations oiseuses sur les égarements occasionnels de la jeunesse. Mais Aaron s'en tirait quand même à trop bon compte.

Josué ne put s'empêcher de lancer à Aaron :

« Le vin, cela va. Mais leur dieu ?

— Quel dieu ? demanda Aaron d'une voix blanche.

— Baal.

— Quoi ? fit Aaron. "Baal", cela veut dire "Seigneur". Ils rendent hommage au Seigneur. Même Jéthro a reconnu que notre Seigneur est le plus grand.

— Ouais, marmonna Josué.

— De quoi veux-tu donc parler, Josué ? demanda Mose.

— Je veux parler du soir où des jeunes gens et des jeunes filles de notre peuple et de leur peuple ont dansé à moitié nus devant l'autel de Baal.

— C'était une fête qui n'avait rien à voir avec Baal..., bredouilla Aaron.

— Mose, je vais me coucher, dit Josué. Rappelle-toi ce que je t'ai dit. La loi doit être visible. Même pour ton frère. »

6

AU MONT DE LA PRÉPARATION

Vinrent l'Orage et la Nuit, la plus grande nuit de l'histoire du monde.

Un peu avant le crépuscule, le ciel devint noir comme personne ne se souvenait de l'avoir jamais vu. D'un noir violacé qui épouvanta tout le monde, Apirous et Madianites, jeunes et vieux, les braves comme les timorés. Les troupeaux étaient rentrés aux campements, mais les trombes qui menaçaient engagèrent les bergers à serrer le bétail et à le couvrir de vastes bâches réservées à cet usage. Quelques esprits forts tentèrent de relever le moral des autres en assurant que l'orage imminent serait une bénédiction, puisqu'il regarnirait abondamment la 'Araba, mais c'était quand même une piètre consolation.

L'orage éclata au nord, bien après l'heure où la vraie nuit tombait, vers la sixième heure après le coucher du soleil selon la clepsydre[1] qu'Aaron avait emportée d'Egypte. Sa violence fut inouïe. Les éclairs incessants baignèrent les montagnes de clartés bleuâtres et spectrales, et l'on put voir la plaine jusqu'au plus loin. Les coups de tonnerre retentissaient les uns après les autres, et les montagnes les répercutaient, entretenant un roulement assourdissant. Même les soldats de Josué prirent peur et se serrèrent comme ils purent dans une anfractuosité au creux de la montagne.

Un déluge déferla, crépita sur les arbres, les pierres des murs d'enceinte, les tentes. Des ruisselets se formèrent dans les vallonnements, se transformant vite en ruisseaux frénétiques, puis en torrents qui dévalaient vers la 'Araba, scintillant dans la clarté des éclairs[2].

Séphira s'efforçait de dominer sa propre anxiété pour rassurer les enfants effrayés. Hobab arriva en courant pour se réfugier sous la tente de Mose, suivi de près par Aaron, tous deux cherchant un réconfort auprès de leur chef. Mose sortit pour observer ce phénomène sans précédent, évoquant ces Plaies d'Egypte qu'il ne connaissait que par les descriptions. Le ciel bas ressemblait à une couche de braises rougeoyant au travers de fumées épaisses. Mais là, quel fléau eût donc pu apporter l'orage ?

« Cela doit signifier quelque chose », murmura-t-il. Instinctivement, il dirigea son regard vers la montagne au-dessus de laquelle, le jour de leur installation, le soleil avait resplendi avec autant de violence. Le sommet en était invisible. Les Madianites lui en avaient appris le nom : le Mont de la Préparation. C'était un présage que ce nom. Il se dirigea à grands pas vers les étables improvisées. Aaron courait derrière lui et criait dans le vacarme : « Où vas-tu ? »

Mose détacha son cheval, l'enfourcha et descendit la colline, poursuivi par Aaron, Hour, Stitho, Hobab, puis Josué, qui agitaient les bras. Il partit au trot dans cette nuit d'outre-monde, le visage ruisselant, aveuglé par la pluie battante.

« Seigneur, est-ce Toi ? »

Un éclair frappa un arbre à une centaine de pas de lui et le réduisit à un squelette fumant. Enjambant les torrents soudains et les monticules, bravant le rideau de pluie qui forçait par moments le cheval à s'arrêter, Mose impavide n'éprouvait plus qu'une fièvre dévorante. Il parvenait au pied du lion couché, la montagne[3], quand un son de trompe venu des confins de l'univers, un son soutenu, commença à s'enfler. Assourdi, Mose tira sur la bride, s'efforçant d'apercevoir le sommet de la montagne qui apparaissait et disparaissait au gré des nuées.

Quelle trompe ? Ce devait être un instrument de la taille de la montagne elle-même. Et que pouvait-elle annoncer, sinon la venue du Seigneur ? Mais, cette fois, aux yeux de tous ! Un vent furieux se déchaîna, les nuages se déchirèrent et la foudre frappa le sommet, à l'échine du lion gigantesque, éveillant un fracas d'échos qui se répercutèrent jusqu'aux étoiles disparues. Une foudre comme nul homme n'en avait jamais vu. La trompe se tut dans un coup de massue céleste. Une secousse formidable se propagea de la montagne jusqu'au sol. Mose, qui était descendu de cheval, trembla sur ses pieds et le cheval hennit de terreur[4]. Un déluge d'étincelles jaillit du point d'impact, comme les étoiles s'échappant de la main du Créateur à la naissance du monde ; elles crépitèrent dans la pluie, décrivant des arcs de centaines de coudées de portée. Puis une bourrasque violente souffla, il plut à la fois du feu et de l'eau et Mose tomba à genoux, comme jadis devant le buisson ardent.

Un titanesque foyer de forgeron rageait là-haut. Le ventre des nuages se teignit de soufre et de sang et le feu sembla couler sur les flancs mêmes de la montagne. Ce n'était plus une montagne, à l'évidence, c'était un autel !

« Seigneur, Seigneur ! Aie pitié ! » s'écria Mose, épouvanté. Au bout d'un temps, le vent perdit de sa violence et Mose osa enfin lever les yeux. Le sommet de la montagne brûlait toujours, faisant éclater des pierres.

Mose resta à genoux, comme pétrifié, pendant un temps indéfinissable. Une pluie plus douce se laissait peigner par le vent, mais elle ne parvenait pas à éteindre le feu là-haut. Au contraire, elle se vaporisait au-dessus du brasier. Mose se leva et se dirigea vers la montagne. Le sol mouillé était glissant. Une pâleur livide annonçait peut-être l'aube. La pente était assez douce pour qu'on pût la gravir en partant de l'ouest. Il continua donc d'avancer, comme dépossédé de lui-même. Il était à mi-chemin quand les derniers nuages coururent vers le sud, porter des nouvelles incroyables. Le ciel se dégagea. La lune brilla. Mais son éclat rivalisait mal avec celui du brasier sur lequel elle répandait sa lumière froide, comme pour apaiser le monde.

Mose parvint sur la croupe du lion et s'arrêta pour reprendre son souffle, incapable de détacher son regard du foyer fantastique. Que pouvaient donc consumer les flammes ? Et d'ailleurs, étaient-ce bien des flammes ? Non, c'était la roche même qui semblait se consumer. Etait-il victime d'une illusion ? Non plus, car il percevait la chaleur à trois cents coudées du brasier. La chaleur devint même si forte qu'il dut s'arrêter, les pieds, les mains, le visage brûlants. Il allait se consumer. C'était peut-être lui le bélier dévolu au Seigneur...

« Arrête-toi ! »

La gorge sèche, Mose suspendit son pas. Qui avait parlé ? Mais qui d'autre que le Maître de l'univers ?

« La Loi ! s'écria Mose. Donne-moi la Loi. Maintenant que Tu t'es fait visible aux yeux de tous, donne-moi la Loi ! Il le faut ! »

Une pierre explosa, projetant un éclat jusqu'à ses pieds. Un avertissement.

« Voilà, je me suis arrêté. Je T'implore de me donner la Loi. »

La Loi. Il prit conscience de son ignorance. Quelle autre loi que celle du Seigneur pouvait-il donc y avoir ? Et ne la connaissait-il donc pas, lui ? Mais si, il la connaissait. Il se pencha pour saisir l'éclat de pierre. Oblong, de la longueur de l'avant-bras, de la largeur d'une main, brûlant, coupant, mince. C'était là-dessus qu'il devait l'écrire. Elle était simple : il n'y a de vie que le Seigneur, il n'y a de Seigneur que le Seigneur. Il est maître de tout et de toute vie. L'évidence.

Le vent souffla et gonfla la robe et le manteau de Mose. Sa silhouette entière palpita de façon convulsive, comme soudain emplie de l'Esprit.

« Je l'ai infusée en toi. Ecris-la maintenant. C'est la Loi de Mon peuple. Elle sera éternelle. »

Mose avait depuis un moment fermé les yeux. Il les rouvrit, fut pris de vertige, se ressaisit et jeta un regard alentour. Il découvrit le pays baigné de lune. Ce n'était plus un pays, c'était le pays de son Seigneur.

« Je suis Celui qui est. »

Il soupira. La puissance du souffle qui l'avait habité l'avait consumé. Il s'efforçait de retrouver son propre équilibre et considérait ses mains, ses pieds avec étonnement. Il était donc encore en vie ! Assez, en tout cas, pour s'aviser qu'il était trempé jusqu'aux os et qu'il avait froid. Il regarda l'étrange éclat de pierre plate qu'il tenait dans les mains et qui commençait à refroidir. C'était donc là-dessus qu'il devait écrire la Loi. Il demeura ainsi un long moment. Le feu grondait. Tout n'avait-il pas été dit ? Non, tout commençait. Une fumée se dégageait du foyer par bouffées saccadées et sifflantes, comme en produisent les derniers brandons à la fin d'un sacrifice.

Josué, qui l'avait suivi à cheval lui aussi, était arrivé au pied de la montagne juste au moment où le ciel se dégageait. Il distingua une minuscule silhouette sur le dos du lion de pierre, prise entre les rougeoiements mystérieux, qui dégageaient une fumée roussâtre, et la lune. C'était la première fois de sa vie qu'il voyait une silhouette humaine s'inscrire dans le ciel. Il en fut encore plus saisi que par ce qu'il avait vu dans les heures précédentes.

7

LA CRINIÈRE DE FEU

Josué n'avait pas été le seul à voir Mose au sommet de la montagne. Quand le son de trompe aigu avait retenti et s'était achevé dans la formidable secousse qui avait ébranlé la montagne, Apirous et Madianites, ils étaient tous sortis de leurs tentes, bravant l'orage. Et leurs regards s'étaient portés sur la crinière de feu qui ornait la montagne et ne s'en étaient plus détachés. Ils avaient vu ensuite la silhouette minuscule d'un homme qui s'avançait vers le brasier. Les Apirous l'avaient compris sur-le-champ : c'était Mose, ce ne pouvait être que lui. Le Seigneur se manifestait à lui une fois de plus, mais cette fois, aux yeux de tous. Tous s'étaient attendus à ce que Mose se calcinât dans le feu terrifiant ; or, il était redescendu ruisselant de l'épreuve.

Sur le chemin du retour, Mose, suivi par Josué, avait dû traverser les campements des Madianites. L'aube alors blanchissait la terre et ceux-ci comprirent que le premier des deux spectres enveloppés de manteaux détrempés était Mose, « l'homme qui avait été sur la montagne ». Ils le regardèrent passer au pas, saisis d'un respect empli de terreur ; même son cheval paraissait pensif. Puis leurs regards se tournèrent vers le Mont de la Préparation et la fumée qui s'en dégageait renouvela leur épouvante sacrée.

Quand Mose revint parmi les Apirous, il fut accueilli par une foule silencieuse. Il n'avait pas besoin de les regarder pour les voir. Mais, du coup, il ne perçut pas leurs mines hallucinées. Il regagna sa tente et s'écroula. Le soir, comme il n'avait quasiment pas bougé dans son sommeil, Séphira leva une lampe au-dessus de lui et le crut mort. La servante gémissait et les enfants, effrayés, s'étaient échappés pour se réfugier dans la tente voisine d'Aaron.

« Il dort, il dort », dit Stitho, mais Séphira ne le crut pas et courut appeler Aaron et Hobab, et ils se penchèrent sur lui. Stitho était assis aux pieds de son maître, étonné de ce remue-ménage. Mose ouvrit soudain les yeux et ils crurent défaillir de frayeur. Il lut leurs pensées et dit :

« Je ne suis pas mort. »

Il s'assit, se passa les mains sur le visage, et ressentit une brûlure.

« Ton visage..., murmura Séphira. Tes cheveux, ta barbe... »

Elle avait une expression à la fois stupéfaite et alarmée.

« Qu'est-ce qu'ils ont ?

— Ils sont brûlés », dit Séphira.

Il regarda ses mains et ses pieds : ils étaient rouges, enflammés. Il se rappela la chaleur intense qu'il avait ressentie là-haut, quand il faisait face au brasier. Séphira alla chercher son miroir de bronze poli. Cela faisait des années qu'il ne s'était pas regardé dans un miroir et il en éprouva un vertige. Il dévisagea l'étranger qu'il découvrit dans le disque doré et ne vit qu'un masque hagard. Etait-ce lui ? En détaillant l'image avec attention, il constata que ses boucles avaient pris une couleur étrange, variant du noir au bronze foncé et que, sous l'effet du feu, elles s'étaient tortillées[1].

« Cela passera », dit-il. Puis il fit signe à Stitho. « Je vais me laver. » Il se leva et se dirigea d'un pas cotonneux, comme ivre, vers la portière de la tente, puis se retourna et dit à Aaron : « Je veux que tout le monde, tout le peuple jusqu'aux derniers, aux Egyptiens et aux esclaves amalécites, se lave et lave les vêtements qui touchent le corps. Je veux la pureté, la pureté ! » Aaron le regardait dans un état proche de l'épouvante.

Stitho versa sur lui une eau parfumée, le frictionna et le massa avec les herbes qu'il connaissait et qui faisaient affluer le sang à la peau, puis il lui lava les cheveux, le rinça et le sécha comme s'il se fût agi d'un ange poussiéreux. Or, Mose suivait immédiatement ceux-ci dans la hiérarchie des créatures célestes et terrestres, non seulement pour Stitho, mais pour les quelque quarante mille êtres humains qui avaient assisté à sa rencontre avec le feu céleste sur un autel grand comme une montagne et en forme de lion couché, symbole qui ne pouvait tromper personne.

Quand il en eut fini avec les ablutions et qu'il eut tendu à Mose des vêtements propres, l'ancien voleur sortit un baume apaisant dont il massa les mains et les pieds de son maître. Mose se laissait faire, perdu dans ses pensées, en parfaite confiance. Stitho était de ces êtres qui s'étaient voués à lui corps et âme et qui se fussent fait tuer plutôt que de concevoir une pensée infidèle.

Le calme et le silence de la soirée qui suivirent furent ceux d'un sabbat, alors que c'était un jour de semaine ordinaire. Tout le monde suivit scrupuleusement l'ordre de Mose, se lava et lava tous les vêtements qui touchaient directement le corps, puis les mit à sécher. Dans l'incertitude où ils se trouvaient, les anciens interdirent que les hommes eussent des rapports avec leurs femmes, puisque Mose avait exigé la pureté. Mais les hommes n'avaient guère l'esprit au commerce sexuel, car l'animal inquiet n'est pas disposé à la reproduction. Le souper fut encore plus frugal qu'à l'habitude. Au terme de délibérations agitées, les anciens et les juges se décidèrent à aller interroger Aaron sur les intentions de Mose, le messager du Seigneur. Aaron ne savait rien.

« Que puis-je vous dire de plus que ce que vous savez ? Il n'a pas prononcé un mot depuis qu'il est revenu, sinon qu'il a ordonné que nous nous purifiions tous. Il est monté vers le feu allumé par le Seigneur et il en est revenu sans nous en parler. Le Seigneur s'est manifesté à lui, c'est la seule chose dont je sois assuré. »

Alors que Mose, lavé et revêtu de vêtements propres, revenait vers sa tente, Josué apparut. Mose arrêta son pas un instant et leva les yeux vers le jeune homme qui lui était le plus proche après sa femme et ses enfants, après Stitho. Les deux hommes se regardèrent longuement. Josué crut déchiffrer dans les clignements d'yeux de son maître une phrase qui disait : « Je te comprends. Sois patient. » Puis il reprit son chemin vers la tente.

Les anciens firent le siège de Stitho. Mose portait-il des marques sur son corps ? Oui, son visage avait été embrasé par la splendeur du Seigneur. Embrasé comment ? Ils l'avaient trouvé, en effet, étrangement empourpré. S'en plaignait-il ? Non. Avait-il prononcé un mot ? Non, rien. Stitho ne pouvait rien dire ; il avait lavé son maître et n'avait rien relevé de particulier. Non, Mose n'avait rien dit. Les spéculations enflèrent. Et plus encore lorsqu'on apprit que, depuis son retour, le chef n'avait absorbé que de l'eau et pas une miette de nourriture.

Et quand, le lendemain à l'aube, il repartit vers la montagne, emportant l'éclat de pierre, il trouva une foule au pied de la montagne. Avant de la gravir, il se retourna et fit un simple geste du bras qui signifiait : « Allez-vous-en. » Ils reculèrent. Il monta, suivi par leurs regards.

Le ciel était poudré d'argent. Le plateau de la montagne s'était refroidi. Une traînée noirâtre marquait l'emplacement du foyer et le vent dispersait des fumerolles sombres dans le sens opposé à Mose.

Celui-ci s'assit sur un rocher et fit le vide en lui-même, selon la discipline qu'il maîtrisait désormais. Un peu plus tard, il dit :

« Seigneur, habite-moi et dicte-moi. »

Il prit la pierre sur ses genoux et l'examina. C'était une plaque d'un gris jaunâtre, un schiste feuilleté aux bords nets, presque coupants, à la surface poudreuse[2]. Comment écrirait-il dessus ? Ce n'était pas un papyrus, et Mose ne disposait ni d'un roseau taillé, ni d'encre. Il griffa de l'ongle un coin de la pierre et nota qu'une trace beaucoup plus blanche était apparue. Il devrait donc graver les mots que le Seigneur lui dicterait. Mais avec quoi ? Il regarda autour de lui et aperçut un silex à la pointe aiguë, qu'il ramassa. Un mouvement qui n'était pas de sa volonté agita son bras et leva sa main ; elle parut prête à s'envoler. Il serra le silex. La Voix monta du fond de son être. Et Mose commença à graver.

JE SUIS LE SEIGNEUR TON DIEU ET TU N'AURAS PAS D'AUTRE DIEU QUE MOI.

TU NE FERAS PAS D'IMAGE DE MOI, NI D'AUCUNE DE MES CRÉATURES DANS LES EAUX, SUR LA TERRE NI AU CIEL.

TU N'INVOQUERAS PAS MON NOM EN VAIN.

TU OBSERVERAS À MON EXEMPLE LE REPOS DU SEPTIÈME JOUR ET TU ME CONSACRERAS CE JOUR[3].

La pierre était couverte. Il en chercha désespérément une autre, du regard, et la trouva, presque de la même taille.

TU HONORERAS TON PÈRE ET TA MÈRE AFIN QUE JE T'ACCORDE UNE LONGUE VIE.

TU NE COMMETTRAS PAS DE MEURTRE.

TU NE COMMETTRAS PAS D'ADULTÈRE.

TU NE VOLERAS PAS.

TU NE PORTERAS PAS DE FAUX TÉMOIGNAGES.

TU NE CONVOITERAS PAS LE BIEN D'AUTRUI, SA FEMME, SON ESCLAVE, SON BÉTAIL NI RIEN DE CE QUI LUI APPARTIENT.

La Voix se tut. Le bras de Mose était lourd. La volonté du Seigneur avait été dite. Il reposa la pierre sur le rocher et tomba à genoux. Il mit le front contre terre et demeura ainsi jusqu'à ce qu'une injonction irrésistible lui ordonnât de se lever et d'aller porter à son peuple la volonté du Seigneur. Il regarda d'en haut le paysage à ses pieds. Les collines avaient disparu ; elles étaient couvertes d'humains. Ils levaient tous les yeux vers le haut de la montagne. Au premier rang, il distinguait une silhouette infime, une fourmi, mais il savait que c'était Josué. Derrière lui, une autre silhouette, fouettée par le vent, et il devina que c'était Aaron.

Il commença sa descente, les pierres serrées contre sa poitrine, l'esprit soudain froid. Les Apirous l'accueillirent par une rumeur gigantesque, un véritable orage vocal, le premier son qu'ils émettaient depuis que le Seigneur avait enflammé la crinière du lion. Il leur fit face. Josué se tenait seul, au premier rang. Et puis, les anciens, les juges, les chefs de clans, le cou tendu, le visage crispé par l'expectative. Misérables petits tas de passions, de vanités, de fanfaronnades, de lâchetés, de rivalités, de préjugés, de compromissions, de courtes-vues, d'incohérences, d'égoïsmes, de pensées troubles, de malveillances insidieuses... Cœurs insensibles au dessein divin, gargouillements de l'animal qui éteignent la dérangeante étincelle divine, borborygmes de la paresse, miasmes de la bête en chasse... Les avait-il assez vus, ces regards ! Aveugles au Seigneur ! Le renard ou le loup, ainsi avait-il partagé l'humanité ! La volonté du Seigneur y mettrait bon ordre. La patience qu'Il avait, pour ainsi recréer jusqu'à la fin des temps ces tas d'argile molle et leur donner une forme plus ou moins acceptable !

Mose leva le bras. Le silence se fit.

« Vous avez vu hier le Seigneur votre Dieu unique se manifester sur cette montagne ! commença-t-il. Pour témoigner devant tout Son peuple de Sa sollicitude, Il a enflammé la montagne. Je suis monté à Son appel. Le Seigneur, votre maître unique, votre libérateur, a parlé ! Il m'a parlé pour que je vous fasse connaître Sa volonté ! »

Sa voix ricochait sur les parois de la montagne et elle s'amplifia jusqu'au ciel. Aaron leva les bras, nul ne savait pourquoi. Mose distingua, disséminés dans la foule, ses ennemis, les petits revendicateurs, les misérables individualités qui ne voyaient pas plus loin que le bout de leur nez et qu'une raideur de la nuque empêchait de lever les yeux au ciel. Consternés, livides, vrillés de l'intérieur par l'anxiété. Eux aussi avaient vu le feu sur la montagne. C'en serait fini de leurs arguties, ratiocinations, rodomontades et défis. *Seigneur, Tu m'as confié ce peuple, seule Ta volonté m'a fait accepter cette tâche. Maintenant, je dois allumer en eux le feu comme Tu as allumé le feu sur la montagne. Donne-moi la force de les embraser !*

« Le Seigneur m'a dicté Ses Commandements ! »

Il montra les deux plaques de pierre et les leva au-dessus de sa tête. Et puis, d'une voix lente, il lut les dix commandements.

Le silence qui suivit fut comme un accroissement épouvantable de la pression atmosphérique, un étouffement comparable à celui que doivent ressentir les enterrés vivants. Il éclata tout à coup. De tous les gosiers, de toutes les poitrines jaillit une clameur indistincte, la vibration de l'animal confronté à la puissance céleste.

« Haaaaaaaa... »

Les parois de la montagne en résonnèrent de nouveau.

« Loué soit notre Seigneur qui nous a sortis d'Egypte ! »

Qui donc leur avait inspiré cette louange ? Aaron, sans doute, et quelques âmes nobles, comme ce vieillard inconnu qui avait, l'autre jour, pris sa défense devant les juges.

« Le Seigneur m'a également dicté ses Lois ! » reprit Mose.

Ecoutaient-ils ? Entendaient-ils ? Comprenaient-ils ? Pour la première fois, Mose eut le sentiment écrasant, désespérant que la nature humaine ne pouvait pas percevoir le divin, pas plus que la peau ne peut supporter le feu, ce feu qui maintenant lui brûlait le visage. Le divin l'annihilait, la réduisait à rien, à un misérable tas d'argile promis au dessèchement, poussière sur la route. Les voix du peuple s'enflèrent et décrurent, puis s'enflèrent encore, comme une masse liquide. Mose descendit vers eux, tendant les bras, pour qu'on ne le touchât pas. Josué et Aaron l'avaient compris. Ils s'élancèrent au-devant de lui, pour écarter ceux qui voulaient toucher l'élu du Seigneur. Josué avait amené son cheval et l'aida à y monter, puis le suivit, entouré par une escorte de cent soldats.

Devant la tente, Séphira se tenait debout avec Guershôn et Eléazar. Mose, descendu de cheval, s'arrêta et la considéra avec une expression qui semblait empreinte d'émerveillement et tendit les mains vers eux.

« La paix du Seigneur soit avec vous ! »

Josué allait leur interdire d'approcher Mose, mais ce fut lui qui les appela.

« Venez, ma chair ! » Ils s'élancèrent, lui baisèrent les mains et, tenant les deux pierres dans sa main gauche, il prit le plus jeune par la droite. Séphira retenait ses larmes. Il alla vers elle, posa Eléazar par terre, mit la main sur le front et les lèvres de sa femme et lui dit :

« Tu es toujours ma lampe ici-bas. Donne-moi à manger. »

A l'extérieur, Josué avait renforcé la garde. C'étaient maintenant trois cents soldats qui empêchaient le peuple d'approcher de la tente où Mose prenait du repos. Après avoir dévoré trois pigeons abattus par Stitho à la fronde et farcis au blé, il réfléchissait.

Devant la tente voisine, Aaron s'entretenait avec les chefs et les juges. Mose percevait bien leurs voix et des bribes de leurs propos. Ils reprenaient les commandements un à un et les commentaient savamment. Qu'importaient leurs délibérations ! Une chose comptait plus que tout au monde : il fallait que le Seigneur fût toujours plus présent parmi les Apirous. Il fallait qu'Il fût en leur sein même. Incontournable. Omniprésent.

Il souleva la portière pour regarder le paysage inondé de soleil. Des libellules frémissaient devant la tente, au-dessus d'un arbuste fleuri, ailes immatérielles, esprits purs, enfance angélique, embryons de chérubins. Il appela Guershôn pour lui dire :

« Regarde. Ton âme doit être aussi pure, aussi légère que ces libellules. Et pourtant, de fer. Comprends-tu ? »

Un regard d'enfant : des libellules.

8

LE RÊVE DE L'ARCHE

Le Seigneur, mais que pouvait donc être le Seigneur sinon le Grand Dispensateur de toutes les félicités ?

L'idée était justifiée, sinon élevée, mais que pouvait-on demander de plus à des bergers, des tisserands, des charpentiers, des briquetiers, des cultivateurs échappés depuis quelques mois seulement à la poigne de pierre du pharaon, puis jetés dans les cuissons du désert et les dessèchements du vent, le ventre jamais plus qu'à moitié plein ?

Dès qu'il eut repris quelques forces, Mose convoqua Aaron et Josué et leur enjoignit d'interdire à quiconque d'approcher de la montagne, sous peine d'être foudroyé sur-le-champ. L'heure suivante, des équipes de terrassiers partirent planter des piquets reliés par une corde, pour interdire l'accès du sentier unique qui menait au sommet du Mont de la Préparation.

Passé la première frayeur, dispersés les émois causés par la proclamation de Mose, une rumeur courut de tente en tente chez les Apirous : la divinité s'était manifestée publiquement et, même si l'on n'était pas encore entré en Terre promise, la présence du Tout-Puissant était avérée et, avec elle, l'assurance du bien-être, immatérielle denrée qui avait cruellement fait défaut depuis le départ d'Egypte. Il convenait donc de célébrer joyeusement cette occasion.

Les Madianites n'étaient pas étrangers à cette interprétation. Certes, le grand dieu, Baal le Seigneur[1], maître du ciel et de la terre, ne s'était jamais manifesté à eux avec autant d'éclat, mais allez donc prévoir l'humeur des puissances célestes. Voilà, Baal avait rappelé son existence par un feu d'artifice extraordinaire et, de surcroît, accompagné d'une abondance de cette eau sans laquelle les humains ne sont que de l'argile poudreuse. Baal était aussi Seigneur des éclairs et, persuadés que c'était lui qui s'était révélé sur le Mont de la Préparation, ce ne fut pas sans une certaine perplexité qu'ils virent le chef des Apirous gravir le lion couché pour aller, disait-il, s'entretenir avec ce dieu.

Ewi, le chef madianite, convoqua un ancien des Apirous pour l'interroger sur l'initiative qu'avait prise Mose d'aller sur l'autel allumé par le dieu lui-même.

« C'est un signe de notre Seigneur, répondit l'ancien.

— Nous avons donc le même Seigneur, répliqua Ewi. Mais cette fois-ci, il s'est manifesté à nous sous la forme de Baal-Samem.

— Baal-Samem ?

— Le dieu du soleil. »

Un des mages madianites qui assistaient à l'entretien montra à l'ancien une amulette de bronze, qui représentait le dieu avec un croissant de lune au front et tenant un cercle crénelé dans la main droite, symbolisant représenter le soleil. « C'est évident, il a déclenché le feu alors que la lune brillait. »

L'ancien, que ces mystères dépassaient, hocha la tête, ajoutant qu'il en informerait les siens.

« Mais il est aussi arrivé avec la pluie, ce qui signifie qu'il est également apparu sous la forme de Baal-Adad », reprit le mage.

Les Madianites se faisaient décidément une idée multiforme de leur dieu, mais l'ancien, qui gardait le souvenir des transformations des divinités égyptiennes, n'en fut pas surpris outre mesure.

« C'est le bœuf divin », dit le mage.

L'ancien hocha la tête.

« Les Egyptiens l'appellent Apis », dit-il.

Le mage opina du bonnet.

« Oui, nous le savons. C'est un grand dieu qui règne sur bien des peuples.

— Nous avons sa statue, déclara Ewi. Nous la montrerons bientôt. Elle est toute recouverte d'or. Nous donnerons une grande fête pour célébrer l'occasion. »

La date de ces festivités n'avait pas été précisée. Mais une grande fête était toujours une idée bienvenue et l'ancien se promit aussi de l'annoncer aux siens.

Mose était à cent lieues de se douter des préparatifs, et du fait que les Madianites allaient se mêler de célébrer aussi le Seigneur. Il était sous sa tente, inaccessible. Sur l'heure de midi, il en sortit pour considérer le Mont de la Préparation et le trouva toujours couronné de fumerolles. Elles se déroulaient dans l'air calme comme des rubans de gaze.

Tant qu'il y aura de la fumée, c'est que la présence du Seigneur sera là-haut, se dit Mose. *Mais quand la fumée se sera dissipée, la nature humaine, toujours oublieuse, croira que c'est fini, le Seigneur s'est manifesté, Il nous protège, continuons notre vie comme avant, nous approchons du but. Les gens retomberont dans leurs ornières. Seigneur, dis-moi ce que je dois faire pour que Tu restes éternellement présent parmi nous.*

Il reprit son cheval et refit le chemin qui menait au Mont de la Préparation. Josué proposa de le suivre.

« Seulement jusqu'à l'enclos qui ceinture la montagne, répondit Mose. Là, tu prendras mon cheval, afin de le nourrir. Nul ne doit approcher de la montagne[2].

— Combien de temps resteras-tu là-haut ?

— Je l'ignore. Le temps que le Seigneur voudra. »

Quand il fut arrivé au pied de la montagne, il descendit de cheval. Puis il commença l'ascension.

Parvenu au sommet, il reprit sa place sur le même rocher, contempla le foyer dont s'échappaient les fumerolles et sombra bientôt dans une espèce de torpeur tout en gardant les yeux ouverts. Des images lumineuses s'élevèrent, se mélangèrent, tournoyèrent avec une telle plénitude qu'il lui sembla en avoir les mains éclaboussées... Un jaillissement renouvelé de formes et de scintillements dont il devinait qu'ils devaient être magnifiques, mais qui étaient si rapides qu'il n'en saisissait pas la substance. Il haleta. Les images menacèrent de l'engloutir dans leur profusion et de noyer son esprit. Il respira profondément et s'efforça de reprendre le contrôle de son âme. La succession des visions se ralentit. Il respira plus lentement, les images se précisèrent.

Il vit un coffre magnifique, recouvert d'or pur. A ses deux extrémités, deux chérubins d'or massif se faisaient face[3]. Leurs ailes recouvraient le toit de ce coffre. Il devinait que celui-ci renfermait ce qu'il pouvait y avoir de plus précieux au monde, mais ne savait pas ce que c'était. L'anxiété recouvrit sa peau de sueur.

Les gages de mon alliance... Les gages de mon alliance avec vous...

Les commandements ! Les pierres gravées !

Seigneur, ce coffre sera éternellement parmi nous et Ta présence sera en notre cœur.. Oui, il contiendra les gages de Ton alliance...

Puis les images se brouillèrent et Mose crut que les fumerolles avaient gagné l'intérieur de son crâne et l'enténébraient. Mais, de nouveau, des images splendides se dégagèrent de tourbillons obscurs et se dessinèrent dans son esprit.

Toute une vaisselle d'or, des bols en forme de grandes fleurs d'amandier... Une vaisselle rutilante, pour le service du Seigneur...

Et un arbre d'or ! Non, pas un arbre : un candélabre portant trois branches à gauche et à droite. Les bobèches étaient aussi en forme de fleurs d'amandier.

Les images s'assombrirent et ce furent des draperies violettes, pourpres, écarlates qui se tendirent devant lui. Des draperies somptueuses, brodées de fils d'or... Il crut distinguer des chérubins dans le dessin des broderies.

Quand il rouvrit les yeux, le soleil se couchait et le ciel était violet, pourpre, écarlate... Il s'abîma dans la remémoration de ce qu'il avait vu.

C'était le Seigneur qui lui dictait tout cela. Sa volonté. Oui, le coffre, l'Arche de l'Alliance...

Quand il se leva, la nuit était tombée et il mit un temps considérable à atteindre le bas de la montagne. Un homme l'attendait, une torche à la main, et il reconnut Josué. Le jeune homme l'aida à monter à cheval, sauta sur sa propre monture et ils revinrent au pas vers le campement, dans le cri déchirant des chacals et les interrogations éperdues des chouettes.

9

APIS

Alors qu'ils approchaient du camp des Madianites, Mose et Josué perçurent des clameurs mélangées au bruit aigre de cistres et aux battements sourds de tambours. Un peu plus loin, ils clignèrent les yeux, aveuglés par une forêt de torches.

« Qu'est-ce qui se passe ?

— Je ne sais pas.

— Une victoire ? Mais sur qui ? »

Les torches formaient un vaste cercle au centre du territoire qui séparait les camps madianite et apirou. Une foule immense était amassée là, vingt, trente mille personnes, la plus grande partie installée sur le flanc des collines et observant les autres dans la cuvette de la vallée. Au centre du cercle se dressait une statue sur un piquet planté en terre. Elle était en or et luisait dans la lumière sulfureuse et charnelle des torches. Mose plissa les yeux et reconnut l'effigie d'un taureau, de la taille d'un agnelet, un disque argenté entre les cornes. Il s'arrêta. Trois ou quatre centaines de jeunes gens dansaient autour de la statue, nus ou presque.

Ils chantaient en levant la jambe, en cadence. Un orchestre de cistres, de flûtiaux, de tambourins et de tambours scandait leurs mouvements. Çà et là, dans les trouées, des gens dansaient aussi à l'unisson, et presque tous le verre ou la corne à la main. Ils étaient ivres. De temps à autre, un couple s'écartait et s'écroulait dans les buissons. Même dans les fêtes en Egypte, Mose n'avait jamais vu autant de seins qui ballaient sur les ventres, autant de nombrils giratoires et certainement jamais autant de sexes masculins en érection. Tout était graisseux de sexe et de sueur.

Un couple en particulier avait atteint le pinacle de l'indécence. Ils étaient entièrement nus et dansaient une saltarelle qui tantôt les rapprochait et tantôt les éloignait, au gré de bonds simiesques. Mais quand ils se rapprochaient, l'homme frottait son membre turgide dans le giron de la femme, qui levait alors les bras au ciel. Ils se mettaient alors réciproquement les mains sur les épaules et poursuivaient leurs girations.

« Gloire à notre dieu libérateur ! » chantait la foule, à la fois goguenarde et fascinée.

De saut en saut, le couple en était arrivé à l'étreinte et, devant la foute ébaubie, l'inévitable copulation advint. Le torse renversé en arrière, la femme se trouva possédée et le simulacre de danse s'acheva dans la réalité de la friction coïtale.

Mose et Josué avaient attardé leurs regards un moment de trop, car une fois l'attention engagée, elle est comme l'acte sexuel lui-même : on ne peut l'interrompre. Ils virent donc l'un et l'autre l'homme se désengager de la femme au bout de quelques moments, agiter son membre encore luisant et tournoyer au ralenti, tandis que la femme, immobile, les jambes écartées, levait les bras au ciel embrasé.

« Gloire à notre dieu libérateur !

— Mais c'est le dieu Apis ! s'écria Mose, la voix rauque. Et ce sont... mais ce sont nos gens qui dansent avec les Madianites !

— Ce sont les nôtres, en effet.

— Ils participent à la fête ! »

Mose donna alors un furieux coup de talon dans

les flancs de son cheval, qui partit au galop. Renversant tout sur son passage, au grand scandale de la foule enivrée, il se précipita vers le cercle de feu, suivi de Josué. Sans descendre de cheval, il arracha le piquet et la statue qui la sommait, fit demi-tour et enfonça la statue dans un brasier proche. Des exclamations indignées retentirent autour de lui, on lui tira la jambe, on tira la queue du cheval, mais l'élan était pris. Josué chevauchait au près, le glaive au clair. Des hommes et des femmes s'écroulèrent, saisis par des crises de rire insensé. Peu leur importait, au point où ils en étaient, qu'on jetât au feu le symbole de la fertilité virile, ils avaient bu le vin et ce ne serait pas ces fâcheux qui les dégriseraient.

Mose piqua un nouveau galop, cette fois vers le camp apirou. Arrivé à sa tente, il en souleva brusquement la portière et, à son indicible soulagement, il trouva là Séphira, ses deux fils, Stitho et les deux esclaves. Ils se levèrent tous d'un bond et s'élancèrent vers lui.

« Toi au moins tu es là ! Le Seigneur soit loué ! » dit Mose d'une voix rauque.

Elle le regarda, désolée. Il ressortit tout aussi brusquement et alla à la tente d'Aaron. Vide. Ni Aaron, ni Elisheba. Personne non plus sous la tente de Miriam. Il se tourna vers Josué.

« Tes soldats ?...

— Ils sont à leurs postes. Je les vois d'ici. Même les Egyptiens. »

Hour venait de rejoindre Josué et lui parlait bas à l'oreille.

Il parut un instant égaré. Des hommes qui se tenaient penchés au mur d'enceinte se retournèrent et Mose reconnut trois des fils d'Aaron, Nadab, Abihou et Eléazar.

« Où est votre père ?

— A la fête, répondit Eléazar d'un ton navré.

— A la fête ! tonna Mose. Quelle fête ?

— La fête de Baal-Adad.

— Mais c'est un dieu des Madianites !
— Je sais.
— Mais c'est le dieu Apis dont j'ai vu la statue...
— Tous ces dieux se ressemblent, expliqua Eléazar avec lassitude.
— Comment ton père a-t-il pu laisser cela se faire ?
— Il n'a pas pu s'opposer au peuple[1].
— Et les juges ?
— Onze hommes contre tous ces gens ? Ils sont sous leurs tentes et redoutent ton retour.
— Les anciens ?
— La plupart sont aussi sous leurs tentes.
— Josué, dit Mose d'une voix cassée, la tête basse, serrant avec force les épaules du jeune homme. C'est trop indigne ! C'est immonde ! »

Et il pleura. Puis il se détacha brusquement de Josué. Une tentation violente lui vint, celle de casser les pierres gravées ! Le déchirement que cette seule pensée lui causa le courba en deux, comme une violente douleur à l'estomac. Non, ces pierres n'étaient pas à lui. Les briser serait un blasphème. Et une trop grande satisfaction pour ses ennemis. Il ferma les yeux, pour absorber le choc de ce conflit qui l'avait opposé à lui-même[2].

« Je devrais briser les pierres gravées ! s'écria-t-il.
— Non ! cria Josué.
— Non ! cria aussi Eléazar, s'élançant vers Mose.
— Mon maître, dit Josué, ta vie est désormais la seule garante de la volonté du Seigneur. Je te supplie de prendre du repos. Ce soir, il est trop tard, nous ne pouvons aller nous battre contre trente mille personnes. »

Séphira aussi était sortie de la tente, suivie de Stitho, consterné par l'émotion de Mose.

« Mon maître, dit Stitho, la volonté du Seigneur est que tu te reposes et reprennes des forces. Veux-tu que je t'aide à te laver ? »

Il paraissait incapable de se mouvoir.

« Mose, reprit Josué, si tu ne te reposes pas qu'adviendra-t-il de nous ? »

Il céda donc aux objurgations des siens et s'abandonna aux soins de Stitho, puis aux attentions de Séphira. Josué avait raison, il fallait continuer à vivre pour défendre la volonté du Seigneur. Aaron et tous les autres ne perdaient rien pour attendre.

Jusqu'au petit matin, les trompes, les cris désordonnés des filles et les clameurs avinées des hommes retentirent, et les systèmes d'échos dans la vallée les rapportaient aux oreilles de Mose, lui lacérant les nerfs. Sa douleur fermentant produisit une rage froide. Séphira ne dormit guère non plus, consciente de l'effet de ces bruits sur son époux. A un moment donné, Mose exaspéré se leva pour faire quelques pas sur le terrain qui séparait sa tente du mur d'enceinte. Il enjamba le corps allongé de Stitho, qui se réveilla du coup et rejoignit son maître devant le mur. Ils observèrent les fêtards qui regagnaient leurs tentes d'un pas erratique et parlaient à voix si haute qu'on les entendait à mille pas.

« Regarde-moi cette canaille ! grommelait Mose. Ils ont noyé l'étincelle divine dans le vin et la graisse de mouton ! As-tu vu rentrer Aaron ?

— Je l'ai vu avec sa femme Elisheba, avant de m'endormir.

— Ivre, lui aussi ?

— Non pas, l'air plutôt accablé.

— Et Miriam ?

— Elle avait bu.

— L'engeance ! »

Il se leva d'humeur exécrable. Ses soins du corps expédiés et un bol de lait chaud à peine avalé, il se planta devant la tente d'Aaron et l'appela d'une voix tonitruante. L'autre sortit à demi réveillé et déjà penaud.

« Je veux que tu m'expliques l'abomination de cette nuit ! tonna Mose.

— Je n'en suis pas l'organisateur. N'importe qui te

l'expliquera aussi bien ou aussi mal que moi, répondit Aaron.

— Tu y étais avec ta femme.

— Nous n'avons pas dansé. Et peut-être ma présence a-t-elle restreint les débordements.

— Belle restriction ! Tu aurais dû les fouetter pour leur faire regagner leurs tentes. »

Elisheba pointa le nez hors de la tente ; le doigt vengeur et l'œil sans réplique de Mose la renvoyèrent dans ses quartiers.

« Devais-je aussi fouetter les anciens ? protesta Aaron. De quelle autorité ? Avec quels bras ?

— Comment tout cela a-t-il commencé ?

— Les Madianites projetaient de donner une fête en l'honneur du Seigneur. Or, de fêtes, notre peuple n'en a pas eu beaucoup ces derniers mois. De vin, de bière, de viande non plus. Il y est allé. Il ne savait pas... Plusieurs anciens sont venus, après ton départ pour la montagne, afin de m'annoncer qu'ils avaient l'intention de faire des sacrifices au Seigneur[3]. Auraije dû m'y opposer ?

— Quel Seigneur ? Apis ?

— Les Madianites appellent leur dieu "Seigneur". Devais-je faire un sermon pour leur expliquer que le Seigneur des Madianites n'est pas le nôtre ? Nous étions des esclaves il y a quelques mois, Mose. Notre religion a été effacée comme les inscriptions d'Egypte le sont par le sable du désert. Quatre siècles, Mose, quatre siècles depuis Abraham ! Le conçois-tu ? »

Réveillés par les éclats de voix de Mose, alertés par leurs femmes et par les domestiques, les juges arrivaient l'un après l'autre. Un attroupement se formait autour de Mose et d'Aaron et grossissait d'instant en instant.

« Mais quand ils m'ont vu, là-haut sur la montagne..., reprit Mose au bout d'un temps.

— Les Madianites aussi t'ont vu. Pour eux, le Seigneur qui s'est manifesté n'était pas seulement le nôtre, mais également le leur.

— Mais les nôtres ! s'écria Mose. Quand ils ont vu le bœuf Apis, la bête des Egyptiens, n'ont-ils pas compris que ce n'était pas le Seigneur ? Ils sont allés danser nus devant ce dieu immonde ! »

Aaron baissa la tête.

« C'est hier seulement, Mose, dit l'un des juges, que tu nous as instruits de l'interdiction du Seigneur de fabriquer des effigies. Crois-tu vraiment qu'en quelques heures tout le monde l'ait assimilée[4] ?

— Vous avez vous-mêmes assisté à cette fête, dit Mose d'un ton réprobateur. Ne pouviez-vous pas renvoyer les gens chez eux et les empêcher de se livrer à ces contorsions obscènes ?

— Nous sommes onze. Onze. Il y avait à cette fête plusieurs milliers des nôtres, mélangés aux Madianites. Nous pouvions être accusés de nous opposer à une célébration du Seigneur ! Nous aurions été taxés d'impiété, malmenés, lapidés peut-être !

— Dois-je comprendre, moi, qu'il est parfaitement normal que nos hommes et nos femmes se soient mis à danser nus autour de la statue d'Apis ? dit Mose, cédant à l'exaspération.

— Quand cela s'est produit, c'était trop tard ! rétorqua un autre juge sur le même ton. Nous ne pouvions rien faire ! »

Et il tourna les talons.

Toujours possédé par la colère, Mose appela Josué, qui se tenait un peu à l'écart de la réunion.

« Je veux que tu prennes cent hommes et que tu leur donnes des fouets. Ils doivent aller de tente en tente et demander qui dansait hier soir autour de la statue infecte du taureau. Et quand ils auront trouvé ces gens, ils leur administreront dix coups de fouet chacun ! Ils leur diront que c'est sur mes ordres, parce qu'ils ont trahi le Seigneur qui les a fait sortir d'Egypte[5] ! »

La correction collective occupa le plus clair de la

matinée. Les cris, les gémissements, les souffrances de l'humiliation des mâles saisis la veille par la folie génésique et des femmes allumées par le spectacle de la chair et la promesse de l'orgasme emplirent l'air jusqu'au soir. Mose les écouta dans une profonde prostration.

Ces fornicateurs ne voient-ils pas que c'est eux-mêmes qu'ils s'efforcent de diviniser quand ils se livrent à leurs accouplements ? Il faudra y remédier !

La nuit tomba dans l'accablement. Les deux campements étaient silencieux.

« Et pourtant, le Seigneur est notre gloire, murmura-t-il pour lui-même. Il est notre joie, notre fierté, notre vie ! Comment ne le comprennent-ils pas ? » Un déchirement immense l'emplissait. « Seigneur, quel fardeau Tu m'as imposé ! »

10

LES OBJETS DE LA PRÉSENCE

Mose l'avait fait rechercher par les juges, les anciens et tous ceux avec lesquels il avait coutume de s'entretenir. L'homme se tenait devant lui. Maigre, noueux, des mains fortes et fines à la fois. Bézalel, fils d'Uri, fils de Hour. Un de la tribu de Juda. De temps à autre, il levait un regard interrogateur sur Mose, qui semblait absorbé dans ses pensées et ne se pressait pas d'expliquer pourquoi il l'avait convoqué. Il tendit la main vers le bol de figues de sycomore devant lui. Il choisit bien sa figue, qui avait été picorée par un oiseau et qui avait donc sécrété plus de jus, ce qui la rendait plus sucrée.

« Tu faisais des meubles en Egypte ? » demanda enfin Mose.

L'homme hocha la tête.

« En quel bois ?

— C'était selon le meuble, l'usage, la fortune de celui qui me les commandait. Pour des lits, par exemple, le cèdre et le cyprès sont les meilleurs. Ils durcissent avec le temps. Pour des coffres, je préfère l'ébène, le sycomore ou l'acacia. On peut en faire des planches minces, plus légères. Et c'est selon l'argent.

— Et pour faire un coffre recouvert d'or ? Si nous devions le fabriquer ici ?

— De l'acacia, évidemment ; nous n'avons pas

d'ébène. J'ai vu des acacias dans les parages. Quelques cèdres aussi, m'a-t-il semblé. Mais marteler de l'or n'est pas mon métier.

— Connais-tu quelqu'un parmi nous qui sache le faire ?

— Il y en a quelques-uns. Jéhosaphat, par exemple. Il a fait un coffre garni d'or pour le nomarque d'Avaris. Un beau travail. »

Il chercha une autre figue et leva les yeux vers Mose.

« Que veux-tu faire ?

— Le plus beau coffre que la terre ait vu. »

Il y eut un long silence.

« Un coffre éternel », reprit Mose.

L'homme ne fit pas d'observation ; il avait l'habitude de dire s'il pouvait ou pas satisfaire les désirs de son client, non de les commenter.

« Le coffre contiendra les symboles de notre alliance avec le Seigneur.

— Les pierres ? »

Les pierres ! C'était donc ainsi qu'ils les appelaient ?

« Les Commandements du Seigneur. »

L'homme ne manifesta pas d'émotion particulière.

« Quelles dimensions ?

— Deux coudées et demie de long, une coudée et demie de large et autant de hauteur. Portable[1].

— Portable ?

— Transportable, si tu préfères. Nous ne sommes pas encore arrivés en Canaan. Ce coffre voyagera avec nous. Deux anneaux seront fixés de chaque côté, pour qu'on y insère des brancards. Des anneaux d'or.

— Dans combien de temps ?

— Combien de temps te faut-il pour fabriquer le coffre ?

— Cela dépend de l'équipe que j'aurai avec moi.

— Tu auras l'équipe qu'il te faut.

— Une quinzaine de jours, alors. »

Mose hocha la tête.

« Bien, dit-il. Ce coffre sera placé dans un sanctuaire qui devra également être transportable. Sa longueur sera de trente coudées et sa largeur de dix. Il n'aura que trois parois, deux de trente coudées et une de dix. »

Bézalel parut légèrement surpris :

« C'est bien grand.

— Le sanctuaire devra aussi être démontable.

— Quand on le montera, ce sera difficile de l'empêcher de branler, puisqu'il n'aura pas de fondations, si j'ai bien compris.

— As-tu une solution ?

— On pourrait faire tenir ensemble les planches des parois par des tenons. Et puis, il faudrait des barres passées dans des anneaux pour renforcer le tout. »

Mose hocha de nouveau la tête.

« Je veux des tenons en argent. Deux par planche. Et des anneaux d'or, comme pour le coffre.

— Tu verras cela avec Jéhosaphat.

— Je le verrai donc avec lui. Combien de temps ?

— Cinq semaines au moins.

— Ne peux-tu avoir deux équipes qui travaillent l'une sur le coffre, l'autre sur le sanctuaire ?

— Cela doit être possible.

— Personne ne sera payé, Bézalel. Cela est destiné à la gloire de notre Seigneur unique et à sa présence éternelle parmi nous. »

Bézalel adressa à Mose un regard pensif.

« Cela sera donc une œuvre pie. »

Mose hocha la tête.

« C'est un gros travail. J'aurai besoin d'un contremaître.

— En connais-tu ?

— Aholiab, le fils d'Ahimasach. Nous avons déjà travaillé ensemble.

— Très bien. Va le chercher, ainsi que Jéhosaphat. »

Aholiab était un jeune homme fortement charpenté, au regard vif. Jéhosaphat, un homme plus âgé, au visage rieur. Ils s'assirent devant lui.

« Certains d'entre nous se sont laissé abuser par des dieux étrangers, de faux dieux, déclara Mose. Ils ont offert hier à notre Seigneur, celui qui nous a sortis d'Egypte, le spectacle de l'abomination. Ils ont célébré dans l'indécence un dieu étranger. La colère de notre Seigneur est grande. C'est pourquoi Il sera désormais présent parmi nous, où que nous soyons, afin de nous mettre en garde contre l'infidélité. »

Ils l'écoutaient en silence ; peut-être certains des leurs avaient-ils participé à la fête ; ou peut-être connaissaient des gens qui l'avaient fait. Ils se gardaient de juger.

« Il sera présent dans un sanctuaire où se trouvera l'Arche renfermant le témoignage de l'Alliance qu'il a consenti à conclure avec nous. Vous êtes chargés de construire ce sanctuaire et cette Arche. Il n'y aura jamais rien eu de plus beau depuis que le monde a été créé. »

Il décrivit à Jéhosaphat les deux chérubins dont il voulait que les ailes recouvrissent le toit de l'Arche.

« Cela signifie que les ailes de chaque chérubin mesureront au moins une coudée et quart de long, observa l'autre. Cela fait beaucoup d'or.

— Il y a beaucoup d'or en notre possession, répliqua Mose. De toute façon, les chérubins ne seront pas en or massif.

— Ce sera à toi de demander l'or, dit Jéhosaphat. Je n'ai pas l'autorité pour cela.

— Je le ferai. Combien de temps te faudra-t-il pour achever cela ?

— Trois semaines à partir du moment où j'aurai l'or, sabbats non compris.

— Tu peux faire plaquer l'or sur le bois de l'Arche par un artisan.

— Il faut commencer par battre l'or.

— Commence par faire battre l'or pour que les feuilles soient prêtes au moment où l'Arche sera achevée. Tu n'as pas besoin non plus d'attendre que l'Arche soit achevée pour commencer à sculpter les chérubins[2]. L'essentiel est qu'ils soient soudés à l'or du toit. »

Jéhosaphat écoutait, pensif.

« Je veux également que tu fabriques les accessoires et la vaisselle d'or destinés au service du Seigneur. Je veux un grand candélabre d'or massif, branches et coupelles. Les coupelles auront chacune la forme de trois fleurs d'amandier et l'ensemble devra recevoir sept lampes d'or massif. Le tout représentera un talent d'or pur.

— Je commencerai dès que tu m'auras donné l'or », dit Jéhosaphat en se levant.

« Vous autres, continua Mose s'adressant à Bézalel et Aholiab, vous pouvez donc commencer tout de suite. Quand vous aurez terminé, j'aurai une autre tâche pour vous. Je veux que vous fabriquiez un autel. Il sera en bois d'acacia, de section carrée d'une coudée de côté et de deux coudées de haut, avec les cornes sculptées dans la masse. Jéhosaphat, cela t'intéresse aussi. Cet autel sera entièrement recouvert d'or. Il sera ceinturé par une bande en or et muni de quatre anneaux pour qu'on y passe les brancards qui serviront à le transporter. Les brancards seront aussi recouverts d'or. »

Ils hochèrent la tête et s'en furent. Mose convoqua le trésorier général, Elzaphan, le frère de Mishaël[3]. Il l'informa de son projet et lui commanda de réunir l'or et l'argent nécessaires le plus rapidement possible afin de les remettre en sa présence à Jéhosaphat.

« Cela sera fait. Mais pourquoi cette hâte ? demanda Elzaphan.

— Il me tarde que le Seigneur soit présent dans notre sein et qu'on ne puisse plus aller ni venir sans être conscient de Sa présence. Je fais donc construire une Arche, un autel et un Sanctuaire. L'Arche contiendra les tables sur lesquelles sont gravés les Commandements du Seigneur, et elle se trouvera à l'intérieur du Sanctuaire. L'autel sera placé devant l'Arche. Les deux seront entièrement recouverts d'or ; le Sanctuaire sera abondamment orné d'or, comme il convient. De plus, j'entends qu'une vaisselle d'or pur soit confectionnée pour le service du Seigneur, notre Dieu unique et tout-puissant. Cela requiert donc de l'or en grande quantité. C'est l'or avec lequel nous espérions conquérir notre liberté et il n'est que juste qu'il soit consacré à celui qui nous a libérés. La mémoire des hommes est comme le sable. Elle boit la sollicitude divine et puis se dessèche et l'oublie. J'entends que les esprits de ce peuple conservent en permanence la conscience de la protection divine grâce à la présence de la Maison du Seigneur. »

Comme Elzaphan l'avait pressenti, certains chefs des clans se firent d'abord prier pour donner leur or.

« Comment, nous ne sommes même pas installés en Terre promise et il nous faut déjà nous dépouiller de cet or qui pourrait, demain, nous être tellement utile ! protestèrent-ils.

— Vous connaissez Mose, dit Elzaphan. S'il apprend que vous refusez votre contribution, sa réaction sera effroyable.

— A quoi donc va servir cet or ? demanda l'un des chefs. Si nous te comprenons bien, à construire un mobilier et des ustensiles dignes du pharaon. Et qui s'en servira ? Les partisans de Mose.

— Ce mobilier et ces ustensiles seront installés au centre de notre campement, parce qu'ils matérialiseront la présence du Seigneur parmi nous. Les ustensiles seront exclusivement consacrés au service du Seigneur, observa Elzaphan d'un ton réprobateur.

— Pourquoi Mose croit-il donc que le Seigneur n'était pas présent parmi nous ? s'écria un autre chef.

— La danse autour de la statue d'Apis lui a donné toutes les raisons de le penser, rétorqua Elzaphan.

— C'était la statue des Madianites ! Ceux des nôtres qui sont allés danser étaient des ignorants ! Et on les a assez fouettés !

— Il en est pourtant plusieurs parmi vous qui consentent volontiers à donner leur or...

— C'est leur affaire. Chacun est maître de son or. »

Elzaphan parut soucieux. S'il expliquait la chose à Mose, il déclencherait une autre crise. Et s'il ne remettait pas à Jéhosaphat autant d'or que celui-ci en réclamait, la crise éclaterait tout aussi bien. Il se retira pour réfléchir.

La nuit lui porta secours, mais pas comme il eût imaginé. Une averse violente se déchaîna alors que tout le monde dormait. Détrempant le sol, elle délita les pierres qui maintenaient l'un des piquets d'une tente. Celle-ci battit de l'aile et le vent s'y engouffra avec la pluie. Le propriétaire de cette tente se leva pour y remédier, mais n'y voyant goutte, il se prit le pied dans la corde et tomba. Or, la tente se trouvait à la périphérie du campement, tout près du mur d'enceinte. L'homme heurta le mur de la tête. Ses enfants le retrouvèrent le lendemain dans la boue, inconscient, et peu après il rendit l'âme. Or, cet homme était un des chefs de la faction opposée au don de l'or.

L'effet de l'accident fut radical : le lendemain, vers midi, tous ceux qui avaient les meilleures raisons du monde de garder leur or les avaient échangées contre d'aussi bonnes pour le donner. Les joailliers recueillirent ainsi vingt-neuf talents sept cent trente shekels d'or et cent talents mille sept cent soixante-quinze shekels d'argent[4].

Mose avait d'abord formé de plus amples projets. Il avait envisagé de recouvrir le sanctuaire de vastes draperies violettes, pourpres et écarlates. Mais, ayant convoqué les tisserands pour leur demander de les filer, il s'entendit répondre qu'ils n'avaient pas emporté leurs métiers. Et où trouveraient-ils les filés ? Et les teintures ?

Il hocha la tête avec dépit. Cela serait donc remis à plus tard.

11

LA CONVERSATION AVEC MIRIAM

« Resterons-nous ici longtemps encore ? »

Mose attendait la question de Josué depuis plusieurs jours. Assis sur un rocher qu'il avait fait traîner devant sa tente et qui lui servait de siège, il laissa encore quelques instants s'écouler, considéra le ciel et répondit :

« J'attends que l'Arche et le Sanctuaire soient achevés. Je veux aussi qu'ils soient installés en vue du lieu où le Seigneur est apparu aux yeux de tous.

— L'été vient, l'eau se fait rare, les bergers commencent déjà à se disputer. » Josué s'appuya au mur. « Et puis Canaan, ils vont finir par ne plus y croire. »

Il examina le visage de Mose. Même pas la quarantaine, le visage déjà creusé aux commissures et vieilli par l'inflammation qui l'avait défiguré là-haut, sur la montagne. La peau commençait à peler. Des pattes-d'oie. Les cheveux et la barbe grisonnants. Derniers souvenirs de la jeunesse, les mèches rebelles, la bouche qui de temps à autre devenait gourmande, presque rieuse. Il serait souhaitable que Mose ne fût pas trop vieux quand ils entreraient enfin en Terre promise... s'ils y entraient jamais.

« La conscience du Seigneur est plus importante que la Terre promise », dit Mose. Puis il leva vers

Josué un regard presque moqueur : « Tu veux te battre, n'est-ce pas ? Tu te battras, sois tranquille. »

Six semaines plus tard, l'Arche et les éléments du Sanctuaire furent achevés presque en même temps. Mose convoqua tous les hommes adultes et vaillants de la tribu de Lévi dans la plaine, à l'écart des autres.

« Le Sanctuaire sera élevé au centre de notre campement, annonça-t-il. Vous dresserez vos tentes tout autour. Vous en êtes les gardiens. Ce sera notre lieu le plus saint.

— Il y a deux campements, observa l'un d'eux.

— Aux yeux du Seigneur ils n'en font qu'un. C'est vous qui monterez le Sanctuaire et qui y placerez l'Arche, et ce sera encore vous qui le démonterez quand il nous faudra lever le camp et qui en transporterez les éléments. Ce sera également vous qui transporterez l'Arche. C'est à votre garde que seront confiés les accessoires du culte et toute la vaisselle d'or.

— Pourquoi nous ? demandèrent-ils.

— Parce que vous êtes les seuls, m'a-t-on dit, qui ne soyez pas allés danser à cette fête immonde.

— Aurons-nous un chef, si ce n'est toi ?

— Oui. Vous en aurez cinq. Aaron et ses fils, Nadab, Abihou, Eléazar et Ithamar.

— Aaron n'était-il pas à cette fête ? demanda un Lévite d'un ton sourcilleux.

— S'il y a été, c'était pour tenter d'en prévenir les débordements. »

Ils demeurèrent silencieux et dévisagèrent Mose un instant ; il restait impassible. Etait-il dupe ? Ou bien avait-il pardonné à son frère ?

« Etes-vous opposés à Aaron ? » s'enquit-il.

Et comme leurs expressions ne témoignaient en effet d'aucun enthousiasme, il reprit :

« N'est-il pas celui qui, sur les ordres du Seigneur, vous a fait sortir d'Egypte ? »

Ils ignoraient évidemment qu'il essayait sur eux de l'effet qu'aurait la nomination d'Aaron comme chef du clergé, le principal intéressé n'ayant même pas été confirmé.

Mose observa une pause et poursuivit :

« L'Arche de notre Alliance avec le Seigneur sera placée au fond du Sanctuaire. L'autel sera disposé devant, mais séparé par un rideau, dès qu'il sera possible de le tisser. Le Sanctuaire sera mis au centre d'une cour de cents coudées de long et de cinquante coudées de large. Quand nous disposerons des métiers à tisser, le sanctuaire sera recouvert de draperies violettes, pourpres et écarlates et les poteaux qui marqueront les limites du sanctuaire seront également tendus de pareilles draperies, toutes brodées de chérubins. »

Ils s'inclinèrent et regagnèrent le campement. Mose les suivit et se rendit chez Aaron pour lui annoncer sa nomination.

« Jour béni ! » s'écria Aaron, fondant en larmes. Il courut appeler ceux de ses fils qui étaient à proximité et tous quatre couvrirent de baisers les mains de Mose.

« Jour béni ! » criait Elisheba à l'arrière de la tente.

Les cris alertèrent les voisins. Même Miriam vint. Elle avait quitté sa litière pour s'entretenir avec Mose. Elle était malade et Mose décela sur son visage les griffures et le ternissement de la mort prochaine. Elle n'avait plus la force de crier.

Ils se firent face un long moment.

« Les desseins du Seigneur sont impénétrables, dit-elle à la fin, comme si elle venait de le découvrir. Toi, toi le fils de l'Egyptienne ! Tu es maintenant notre maître et c'est à toi que s'adresse le Seigneur d'Abraham ! »

Il la considéra sans mot dire, respectant davantage en elle la mort que la sœur. Il n'avait jamais aimé Miriam. Elle n'avait pas été la sœur consolatrice qu'il eût espérée. Elle n'avait apprécié en lui que son utilité pour les Apirous. Et au fond, songea-t-il avec un amusement mélancolique, elle lui ressemblait. Car il avait préféré sans détour les serviteurs du projet céleste, tel Josué. Même Séphira lui apparaissait comme la servante de ce projet, puisqu'elle était la compagne parfaite.

« Nous ne manquions pas d'hommes vaillants, mais c'est à toi que revient l'honneur de nous guider !

— Je décèle dans ta voix autant de ressentiment que d'émerveillement, dit-il.

— Tu ne savais pas notre langue et c'est à toi que le Seigneur dicte Ses commandements ! Vois-tu, Mose, l'émerveillement est vrai. Je m'émerveille, en effet, de l'intelligence du Seigneur ! Car il est vrai que tu étais l'homme qu'il fallait, tu nous as guidés hors d'Egypte et nous voilà maintenant libres, avec une armée et des troupeaux ! Je ne l'aurais jamais cru, quand je suis venue t'annoncer dans la cour du palais, à Memphis, que ton père était mort, et que tu es parti à cheval sans répondre d'un seul mot à la souillon que j'étais. Non, je n'aurais jamais cru, quand tu étais le prince d'Avaris et que tu condescendais à me rendre visite pour m'offrir un chaton et une oie. Non vraiment, je n'aurais jamais cru que ce serait toi qui deviendrais notre chef !

— Et le ressentiment ?

— Je n'ai plus le temps pour le ressentiment. »

C'était une phrase dictée par l'orgueil.

« J'étais sotte, à l'époque. Je ne comprenais pas que bon sang ne peut mentir.

— Qu'est-ce que ça veut dire ? »

Elle éclata d'un petit rire sarcastique, une quinte grinçante.

« C'est toi qui me le demandes, Mose ? Tu as le pouvoir dans le sang ! Tu es comme eux, ceux de la famille de Séti et de Ramsès et tous les autres : vous êtes nés pour le pouvoir. C'est votre seule nourriture. J'ai observé comment, lorsque nous sommes partis d'Egypte, tu te contentais de presque rien, quelques fruits secs, un morceau de pain, une demi-gourde d'eau saumâtre...

— J'ai quitté l'Egypte et la famille royale il y a longtemps. J'ai épousé votre cause.

— Il ne te suffisait pas d'être prince de fait de la Basse-Egypte. Tu étais soumis au joug de ton oncle, Ramsès. Tu aspirais, dans ton orgueil, à ne répondre à personne, sinon au Seigneur.

— Toujours des insolences, Miriam. Mais tu es trop malade pour que je me mette en colère. »

Ils étaient là, tous deux, dans ce paysage paisible, pareils à des blocs, lui ferme, elle frissonnant dans les premiers vents de la mort. Il s'impatienta.

« Tu n'as rien compris, Miriam. Rien. Tu partiras dans le Shéol courbée sous ton ballot d'idées fausses et de ressentiments dérisoires.

— Qu'est-ce que je n'ai pas compris ? lâcha-t-elle sur un ton de défi.

— La pureté. La pureté ! L'Egypte, Séti, Ramsès, tout ça, sais-tu ce que c'était pour un enfant ? La compromission, les combines, la recherche du lucre et du pouvoir, justement ! Le pouvoir pour le pouvoir ! Tous ces gens qui complotaient et forniquaient, la bouche grasse de ces oies qui vous manquent tant ! L'haleine chargée de cet ail et de ces oignons qui hantent votre souvenir ! Le sexe et l'argent et le mensonge et le pouvoir, c'est cela qui m'a détourné de l'Egypte. As-tu oublié le sens de la pureté et de la justice qui sont dans un enfant ? Crois-tu vraiment que j'aie soif de pouvoir ? Est-ce que je me suis entouré des signes du pouvoir ? Je porte la même robe, le même manteau, les mêmes sandales que lorsque je suis allé vous accueillir à la sortie d'Egypte. Je mange peu et moins bien que la plupart d'entre vous. Non, Miriam, ce n'est pas le goût du pouvoir qui m'anime, c'est la pureté du Seigneur, la justice et la splendeur du Seigneur ! »

Elle parut troublée et, le sourcil froncé, l'expression chagrine, soudain perplexe, elle haussa les épaules.

« Et où l'as-tu découvert, le Seigneur, si ce n'est chez nous ?

— Tu ne sais rien. Le Seigneur est en chacun de nous. Il est même dans le cœur de certains Egyptiens, ceux qui ne se laissent pas aveugler par ces dieux qui aboient ou grognent. Le Seigneur haut et pur... »

Son souvenir dériva vers Nésaton, vers les séances de méditation au bord de la mer. Miriam interrompit le cours de ses pensées.

« Pourquoi as-tu nommé Aaron chef du clergé ? reprit-elle. Tu ne l'aimes pas. Tu n'as jamais aimé Aaron, parce que c'est un homme faible et plein de compassion, tu n'aimes que les hommes jeunes et forts. Tu aimes Josué, qui est une brute. Tu en as presque fait ton fils, ton héritier.

— Les desseins du Seigneur, qui t'émerveillent tant, Miriam, ne souffrent pas des hommes faibles. C'est par faiblesse qu'Aaron est allé danser devant le Veau d'or[1], non par perversité.

— Alors pourquoi l'as-tu choisi ?

— Parce qu'il fallait une continuité. C'est lui qui vous a réunis en Egypte.

— Et peut-être aussi parce que tu ne veux pas être le chef du clergé. Tu es un chef de guerre, n'est-ce pas, Mose ? »

Il eut un geste de la tête pour signifier qu'elle abordait des sujets sur lesquels elle n'avait pas compétence.

« Les guerres ne sont pas finies, Miriam. Le service du Seigneur est, en effet, très absorbant.

— Je suis presque heureuse de mourir bientôt. Car je mourrai bientôt, tu le sais. Je suis lasse des guerres. Je suis lasse de la violence. Je suis comme toutes les femmes d'Israël. Je voudrais la Terre promise, où les amandiers fleurissent sans jamais sentir le souffle des guerriers avinés, où le ventre des femmes s'arrondit sans jamais craindre le glaive et où la fatigue des hommes n'est jamais que celle d'une journée de travail bien remplie. Je ne savais pas ce qu'annonçait la promesse de Canaan. Je hais l'odeur du sang. »

Il hocha la tête.

« Ce n'est pas moi qui veux le sang. Ce sont les desseins du Seigneur.

— Ils sont cruels.

— Ne blasphème pas !

— Ils sont cruels ! cria-t-elle. Et tu es à leur image ! »

Il la regarda longuement. Il savait qu'ils ne se parleraient jamais plus. Elle regagna sa tente. Il fut triste.

L'annonce de l'achèvement de l'Arche et du Sanctuaire[2] avait déjà causé un bel émoi, mais celui-ci tourna à l'effervescence quand Mose fit dégager le centre du campement, que les Lévites y emménagèrent et que le périmètre destiné au Sanctuaire fut interdit à tous et placé sous la garde des soldats. Les Lévites transportèrent alors les planches et les barres et montèrent l'édifice sur les instructions de Mose et des artisans, la porte au sud. Vieux et jeunes vinrent observer, mais à distance, comment on dressait les planches, comment on les fixait ensemble avec des tenons, et après qu'une cloison eut été assemblée, comment l'on y glissait les barres d'acacia qui la consolidaient. Puis les Lévites transportèrent l'Arche au fond du Sanctuaire et, en dernier lieu, ils placèrent l'autel devant.

Les Apirous virent seulement passer l'Arche, pendant qu'on la transportait. Un magnifique coffre d'or, rutilant, un vrai morceau de soleil. Le toit ombragé par les ailes des chérubins suscita des commentaires émerveillés. Les anneaux dans lesquels passaient les brancards qui servaient à la déplacer étaient en or ! Les pieds en étaient garnis d'anneaux d'or ! Ils exultèrent de tant de splendeur et se lamentèrent de ne pas pouvoir attarder dessus leurs regards. Ils se rattrapèrent sur l'examen du Sanctuaire. Et quand celui-ci eut enfin été érigé, ils assistèrent émerveillés au transport de l'autel, lui aussi entièrement recouvert d'or. Et les brancards de l'autel ! Entièrement recouverts d'or, eux aussi ! Ils se disputaient la place pour observer la plantation des piliers qui marquaient le périmètre de la cour. Ils eurent surtout conscience du fait qu'un événement s'était produit, que leur histoire était en marche, que le Seigneur ne les avait pas oubliés.

Même les Madianites vinrent voir ce qu'ils pouvaient, tant la presse était grande. Ils se perchèrent dans les arbres pour apercevoir les murs du Sanctuaire. Leurs campements en bruissèrent. Les Apirous avaient bâti pour leur dieu une maison cloutée d'or !

Les jeunes et les enfants furent les plus marqués. Le spectacle de ces hommes qui transportaient avec gravité ces planches recouvertes d'or, garnies d'or, cloutées d'or...

« Qui est le Seigneur ? demandèrent-ils, le soir, avant de s'endormir.

— Notre roi immortel, qui veille sur nous.

— Où est-il ?

— Dans le ciel.

— Il est le roi de tous les hommes ?

— Il est notre roi.

— Il est plus grand que Mose ?

— Il ne mourra jamais.

— Pourquoi tant d'or ? » interrogea Guershôn, le fils de Mose, qui revenait de sa leçon de calligraphie chez un ancien.

Séphira tourna la tête, surprise par la question.

« Parce que l'or ne ternit jamais quand il est pur. Le Seigneur est pur, Guershôn. Il est la pureté même. Ne l'oublie jamais. La pureté. »

12

RÉBELLIONS

Mais enfin, Josué avait raison. Les querelles sur l'eau entre les bergers menaçaient de mener tôt ou tard à un affrontement.

« Il est plus difficile de se battre contre des gens avec lesquels on a fait bon ménage, dit Josué.

— Partons donc », convint Mose.

Huit bons jours, neuf en comptant un sabbat, furent nécessaires pour lever le camp. Pendant cette longue halte, nombreux avaient été ceux qui avaient cédé à la folie de planter : oignons, laitues, chicorée, concombres... Le cœur brisé, ils arrachèrent les oignons à peine formés, les laitues d'un vert tendre, la chicorée qui frisait à peine, les concombres encore vert sombre.

« Vous aurez bien mieux en Canaan », leur disaient les anciens en guise de consolation.

Mais l'instinct de cultiver ne le cède qu'à celui de se perpétuer. Certains s'étaient attachés à un figuier, à un carré de coriandre ou d'ail sauvage.

« Heureusement que vous n'avez pas planté du blé, nous serions restés ici pour toujours ! »

Les Lévites déployèrent une habileté prodigieuse : en trois jours, ils avaient tout démonté, les poteaux de l'enceinte et les murs du Sanctuaire, tout emballé dans des nattes et des couvertures, et n'attendaient que le signal du départ.

Josué parcourut les campements avec ses hommes pour s'assurer que tout le monde était prêt, et des sons de trompes résonnèrent dans la vallée. Les Madianites, saisis, interrompirent leurs activités. Les Apirous s'en allaient. Des larmes furent versées clandestinement, des amants séparés, des amitiés coupées au fer du départ, des inimitiés se changèrent en regrets. Après tout, ces Apirous n'avaient pas été de mauvais bougres. Ils savaient rire, leurs filles étaient chaudes et leurs garçons, gaillards.

Ewi lui-même, qu'on n'avait pas revu depuis l'épisode du Veau d'or qui l'avait gravement offensé, vint saluer Mose, suivi d'un serviteur qui portait un sac d'épices et une outre de vin.

« Vous partez donc ?

— C'était annoncé.

— Où allez-vous ?

— Vers Canaan, je te l'avais dit.

— Je vous souhaite la prospérité.

— La paix du Seigneur soit avec vous. »

Bien des gens étaient morts, certes, durant la halte chez les Madianites, mais il en était né bien davantage. Et chez les animaux, les ânesses avaient aussi conçu des ânons, et les chamelles, des chamelets. Sans parler des troupeaux, où l'on comptait bien plus d'agneaux et de cabris qu'à l'arrivée. Puis, les Apirous avaient accumulé des biens, des effets, des vivres, du bois, et ils avaient également pris l'habitude de leurs aises. Au lieu de se presser comme jadis, tout hâves, en rangs compacts, leurs ballots sur le dos, ils observaient une certaine distance d'un groupe à l'autre. De la sorte, entre le moment où l'on voyait passer le début du convoi et celui où l'on en apercevait la fin, une bonne journée s'écoulait. En tête venaient Mose et Aaron à cheval, puis les leurs, formant un petit groupe que suivaient de près les

Lévites, avec l'Arche et le Sanctuaire démonté sous la garde de la moitié des troupes de Josué, soit deux mille cinq cents hommes. L'autre moitié des soldats fermait le convoi.

Et tout ce monde buvait, bien sûr.

Au terme de onze jours de voyage, arrivant dans une vallée beaucoup plus verdoyante que celle qu'ils venaient de quitter, ils s'empressèrent de faire boire leurs troupeaux et leurs animaux, de remplir les cruches et les gourdes aux nombreux ruisseaux qui serpentaient entre les collines. Un village se dessinait au loin dans une vallée et un berger, d'abord épouvanté par la masse d'humains et d'animaux qu'il voyait soudain déferler, bredouilla que c'était Kadesh[1], siège du roi madianite Réba. Et cela dit, il s'empressa de déguerpir en poussant devant lui ses deux douzaines de moutons. Deux puits se trouvaient à brève distance, mais les femmes apirous qui pensaient pouvoir s'y approvisionner rencontrèrent des femmes madianites qui y remplissaient également leurs cruches.

« Qu'est-ce que vous venez faire ici ? demandèrent les Madianites aux femmes apirous après avoir lancé de longs regards inquiets au formidable fleuve d'humains et d'animaux qui se profilait dans la vallée.

— Remplir nos cruches.

— Ce ne sont pas vos puits.

— Les sujets d'Ewi étaient bien plus accueillants que vous.

— Nous ne sommes pas les sujets d'Ewi, nous sommes les sujets de Réba. Allez-vous-en. »

Les femmes apirous s'en retournèrent donc sur leurs pas, se promettant de revenir pendant la nuit pour remplir leurs cruches. Tandis que les Apirous dépliaient leurs tentes, un groupe d'une cinquantaine d'hommes arriva et demanda quel était leur chef. Devant Mose, celui qui les conduisait déclara :

« Nous sommes les fils et les chefs de clans du roi

Réba. De quel droit vous installez-vous ici ? Vous êtes sur les terres de ce roi.

— Nous ne faisons qu'une halte. Le roi Ewi nous avait accordé l'hospitalité, nous pensons que votre roi peut faire de même.

— Telle n'est pas son intention. Vous allez dévaster nos pâturages et épuiser nos réserves d'eau. »

Josué, qui avait vu arriver la délégation, s'était empressé d'accourir avec cinq cents de ses hommes et de se poster bien en vue des Madianites, à quelques dizaines de pas de Mose. Lui-même et deux de ses lieutenants étaient à cheval, les glaives à la ceinture.

« Nous sommes ici, nous ne pouvons pas nous volatiliser parce que tel serait votre désir, répondit Mose. Je vous ai dit que nous ne faisons qu'une halte. Je souhaite qu'elle soit pacifique. »

Les Madianites lui adressèrent un regard furieux et, après avoir jaugé les soldats qui l'entouraient, tournèrent les talons sans un mot, pour faire leur rapport au roi. Ces Madianites-là semblaient plus prospères que les autres, ils possédaient sans doute des armes et l'on pouvait craindre qu'ils ne se le tinssent pas pour dit.

Les Lévites vinrent demander à Mose s'ils devaient installer le Sanctuaire et l'Arche.

« Pas encore, dit Mose. Je ne veux pas qu'ils se trouvent au centre d'une bataille. Nous allons d'abord juger des intentions de ces Madianites. De toute façon, je veux que le Sanctuaire soit bâti le premier jour du mois, et Elul s'achève. Dans huit jours, ce sera le premier du mois de Tichri, le jour approprié pour installer la Maison du Seigneur. »

Ce jour venu, un *statu quo* s'était instauré, comme avec les sujets d'Ewi, à cette différence près que Apirous et Madianites ne tissèrent guère, cette fois, de liens de voisinage. Au contraire : les bagarres entre bergers et les crêpages de chignons aux puits étaient fréquents. Mais enfin, l'on pouvait envisager un long séjour. Mose convoqua les Lévites.

« Installez le Sanctuaire et l'Arche. Je veux que tous ceux d'entre vous qui ont atteint vingt-cinq ans et qui sont sains de corps soient affectés au service du Sanctuaire. »

Puis il appela Mishaël.

« Demande à Josué une escorte de vingt hommes, prends au trésorier de l'argent et du cuivre et va à Kadesh acheter un métier à tisser. S'ils en ont deux, achète-les.

— Comment nous accueilleront-ils ?

— L'espoir d'un bénéfice prend le pas sur tous les sentiments. »

Mishaël se mit à rire et Mose sourit.

« Pas chez moi, mon maître.

— C'est pour cela que tu fais partie de mes fils. S'ils ont des filés de lin non tissé, achète-les également. Du lin le plus fin. Achète aussi des teintures, du violet, du pourpre et de l'écarlate. Enfin, achète-leur toutes les quantités d'encens qu'ils accepteront de te vendre. Va. »

Mishaël revint le soir avec un seul métier à tisser. Usagé, mais en bon état. Plus les filés de lin et les teintures. Et un gros sac d'encens.

« Il en a été comme tu l'as prévu. Ils ont commencé par se montrer hargneux, mais quand j'ai expliqué l'objet de ma visite, ils se sont radoucis.

— Très bien », dit Mose.

Et il fit convoquer Bézalel.

« Regarde bien.

— Un métier à tisser ! fit Bézalel, surpris.

— Je veux que tu m'en fasses deux autres exemplaires. Pour quand ?

— Une semaine. Sans compter le sabbat. »

Ce fut le tour des tailleurs de pierre.

« Je veux que vous me fabriquiez une cuve parfaitement étanche de trois coudées de large et cinq de long. Elle sera destinée à teindre les draperies qui recouvriront le Sanctuaire et qui pendront sur les poteaux de la cour. »

Pendant ces préparatifs, Miriam mourut. Il y eut foule devant les tentes de Mose et d'Aaron. Les larmes baignaient le visage d'Aaron, Mose gardait les yeux secs.

« Ne la pleures-tu donc pas ? lui demanda Elisheba.

— Feindrai-je de l'avoir crue éternelle ?

— C'est ta sœur...

— En vérité, Elisheba, j'ai des frères que ma mère n'a pas engendrés. On choisit ses parents. »

Mais il accompagna quand même le petit cortège funèbre qui emmenait la dépouille de sa demi-sœur dans la montagne. On attendait de lui qu'il prononçât une oraison. Il fut bref.

« Le Seigneur, notre libérateur, est immense. L'être humain est mortel et n'en peut apercevoir qu'une infime partie, et encore, quand cette bénédiction lui est consentie. Il en découle qu'il se réjouit et s'afflige souvent de ce qu'il ne connaît pas. Seul le Juste, conscient des limites de son regard, garde en toutes circonstances l'âme égale, sachant que le Seigneur décide pour lui selon Son impénétrable volonté. Je veux espérer que l'âme de Miriam est désormais capable de juger de la petitesse de sa vie terrestre. »

A peine de retour au campement, il dit à Aaron :

« A partir de demain, tu brûleras tous les matins de l'encens sur l'autel d'or du Seigneur. Le soir, tu iras allumer les lampes et tu brûleras également de l'encens. A toute heure du jour et de la nuit, il faut que l'encens brûle sur l'autel du Seigneur. »

Aaron leva sur lui des yeux rougis par les larmes. Mose restait impassible.

« Tu ne m'as pas dit une seule parole de consolation. Tu n'en as pas dit une seule aux enfants de Miriam. Même les officiers Egyptiens avaient de ces paroles pour les soldats dont les frères étaient morts au combat.

— Nous ne devons attendre de consolation que du Seigneur, Aaron.

— Faut-il donc que ton cœur soit sec ! » s'écria Aaron, et il s'éloigna brusquement.

La pleine lune semblait agiter les esprits, car peu après, Mishaël et Hour vinrent voir Mose tandis qu'il avalait un bol de soupe, et un petit pain avec du fromage de brebis. Ils ne dirent rien, mais leur air chagrin parlait pour eux. Mose les invita à s'asseoir et leur offrit de partager sa pitance. Ils prirent par courtoisie, l'un une figue sèche, l'autre un petit gâteau au miel. Pour toute boisson, de l'eau.

« Bon, dit-il. Qu'est-ce qu'il y a ? »

La coutume qui interdisait d'annoncer de mauvaises nouvelles leur rendait les choses difficiles, mais la loyauté, voulait qu'ils ne tinssent pas ces nouvelles secrètes. Les deux hommes se mirent à bredouiller.

« Je ne comprends rien, dit Mose, agacé. Au fait.

— Une rébellion, dit enfin Mishaël.

— Qui ?

— Korah, Dathan, Abiram, On... D'autres.

— Encore ! »

Mose se passa les mains sur le visage. Korah, fils de Kohath, était son cousin, un Lévite qui avait déjà manifesté de la mauvaise grâce peu après la sortie d'Egypte, à propos de l'eau et des vivres. Dathan, Abiram et On étaient des Roubénites qui n'avaient jamais, eux non plus, accepté sans regimber l'autorité de Mose. Ils faisaient partie du noyau de contestataires qui trouvaient perpétuellement cent raisons de discuter les décisions de Mose.

« Et les autres, quels sont-ils ? demanda Mose.

— Des Lévites. Ils tiennent en ce moment une réunion.

— Que disent-ils ?

— Qu'il n'y a aucune raison de se soumettre à ton autorité, ni d'accepter qu'Aaron et ses fils soient les chefs du clergé.

— Je vais aller les voir. Toi, va prévenir Josué. »

Mose fit également appeler Aaron et ils se rendirent au lieu de la réunion. Tous s'interrompirent quand ils virent arriver les deux hommes. Ils étaient bien trois cents, formant un cercle à l'extérieur duquel se tenaient quelques femmes.

« Au lieu de discuter entre vous, vous pouvez aussi bien venir m'exposer vos griefs, dit Mose en les toisant.

— C'est qu'on ne peut pas discuter avec toi, rétorqua Korah. On ne peut qu'écouter tes ordres et les exécuter. Tu règnes sur nous comme un pharaon. »

Mose haussa les épaules. C'était une obsession !

« Je ne suis pas un pharaon, Korah, sans quoi tu le serais aussi, puisque tu es mon cousin. Que voulez-vous ?

— Ce que nous voulons ? s'écria On, s'avançant vers Mose en agitant le bras. Tu es le seul à décider de tout ! Personne n'a le droit d'élever une objection ! Il n'y a plus de chef de tribu, plus de chef de clan, ton autorité étouffe toutes les autres ! Tu parles sans cesse du Seigneur, mais le Seigneur est avec nous tous et en chacun de nous. Tu n'es pas mieux que nous !

— Je n'ai jamais dit que j'étais meilleur que vous. Quand nous serons en Canaan, vous pourrez faire ce que bon vous semble. Pour le moment, c'est moi qui ai décidé de vous conduire hors d'Egypte. Vous en êtes tous convenus. Pour cela, il vous faut un chef et il se trouve que c'est moi. Maintenant, quel est l'objet particulier de cette réunion ?

— Pourquoi as-tu nommé Aaron à notre tête ? N'y a-t-il donc que des exécutants parmi nous ? Sa principale qualité n'est-elle pas d'être ton frère ? » demanda un Lévite.

Aaron blêmit. Allait-on reparler de cette histoire du Veau d'or ? A cet instant-là, Josué arriva, suivi de trois cents de ses soldats.

« Je vous ai désignés entre tous pour le service du

Seigneur, s'écria Mose, et il me paraît juste que votre chef soit celui qui vous a réunis en Egypte selon la volonté du Seigneur, et qui vous en a ensuite sortis avec moi, toujours sous la protection du Seigneur. Rien ne vous empêchera ensuite de témoigner de votre sagesse quand Aaron sera devenu vieux.

— Tu as aussi nommé ses fils !

— Mes fils sont des Lévites[2] comme vous ! dit Aaron.

— Cela vous exclut-il du nombre des Lévites ou du service du Seigneur ? reprit Mose. Croyez-vous donc qu'Eléazar et ses frères puissent tout faire ? »

Ils parurent se calmer et l'un d'eux éleva même la voix pour dire que la nomination d'Aaron était légitime, puisque le Seigneur l'avait également désigné.

« Maintenant, demanda Mose, au nom de quoi les Roubénites font-ils donc cause commune avec les Lévites ? Voudraient-ils entrer au service du Sanctuaire ?

— Nous n'avons pas dit cela, répondit Dathan. Nous voulons savoir pour quelle raison c'est toi qui détiens l'autorité suprême et qui as toujours le dernier mot en toute matière. Nous ne sommes pas moins respectables que toi. Nous demandons à être consultés. »

Le visage de Mose se congestionna. Il respira profondément pour reprendre son calme.

« Nous savons tous ce qu'il advient des assemblées où tout le monde veut être le chef. Vous n'êtes pas chefs de tribus et ne voulez pas voir que nous en avons. Vous n'êtes pas juges et ne voulez pas voir que nous en avons. Car toi, Dathan, et toi Abiram, et toi On, et vous tous, dit-il en pointant le doigt vers ceux qui s'étaient groupés derrière eux, vous dites que vous êtes habités par l'esprit du Seigneur, mais ce n'est pas cet esprit-là qui vous inspire la rébellion : c'est votre vanité. Vous voulez briller aux yeux des vôtres, n'est-ce pas ? Et vous vous dites : “Pourquoi est-ce donc Mose qui commande ?” Mais vous n'avez pas vu, parce que vos yeux sont couverts de pus, le Seigneur qui s'est manifesté publiquement. Vous n'avez pas vu les Tables de la Loi. Vous n'avez pas vu que je ne suis ici que l'instrument du Seigneur et que cet instrument est entièrement voué à votre salut. En vérité, ce n'est pas la première fois que vous vous opposez à moi, ou du moins que vous croyez vous opposer à moi. Vous vous opposez à l'instrument du Seigneur. Votre place n'est donc pas parmi nous. »

Il pointa le doigt vers eux.

« Je vous bannis, tonna-t-il. Je vous laisse la vie sauve et vous abandonne à la justice du Seigneur. Pliez vos tentes et quittez notre peuple, vous, les vôtres et vos serviteurs. Les soldats vous conduiront à une journée de marche d'ici. »

Un cri de rage jaillit de la bouche d'Abiram. Mais déjà les Lévites s'interposaient et les soldats avançaient. Mose et Aaron tournèrent les talons.

La rébellion était éteinte.

13

LES LOIS

Cent soldats encadrèrent le lendemain une cinquantaine d'hommes au visage buté, de femmes en pleurs, d'enfants penauds, tous chargés de ballots, et les accompagnèrent hors de la vallée. C'étaient les rebelles et leurs familles.

Les Apirous les regardèrent passer d'un air sombre. Quelques-uns proposèrent de leur donner de la nourriture pour le voyage, d'autres se récrièrent.

« Que vont-ils devenir ?

— Ils devraient être contents de s'en être tirés avec la vie sauve.

— La vie sauve, c'est vite dit, comment vont-ils se défendre ? Les parages sont hantés d'ours et de loups.

— Ils n'avaient pas à contester l'autorité de Mose !

— Mais ce sont nos frères...

— Qu'est-ce qu'un frère qui se rebelle contre les siens ? »

Les bannis ne furent bientôt plus qu'un nuage de poussière au loin, dans la vallée, mais cette poussière empoisonna le campement. Les juges tentèrent de mettre fin aux dissensions en rappelant qu'un homme qui prétendait se soustraire à la Loi était en faute et que Dathan, Abiram, On et tous les autres s'étaient eux-mêmes exclus de la communauté. Mais il en était plus d'un qui redoutait de se voir exclu un jour parce qu'il aurait encouru le déplaisir de Mose.

Pendant ce temps, les tisserands tissaient. Ils vinrent soumettre à Mose la première longueur. Il tâta et soupesa le lin, puis hocha la tête.

« C'est bien, montrez-le à Aaron. »

Puis Mose convoqua Aaron et les juges et leur dit :

« Je vous avais annoncé que je vous communiquerais les autres volontés du Seigneur sur les lois qui doivent nous commander. Maintenant, il est temps. Faites venir du papier, des rouleaux de papyrus et des calames ; écoutez-moi et écrivez.

— Nous devons tous écrire, ou bien n'y en aura-t-il qu'un ? demanda le doyen des juges.

— Trois d'entre vous devront écrire les volontés du Seigneur, afin que si l'un d'eux venait à commettre une erreur, les deux autres puissent le corriger. »

Mais on n'avait ni papyrus, ni encre ni calames. Il fallut aller en acheter à Kadesh, et cela prit un jour entier[1]. Le lendemain l'assemblée se réunit à nouveau. Mose était assis devant les juges et Aaron, réunis en arc de cercle sur des tabourets. Trois d'entre eux tenaient des tablettes sur les genoux, des encriers étaient posés sur des pierres près d'eux et les trois rédacteurs tenaient un couteau aiguisé à côté, pour affûter les calames.

« Si vous achetez un esclave apirou, commença Mose, il sera votre possession pendant six ans, mais à la septième année, il sera libre sans rien payer.

« S'il est venu à vous seul, il partira seul, mais s'il est marié, sa femme s'en ira avec lui.

« Si son maître lui donne une femme et qu'elle conçoive des garçons ou des filles, la femme et ses enfants appartiendront au maître et l'homme s'en ira seul. Mais si l'esclave déclare : “J'aime mon maître, ma femme et mes enfants, je ne prendrai pas ma liberté”, son maître le présentera au Seigneur, devant la porte ou sur le seuil, lui percera l'oreille avec un poinçon et l'homme sera son esclave pour la vie. »

Les juges se penchèrent les uns vers les autres pour commenter cette loi à voix basse, hochant abondamment la tête.

« Si un homme vend sa fille comme esclave, elle ne reprendra pas sa liberté comme le ferait un homme. Si son maître n'a pas eu de rapports avec elle et qu'elle ne lui plaise pas, il permettra qu'elle soit rachetée. Il ne l'a pas traitée équitablement et il n'a donc pas le droit de la vendre à des étrangers. S'il la donne à son fils, il lui accordera les droits d'une fille. S'il prend une autre femme, il ne privera pas la première de la viande, des vêtements et des droits conjugaux. S'il ne lui fournit pas ces trois choses, elle sera libre sans rançon. »

Ils levèrent les yeux, pensifs.

« Quiconque frappe un autre homme et le tue sera mis à mort. Mais s'il n'a pas agi intentionnellement et qu'il ait rencontré sa victime par la volonté du Seigneur, le meurtrier pourra fuir dans un lieu que j'indiquerai...

— Tu veux dire que c'est le Seigneur qui l'indiquera ? interrompit un juge.

— Tel est Son commandement.

— Et s'il venait à ne pas l'indiquer, comment faudrait-il l'entendre ?

— Nous en débattrons. Mais si un homme a projeté de tuer un autre par traîtrise, vous l'arracherez même à l'autel du Seigneur afin de le mettre à mort. »

Il y eut un silence.

« Quiconque frappe son père ou sa mère sera mis à mort, reprit Mose.

« Quiconque enlève un homme sera mis à mort, soit qu'il l'ait vendu, soit que l'homme ait été trouvé en sa possession.

« Quiconque dit du mal de son père ou de sa mère sera mis à mort.

— Un juste n'a-t-il pas le droit de condamner son père, si celui-ci a commis un crime ? demanda un juge.

— Nous en débattrons également », répondit Mose d'un ton égal avant de continuer :

« Si des hommes se querellent et que l'un d'eux frappe un autre avec une pierre ou le poing et que cet autre ne meure pas, mais soit contraint de se coucher ; si cet homme se rétablit et peut marcher à l'extérieur avec un bâton, son agresseur ne lui doit rien d'autre que le dédommagement du temps perdu et il doit veiller à ce que sa victime se rétablisse.

« Si un homme frappe son esclave mâle ou femelle avec un bâton et que l'esclave meure sur-le-champ, il doit être puni. Mais il ne sera pas puni si l'esclave survit un jour ou deux, parce que cet esclave vaut de l'argent pour son maître.

« Si, au cours d'une querelle, un homme heurtait une femme enceinte assez fort pour que celle-ci fasse une fausse-couche, mais sans autre mal, l'offenseur devra payer l'amende que lui demandera le mari après estimation du dol.

« Quand un tort est causé, vous devez donner la vie pour la vie, œil pour œil, dent pour dent, main pour main, pied pour pied, brûlure pour brûlure, coup pour coup, blessure pour blessure. »

Mose reprit son souffle, considéra les juges d'un air songeur, but une longue goulée d'eau et continua :

« Quand un bœuf encorne un homme ou une femme à mort, le bœuf sera lapidé et sa viande ne devra pas être mangée ; le propriétaire de l'animal sera exempt de dommages. Si toutefois l'animal s'était montré vicieux depuis quelque temps, que le propriétaire en eût été dûment avisé, qu'il n'eût pas surveillé l'animal et que celui-ci tue un homme ou une femme, alors le propriétaire sera mis à mort aussi bien. Si toutefois la peine est commuée en amende, il paiera pour le rachat de sa vie tout ce qui lui est demandé. Si le bœuf encorne un garçon ou une fille, la même règle s'appliquera. Si le bœuf encorne un esclave mâle ou femelle, son propriétaire paiera trente shekels d'argent à leur maître et le bœuf sera mis à mort.

« Si un homme retire le couvercle d'un puits ou qu'il creuse un puits et le laisse ouvert, qu'un bœuf ou un âne y tombent, le propriétaire du puits compensera la perte. Il devra dédommager le propriétaire de la bête en argent et la bête sera sienne.

« Quand le bœuf d'un homme tue celui d'un autre, il faudra vendre la bête qui a survécu, en partager le prix et partager également la bête morte. Mais s'il était notoire que le bœuf avait été vicieux depuis quelque temps et que son propriétaire ne l'eût pas surveillé, alors il devra compenser le dommage, bœuf pour bœuf, et la bête morte sera sa propriété.

« Quand un homme vole un bœuf ou un mouton, qu'il le tue et le vend, il devra payer cinq bœufs pour le bœuf et quatre moutons pour le mouton ; il devra payer la totalité. S'il n'a pas de ressources, il sera vendu pour payer le vol. Mais si l'animal est retrouvé en sa possession, bœuf, âne ou mouton, il devra payer deux bêtes.

« Si un voleur est pris en flagrant délit et qu'il soit mortellement blessé, ce n'est pas un meurtre ; mais s'il pénètre après le lever du soleil et qu'il soit mortellement blessé, alors c'est un meurtre.

« Quand un homme incendie un champ de blé ou un vignoble et qu'il laisse le feu se propager de telle sorte qu'il s'étend au champ d'un autre homme, alors il compensera les pertes sur ses propres récoltes d'après la récolte qui était escomptée ; et si le champ voisin est dévasté, alors il compensera la perte sur la meilleure partie de son champ ou de son vignoble.

— Nous aurons donc des vignobles ! s'écria l'un des juges.

— La parole du Seigneur est que nous entrerons en Canaan », dit Mose. Il profita de l'interruption pour réfléchir un instant, et reprit :

« Si un feu se propage à des broussailles et qu'il gagne des bottes de blé ou du blé sur pied, ou qu'un champ entier soit dévasté, celui qui a déclenché l'incendie paiera les pleins dommages.

« Quand un homme confie à un autre de l'argent ou des effets pour les garder et qu'ils sont volés de la maison de ce dernier, le voleur remboursera le double s'il est retrouvé. Mais si le voleur n'est pas retrouvé, le propriétaire de la maison se présentera devant le Seigneur pour déclarer qu'il n'a pas touché la propriété de son voisin. Dans tous les cas de délit impliquant un bœuf, un âne ou un mouton, un manteau ou toute possession perdue qui pourrait être réclamée, chacune des parties présentera son cas devant le Seigneur ; celui que le Seigneur déclarera avoir tort rendra le double à son voisin. »

Les juges se consultèrent et les grattements des calames sur le papyrus s'interrompirent.

« Irons-nous importuner le Seigneur pour une histoire de manteau ? demanda l'un d'eux.

— La justice n'importune jamais le Seigneur.

— Et quel est notre rôle ?

— Il est défini par toutes les lois précédentes. Je reprends. Quand un homme confie un âne, un bœuf, un mouton ou n'importe quel animal à la garde de son voisin et que l'animal meurt, ou qu'il est blessé ou qu'il disparaît, le voisin jurera devant le Seigneur qu'il n'a pas touché à la propriété de son voisin. Le propriétaire l'acceptera et aucun dédommagement ne sera payé. Si l'animal a été volé, l'homme dédommagera le propriétaire. Si l'animal a été attaqué par une bête sauvage, il présentera la dépouille comme preuve ; il ne dédommagera pas ce qui a été attaqué de la sorte.

« Quand un homme emprunte un animal à son voisin et que l'animal est blessé alors que son propriétaire est absent, l'emprunteur le dédommagera entièrement ; mais si le propriétaire était présent, l'emprunteur ne paiera pas de dommages. Si l'animal a été loué, la location est due.

— La sagesse du Seigneur est infinie ! s'écria un des juges. Il a tout prévu ! »

Mose laissa filtrer un regard soupçonneux entre ses cils. Le ton du juge lui avait paru un peu trop enthousiaste ; ces gens étaient-ils sincères ou bien se moquaient-ils de lui ? Il poursuivit :

« Quand un homme séduit une vierge qui n'est pas encore fiancée, il paiera le prix d'une épouse afin qu'elle devienne sa femme. Si le père refuse de lui donner la main de sa fille, le séducteur paiera une somme d'argent équivalant au prix d'une épouse vierge.

« Vous ne laisserez pas vivre une sorcière.

— Définirons-nous ce qu'est une sorcière ? demanda un juge.

— Est-il besoin de définition ?

— Une sorcière est-elle seulement celle qui fait métier de magie, ou bien une femme qui recourt aux sortilèges de la sorcière pour son propre compte ?

— Nous en débattrons, répondit Mose. Quiconque a un rapport contre nature avec un animal sera mis à mort.

« Quiconque sacrifie à n'importe quel autre dieu que le Seigneur sera mis à mort après un verdict solennel. »

Les juges et scribes suspendirent le calame et gardèrent la tête baissée. Aaron s'agita.

« Les lois sont énoncées à partir de ce jour », dit Mose. Il observa un long silence, puis il reprit :

« Vous ne ferez pas de tort à l'étranger, vous ne serez pas durs avec lui ; vous étiez vous-mêmes étrangers en Egypte. Vous ne maltraiterez ni la veuve, ni l'orphelin. Si vous le faites, soyez assurés que J'écouterai leurs appels. Ma colère s'élèvera contre vous et Je vous tuerai par le glaive ; vos propres femmes deviendront des veuves et vos fils, des orphelins.

« Si vous avancez de l'argent à n'importe quel pauvre de mon peuple, vous n'agirez pas en prêteur et vous ne lui prendrez pas d'intérêts à l'avance.

« Si vous prenez le manteau de votre voisin en gage, vous le lui rendrez au coucher du soleil, parce que c'est sa seule protection. C'est le vêtement dans lequel il s'enveloppe, dans quel autre dormirait-il ? S'il fait appel à Moi, Je l'écouterai, car Je suis plein de compassion.

— Sagesse divine ! » s'écria le même juge que tout à l'heure.

Cette fois, ce fut Aaron qui lui lança un regard torve.

« Vous n'avilirez pas le Seigneur et vous ne maudirez pas un chef de votre peuple.

— Maudire ou contester ? demanda un des scribes, s'interrompant.

— J'ai dit *maudire,* répondit Mose. Vous ne garderez pas les premiers épis de votre moisson, que ce soit du blé ou de la vigne. Vous Me consacrerez vos premiers-nés. Vous ferez la même chose avec vos bœufs et vos moutons. Ils resteront pendant sept jours avec leur mère, le huitième, vous Me les donnerez.

« Vous serez purs devant Moi ; vous ne mangerez la chair de rien de ce que vous trouverez dans la nature qui ait été tué par des bêtes sauvages, mais vous la jetterez aux chiens.

— N'avons-nous pas vu, en effet, des gens qui avaient consommé de la chair à demi dévorée par des bêtes et qui sont morts plus tard de folie, la bave aux lèvres ? déclara un juge. La prescription est mille fois justifiée ! Loué soit le Seigneur ! »

Mose hocha la tête, et continua :

« Vous ne répandrez pas de rumeurs sans fondement. Vous ne ferez pas cause commune avec les méchants en fournissant un témoignage malveillant.

« Vous ne vous laisserez pas pousser par le grand nombre à agir mal, et quand vous apporterez votre témoignage dans un procès, vous ne prendrez pas le parti de la majorité pour fausser la justice. Vous ne favoriserez pas non plus le pauvre dans un procès. »

Il but une goulée d'eau et considéra le papyrus déjà couvert.

« Quand vous trouverez le bœuf ou l'âne de votre ennemi errant, vous les lui ramènerez. Quand vous trouverez l'âne de votre ennemi ployant sous le fardeau, vous devrez l'aider, quelle que soit votre répugnance.

— Bonté infinie ! souligna le juge.

— Vous ne priverez pas le pauvre de justice s'il fait un procès. Abstenez-vous de tout mensonge et ne causez pas la mort de celui qui est innocent. Car Moi, le Seigneur, je n'acquitterai jamais le coupable. Vous n'accepterez pas de pot-de-vin, car la corruption aveugle l'homme sensé et fait que le juste tient des propos pervers.

« Vous pouvez semer et récolter pendant six ans, mais la septième année, vous laisserez votre champ en jachère. Il produira de la nourriture pour les pauvres et ce qu'ils laisseront sera pour les bêtes sauvages. Vous ferez de même avec vos vignes et vos oliviers.

— La Seigneur fasse que nous les ayons bientôt..., soupira un juge.

— Vous travaillerez pendant six jours, mais le septième, vous vous abstiendrez de travail, pour que votre bœuf et votre âne puissent se reposer, pour que votre esclave et l'étranger puissent reprendre des forces.

« Soyez attentif à chacune de Mes paroles. Vous n'invoquerez pas d'autres dieux et vos lèvres ne prononceront pas leurs noms.

« Vous ferez pour Moi trois fois l'an une Fête du pèlerinage. Vous célébrerez pendant sept jours la fête des pèlerins avec du pain sans levain ; vous mangerez des pains sans levain comme Je vous l'ai commandé, au temps dit du mois d'Abib, car c'est en ce mois-là que vous êtes sortis d'Egypte.

« Personne ne se présentera devant Moi les mains vides. Vous célébrerez la Fête de la Moisson avec les premiers fruits de vos semailles, et la Fête de l'Engrangement à la fin de l'année, quand vous apporterez tous les fruits de votre labeur dans les champs. Ces trois fois-là dans l'année, tous vos mâles se présenteront devant leur Seigneur Dieu.

« Vous ne verserez pas le sang des sacrifices que Vous m'offrez en même temps que n'importe quelle nourriture qui contient du levain.

« La graisse des sacrifices que vous m'offrez ne restera pas sur l'autel jusqu'au matin.

« Vous apporterez les meilleurs des produits de votre terre à la Maison[2] du Seigneur votre Dieu.

« Vous ne ferez pas cuire le chevreau dans le lait de sa mère[3]. »

Mose ferma les yeux et se tut. Aaron et les juges le regardèrent. Les yeux toujours fermés, il tendit la main devant lui et ajouta :

« Et le Seigneur a également dit ceci : Et maintenant, Je délègue un ange au-devant de vous pour vous protéger sur votre chemin et vous mener au lieu que J'ai préparé. Faites attention à lui et écoutez-le. Ne le défiez pas, il ne vous pardonnera pas votre rébellion, car J'ai investi Mon autorité en lui. Si vous écoutez seulement sa voix et que vous fassiez tout ce que Je vous dis, Je serai l'ennemi de vos ennemis et Je harcèlerai ceux qui vous harcèleront. Mon ange ira au-devant de vous et vous portera devant les Amorrhéens, les Hittites, les Perizzites, les Cananéens, les Hivites et les Jébusites et Je sonnerai leur fin. Vous ne vous inclinerez pas devant leurs dieux ni ne les adorerez, vous n'observerez pas leurs rites, mais vous abattrez toutes leurs images et leurs piliers sacrés. Adorez le Seigneur votre Dieu et il bénira votre pain et votre eau. Je vous délivrerai de toute maladie. Personne ne sera stérile et nulle femme ne fera de fausse-couche dans votre pays. Je vous accorderai une pleine et longue vie. »

La voix de Mose était devenue caverneuse. Sa lenteur même, calculée afin que les juges pussent coucher ses paroles sur le papyrus, lui prêtait une résonance qui faisait vibrer les entrailles de l'auditoire.

« Je ferai courir Ma terreur au-devant de vous et Je sèmerai la confusion dans tous les peuples que vous trouverez sur votre chemin. Je ferai en sorte que tous vos ennemis prennent la fuite. Je répandrai la panique pour faire fuir les Hivites, les Cananéens et les Hittites à votre approche. Je ne les chasserai pas tous en une année, sans quoi le pays serait désolé et les bêtes sauvages seraient trop nombreuses pour vous. Je les chasserai peu à peu, jusqu'à ce que vous soyez assez nombreux pour occuper tout le pays. Je tracerai vos frontières de la Grande Verte de l'est à la Grande Verte du nord[4] et du désert jusqu'au Grand Fleuve[5]. Je livrerai les habitants de ces pays à votre puissance et vous les chasserez devant vous. Vous ne vous allierez ni à eux ni à leurs dieux. Ils ne demeureront pas dans votre pays, de peur qu'ils ne vous incitent à pécher contre Moi, car ils vous feraient adorer leurs dieux et vous seriez alors piégés. »

Il se tut et demeura si longtemps silencieux, les mains sur les cuisses, immobile, que les juges et Aaron crurent qu'il s'était endormi. Aaron toussa discrètement et Mose ouvrit les yeux. Il paraissait revenir du fond des temps, d'un autre monde.

« Tu vas bien ? demanda Aaron.

— Je vais bien. J'ai revu en moi la splendeur... »

Il s'éclaircit la voix et dit en se levant :

« Je vous dicterai demain la suite des lois que le Seigneur m'a dictées. Je ne suis qu'un homme. »

Ils roulèrent les papyrus, les attachèrent, fermèrent les encriers avec des bouchons de suif roulés dans un lin fin, mirent les calames dans leurs poches et se levèrent, attendant un ordre.

« Allez, dit seulement Mose. Que la paix et l'esprit de justice du Seigneur emplissent vos cœurs. »

Ils retournèrent vers leurs tentes, leurs manteaux battus par la brise. Aaron demeura un moment avec Mose, cherchant ses mots pour lui dire son émotion, mais ne les trouva pas, car il ne savait pas ce qu'était son émotion. Il se sentait faible, tremblant, prêt à crier d'enthousiasme ou à fondre en larmes.

« Il vous faudra à toi et à tes fils des vêtements dignes de vos fonctions », dit Mose. Puis il se tut de nouveau, leva les yeux vers le ciel, et Aaron s'en fut à son tour.

14

LA COLÈRE ET LA CONSPIRATION

Une longue sécheresse s'abattit sur la région et les querelles aux puits et aux cours d'eau s'envenimèrent. Les bergers madianites s'en plaignirent à celui qu'ils appelaient leur roi, Réba. Cela ne pouvait plus durer, disaient-ils : ces intrus étaient arrivés, s'étaient installés sur des terres qui n'étaient pas les leurs et se comportaient comme s'ils étaient maîtres des lieux. Il restait à peine assez d'eau pour les Madianites et guère de pâturages. De plus, ces gens les provoquaient. L'incident du Bœuf d'or était parvenu aux oreilles de Réba, qui hocha la tête avec consternation. Ewi n'avait osé riposter à cette insulte inouïe, de peur de provoquer un bain de sang, mais la sagesse et la patience avaient leurs limites. Les bergers de Kadesh entrèrent dans des crises de fureur qui alarmèrent leurs voisins, puis l'ensemble du pays.

« Que faut-il donc faire ? clamèrent-ils, eux, leur parentèle et leurs voisins. Nous en aller de chez nous pour laisser la place à ces étrangers ? Tu es notre chef, va leur dire de partir, sans quoi nous appellerons les Egyptiens à notre secours.

— Les Egyptiens sont sur le chemin du retour chez eux, répondit Réba, et ils ne reviendront pas pour nous faire plaisir. Leur grand roi Ramsès n'a pas eu raison des Hittites et ils ne viendront pas se mêler de nos querelles pour nous faire plaisir.

— Ils ont encore des garnisons près de Kiriat-Arba'a et de Jéricho ! Nous savons l'aversion qu'ils portent aux Apirous ! Ils se feront un plaisir de les tailler en pièces !

— Voyez-vous les soldats Egyptiens débouchant dans cette vallée ? Ils ne sauront pas faire la différence entre les Apirous et nous.

— Alors, nous allons appeler les Hittites ! répliquèrent les bergers.

— Les Hittites ont d'autres chats à fouetter, eux aussi. Et puis, vous semblez avoir oublié la fable de l'homme qui fit entrer un loup dans sa maison pour manger les souris. Quand le loup eut mangé les souris, il mangea l'homme. Nous avons déjà eu du mal à nous défaire de la tutelle des Egyptiens, puis des Hittites, nous n'allons pas encore les mêler à nos querelles. C'est là une affaire à régler entre nous. »

Exaspérés, les protestataires clamèrent qu'ils allaient donc attaquer seuls les Apirous. Réba se lissa la barbe et considéra ses interlocuteurs d'un air placide.

« Je ne vais pas me laisser emporter par vos passions et je ne vais pas non plus vous laisser emporter par elles. Les Apirous sont trois fois plus nombreux que nous et, de surcroît, ils disposent d'une milice entraînée, forte de cinq mille hommes très bien armés, alors que nous ne possédons pas le quart des piques et des glaives de ces gens. Aller les provoquer ne servirait qu'à entraîner des morts et faire de nous leurs sujets. En fin de compte, c'est nous qui serions contraints de quitter ces vallées.

— Sommes-nous donc des esclaves, alors ? cria le chef des bergers d'un ton désespéré.

— Non. Il faut nous allier à d'autres tribus et d'autres peuples. Je vais m'y employer. Prenez patience, nous vaincrons par la ruse et le temps. Et avec l'aide de nos dieux. »

Réba envoya aussitôt son fils à un roi de Canaan dont les territoires étaient proches des siens et auquel il était lié par un mariage, ayant épousé l'une de ses filles. La ville de ce roi s'appelait Arad[1], c'est-à-dire « Bœuf sauvage », parce que cet animal abondait dans la région. Le roi d'Arad possédait une armée petite mais redoutable, et laissait entendre que les Egyptiens et les Hittites avaient préféré conclure une alliance avec lui plutôt que de se mesurer à ses troupes ; c'était sans doute une exagération, mais enfin, l'armée existait et elle avait déjà fait preuve de sa vaillance. Le fils de Réba fut accueilli avec la chaleur qu'on réserve à un prince parent, mais le discours que lui tint le roi fut mesuré. Sur la terrasse de sa forteresse, devant les feux où rôtissaient chevreaux et agneaux, sur les tapis de laine tressée et devant les verres où rougeoyait le vin de Syrie, le roi dit :

« Ces Apirous bougent sans arrêt. Ils sont venus d'Egypte et ce n'est un secret pour personne qu'ils se dirigent vers Canaan, où ils vont retrouver ceux des leurs qui n'avaient pas été captifs en Egypte. Tôt ou tard, ils vont reprendre leur route vers Canaan. Ils répugneront à passer par le nord, car ils risqueraient fort d'y rencontrer les Egyptiens qui rentrent chez eux et, s'ils les trouvent sur leur chemin, les soldats de Ramsès ne leur feront pas de quartier[2]. Ils passeront donc par ici et ce sera à ce moment-là que j'aurai besoin de votre aide. Nos deux peuples alliés les repousseront vers les Egyptiens, dont les armées sont toujours présentes au nord. Ceux-ci les réduiront en poussière et leur ôteront le goût des insultes. Mais nos chances de succès seront encore plus grandes si nous rallions un troisième roi. Dis à ton père que je vais envoyer mon fils chez Balak, le roi de Moab, pour lui demander de se joindre à notre pacte.

— Faudra-t-il donc patienter jusque-là ? questionna le fils de Réba.

— Lorsqu'on veut frapper, il faut attendre l'occasion où un seul coup suffit à abattre l'ennemi. De la sorte, on réduit ses pertes. Ils ne tarderont pas plus de quelques mois avant de se remettre en route ; leurs haltes ne sont jamais très longues.

— Ces gens-là sont quand même insupportables, reprit le fils de Réba. Depuis que leur prophète, Mose, prétend avoir vu leur dieu sur le Mont de la Préparation, ils affirment que toutes les religions sont fausses ou dépravées, sauf la leur[3]...

— Qu'est-ce que c'est donc qu'une religion fausse ? Ou dépravée ? demanda avec étonnement le roi d'Arad. Voilà une idée bien étrange ! C'est comme si l'on disait qu'il y a de faux arbres et des vaches dépravées ! Les dieux sont-ils donc des humains pour les Apirous ? Et ce prophète dont on me rebat les oreilles, ne sait-il donc pas que tous les dieux sont parfaits ? Comment une religion peut-elle être fausse, puisqu'elle est une religion ? »

Il éclata de rire et les convives l'imitèrent.

« En vérité, s'il faut abattre les Apirous, ce n'est pas seulement parce qu'ils nous privent de nos pâturages, mais également pour éviter qu'ils ne répandent des idées aussi pernicieuses. »

Chacun applaudit la sagesse du roi, et l'on acheva de manger et de boire dans la bonne humeur et la résolution guerrière.

15

LA MALADIE ET LES SERPENTS

De retour chez Réba, quelques jours plus tard, son fils le trouva dans l'inquiétude. Certes, le roi l'écouta avec attention, mais quand il eut entendu son rapport, il lui dit : « Le plus difficile sera de contenir la colère des nôtres. Une peste sévit chez les Apirous et les nôtres disent que les mauvais effluves de la maladie vont se répandre dans la vallée et les contaminer. Quelques-uns d'entre nous sont déjà atteints. »

Qu'était-ce donc que cette maladie ? Une des formes innombrables de la Maladie, cette graine de mort qui poussait soudain dans les corps des humains pour leur rappeler qu'ils n'étaient pas des dieux. Une fièvre, des boutons, des vomissements, la fuite des liquides corporels, le délire et bientôt la défaite de l'organisme découragé. Quoi, la nature, qui eût dû le soutenir, qui l'avait même engendré dans un accès de tendresse inexpliquée, soudain le rejetait dans un accès de dégoût injustifié, peut-être de colère, pour l'une de ces raisons mystérieuses qui mènent le monde et défient la pensée de l'homme.

On avait vu beaucoup de rats ces derniers temps, ces mauvais esprits de la nuit comme on disait jadis en Egypte. Avaient-ils apporté la Maladie avec eux, car ils étaient proches de la terre, sous laquelle rampent les esprits maléfiques ? Ou bien étaient-ce les femmes madianites, avec lesquelles, et quoiqu'on en eût, les hommes continuaient de forniquer, dans la folle illusion qu'ils étaient encore jeunes et que leurs reins produisaient toujours de la semence ? Ou bien encore les garçons madianites, car ils consommaient eux aussi, bien sûr, de la chair étrangère, et même de la chair mâle, comme chacun savait mais ne l'avouait pas. De toute façon, la Maladie ne pouvait être venue que d'ailleurs, de l'extérieur, de l'étranger, de l'impur, de l'incroyant, du rebelle, du contestataire, du pécheur. C'étaient les Madianites, à coup sûr, oui, les sales Madianites qui avaient dû, hypocritement, subrepticement, insidieusement, obliquement, pernicieusement, sexuellement introduire la Maladie chez le peuple élu du Seigneur.

Telle était d'ailleurs l'hypothèse, ou plutôt l'explication autoritaire d'Aaron et des Lévites et, comme toujours dans les temps de catastrophe, la première explication occulte jetée en pâture capte bien mieux les esprits qu'un raisonnement planté sur ses pieds. Car l'explication occulte a l'incomparable supériorité d'avancer des raisons qui dépassent l'entendement du commun, de titiller les fosses ombreuses et fétides de l'âme, d'éclairer des relations de cause à effet auxquelles, bien sûr, on n'eût jamais songé dans l'ivresse de la santé, d'offrir, enfin, des clefs secrètes ! La peur de ce qu'on ne sait pas est infiniment plus puissante que la clarté de ce qu'on sait. La fornication ! La fornication avec les Madianites ! Ces échanges des liqueurs les plus précieuses de l'individu ! C'était cela qui avait apporté la Maladie ! Non, c'était la révolte ! S'était-on assez révolté contre Mose ! Lui, le prophète sublime, l'envoyé du Seigneur, le Libérateur ! Oui, le Seigneur se vengeait qu'on eût contesté Mose ! La fornication et la révolte ! Et la fornication n'est-elle pas une forme de la révolte ? Qu'on eût été se frotter aux femmes et aux garçons madianites, ces fausses femmes ! Tous des putes et les pires, ceux qui se prostituaient pour des raisons religieuses ! Les prostituées et prostitués sacrés qui rôdaient la nuit autour des autels de Baal, l'œil cerné d'antimoine et la hanche chaloupée !

Gémissements, larmes, cris griffaient la nuit cristalline qui tombait sur les campements des Apirous. Gémissements des malades, larmes et cris de ceux qui ne l'étaient pas. Et partout, le remords.

Assis devant sa tente et le feu que Stitho allumait chaque soir, fidèlement, ponctuellement, Mose écoutait les échos, bribes, fragments, miettes, qui lui parvenaient comme ces épaves méconnaissables que la mer rejette aux pieds du nageur. Misère humaine ! Mais que serait donc l'humanité sans la splendeur du Seigneur ? Il se défendait mal, lui, de la conviction qu'en effet, l'on n'était malade que parce que l'âme défaillait. Et pourquoi donc défaillerait-elle sinon parce que la splendeur du Seigneur s'était obscurcie en elle ? Peu lui importait que ce fussent de vieilles femmes et des enfantelets qui fournissent le gros des victimes de la Maladie, des gens qui, certes, ne s'étaient pas rebellés et n'avaient pas été forniquer dans les rocailles. La colère du Seigneur ne s'abattait pas seulement sur les coupables, mais également sur les leurs. Le remords leur était utile. Il fallait le cultiver. Il l'indiqua en trois ou quatre mots désinvoltes et les Lévites s'en emparèrent et les répandirent comme des contrepoisons parmi le campement. La Maladie était venue parce qu'on n'avait pas assez aimé le Seigneur.

« La peur ne suffit pas ! La peur n'est rien sans l'amour ! »

La Maladie[1] s'éteignit au bout de trois semaines, après avoir fauché quatre ou cinq cents personnes, sans parler de ceux qu'elle laissait efflanqués, les yeux jaunes et la jambe débile, lorsque, par comble d'infortune, vint la saison des amours reptiliennes, car on arrivait au mois de Nisân, à une quinzaine de jours de la Pâque. Depuis l'installation à Kadesh, chacun avait pris l'habitude de courir dans les collines, à la recherche de manne, certes, mais aussi de baies sauvages, de figues, de grenades, d'amandes, de jujubes, d'olives, et de ces pommiers de Sodome, dont les feuilles fermentées produisaient une sorte de bière. Personne ne prit garde au fait que les Madianites, qui connaissaient leurs parages depuis belle lurette, s'abstenaient depuis quelques jours d'arpenter leurs collines.

La première victime fut une femme qui dérangea deux vipères dans les broussailles et qui fut donc mordue deux fois. Elle était partie avec quatre voisines, qui l'entendirent crier, la virent s'effondrer et accoururent juste à temps pour apercevoir les reptiles tachetés de brun et de noir qui filaient dans la caillasse. Lancées à leur poursuite, elles furent également mordues par d'autres vipères qu'elles avaient surprises dans leurs ébats. Elles rentrèrent à grand-peine au campement, on tenta de les soigner, mais trois d'entre elles passèrent promptement de vie à trépas, le visage bleu et les lèvres pourpres. Le lendemain, un enfant et un vieillard furent attaqués par un serpent venimeux, un grand cobra noir qui leur cracha son venin au visage et se jeta sur eux. On retrouva l'enfant et le vieillard dans l'après-midi, et si le garçon survécut, son grand-père mourut sur-le-champ.

Les hommes organisèrent des battues pour exterminer ces serpents. Sur le conseil de quelques anciens, on s'arma de bâtons avant de partir pour la cueillette sauvage, et l'on prit l'habitude de fouetter l'herbe devant soi pour faire fuir les serpents. Mais ceux-ci, dont l'humeur était fuyante le reste de l'année, semblaient mal tolérer le remue-ménage des intrus quand ils étaient occupés à se reproduire. Ils se jetaient sur les hommes, et leur venin dépêcha plus d'un Apirou au trépas.

On incisa à qui mieux mieux les chairs à l'endroit de la morsure, afin d'en extraire le sang empoisonné, mais cela ne suffisait pas, le venin ayant souvent cheminé dans le reste du corps. On compta cent un morts en cinq jours, et le désespoir atteignit une telle âpreté que les chefs de tribus allèrent consulter Mose. Il fallait, clamèrent-ils en agitant vers le ciel leurs doigts osseux, qu'il intercédât auprès du Seigneur ! Il fallait qu'il détournât enfin Son courroux de Son peuple. N'avait-on échappé aux Egyptiens que pour tomber dans les griffes d'une maladie ténébreuse et sous la dent de serpents multipliés par les puissances du Mal ?

Cette prétention à dicter ses volontés au Seigneur indisposa Mose. Mais surtout, les clameurs et lamentations reprirent une vieille antienne : qu'était-on donc venu faire dans ce désert affreux ? Y laisser ses os ? Le Seigneur ne les avait-Il conduits dans le désert que pour les y exterminer ?

Quand la délégation des chefs et des anciens se rendit chez Mose, celui-ci eut du mal à maîtriser l'exaspération que lui valaient revendications et reproches. Il faillit les renvoyer en les tançant. Ils n'avaient qu'à supporter le poids de leurs fautes ! Mais l'on était à la veille du dernier sabbat avant la Pessah. Si les plaies envoyées par le ciel continuaient de décimer le peuple, songea Mose, l'amertume risquait de susciter de nouveaux troubles. Les préparatifs de la commémoration risqueraient de ne pas être observés, ce qui compromettrait la sainteté de la célébration. Devant Séphira et ses enfants alarmés, Mose se jeta à genoux pour supplier le Seigneur de l'éclairer.

« Seigneur, Seigneur ! Que vais-je faire ? Je n'en puis plus ! Accorde-moi Ta divine inspiration. »

Puis il entra dans une de ces transes qui semblaient le pétrifier et que ses familiers connaissaient bien. Quand il en sortit, quelques heures plus tard, il convoqua Aaron et les Lévites.

« Seul un sacrifice de pénitence est digne d'accompagner nos prières, afin que le Seigneur veuille bien détourner de nous Son courroux ainsi que L'en prie Son peuple », déclara-t-il.

Ils procédèrent donc à un sacrifice de pénitence au Sanctuaire, les chefs se tenant à l'extérieur de l'enceinte après avoir apporté leurs présents. Pendant les quelques heures qui séparaient la fin du sacrifice du crépuscule, le peuple fut informé que Mose et les Lévites avaient présenté au Seigneur la requête de Son peuple et qu'on attendait Sa décision.

Le sabbat commençait, quand des cris perçants retentirent un peu partout dans le camp. Des vipères avaient pénétré dans des tentes à la recherche de chaleur, et l'on vit des gens en jaillir en poussant des cris affreux, ce qui constituait une infraction quasi blasphématoire. Pour calmer les esprits, Aaron déclara le lendemain que le fait de fuir les malfaisants reptiles n'était pas une infraction aux lois du sabbat.

« Je veux que tu me fasses immédiatement un serpent de bronze de six pieds de haut que nous fixerons à un mât au-dessus du campement », ordonna Mose.

Le soir même, le serpent, encore tout chaud, était prêt et Mose décida de l'emplacement du mât qui le soutiendrait : à mille coudées du Tabernacle[2]. Le peuple se pressa pour observer l'étrange objet qui dardait sa tête au-dessus des tentes et poussa une clameur d'étonnement.

« Regardez-le sur l'ordre du Seigneur ! s'écria Mose. Que chaque personne qui a été mordue par un serpent regarde ce serpent d'airain et elle surmontera son mal ! »

Ils regardèrent de tous leurs yeux ce reptile que les feux du couchant teintaient de lueurs rougeâtres, espérant ardemment que son image dissiperait la réalité méchante qui rôdait dans les collines. Les parents levèrent les enfants au bout de leurs bras pour qu'ils s'imprégnassent du symbole, et le soir venu, ils allumèrent des feux au pied de l'animal de bronze, étrange divinité à laquelle les reflets des flammes prêtaient les tortillements et les ondulations de la vie.

Etait-ce la protection du Seigneur ? Le pouvoir du serpent ? Ou bien le fait que la brève saison des amours pour les descendants de l'animal qui avait séduit Eve avait pris fin ? Toujours est-il que les serpents ne posèrent plus de problèmes.

Mais le Mal ne fait jamais que somnoler. Il attendait son heure.

16

CE QUE VIRENT LES ÉCLAIREURS

« Mose, ne nous laissons pas abuser par le calme apparent de ces vallées. Les Madianites s'agitent. Ils ont conclu des alliances avec les Moabites et le roi d'Arad. Tôt ou tard, leur coalition se sentira suffisamment forte pour nous attaquer. Il est temps de reprendre notre chemin vers Canaan. »

Josué se tenait devant son maître, dans une attitude respectueuse, mais qui exprimait de façon pressante l'attente d'une réponse.

« Ne m'as-tu pas dit toi-même que les Egyptiens occupaient toute la plaine le long de la mer, Canaan compris, et qu'ils montaient jusqu'à la Syrie parce que Ramsès se bat avec les Hittites ? demanda Mose.

— Cela est vrai. Mais ils se replient. Ils n'ont pas eu raison des Hittites. Ils ont préféré conclure des alliances avec eux.

— Ont-ils quitté Canaan ?

— Leurs troupes se replient. Dans quelques semaines, on peut l'espérer, ils seront partis.

— Comment le sais-tu ?

— J'écoute les voyageurs. Et j'ai mes espions. »

Mose demeura un moment silencieux.

« Donc, ils y sont toujours pour le moment. Monterons-nous vers l'ouest ou bien vers l'est ? Là est toute la question.

— Pour le moment, les Egyptiens sont à l'ouest.

— Tu en déduis donc qu'il faut monter vers l'est. »

Josué se pencha et, du bout d'une branche d'arbre, dessina dans la poussière une carte de la région.

« A trois ou quatre journées de marche d'ici, nous trouverons la rive sud d'une grande mer sans poissons, qui s'appelle la mer de Sel, parce qu'elle est très salée. A mon avis, il faut la contourner par l'est et remonter tout le long. Là, nous nous trouverons sur la rive orientale d'un grand fleuve qui se jette dans cette mer et qui s'appelle le Jourdain. De la sorte, nous ne courrons pas le risque d'affronter les Egyptiens, qui, même en route pour l'Egypte, fondraient sur nous s'ils nous retrouvaient sur leur passage. De surcroît, Ramsès a noué des alliances avec les peuples de la région et ces peuples nous attaqueraient alors pour deux raisons. La première est que nous envahirions leurs territoires, la seconde, qu'ils obéiraient aux ordres des Egyptiens[1], éventuellement avec le renfort de ceux-ci. »

Mose ferma les yeux, s'efforçant de saisir la situation dans son ensemble. Il n'était qu'à moitié convaincu. Au bout d'un moment il les rouvrit.

« Il nous faut envoyer des éclaireurs, pour voir si la voie est libre et si les territoires ne sont pas occupés par des gens hostiles[2]. Tu prendras la tête de ces éclaireurs.

— Combien ?

— Un de chaque tribu. Allez à pied. Douze hommes n'attireront pas l'attention des populations, ni des Egyptiens que vous rencontreriez éventuellement. De la tribu de Reuben, tu choisiras Shammoua, le fils de Zaccour. De celle de Siméon, Shaphat, le fils de Hori. De celle de Judah, Caleb, le fils de Jephounneh. De celle d'Issachar, Igal, le fils de Youssouf. De celle de Benjamin, Palti, le fils de Raphou. De celle de Zébulon, Gaddiel, le fils de Sodi. De celle de Manasseh, Gaddi, le fils de Sousi. De celle de Dan, Ammiel, le fils de Gemalli. De celle d'Asher,

Sethour, le fils de Mishaël. De celle de Naphtali, Nahbi, le fils de Vophsi. Et de celle de Gad, Jéouel, le fils de Machi. En ton absence, confie le commandement de l'armée à Mishaël, c'est un homme sûr. »

Ils partirent le lendemain, vers le nord, et Mose et Aaron commencèrent à attendre. Les juges, les anciens, les autres, leurs épouses attendirent, et les enfants, qui ne comprenaient pas vraiment ce qu'on attendait, suspendirent leurs jeux, espérant la fin de l'attente. Sur la plate-forme qui dominait les quartiers de la milice, Mishaël installa un guetteur dès le dixième jour après le départ des éclaireurs, chargé d'annoncer leur retour avant tout le monde.

Ils revinrent trente-trois jours plus tard[3] et tout le monde se groupa derrière les murs d'enceinte. Ils commencèrent à gravir la colline et, sous les yeux d'une foule encore muette, se dirigèrent vers la tente de Mose qui les attendait aussi, la main sur le front à cause du soleil. Ils déposèrent à ses pieds un sac dont ils délièrent le col, et en sortirent, encore attachée à son sarment, une grappe de raisin comme on n'en avait jamais vu, même en Egypte[4], des figues dodues et pruinées, des grenades énormes déjà fendues et prêtes à cracher leurs rubis.

« Voici les fruits de Canaan, mon maître », dit Josué.

Mose refusa de goûter même à l'un des grains du raisin.

« Les premiers fruits de la Terre promise seront présentés au Seigneur », dit-il.

Il fit un signe à Aaron qui ordonna d'emporter les fruits au Sanctuaire. Puis il s'assit et regarda les éclaireurs. Leurs femmes leur tendirent de l'eau, des bols de lait, du pain. Ils burent, mangèrent un peu et Josué leva la main. Tout le monde écoutait, mais comme tous ne pouvaient pas entendre, ceux qui étaient dans les premiers rangs répétaient ce qu'ils avaient saisi à ceux qui se trouvaient derrière eux, étagés jusqu'au bas de la colline[5]. Et cela, de répétition en répétition, finissait par créer quelques malentendus.

« Nous sommes montés par le désert de Sin jusqu'à Rehob, en passant par Leb-Hamat[6], commença Josué. Nous n'avons pas vraiment vu jusqu'alors beaucoup de monde. Puis nous sommes arrivés à Kiriat-Arba'a[7], où vivent, nous a-t-on dit, Ahiman, Sheshaï et Talmaï, les géants qui descendent d'Anak[8]. »

Mose fronça les sourcils.

« Quels géants ?

— Des hommes très grands.

— Des hommes grands, alors, dit Mose. Il y a des hommes grands et des petits. C'est normal, ça ne mérite pas mention. »

Josué n'insista pas.

« A l'est et au nord, nous avons trouvé un pays superbe, abondamment boisé, où nous avons cueilli au retour les fruits que nous avons rapportés. Les cours d'eau abondent, les pâturages sont gras, les cultures prospères, les vignes florissantes et les vergers ploient sous les fruits. Mais les cités sont bien fortifiées et nous aurons sans doute de la peine à en faire le siège. »

Il observa une pause et reprit d'un ton rêveur.

« On nous a demandé d'où nous venions ; nous avons répondu que nous venions du sud, et les gens, des voyageurs moabites, ont paru surpris ; ils nous ont dit que les Apirous étaient au nord. Où, au nord ? En Galilée, nous ont-ils dit. Il est donc des nôtres qui se trouvent déjà en Canaan, au nord et au sud[9].

— Ceux qui n'avaient pas suivi Abraham, dit Aaron, hochant la tête. Nous verrons, quand nous y serons.

— Ils pourraient nous venir en aide si nous sommes attaqués, observa Josué.

— En as-tu rencontré ? demanda Mose.

— Non.

— De quelles tribus ? questionna un chef de clan.

— Dan et Siméon, m'a-t-on dit. Mais je ne peux pas l'assurer.

— Sais-tu leur nombre ? s'enquit Mose.

— Non plus. »

Ces gens-là risqueraient d'être un problème, songea Mose. Avaient-ils conservé la religion de leurs ancêtres ? Reconnaîtraient-ils leurs frères ? Et sa propre autorité ? Ils n'avaient pas participé à la promesse divine ; quel était donc leur statut devant le Seigneur ?

« Bon, nous aviserons quand nous serons en Canaan. Qu'avez-vous vu d'autre ?

— Plus haut dans le Négev, nous avons d'abord rencontré des Amalécites. Plus haut encore, des Jébusites et des Amorrhéens[10].

— Et les Cananéens ?

— Ils vivent dans les plaines le long de la mer. Les Amorrhéens, eux, vivent sur les hauteurs et ce sont eux qui tiennent la plupart des places fortes. Il y a un peu partout des Hittites, surtout des militaires, en petites patrouilles.

— Et les troupes de Ramsès ? demanda Mose.

— Elles sont toujours là », répondit Josué à contrecœur.

Aaron, les juges et les anciens poussèrent des gémissements de déception. Du fait de la transmission des informations aux derniers rangs des Apirous, leurs clameurs de lamentations parvinrent plus tard ; c'était comme une douleur qui se propageait dans le peuple.

« Tu m'avais pourtant dit qu'ils ne demeureraient que quelques semaines ? observa Mose.

— Ils ont apparemment changé d'avis et veulent maintenir des camps pendant un temps indéterminé.

— Combien ? dit Mose d'une voix rauque. Combien sont-ils ?

— Nous n'avons pas pu estimer leur nombre avec exactitude, mais j'ai compté trois camps espacés de quelque deux mille hommes chacun. »

Mose réfléchissait.

« Ils sont bien armés, ajouta Josué. Une petite partie de la cavalerie est toujours là, et il reste près de trois cents chars dans un camp près de Kiriat-Arba'a.

— Et Ramsès ?

— Il est rentré en Egypte. Son fils Imenherkhépéshef veille au bon ordre du retour des troupes en Egypte. On nous a dit qu'il campait près de Jéricho. »

Un long moment passa où personne n'osa rien dire. Seuls s'entendaient de nouveaux gémissements étouffés, des soupirs et des murmures confus.

L'un des éclaireurs, Caleb, fit deux pas en avant et se présenta devant Mose.

« Nous pouvons quand même entrer dans le pays et nous défendre si nous sommes attaqués, dit-il.

— Pas question ! s'écria Jéouel, qui avait fait lui aussi partie de l'expédition. Attaquer les Moabites ou les Edomites, c'est possible, mais pas les Egyptiens. Ils appelleraient à la rescousse les troupes qui sont dans le Sinaï, sur le chemin du retour.

— Le Seigneur est avec nous ! s'écria Caleb.

— Le Seigneur est certainement avec nous, dit un autre éclaireur, Igal, mais il ne nous pardonnerait pas de présumer de Son soutien et de commettre des imprudences.

— Je propose d'attendre que tous les Egyptiens soient rentrés chez eux », dit Josué, consultant Mose du regard.

Celui-ci écoutait la rumeur qui montait du peuple : « Nous sommes las du désert ! disait-elle. Et nous ne pouvons pas entrer en Canaan ! Qu'allons-nous devenir ? Le Seigneur nous a pourtant promis cette terre ! Ou bien ne nous a-t-Il fait venir jusqu'ici que pour y semer nos ossements[11] ! »

« Donnons-nous jusqu'à demain le temps de réfléchir, conclut Mose. Je vais prier le Seigneur qu'Il m'envoie Son inspiration. »

La foule se dispersa, chacun discutant ferme avec ses voisins.

« Et pourtant, il faut partir », murmura Josué à l'intention de Mose.

Le soleil se couchait. Jamais le ciel limpide n'avait davantage contrasté avec le trouble des cœurs. Un guêpier bleu et rouge zébra l'air, fonçant sur une libellule qu'il ne parvint pas à gober d'un coup, et Mose distingua un instant les ailes diaprées de l'insecte qui dépassaient du bec de l'oiseau. Ce serait ainsi que les Egyptiens goberaient les siens dès qu'ils les verraient déboucher en Canaan ! Le monde n'était peuplé que de prédateurs et de proies. Il se leva lourdement et, s'appuyant sur Stitho, prit le chemin du pavillon rudimentaire où, comme chaque soir, il faisait ses ablutions avec l'aide du jeune homme. Il lui semblait que ses épaules n'avaient jamais été si lourdes, ni son dos si accablé.

« Les Egyptiens..., murmura-t-il tandis que Stitho lui frictionnait le dos avec du crin fourré de feuilles de baume. On n'en finira donc jamais !

— On en finira, lui répondit Stitho. Le Seigneur ne nous a pas fait venir jusqu'ici pour nous abandonner. Ramsès n'est pas le maître du monde. »

Mose sourit pour la première fois de la journée. Non, même Ramsès n'était pas le maître du monde. Même lui avait dû quitter Canaan. Il avait avalé sa proie et avait dû la recracher.

17

L'OMBRE DES ÉGYPTIENS

C'était un échec.

Mose sortit à l'aube et regarda le paysage du haut de la terrasse, la main sur les pierres du mur d'enceinte, encore humide de la rosée de la nuit. Le sommeil ne l'avait pas reposé, mais alourdi.

Un échec. Ils étaient arrivés jusque-là, ils allaient enfin entrer en Terre promise et ils ne le pouvaient pas. Les Egyptiens se dressaient au nord comme les sphinx qui montaient chez eux la garde au seuil des temples. Il imagina brièvement ce qui adviendrait si les soldats de Ramsès le capturaient et le ramenaient devant cet oncle haï... Non, cela ne se passerait pas ainsi, le Seigneur ne le permettrait pas !

Mais alors, pourquoi les confrontait-il à ce mur invisible ? Peut-être, lui, Mose, avait-il laissé défaillir l'inspiration divine. Il chercha du regard la gargoulette d'eau et ce fut Stitho qui, ayant deviné son désir, la lui tendit. Il but une longue goulée, glacée et rendit la gargoulette au jeune homme. Et après que l'inspiration eut failli, c'était donc le cœur qui cédait à l'accablement.

L'âge, se dit-il. Pas celui du corps, mais celui du cœur. Il se sentait vieux. La contemplation du Seigneur brûle toute passion terrestre et qu'est donc la jeunesse, si ce n'est le bouillonnement des passions terrestres ? Il avait trop regardé dans le cœur des autres et n'y avait guère trouvé de lumière.

Stitho lui apporta un bol de lait chaud et Mose le but pensivement tandis que le soleil entreprenait l'ascension de ce ciel qui lui appartenait. Là-bas, dans les dernières brumes de la nuit, les bergers madianites poussaient leurs troupeaux devant eux. Ici, les bergers apirous poussaient les leurs vers les ruisselets maigres et les pâturages pelés qui leur restaient.

Indéniablement, il fallait partir. Après les rapports des éclaireurs, le peuple ne supporterait pas que l'étape se prolongeât. Mais cette fois, on irait dans l'autre sens[1].

Quand Mose eut terminé ses soins corporels matinaux, Aaron vint.

« La paix du Seigneur soit avec toi. Tu m'avais dit, permets-moi de te le rappeler, que mes fonctions exigeaient des vêtements appropriés. »

Mose hocha la tête.

« Tes fonctions et celles de tes fils », dit-il.

Il appela les tisserands, les joailliers et les tailleurs. Avec le lin qui restait des pièces tissées pour le Sanctuaire, il donna l'ordre de confectionner pour Aaron, Nadab, Abihou, Eléazar et Ithamar une tunique, un corselet de violet, de pourpre et d'écarlate brodé d'or, l'*ephod,* un manteau brodé, une écharpe et un turban. Aux joailliers, il commanda pour chaque homme deux cornalines serties d'or, sur chacune desquelles serait gravé le nom de six tribus d'Israël et qui seraient fixées aux épaules. En plus de cela, un pectoral carré d'un empan de côté, garni de quatre rangées de pierres précieuses : la première de sardoine, de chrysolite et de feldspar vert, la deuxième de grenat, de lapis-lazuli et de jade, la troisième de turquoise, d'agate et de jaspe, et la quatrième de topaze, de cornaline et de jaspe vert[2].

« Où trouverons-nous tout cela ? demanda le joaillier.

— Vous le trouverez quand il le faudra, répondit-il. Chaque pierre devra porter le nom d'une tribu d'Israël, gravée comme sur un sceau. »

Les artisans le considéraient avec scepticisme ; Aaron et ses fils étaient éberlués. Mais il poursuivit :

« Ce pectoral devra être attaché par deux chaînes d'or aux cornalines des épaulettes et par des rubans violets passés dans des anneaux d'or à la ceinture violette de l'*ephod*. De la sorte quand Aaron pénétrera dans le lieu saint, en présence du Seigneur, il portera sur la poitrine et les épaules les noms des enfants d'Israël.

— Il faudra du temps, dit un des joailliers.

— Vous le trouverez quand il le faudra. » Il ne paraissait plus écouter vraiment les voix terrestres. « Le manteau sera violet, avec une ouverture circulaire pour la tête, ourlée de broderies afin qu'elle ne se déforme pas. Les bords inférieurs en seront garnis de broderies de violet, de pourpre et d'écarlate, avec une clochette d'or entre elles. Et cela afin qu'on entende Aaron et ses fils quand ils se présentent devant le Seigneur et quand ils sortent du Sanctuaire. De la sorte, ils ne mourront pas[3]. »

Mais où donc allait-il chercher tout cela ? se demandait l'assistance. Puis l'on se rappelait que c'était un prince et qu'il avait été élevé à la cour d'Egypte.

« Je veux que, sur le turban d'Aaron, figure une rosette d'or attachée à une pièce de tissu violet et gravée des mots *Consacré au Seigneur.* Elle servira à faire pardonner les erreurs dans les rites des nôtres quand ils présenteront des offrandes sacrées au Seigneur. » Les enfants d'Aaron parvenaient mal à dissimuler leur stupéfaction. « Je veux que les turbans soient surmontés de coiffes hautes, afin de conférer à ceux qui les portent de la dignité et de la grandeur. » L'assistance s'efforçait de déchiffrer le regard de Mose, mais il tenait les yeux mi-clos, comme s'il écoutait une voix intérieure.

« L'écharpe sera brodée », dit-il. Il tourna la tête vers Aaron et ses fils. « Tailleurs, vous confectionnerez pour le grand-prêtre et ses fils des caleçons de lin descendant jusqu'aux cuisses, pour couvrir leurs génitoires. » Et, le regard fixé sur les prêtres : « Ils les porteront sous leurs vêtements chaque fois qu'ils se présenteront devant le Seigneur, sous peine de mort. » Il observa un long silence et personne n'osait plus l'interroger. A la fin, il dit : « Allez », avec un geste autoritaire de la main.

Quand ils furent partis, il demeura un long moment absorbé dans ses réflexions. Celles-ci tournaient autour d'un fait simple : s'il ne menait pas son peuple en Canaan, cela représenterait une victoire pour Ramsès. Une victoire en creux, certes, mais une victoire quand même. Les Apirous traîneraient, s'attarderaient, s'égareraient ou s'égailleraient par ici et par là, s'installant là où ils trouveraient le moins d'ennemis. Les tribus se sépareraient. C'en serait fini du projet d'un grand peuple.

Ce fut alors qu'il perçut une rumeur et, s'étant levé pour voir ce qui la suscitait, il vit une foule qui se dirigeait vers sa tente. C'étaient des Apirous qui semblaient être sortis du campement par la porte du nord et qui avaient contourné la colline. Ils portaient des ballots, conduisaient des ânes également chargés et paraissaient se disposer à un long voyage. Ils s'arrêtèrent à mi-hauteur de la colline et un homme qui paraissait les diriger continua l'ascension tout seul jusqu'au mur d'enceinte. Au fur et à mesure qu'il approchait, Mose distinguait mieux ses traits et, quand l'homme ne fut plus qu'à une centaine de pas de lui, il reconnut Ammiel, le fils de Gemalli, de la tribu de Dan. L'homme approcha encore.

« Mose, déclara-t-il d'une voix sonore, nous n'avons pas peur des géants ! »

Mose le considéra sans répondre. Imbécile, pensa-t-il. Comment lisait-on d'emblée la folie dans l'allure d'un homme ?

« Nous allons en Terre promise ! poursuivit Ammiel. Nous allons rejoindre les nôtres, ceux qui sont restés là-bas. »

Mose demeura un moment sans répondre. A la fin, il dit :

« Combien êtes-vous ?

— Deux mille huit cents, environ.

— Vous êtes trop peu nombreux. Le Seigneur n'est pas avec vous. Vous serez écrasés.

— Nous savons nous battre ! »

Josué, qui du haut de la colline avait aussi vu le petit convoi, arrivait à pas lents.

« Vous allez tomber sur les Egyptiens. Dès qu'ils sauront que vous êtes dans les parages, ils se jetteront sur vous comme les chats sur les souris.

— J'étais avec toi, Josué. Tu sais bien qu'on peut se défiler. Il y a des forêts. On peut s'y cacher[4].

— Douze hommes, oui. Près de trois mille, non.

— Vous avez eu peur des Egyptiens, mais nous pouvons les contourner.

— Vous allez être comme des souris entre les chats et les chiens. Si vous évitez les Egyptiens, vous tomberez sur les Amalécites et les Cananéens.

— Tant pis pour vous, dit Ammiel. Nous y serons avant vous.

— Au Shéol, oui », répondit Josué.

Mose ne disait rien. Il suivit d'un œil maussade la silhouette d'Ammiel qui descendait vers ces émigrants eux-mêmes détachés d'une émigration. Son regard suivit même le petit convoi jusqu'à ce qu'il eût disparu dans les collines, au nord.

« Folie », marmonna-t-il. Et, se tournant vers Josué :

« Va voir les chefs et demande-leur de recenser toute notre population, jusqu'aux petits enfants, aux esclaves, aux Egyptiens et aux Amalécites qui font désormais partie des nôtres. »

Ce serait le deuxième recensement depuis la sortie d'Egypte.

Le ciel, cependant, conservait son implacable clarté.

Mose envoya Stitho convoquer les juges. Ils prirent leur temps et n'arrivèrent que trois heures plus tard. Aaron, qui les accompagnait, tirait une mine longue d'une coudée.

« Qu'est-ce qui vous occupait ? s'enquit Mose.

— Notre métier. »

Ils étaient renfrognés.

« J'ai le reste des Lois à vous dicter. »

Ils ne paraissaient guère enthousiastes.

« Dicte-les donc, dit à la fin un des juges. On les enterrera bientôt avec nous. S'il reste quelqu'un pour nous recouvrir de terre.

— Ne voulez-vous pas connaître les lois du Seigneur ?

— Nous nous demandons, Mose, si nous aurons jamais l'occasion de les appliquer.

— Vous rebellez-vous, vous aussi ?

— Nous ne nous rebellons pas. Nous constatons que nous sommes entourés d'ennemis et que nous ne pouvons aller nulle part, en tout cas pas en Canaan. Les Egyptiens au nord, les Madianites devant nous, les Moabites, les Ammonites, les Hittites, les Jébousites... Bientôt ces ennemis nous attaqueront et nous serons cernés. Nous tomberons sous leurs coups et de bataille en bataille, il ne restera plus grand monde d'entre nous.

— Ne croyez-vous donc pas que le Seigneur nous protège ?

— Si le Seigneur nous protège, est-il juste que nous soyons venus jusqu'ici pour rien, après avoir tant souffert depuis notre départ d'Egypte ? Est-ce pour éprouver notre patience ? Ou bien notre foi ?

— Vous blasphémez ! s'écria Mose.

— A t'entendre, Mose, nous n'aurions pas cessé de blasphémer depuis le jour de notre naissance », dit calmement un juge en regardant Mose dans les yeux.

Mose aurait voulu le foudroyer du regard, mais l'autre dit :

« Peut-être faut-il tempérer tes jugements. Et ta colère. »

Mose sentit le vent de la fronde et contint, en effet, sa colère.

« Toute personne qui ose contester tes décisions est immédiatement agonie de malédictions par toi comme un renégat, un ennemi du Seigneur. Mais il faut te rappeler ceci. Tu as acquis le rang de chef par-dessus les chefs parce que le Seigneur s'est révélé à toi. Il n'empêche que tu es un homme, Mose, un homme comme nous, avec tes défaillances et ta vulnérabilité à l'erreur. Tu ne peux nous maudire tous, parce que ce serait annuler toute ta mission. Sans nous, tu n'es rien : une voix clamant dans le désert. Et nous sommes venus te dire que tu n'es notre chef que parce que nous l'acceptons[5]. »

Il blêmit et sa colère se teinta de désespoir. Mais si les juges osaient le défier de la sorte, c'est qu'ils étaient sûrs de leurs arrières ; ils ne s'exprimaient pas seulement en leur nom, mais en celui de milliers d'autres. Appeler Josué à son secours ne servirait à rien. Si le peuple entier s'était insurgé contre lui, ce ne serait pas la force qui aurait raison d'eux et qui lui rendrait son pouvoir. Trois mille personnes étaient parties, défiant son autorité. Et ceux-là venaient à leur tour le contester. Le plus douloureux est qu'il comprenait ce que disaient les juges : sans eux, sans le peuple, il n'était rien. Il ne pouvait faire triompher les desseins du Seigneur que s'il triomphait lui-même, mais il ne pouvait triompher que grâce au Seigneur !

« Si le désespoir s'est emparé de vous, si vous avez perdu confiance dans le Seigneur, il ne sert donc à rien de vous dicter Ses lois, dit-il à la fin d'une voix caverneuse.

— Les lois du Seigneur ne sont pas tiennes, Mose. Tu ne peux en disposer à ton gré. Le Seigneur t'a chargé de nous les dicter. Alors, dicte-les, dit le plus ancien des juges. Mais explique-nous d'abord pourquoi nous sommes dans cette impasse et la manière dont tu penses que nous pouvons nous en sortir. »

Aaron poussa un gémissement et se passa les mains sur le visage.

« Il nous faut repartir vers l'est[6], dit Mose avec lassitude.

— Refaire tout le chemin que nous avons fait ? Jusqu'où ?

— Jusqu'à Ecyon-Géber. De là, nous remonterons vers le nord. »

Leurs regards se creusèrent et devinrent noirs, leurs épaules tombèrent et leurs dos se voûtèrent.

« Si vous voulez que le Seigneur soit avec nous, maintenant, laissez-moi vous dicter Ses lois. »

Ils hochèrent la tête, les trois scribes sortirent de leurs besaces les tablettes sur lesquelles ils poseraient le papyrus, les flacons d'encre et les calames. Ils débouchèrent les flacons et levèrent les yeux vers Mose.

« Voici les offrandes de nourriture que vous présenterez au Seigneur : le sacrifice quotidien régulier consistera en deux agneaux sans défauts. Vous sacrifierez l'un le matin et le second entre le crépuscule et la nuit. L'offrande de céréales consistera en un dixième d'*ephah*[7] de farine pétrie avec un quart de *hin*[8] d'huile d'olives écrasées. Le vin pour la boisson ordinaire sera d'un quart de *hin* avec chaque agneau. Vous verserez cette boisson forte dans le lieu sacré comme une offrande au Seigneur. C'est une offrande d'odeur agréable au Seigneur.

— Nous n'avons pas de vignes, nous n'avons guère d'huile d'olive, puisque nous n'avons pas d'oliviers, et nous avons moins de farine qu'il n'en faut pour nous nourrir, dit un juge.

— Nous en aurons et, à ce moment-là, vous connaîtrez la volonté du Seigneur. Pour le jour du sabbat, deux agneaux sans défauts, une offrande de céréales de deux dixièmes d'*ephah* de farine pétrie avec de l'huile et l'offrande rituelle de vin. Cette offrande entière sera présentée chaque sabbat en plus de l'offrande régulière et du vin prescrit.

« Le premier jour de chaque mois, vous présenterez une offrande au Seigneur consistant en deux jeunes taureaux, un bélier et sept agneaux, tous sans défauts. L'offrande de céréales sera de trois dixièmes de farine pétrie avec de l'huile pour chaque taureau, de deux dixièmes de farine pétrie avec de l'huile pour le bélier adulte et d'un dixième de farine pétrie avec de l'huile pour chaque agneau. C'est une offrande de nourriture à l'odeur agréable au Seigneur. L'offrande de vin sera d'un demi *hin* de vin pour chaque bœuf, d'un tiers de *hin* pour le bélier et d'un quart pour chacun des agneaux. Ce sacrifice sera fait mois après mois tout au long de l'année. De plus, un bouc sera sacrifié en offrande de pénitence au Seigneur et cela en plus des offrandes et des libations de vin prescrites.

— Nous n'avons pas un seul taureau et nos béliers sont des reproducteurs, objecta un juge. Au bout de peu de temps, nous n'aurions plus du tout de troupeaux et comment ferons-nous les sacrifices ?

— Discutez-vous la volonté du Seigneur ? J'ai dit que cela sera pour le temps où nous serons en Terre promise. »

Ils réfléchirent un moment avant d'écrire, puis enfin le calame gratta le papyrus.

« La Pâque du Seigneur sera célébrée le quatorzième jour du premier mois et le quinzième jour sera célébrée une fête du pèlerinage ; pendant sept jours vous ne mangerez que du pain sans levain. Le premier jour, vous tiendrez une assemblée sacrée ; vous vous abstiendrez de votre travail quotidien. Comme offrande d'aliments au Seigneur, vous présenterez deux jeunes bœufs, un bélier et sept agneaux, tous sans défauts ; et comme sacrifice de pénitence, vous présenterez un bouc expiatoire. Tous ces présents s'ajouteront à ceux de l'offrande du matin, qui est le sacrifice régulier. Vous ferez cela chaque jour jusqu'au septième jour, cette nourriture étant d'odeur plaisante au Seigneur, en plus des offrandes régulières et du vin. Le septième jour, vous tiendrez une assemblée sacrée et vous vous abstiendrez de votre travail quotidien.

« Le jour de la première récolte de fruits, quand vous apporterez au Seigneur votre offrande de céréales de la récolte nouvelle, vous tiendrez une assemblée sacrée ; vous vous abstiendrez de votre travail quotidien. Vous présenterez une offrande d'odeur plaisante au Seigneur : deux jeunes bœufs, un bélier adulte et sept agneaux. L'offrande réglementaire de céréales sera de la farine pétrie avec de l'huile, trois dixièmes pour chaque bœuf et un bouc expiatoire pour vous ; tous ces animaux seront sans défauts. Vous ferez toutes ces offrandes en plus des offrandes réglementaires de céréales et de vin.

« Le premier jour du septième mois, vous tiendrez une assemblée sacrée ; vous vous abstiendrez de votre travail quotidien. Ce sera un jour de louanges. Vous ferez un sacrifice d'odeur plaisante au Seigneur : un jeune bœuf, un bélier adulte et ses agneaux, tous sans défauts. L'offrande réglementaire de céréales sera de la farine pétrie avec de l'huile, trois dixièmes pour le taureau, deux dixièmes pour le bélier et un dixième pour chacun des agneaux, ainsi qu'un bouc expiatoire pour vous. Vous ferez toutes ces offrandes en plus des offrandes réglementaires de céréales et de vin selon la coutume ; c'est une offrande d'odeur plaisante au Seigneur. »

Mose s'avisa que les calames ne couraient plus sur le papier ; les scribes le regardaient fixement. Il y eut un bref duel de regards, puis Mose reprit :

« Le dixième jour de ce septième mois, il y aura une assemblée sacrée et vous vous mortifierez ; vous vous abstiendrez de tout travail. Vous présenterez au

Seigneur une offrande dont l'odeur lui est agréable : un jeune bœuf, un bélier adulte et sept agneaux...

— Puisque tous ces sacrifices nous sont actuellement impossibles, et puisque nous ne sommes pas encore entrés en Terre promise où tu nous assures que nous disposerons des moyens de les faire, peut-être, Mose, serait-il plus sage de surseoir à leur dictée jusqu'à ce qu'ils revêtent une urgence », dit un des juges.

Mose se lissa la barbe, considéra Aaron, assis près de lui et dit :

« Si je suis le dépositaire de ces prescriptions, je dois vous les communiquer le plus rapidement possible, car je suis mortel. Je reprends donc. Le quinzième jour du septième mois, vous tiendrez une assemblée sacrée. Vous vous abstiendrez de votre travail quotidien et vous organiserez une fête des pèlerins pour le Seigneur pendant sept jours. Comme sacrifice, vous offrirez au Seigneur une nourriture dont l'odeur lui est agréable ; vous apporterez donc treize jeunes bœufs, deux béliers adultes et quatorze agneaux qui seront tous sans défauts. L'offrande en céréales réglementaire sera de la farine pétrie avec de l'huile, trois dixièmes pour chacun des treize bœufs, deux dixièmes pour chacun des béliers et un dixième pour chacun des quatorze agneaux, et il y aura un bouc expiatoire, en plus des offrandes régulières de céréales et de vin.

« Le deuxième jour, vous apporterez douze jeunes bœufs, deux béliers adultes... »

Il perçut des soupirs d'exaspération et s'interrompit pour considérer les juges, dont l'expression ne laissait guère de doute sur leur état d'esprit. L'évocation de tout ce bétail leur paraissait évidemment provocatrice. Aaron n'en menait pas large non plus ; il s'agitait sur son banc, se touchant le nez, la barbe, nouant et dénouant ses mains, avançant et reculant ses jambes. Mais tous ces gens devaient comprendre et maintenant plus que jamais, que les desseins du

Seigneur ne s'arrêtaient pas à la période de l'Exode. Il reprit donc :

« Et quatorze agneaux, avec les offrandes réglementaires de céréales et de vin pour les bœufs, les béliers adultes et les agneaux, en fonction de leur nombre comme il a été prescrit, et il y aura en plus un bouc en offrande expiatoire, accompagné de l'offrande réglementaire de céréales et de vin.

« Le troisième jour, onze jeunes bœufs, deux béliers adultes et quatorze agneaux sans défauts, avec les offrandes réglementaires de céréales et de vin pour les bœufs, les béliers et les agneaux, comme prescrit en fonction de leur nombre, et il y aura en plus un bouc en offrande expiatoire, accompagné de l'offrande réglementaire de céréales et de vin... »

L'un des juges se leva et partit. Mose le suivit d'un regard indifférent.

« Si l'un des scribes venait à faire défaut, je considérerais qu'il a cédé à l'intention d'offenser le Seigneur et je sévirais. »

Il continua l'inventaire des offrandes jusqu'au septième jour, de la même voix égale.

« Vous consacrerez le huitième jour à une cérémonie de clôture ; vous vous abstiendrez de votre travail quotidien. Comme offrande alimentaire dont l'odeur sera plaisante pour le Seigneur, vous apporterez un jeune bœuf, un bélier adulte et sept agneaux, avec les offrandes de céréales et de vin prescrites selon leur nombre. Il y aura en plus un bouc expiatoire accompagné de l'offrande réglementaire de céréales et de vin[9]... »

L'un des scribes s'empara de la gargoulette de Mose, qui avait été mise à rafraîchir sur le mur et il en but une longue goulée, à la régalade. Mose feignit de ne pas s'aviser de l'impertinence et conclut :

« Tels sont les sacrifices que vous offrirez au Seigneur aux saisons convenues, en plus des offrandes votives, des offrandes spontanées, des offrandes de gratification, des offrandes de céréales, des offrandes de vin et des offrandes collectives. »

Il s'interrompit et regarda le ciel. Ils attendirent un long moment, et comme il ne disait rien, les dix scribes et les autres juges se levèrent. Ils allaient partir quand il sortit soudain de sa torpeur apparente.

« Ce ne sont certes pas là les seules lois que m'a dictées le Seigneur. Il y en aura d'autres. »

Ils parurent interdits.

« Un exemplaire de ces lois et de celles que je vous ai précédemment dictées, ainsi que de celles que je vous dicterai sera confié au grand-prêtre ici présent, qui sera chargé de les transmettre aux générations futures.

— S'il y en a », murmura un juge d'une voix à peine audible.

Mose entendit bien cette autre impertinence, mais ne la releva pas. Depuis le matin, il avait déjà ravalé l'amertume de l'échec. Ils ne pouvaient pas pénétrer en Terre promise par le nord, eh bien, ils pénétreraient par l'est. Cela prendrait un peu plus de temps et c'était tout. La splendeur du Seigneur ne souffrait pas plus le désespoir des hommes que la flamme ne souffre les moucherons, Il était la Loi et la Vie. Mose se leva et rentra prendre du repos sous sa tente.

Au moment où il allait en franchir le seuil, il s'arrêta, intrigué par l'ombre étrange d'un caillou sur le sol. Il eût juré que c'était l'ombre d'un sphinx. Il ramassa le caillou, qui était informe. Il haussa les épaules. Qu'étaient donc les sphinx, en vérité, si ce n'était des cailloux ? Et qu'était leur image, sinon une ombre ?...

III

L'AUBE LOINTAINE

1

DEUILS ET CAMOUFLETS

« Ce n'est pas l'esprit divin qui souffle ces temps-ci au-dessus de Kadesh », murmura Josué un matin à l'adresse de Mishaël.

La veille, en effet, deux des quatre fils d'Aaron, Nadab et Abihou, étaient tombés gravement malades en même temps ; si gravement qu'ils avaient rendu l'âme après de terribles souffrances abdominales. Le camp bruissait de querelles et de rumeurs au sujet du double décès de garçons jusqu'alors vaillants, de vingt-cinq et vingt-six ans : selon certains, ce ne pouvait qu'être la conséquence d'une colère divine et, selon d'autres, de la consommation d'une nourriture toxique.

Le débat était important, parce qu'il comportait des conséquences pratiques : les inhumerait-on en qualité de Lévites morts en état de pureté, ou bien ne leur accorderait-on qu'un enterrement clandestin après des prières hâtives ? Mose, consulté, interrogea leurs frères, Eléazar et Ithamar, puis les autres Lévites au service du Sanctuaire.

« Ils ont mangé avant-hier des herbes que nous ne connaissions pas et auxquelles nous n'avons pas touché, dit Eléazar.

— Cela n'est pas la raison ! intervint un autre Lévite. Ils ont considéré, contre notre avis et celui de leur père, qu'un sacrifice offert au Seigneur s'était mal consumé. Ils ont donc décidé, de leur propre chef, de le refaire, ce qui est une faute grave ! Le Seigneur n'avait pas requis ces sacrifices supplémentaires ! Le châtiment divin n'a pas tardé ! Ils ont consommé ces herbes empoisonnées[1] ! »

Si un soupçon pesait sur ces décès, qui étaient ceux de prêtres, mieux valait, décida Mose, ne pas prendre publiquement le risque d'offenser encore plus le Seigneur. Les deux frères furent donc enterrés sans grande cérémonie dans la montagne. Aaron et Elisheba, les deux autres fils, Eléazar et Ithamar, implorèrent le pardon du Seigneur, afin qu'Il ne fît pas retomber sur eux et les leurs les fautes de leurs frères défunts. Ils furent les seuls témoins de l'inhumation.

Tant d'épreuves avaient usé Elisheba. Elle mourut d'un coup, à quarante-deux ans. Il fallut soutenir Aaron pour qu'il pût se rendre, à ses funérailles. Trois jours plus tard, Mose alla rendre visite à son frère.

« Je n'en ai pas pour longtemps, murmura Aaron dans un souffle.

— Tu n'as que cinquante-quatre ans, observa Mose. Ne laisse pas le désespoir t'épuiser. »

Mais il fallait convenir qu'Aaron avait la mine d'un homme de soixante-dix hivers.

« La tâche que le Seigneur m'a donnée est au-dessus de mes forces.

— Les forces te viennent du Seigneur.

— Alors, Il me les a retirées.

— Le Seigneur ne retire pas Ses dons sans raison. Ce sont nos erreurs qui nous en privent.

— Alors... alors, j'ai fait des erreurs, soupira Aaron. Mais qui n'en fait pas ? »

Eléazar et Ithamar firent un signe à Mose ; leur père était épuisé. Aaron ne se releva plus. Cinq jours plus tard, il rendit l'âme à son tour. Mose alla sous la tente en compagnie des deux fils d'Aaron et de sept autres Lévites et, là, donna l'ordre de prendre les vêtements et les accessoires de grand-prêtre du défunt, qu'il remit solennellement à son fils Eléazar[2]. Puis il fit organiser une grande cérémonie de funérailles avec tous les Lévites et commanda un deuil de trente jours[3].

Le compagnon des années d'épreuves disparu, il ne restait plus à Mose que les jeunes à qui se confier : Josué, Mishaël, Hour... Or, s'ils observaient courtoisement le deuil, il ne pouvait échapper à Mose qu'ils rongeaient leur frein. On n'allait pas rester cent ans à Kadesh ! Et leur impatience ne fit qu'augmenter quand on apprit que les trois mille qui étaient partis vers le nord menés par Ammiel, ayant voulu éviter un camp égyptien, étaient tombés dans une embuscade de Cananéens et d'Amalécites. Ces derniers, qui gardaient un souvenir cuisant de la dégelée que leur avait administrée Josué quelque temps auparavant, avaient massacré la plupart des Apirous et gardé le reste comme esclaves. Mais on n'allait pas reprendre le deuil de ceux qui s'étaient lancés à l'aventure sans la bénédiction de Mose.

« Ils étaient prévenus, dit Josué en guise d'oraison funèbre.

— S'ils avaient été plus nombreux..., commença Mose sans achever sa phrase.

— Ils avaient pris un grand risque », commenta Josué.

Ils se comprenaient à demi-mot, si bien qu'ils n'avaient plus besoin d'achever leurs phrases.

« Et par où remonterons-nous ? demanda Mose.

— Tentons une route plus à l'est, vers l'intérieur, le long de la 'Araba. Mais je ne sais pas si nous obtiendrons le droit de passage. Comme je te l'ai dit, les Edomites se sont alliés aux Moabites et je n'ai pas le sentiment qu'ils nous portent dans leur cœur. »

Sitôt le deuil achevé, Mose envoya des émissaires au roi d'Edom pour lui demander le simple droit de passage, le long de la route de la 'Araba, qui bordait son royaume. En fait, le pays d'Edom comportait plusieurs cités-Etats, chacune gouvernée par un prince, mais ces cités étaient soumises à la suzeraineté du prince le plus puissant, qu'ils appelaient leur roi.

« Nous, tes frères d'Israël[4], sommes ici à Kadesh, disait Mose, et nous voulons monter vers Canaan. Nous ne ferons que passer sur la route qui y mène. Nous n'empiéterons ni sur tes champs, ni sur tes vignes. Nous paierons pour notre eau et nous irons tout droit vers le nord jusqu'à ce que nous ayons quitté tes parages. »

C'était un message conciliant, mais le roi d'Edom fit la sourde oreille. Les messagers revinrent dépités ; le roi se moquait totalement du cousinage invoqué par Mose et il avait été clair autant que bref : pas question.

« Attends, dit Josué, il y a plusieurs princes en Edom. Peut-être certains nous laisseront-ils passer quand même[5]. »

La distance entre Kadesh et le bas de la route de la 'Araba était courte, on pouvait prendre le risque de tenter le passage. Deux jours plus tard, ils venaient à peine d'arriver à Oboth que le pays s'anima de cris et de clameurs, d'étincellements d'armes et de hennissements de chevaux : c'étaient des troupes massées pour leur barrer le passage. Et elles étaient bien armées : lances, glaives, boucliers, chevaux, archers. Les Egyptiens leur avaient donné les moyens de se défendre. A tenter l'affrontement, on risquait de réveiller le lion égyptien qui sommeillait à brève distance de là. Les uns et les autres se firent face à trois ou quatre cents coudées de distance, les soldats de Josué et les autres agitant les bras et se lançant des invectives. Un détachement de trois officiers à cheval s'avança au pas vers les Apirous.

« Qui est votre chef ? » demanda l'un d'eux.

Josué indiqua Mose.

« C'est toi, leur chef ? Tu dois être celui qu'on appelle Mose, le prophète. »

Mose répondit par un bref hochement de tête.

« Nous sommes ici sept mille soldats, Edomites et Moabites. Il y en a autant qui se joindront à nous dans la journée si vous avez l'intention de forcer le passage. Point n'est besoin d'être prophète pour prévoir ce qui vous adviendrait. »

L'officier releva le menton pour appuyer l'avertissement et, après un regard insolent sur les Apirous, donna à ses deux compagnons l'ordre de tourner bride. Mose resta immobile, impassible. Donc, Moabites et Edomites s'étaient bien alliés, ainsi que ses espions en avaient prévenu Josué.

« S'il en est ainsi, continuons tout droit, décida Josué. Nous contournerons ce pays par l'est. La peste les étouffe ! »

Ils quittèrent Oboth, sous les yeux de l'armée édomite. Le nouveau trajet n'était pas sans périls, puisqu'il passait entre Edom au nord et Moab au sud, mais il ne traversait ni l'un ni l'autre et l'on pouvait espérer que les armées de la coalition ne s'en alarmeraient pas. Ils arrivèrent sans encombre, le soir, dans les parages d'un village moabite, Punon, et s'arrêtèrent sans planter les tentes en dépit de la fraîcheur de la nuit, Mose ayant annoncé qu'on reprendrait la route dès l'aube. L'étape suivante les mena dans une aridité montagneuse et rougeâtre, jusqu'à un autre village moabite, Iye-Ha-Abarim.

« Nous allons manquer d'eau », commencèrent à se plaindre les émigrants, mais des éclaireurs les rassurèrent : un torrent coulait à brève distance, c'était le Zared. On y fit une halte prolongée, le temps de reconstituer les provisions d'eau, de faire boire les troupeaux et de se laver. A partir de là, ils montèrent vers le nord, par une piste qui longeait à gauche les contreforts d'une chaîne montagneuse constituant l'échine des pays d'Edom et de Moab et, à droite, le désert, pareil à une peau de lion infinie. Dix jours plus tard, ils traversèrent la rivière Arnon et Josué poussa un soupir de soulagement : ils avaient dépassé le plus gros des territoires ennemis et se trouvaient aux confins des plaines de Moab et du pays des Ammonites, en territoire amorrhéen.

« Peut-être pouvons-nous couper maintenant à travers le pays des Amorrhéens, suggéra Mose. Sihon, le roi de leur confédération, est l'ennemi des Moabites ; il ne peut donc pas être leur allié, ni partager leurs querelles. »

Le lendemain, dès le lever du soleil, il envoya à ce roi, dans sa ville de Heshbon, les mêmes messagers qu'il avait délégués au roi de Moab, porteurs du même message. Les tentes n'avaient pas encore été plantées, car ce ne serait pas la peine de perdre un jour à s'installer si l'on pouvait traverser à bref délai le pays des Amorrhéens et arriver enfin de l'autre côté des montagnes, vers le Jourdain et Canaan. Après, ce serait du diable si l'on ne pouvait, moyennant quelques coups de lance et de glaive, parvenir enfin en Terre promise.

Les éclaireurs revinrent sur l'heure de midi, la mine tout aussi déconfite que la première fois.

« Il est pire que l'autre ! Il a failli nous retenir comme prisonniers ! Il nous a agonis d'injures ! Et il veut nous attaquer tout de suite ! »

Mose entra dans une de ses colères froides, mais Josué garda son flegme.

« Le sort en est jeté, dit-il. Nous ne pouvons pas continuer à supporter les camouflets de tous ces gens. Me donnes-tu l'ordre de relever l'offense ?

— Que le Seigneur arme ton bras ! » répondit Mose.

Les heures suivantes se passèrent à organiser le camp. Les Lévites et leur précieux chargement furent déplacés vers l'arrière, où ils seraient en sécurité, et les hommes de Josué, qui se montaient désormais à près de cinq mille cinq cents, se massèrent à l'avant. On allait enfin en découdre avec ces sauvages !

Les chefs vinrent solennellement annoncer à Mose le résultat du recensement : depuis le départ de la faction conduite par Ammiel, ils étaient vingt-cinq mille soixante-sept, sept mille cent douze hommes de plus de dix-huit ans et de moins de soixante ans, huit mille cent vingt femmes, trois mille sept cent cinquante-trois enfants et adolescents de moins de dix-huit ans, quatre mille deux cent trente et un vieillards et mille huit cent cinquante et un esclaves, Amalécites et Egyptiens adoptés.

Mose hocha la tête.

« Ce sont les semailles du Seigneur ! dit-il. Demain, nous ensemencerons Canaan ! » Il leva les bras vers le ciel : « Seigneur, efface le temps du deuil !

— Oui, Seigneur, sèche nos larmes ! » répondirent les chefs et les juges, cette fois du fond du cœur.

2

TROIS COUPS DE TROMPE

Josué avait disposé ses hommes en avant du camp, comme deux cornes qui feraient face à l'ennemi. Entre les cornes, un arc de cercle concave de trois rangs de lanciers. Le camp se trouvait au pied de contreforts rocheux.

L'aube rosissait le sommet des montagnes violettes quand les Amorrhéens apparurent, venant de Heshbon. Josué monta les observer du haut d'un rocher et plissa les yeux. Ils suivaient une dépression qui menait tout droit au camp provisoire des Apirous. Un petit détachement de lanciers à cheval, deux cents hommes tout au plus, menait le gros des fantassins. Pas de chars. Ils seraient là dans un peu plus d'une demi-heure.

Il courut au camp et dit à Mose :

« Donne l'ordre à tout le monde, hommes, femmes, enfants, de gagner la montagne et, à mon signal, trois coups de trompe, de pousser les rochers sur les cavaliers dès qu'ils auront franchi la première ligne. Mieux vaut laisser le moins de gens possible dans le camp. Que personne ne s'encombre de ses ballots. Ils ne courent pas de risques. »

Mose hocha la tête et la demi-heure ne s'était pas écoulée que tout le monde avait suivi les ordres.

Les cavaliers amorrhéens s'élancèrent vers le

centre des troupes de Josué, qui reculèrent devant eux, de façon à approfondir le piège. En quelques instants, le gros de leur corps se trouvait au fond d'un goulet qui ne cessait de s'approfondir, ils étaient parvenus à l'emplacement même du camp désert, et les sabots des chevaux envoyèrent bouler les tentes pliées, les sacs de vêtements et de provisions... Les Amorrhéens s'avisèrent alors du piège et commencèrent à charger à droite et à gauche. Josué sonna trois fois de la trompe. Un grondement effrayant ne tarda pas à lui répondre. Des rochers énormes se mirent à dévaler des flancs de la montagne, emplissant les chevaux de panique, écrasant, désarçonnant les cavaliers et désorganisant bientôt leur assaut. Les troupes apirous qui avaient formé le fond de la nasse s'avancèrent alors et se jetèrent sur eux. Ceux qui étaient encore en selle se trouvèrent désemparés, car dès qu'ils croyaient pouvoir embrocher un Apirou du bout de leurs lances, celui-ci courait s'abriter derrière un rocher et la lance ne heurtait que la pierre. Quant à ceux qui avaient été désarçonnés, ils n'en menaient pas large : en un tournemain, les Apirous massacrèrent la plupart de ceux qui étaient encore valides et achevèrent les autres.

Les fantassins arrivèrent alors et, voyant la route barrée par un champ de rochers, perdirent toute présence d'esprit. Ils commencèrent à se ruer à droite et à gauche sur les soldats de Josué, mais les deux cornes arrangées par celui-ci se rejoignirent. Les Amorrhéens se retrouvèrent pris au piège. Ce n'était plus à un seul front qu'ils avaient affaire, mais à une multitude de fronts. Ils se groupèrent en une masse centrale que les coups des Apirous amenuisaient au fur et à mesure.

Or, voici que les Apirous, qui semblaient pourtant avoir l'avantage, déguerpirent tout d'un coup. Les Amorrhéens, qui restaient groupés, regardèrent avec stupéfaction les dos de leurs ennemis qui s'éloignaient. Comprirent-ils l'augure des trois coups de trompe ? Si ce fut le cas, ils y furent lents : un grondement pareil à celui d'un tremblement de terre précéda de peu une nouvelle avalanche de rochers qui déferla sur eux à la vitesse d'un cheval au galop. A trois ou quatre cents coudées de là, les frondeurs apirous firent alors pleuvoir une grêle de cailloux sur ceux qui avaient échappé aux rochers.

Il ne resta pas un seul Amorrhéen sur le terrain.

Moins de deux heures s'étaient écoulées depuis le début de l'attaque. L'air des crêtes montagneuses tournait à l'or. Le pourpre des montagnes au-dessous s'emplissait d'une brume rougeâtre. Un silence presque parfait régnait sur le champ de bataille, seulement troublé çà et là par les râles des mourants.

Josué leva les yeux vers la montagne et vit là-haut tout le peuple immobile. Il sonna une seule fois de la trompe, longuement. Une clameur monta des rangs des soldats, reprise par celle des gens là-haut. Il leva un bras. Un homme, là-haut, leva aussi le bras et, même s'il ne le distinguait pas bien contre le ciel éclatant, Josué sut que c'était Mose.

Puis ce fut la ruée. Les vingt-cinq mille Apirous dévalèrent la montagne comme des rochers humains. Ils se jetèrent sur Josué, l'embrassèrent, le portèrent sur leurs épaules, serrèrent les soldats dans leurs bras et trouvèrent même la force de les soulever à bras-le-corps. Le champ de bataille, parmi les rochers et les cadavres, ressembla à une vaste scène de danses.

Dominant la foule, Josué riait. Ce vainqueur qui riait triomphait là par sa prodigieuse beauté, la beauté de l'homme soutenu par la puissance divine. Mose le fixait d'en bas avec un regard extatique. Josué se laissa tomber au sol, et Mose le prit avec force dans ses bras.

« Yahweh te bénisse ! » s'écria-t-il. C'était la première fois qu'il prononçait le nom divin en public. Et Mose riait, oui, il riait comme on ne l'avait pas vu rire depuis longtemps. Il resplendissait de rire.

3

PREMIÈRE CONQUÊTE

On fit le compte des blessés et des morts. Josué avait perdu cent quinze hommes. On les enterra, et cela dura jusqu'à midi. Puis on dépouilla les ennemis vaincus de leurs armes et bijoux.

Chacun chercha ses ballots parmi ceux que les sabots des chevaux avaient dispersés et éventrés dans la mêlée. Puis, on attendit les ordres. Car on ne pouvait certes pas camper là, parmi les cadavres ennemis et les rochers.

« Nous allons à Heshbon », déclara Mose aux chefs.

Ils se mirent en route, précédés par les soldats, et y furent une heure plus tard. La ville était pratiquement déserte. Ses habitants avaient pris la fuite, raconta un vieillard qui n'avait pas voulu quitter sa maison. Josué, qui était parti en avant fouiller le palais de Sihon, n'y trouva que des esclaves terrifiés. Un repas inachevé, des verres à demi pleins, des bijoux qui traînaient par terre témoignaient de la hâte avec laquelle le potentat et les siens, désormais sans armée, avaient décampé.

« Et Sihon ? demanda Mose au vieillard.

— Il est parti à la ville voisine.

— Laquelle ?

— Eléalé. C'est tout près. »

Il tendit un doigt décharné pour indiquer la direction.

« Prends mille hommes et va le chercher, dit Mose à Josué. Empare-toi de lui et mets le feu à Eléalé. Il pourrait aller chercher du renfort chez les Ammonites, les Moabites, les Edomites, que sais-je. Le soleil ne se couchera pas sur l'infamie de cet homme et de son peuple. Pendant ce temps-là, nous nous installons ici. Cette ville est désormais nôtre. »

Le palais, qui était une vaste collection de pièces entourant un grand hall au plafond soutenu par quatre piliers, pouvait accueillir plusieurs familles. Mose y prit ses quartiers avec Séphira et ses deux enfants et attribua les autres à Eléazar, Ithamar et leurs familles, réservant le meilleur à Josué. Les Lévites gardiens du Sanctuaire et de l'Arche furent installés dans la grande salle et les appartements attenants. Les autres occupèrent les maisons abandonnées. Pendant ce temps, soldats et gamins se livraient au pillage, s'emparant des vivres, de l'or, de l'argent, du cuivre, mais ni du vin ni de l'huile, que Mishaël avait fait réquisitionner sur l'ordre de Mose, car c'étaient des denrées rares. Les quelques esclaves laissés sur place, et qui avaient d'abord craint de passer par le fil de l'épée, comprirent qu'ils avaient de nouveaux maîtres et se mirent à leur service avec un empressement qui fit rire Séphira.

« Avant le soir, Eléazar, il nous faut rendre grâces au Seigneur », dit Mose.

Et il s'affaira avec lui et les autres Lévites à organiser un sacrifice sur un autel improvisé sur la grand-place de Heshbon, puis il fit convoquer le peuple par les chefs et les juges. On sacrifia un bélier et, juste au moment où les flammes gagnaient le petit bois entassé sur l'autel, une fumée noire monta dans le crépuscule au-dessus de Heshbon. Un autre autel flambait à la gloire du Seigneur et chacun comprit que c'était Eléalé.

Le sacrifice achevé, avec autant de respect des

règles que le permettaient les circonstances, Mose invita les juges à souper sur les vivres trouvés dans la ville et, pour la première fois, convia aussi son fils aîné, Guershôn. Le repas fut organisé sur le toit du palais, afin que chacun pût voir le bûcher d'Eléalé. Stitho fit jeter des peaux de chèvres sur le sol et les garnit de coussins. Mose garda vide la place à sa droite et fit traîner les préparatifs du repas assez longtemps pour que Josué et ses hommes eussent le temps de revenir. Stitho remplit les verres, mais personne n'y toucha.

Le soir tombait. Le vent tourmentait les torches quand Josué apparut, suivi par un homme aux mains liées et deux lanciers.

« Je vous amène Sihon, dit-il, d'une voix que la fatigue avait rendue rauque.

— Assieds-toi », dit Mose à Josué en lui indiquant sa place.

Il leva son verre et dit à l'assemblée :

« Nous buvons à la santé de l'homme qui a fait triompher le bras du Seigneur. Et nous buvons à la ruine des ennemis du Seigneur. » Puis s'adressant aux juges : « Je vous demande de juger Sihon, roi des Amorrhéens. Seule la conscience de la volonté divine doit guider vos esprits. Notre peuple lui demandait l'autorisation de passer paisiblement vers la terre que lui avait promise le Seigneur. Il l'a refusée et il a envoyé ses soldats pour nous attaquer. Il n'avait pour cela aucune raison, ni la peur des Hittites, ni celle des Egyptiens. Il n'était mû que par l'ambition personnelle qui anime tant de monarques. Cent quinze hommes valeureux sont morts pour nous défendre et le sang de tous les Amorrhéens ne peut, selon moi, suffire à les venger. Rendez votre sentence. Quelle qu'elle soit, je m'inclinerai. »

Les juges tournèrent de nouveau leurs regards vers le captif. Que peut-on lire sur le visage d'un homme ? Bien peu de chose. La cruauté ni la bonté n'en changent la couleur, la cupidité ni la générosité ne modifient la taille du nez ni la forme du front, et la crainte de son Seigneur ni l'impiété ne se déchiffrent dans les yeux : il est des gens pieux au regard terne et des assassins au regard limpide. Celui qui se tenait devant eux était un homme d'une quarantaine d'années, bien bâti en dépit d'un léger embonpoint, la chevelure et la barbe sombres et soignées et le visage point déplaisant. Roi de son état, c'est-à-dire de ces gens pour lesquels l'accumulation des richesses et du pouvoir est une chose qui va de soi et pour lesquels, aussi, la morale désirable est l'ordre du monde qui leur convient le mieux. A peu près le portrait psychologique d'un fauve. Il avait eu peur de la masse des Apirous et avait supposé que ces émigrants sans feu ni lieu ne lui opposeraient pas grande résistance. Peut-être avait-il entendu dire qu'ils transportaient beaucoup d'or et d'argent. Bonne raison pour les attaquer. Il avait fait un mauvais calcul et il avait perdu. On pouvait être tenté de se montrer magnanime à son égard et de le laisser repartir pauvre et plein de gratitude. Mais on risquait aussi de laisser fuir un fauve qui rallierait d'autres fauves et se montrerait plus dangereux à la prochaine occasion.

« As-tu un dieu ? » lui demanda un juge.

La question parut le surprendre, ou bien il était encore étonné de se retrouver captif sur la terrasse de son propre palais, et il mit un temps à répondre :

« Baal est le dieu de mon peuple.

— Ton dieu n'enseigne-t-il aux hommes que la cruauté ? »

Encore plus surpris, les sourcils relevés, il répondit :

« Non, c'est le dieu de la prospérité et de la vie.

— Est-ce au nom de la prospérité et de la vie que tu as envoyé tes armées nous attaquer sans raison ?

— Un roi doit conquérir. »

Pharaon ! songea Mose.

« Te voilà conquis, dit Josué, intervenant pour la première fois.

— Tu veux dire qu'un roi doit tuer tous les étrangers qu'il rencontre ? demanda un autre juge.

— Un roi n'est que le roi de son peuple. »

Les juges hochèrent la tête d'un air morne. Puis ils se concertèrent un bref moment à voix basse et leur chef, Gouni, se tourna vers Sihon. « Tu eusses pu être un homme, une créature du Seigneur comme les autres. Tu n'es, de ton propre fait, qu'un roi vaincu. Nous t'appliquons donc ta propre loi et te condamnons à mort. »

Il n'est pas de justice sans la loi et toute loi vient des dieux, avait dit jadis le roi Séthi, lors de son premier entretien privé avec Mose. *Pourquoi donc Ramsès n'avait-il pas pris exemple sur son père ? Pourquoi avait-il bafoué la loi de la bonté ?*

« Emmenez-le », ordonna Mose aux soldats.

Sihon allait sans doute dire quelque chose, mais il se ravisa. Il disparut dans le trou de l'escalier. La terrasse demeura silencieuse un moment. Mose leva les yeux et le ciel crépitant d'étoiles lui arracha des larmes. « Seigneur, murmura-t-il, que tous les humains entendent donc Ta voix ! »

Guershôn paraissait pétrifié. Pour son premier souper en public, en compagnie de son père, il affrontait la justice des hommes et celle des dieux tout à la fois. Stitho emplit les verres et les juges levèrent aussi les yeux. Peut-être n'avaient-ils jamais regardé le ciel, en tout cas pas de cette façon-là, le soir d'une victoire, la première grande victoire de leur peuple : presque du sable de diamants. Ils le regardèrent longtemps, oubliant de boire.

Puis les domestiques apportèrent les premiers plats, des quartiers de mouton grillé à la poudre de coriandre, de la soupe d'avoine pimentée, des pigeons farcis au blé et au raisin, des pains d'épeautre au sésame...

Ils commencèrent à manger au moment où la tête décollée de Sihon mordait la poussière de son palais.

Le repas s'achevait sur du raisin frais, pareil à celui que les éclaireurs avaient rapporté de leur expédition, quand des échos de chants et de danses parvinrent sur la terrasse. Josué se leva et alla se pencher par-dessus le mur de la terrasse.

« Les soldats célèbrent leur victoire, dit-il en revenant s'asseoir.

— Il y a plusieurs degrés à la joie », observa Mose avec un demi-sourire.

Et, se levant : « Josué, je veux que tu prennes une longue nuit de sommeil. Demain, tu commences à consolider notre emprise sur toutes les plaines de Moab. »

4

L'ÂNE DE BALAAM

Si l'on avait cru s'être débarrassé des Edomites et des Moabites parce qu'on avait contourné leurs territoires, on s'était trompé. Mais un bon mois s'écoula avant que Mose et Josué en prissent conscience.

L'armée amorrhéenne écrasée, Josué et ses hommes coururent de place forte en place forte, occupant, incendiant et pillant sans coup férir. A part quelques corps à corps avec des jouvenceaux têtus qui s'obstinaient à défendre leurs sœurs ou leurs ânes, la mainmise des Apirous sur le pays fut une partie de campagne. Et bien plus enrichissante : sur la rive orientale du Jourdain, les champs verdoyaient, les vignes ployaient sous les grappes et les vergers sous les fruits. L'eau aussi était abondante puisqu'on se trouvait sur les bords d'un fleuve. Les puits étaient innombrables et le plus difficile fut de convaincre les Apirous, qui revoyaient pour la première fois depuis la Basse-Egypte de la végétation humide et grasse, de garder leur sang-froid. Mais il leur fallut renoncer à des territoires aussi prospères, Mose leur ordonna, en effet, de rester groupés.

« Nous ne sommes pas arrivés en Canaan, leur rappela-t-il solennellement. Un jour ou l'autre, nous allons reprendre la route pour traverser le fleuve. Ne vous dispersez pas ; les Amorrhéens ne sont pas des amis, nos ennemis n'ont pas disparu et vous feriez pour eux des proies faciles si vous étiez trop éloignés de nos soldats. »

Les chefs, qui avaient parfaitement compris la justesse de la consigne, furent chargés de veiller à ce que tout le monde fût rentré le soir dans un site qui serait déterminé par Josué et Mishaël.

Tous les Amorrhéens n'avaient certes pas déserté leur pays à l'instar des habitants de Heshbon, mais il en était beaucoup, et notamment les chefs de clans et autres petits seigneurs qui avaient décampé à l'approche des soldats apirous et franchi la frontière de Moab pour se réfugier chez leurs voisins. Les premiers y étaient arrivés dès après la prise de Heshbon et l'incendie d'Eléalé, porteurs de récits d'épouvante. Ceux qui les suivirent brodèrent et rebrodèrent les récits d'horreur, alarmant de la sorte Balak, le roi de Moab qui fédérait les petits princes de son pays. Ce fut surtout le récit de l'écrasement de l'armée amorrhéenne qui effraya les Moabites. Des rochers gros comme des chevaux ! Si, si, insistaient les Amorrhéens qui avaient traversé le champ de bataille. Les Apirous avaient-ils donc des géants à leur service pour faire ainsi pleuvoir des rochers sur les gens ?

Une fois passée la consternation des premiers jours, les Moabites s'inquiétèrent pour leur propre sort, les frontières entre eux et les Amorrhéens n'ayant jamais été bien définies et n'étant établies que par la coutume. Si les Apirous occupaient ainsi le pays des Amorrhéens, ils ne tarderaient pas à descendre sur eux. De Metphaat à Beth-Baal-Meôn, d'Ataroth à Iye-Ha-Abarim, on ne parla plus que de l'armée des Apirous et des géants qu'ils comptaient à leur service.

Certes, les Moabites avaient leur armée, encore intacte, mais on n'allait pas tirer sur la queue du lion sans être sûr de le tuer. Balak se félicita alors du pacte d'alliance qu'il avait conclu quelques mois auparavant avec Réba le Madianite et les princes d'Edom. Il leur dépêcha des émissaires pour les alerter et, quelques jours plus tard, tous ces potentats, accompagnés des anciens vassaux de Sihon, se réunirent à Rabbat-Moab pour établir leurs plans de campagne. Ils avalèrent force mouton, volaille et vin de Syrie, se proclamant forts de quelque vingt mille hommes et jurant d'effacer les Apirous de la surface de la Terre.

C'étaient là les discours ordinaires de tous les traîneurs de sabres. En son for intérieur, Balak était taraudé d'inquiétudes. Les Apirous étaient menés par un prophète et les prophètes, chacun le savait, avaient partie liée avec les puissances célestes. La preuve en était l'intervention des géants qui avaient écrasé les Amorrhéens. Seul un prophète pouvait avoir raison d'un autre et, de prophète, Balak n'en connaissait qu'un digne de ce nom, Balaam. Natif de Péor, au nord de la mer de Sel, Balaam était réputé pour s'entretenir avec les puissances célestes au sommet du mont Piskah. Une année de sécheresse, Balaam, prêtre du Baal de Péor, prophète, devin, magicien, avait fait pleuvoir des trombes sur les instances désespérées des gens de la région. De plus, il prédisait l'avenir et il pourrait au moins prévoir l'issue d'une guerre. Balak l'envoya quérir ; on répondit à ses messagers que les Amavites voisins, qui habitaient les bords de l'Euphrate[1], avaient eu besoin des services de Balaam et qu'il s'était rendu là-bas pour conjurer une épidémie. Les messagers repartirent pour Péthor à bride abattue, y trouvèrent le devin, agitèrent devant lui un sac d'or et le ramenèrent à Péor, presque de force.

C'était un petit homme pâle et désespérément songeur, habité par une conviction simple : les êtres humains étaient comparables à des flacons bouchés. Quand on parvenait à les déboucher, l'esprit de la divinité y pénétrait librement et les flacons devenaient précieux. Mais, dans son obstination, la nature humaine se persuadait qu'elle était unique et que l'individu était le bien le plus précieux du monde ; les flacons se bouchaient d'autant plus hermétiquement que leurs propriétaires se croyaient uniques.

Balaam avait appris dans sa jeunesse, sous la conduite d'un prêtre babylonien, à se déboucher par deux moyens réservés à des prêtres d'Asie qui les avaient raffinés depuis l'aube des temps. Le premier était la méditation, le second était une boisson dont le secret lui avait été confié sous serment. Balaam la fabriquait les soirs de pleine lune en jetant des amanites phalloïdes, de la jusquiame et du datura écrasés dans une jarre de vin. Après cinq jours de fermentation, le vin s'était changé en un breuvage propre à vider la cervelle la plus obtuse de ses misérables marottes : instinct d'enrichissement, concupiscence, vengeance et autres passions qui n'aboutissaient jamais qu'à emplir les flacons d'une boue putride. L'être était alors ouvert à l'esprit même de Baal, créateur et Seigneur de tout l'univers. Le savoir le plus profond pénétrait dans le cœur comme la rosée pénètre la fleur à l'aurore. Et quand l'ivresse était dissipée, on se retrouvait comme un enfant ravi d'être au monde. On voyait ! Les yeux se dessillaient enfin !

Quand les messagers de Balak agitèrent leur or devant lui, Balaam, qui vivait d'olives et de fromage avec un doigt de vin et une galette arrosée de miel, Balaam, qui se moquait éperdument de l'or et de la puissance, leur opposa un sourire placide. Il comprit que, si l'on était venu le chercher de si loin, c'était qu'une grosse affaire couvait. Si grosse qu'elle dépassait de loin les dérisoires personnes de Balak et de ses acolytes. Les messagers lui en soufflèrent quelques mots pendant le trajet et il devina le reste.

Péor n'était distant de Heshbon que d'une petite trottée d'âne. Balaam enfourcha donc sa monture et s'en fut voir Mose dans sa nouvelle demeure. Celui-ci avait entendu parler de son visiteur et l'accueillit avec aménité, plus inspiré par la curiosité que par la conviction.

« Grand Mose, serviteur du Seigneur, je dépose à tes pieds mon dévouement. »

C'était dit sans servilité et peut-être même avec sincérité. Et le compliment était assorti d'une outre de vin. Mose fut intrigué. Il invita Balaam à s'asseoir.

« Le ciel semble chargé, mon frère, dit Balaam. Du moins aux yeux des mortels ordinaires.

— Comment dois-je l'entendre, Balaam ? Veux-tu dire que ceux qui t'envoient s'apprêtent à faire la guerre ?

— Mose, il est des gens qui croient m'employer, mais personne ne m'envoie, sinon le Seigneur, Baal dans notre langue. »

Stitho servit du vin au visiteur et à son maître.

« Baal, répéta Mose, soucieux de ne pas offenser d'emblée un visiteur qui ne semblait pas mal intentionné.

— La divinité a plusieurs noms, reprit Balaam, mais elle est une comme nous le savons. J'ignore le nom de la tienne, mais je ne peux me tromper sur son identité. »

Mose perçut le regard inquisiteur de Balaam et se rappela les paroles du vieux prêtre Nesaton. C'étaient presque les mêmes : « Il n'y a qu'un dieu. On s'en avisera tôt ou tard. » Qu'était donc venu faire Balaam ? Evaluer celui qu'on lui proposait comme ennemi. Mose se retint de rire et projeta sur Balaam son regard de lion. Mais Balaam était un enfant rusé, et il se mit à rire, apparemment sans raison. Stitho, fasciné, ne parvenait pas à détacher ses yeux de lui.

« Au-dessus des nuages, Mose, le ciel est toujours clair.

— C'est le ciel de la divinité.

— C'est là que nous habitons.

— Non, Balaam, c'est le ciel qui doit nous habiter ! »

Les doigts de Balaam caressèrent le verre, un sourire éclaira son visage.

« Cela est juste. Et je vois donc que le souffle divin t'habite. Je n'avais qu'à te voir, Mose, pour le comprendre. Mais il fallait que je te voie. »

Phrase énigmatique. Mose attendit.

« On voudrait nous opposer. Seuls ceux qui ne sont pas habités par l'esprit du Seigneur concevraient un projet aussi sot. » Il but une gorgée de vin. « Tu essaies de faire pénétrer le vent du Seigneur dans les cervelles des hommes. Elles sont bouchées à la cire. »

Ce fut au tour de Mose de rire, une sorte de hoquet bref.

« Qui veut nous attaquer, Balaam ?

— Balak, tous les autres, Edomites, Madianites, ce qui reste des Amorrhéens. Il paraît que vous avez des géants à votre service. »

Mose parut étonné.

« Des géants de dix coudées de haut qui jettent des rochers sur les soldats amorrhéens. »

Mose éclata de rire et Balaam rit aussi. Même Stitho se mit à rire.

« Ils vous attaqueront. Ils perdront. Petits spasmes misérables de la nature des princes. Rien à voir avec le souffle divin. J'ai abusé de ton hospitalité. »

Il se leva et Mose l'imita. Les deux hommes se firent face. L'essentiel avait été dit au-delà des mots, comme toujours. Puis Mose tendit les bras à Balaam.

« Le regard des dieux s'est posé sur toi », dit Balaam, en donnant l'accolade à Mose.

Mose éprouva comme un vertige. C'était ce qu'avaient dit Nesaton, Balaam, Jéthro. *Le regard des dieux s'est posé sur toi.*

« Nous sommes frères. Par-dessus les humains. Le temps. »

Un dernier regard et le devin de Baal tourna les talons comme s'il ne pesait pas sur la terre. L'instant suivant, il avait disparu. Mose regarda par la fenêtre son visiteur enfourcher son âne et franchir la porte du palais.

« Homme admirable, dit Stitho. Il devrait être avec nous.

— Il est avec nous[2]. »

Mose avait vu juste : les espions de Josué lui apprirent que, de retour à Péor, Balaam avait longtemps fait attendre Balak avant de se rendre à sa convocation et que, en guise d'excuses, il lui avait raconté que, présage funeste, son âne n'avait pas voulu poursuivre son chemin parce qu'un messager céleste l'avait détourné de sa route et qu'il l'avait crié avec de vraies paroles[3]. On ne savait si Balak avait avalé cette fable, toujours était-il qu'il avait emmené Balaam au sommet du mont Piskah, pour lui montrer le camp des Apirous et mesurer l'étendue du désastre : les terres fertiles des Plaines de Moab peuplées par des étrangers, les ruines d'Eléalé et partout, les villages occupés par ces vagabonds d'Apirous.

« Maudis-les, Balaam, au nom de notre dieu ! Et la victoire sera nôtre ! »

On apprit aussi que Balaam avait, pour procéder à sa consultation des puissances célestes, fait construire par le monarque sept autels pour y faire des sacrifices. Memeries ! Balak avait, en effet, sacrifié sept bœufs et sept béliers, pour s'entendre chanter par le devin la force d'Israël. Quand on le leur rapporta, Mose et Josué en rirent ensemble. Puis Balak avait menacé Balaam, le sommant de dénoncer ses ennemis. Mais Balaam n'en avait pas démordu : les Apirous vaincraient si l'on engageait le combat. Balak regagna son repaire en proie au dépit.

Les prophéties de Balaam refroidirent considérablement les ardeurs guerrières de Balak. Les semaines passèrent et les espions que Josué avait répartis dans tout le pays et jusqu'au cœur de Moab, ne rapportèrent aucun préparatif de guerre. Mose ordonna donc d'ériger le Sanctuaire dans la cour du palais et d'y installer l'Arche. Puis il donna le palais tout entier aux Lévites et se fit construire une maison dans l'enceinte de Heshbon.

Josué était absent la plupart du temps ; il préparait le franchissement du fleuve. Mose le suivit un jour. Les deux hommes s'arrêtèrent sur les rives du Jourdain.

« Tout commence au-delà », dit Mose.

L'autre rive n'était guère différente de celle sur laquelle ils se trouvaient. Aussi verdoyante, dominée par les mêmes massifs de pins, piquetée au loin des mêmes toits blancs. Et pourtant, tout commençait là-bas.

5

LES FRÈRES PERDUS

Trois semaines après l'installation à Heshbon, Josué arriva à la maison de Mose, accompagné de trois inconnus, crottés comme des mulets un jour de pluie.

« Ils viennent de Bethléhem, dit-il. Ils sont de la tribu de Zébulon[1]. »

Ils regardaient Mose comme une apparition, les yeux exorbités.

« Tu es Mose ? » parvint enfin à articuler le plus âgé d'entre eux, qui semblait être leur chef.

Mose lui tendit les mains et l'autre s'inclina fiévreusement pour les baiser. Il leva les yeux :

« Je croyais... Je croyais que tu étais une légende ! »

Mose se mit à rire.

« Je m'appelle Eber. Et mes compagnons, Elon et Zemuel.

— Mes émissaires, expliqua Josué, ont retrouvé leur peuple. Ils lui ont parlé de toi. Ces hommes et leurs frères ne croyaient pas que tu existais. Ils ont donc demandé à franchir le Jourdain pour venir te voir. »

Ils s'assirent en rond, sur des peaux de mouton. Stitho apporta du vin et des verres. Les trois Zébulonites ne parvenaient pas à détacher leurs regards de Mose.

« Mose, c'est toi qui as vu le Seigneur ? »

Il hocha la tête.

« Comment est le Seigneur ?

— Il est la lumière. »

Une sorte de râle admiratif monta du fond de leurs poitrines et ils restèrent un long moment, tantôt la tête baissée, tantôt regardant Mose.

« On nous a dit qu'Il t'a donné Ses commandements gravés de Sa main sur la pierre. »

Il hocha la tête. C'était la vérité du cœur qui primait.

« Mose, l'herbe doit vibrer sur la tombe d'Abraham ! Les arbres doivent chanter ! s'écria à la fin Eber.

— Tu vas nous rendre Canaan ? Est-ce vrai que tu vas nous donner Canaan ? dit Zemuel.

— Je ne vais ni vous donner, ni vous rendre Canaan. C'est le Seigneur qui va nous le donner. Le Seigneur a armé le bras de Josué et c'est Lui qui va accomplir Sa promesse. Nous ne serons chez le Seigneur que des émigrés et des hôtes[2]. »

Il but et ils s'empressèrent de suivre son exemple. « Le Seigneur soit loué ! Le Seigneur soit loué ! Le Seigneur soit loué ! » répétaient-ils. Ils avaient les larmes aux yeux.

« Le Seigneur soit loué jusqu'à la fin des temps, dit Mose. Combien êtes-vous dans votre pays ?

— Nous, les gens de Zébulon, je ne sais pas. Deux mille ? Trois mille ? Guère plus. Nous sommes dispersés dans les collines, sous le joug des Cananéens, qui sont eux-mêmes sous le joug des Hittites. Il est des frères que nous n'avons pas vus depuis dix ans.

— Ils sont un peu moins de trois mille, dit Josué. Mes émissaires ont pu faire une estimation.

— Josué nous a dit que vous alliez franchir le Jourdain et que vous auriez besoin de nous.

— Etes-vous armés ? demanda Mose.

— Armés ? »

L'idée même semblait les décontenancer.

« Nous devrons nous battre », dit Mose.

Ils hochèrent la tête, mais apparemment, Josué ne les avait pas informés de tous ses projets.

« Contre les Cananéens ? Les Hittites ?

— Contre nos ennemis, qui sont les ennemis du Seigneur. »

Ils levèrent les bras au ciel.

« Ils comptent environ huit cents hommes valides. Je vais leur faire porter nos vieilles piques, dit Josué. Et leur déléguer un instructeur. »

A l'évidence, il s'agissait de quelques poignées de bergers et de commerçants vivant depuis le temps d'Abraham sous le joug des Cananéens et des Hittites. Mose les garda à souper, leur fit préparer des litières et, le lendemain, avant qu'ils franchissent le Jourdain dans l'autre sens, il les confia à Eléazar pour qu'ils vissent le Sanctuaire et qu'on leur donnât une copie fraîche des Commandements sur papyrus. Quand ils vinrent prendre congé, il les bénit et ils lui baisèrent les mains à n'en plus finir.

Quelques jours plus tard, Josué revint en compagnie de trois autres inconnus. Ceux-ci étaient de la tribu d'Asher. Leur condition n'était guère différente de celle des gens de Zébulon, à ceci près que, vivant plus au nord, ils témoignaient d'une peur encore plus grande des Hittites. Ces gens, disaient-ils, étaient des sauvages qui tranchaient les mains de leurs prisonniers et leur énucléaient les yeux. Ils étaient sept mille et comptaient un peu moins de deux mille hommes valides. Josué leur ferait aussi porter des piques et leur apprendrait à en fabriquer.

Ces rencontres se répétèrent avec des gens des tribus de Manassé, de Dan, d'Issachar et de Nephtali. Six tribus au total. Y en avait-il d'autres ? Sans doute, mais dispersées dans la région.

« Estimes-tu que ces frères perdus fassent des recrues de valeur ? demanda Mose à Josué.

— Des recrues, certes. De valeur, nous verrons. L'important est que, tous ensemble, ils représentent une trentaine de milliers de personnes qui, lorsqu'elles se soulèveront et incendieront les cités ennemies, nous apporteront un renfort précieux. Leur dispersion, que j'avais d'abord jugée comme une faiblesse, est un atout. Ils sont partout. »

Mose hocha la tête.

« Mais ils ne connaissent pas les Commandements, observa-t-il. Au nom de quoi nous suivront-ils ?

— Ils les connaîtront, Mose, ils les connaîtront. Le monde entier connaîtra les Commandements. Pour le moment, je ne peux me réclamer à leur égard que de notre fraternité. »

Des frères, songea Mose. *Mais la seule vraie fraternité est dans l'esprit du Seigneur. Et c'est la seule durable.*

6

« QUE SERIONS-NOUS SANS LUI ? »

« Les cuisses serrées ! Les rênes hautes ! »

Le jeune soldat raffermit si fortement ses jambes sur les flancs de son cheval qu'il en parut soudain tétanisé. Il fit demi-tour quasiment sur place et revint au galop, la lance au bout du bras et enleva un chiffon de tissu posé sur un billot, puis s'élança comme s'il avait conquis la tunique d'une vierge, l'agitant comme un étendard. Il revint à la même allure le jeter au même endroit. Le cavalier suivant entra en piste à sa suite avec une fougue excessive et faillit se faire désarçonner, se redressa d'un coup de reins, mais y perdit sa pique. Un garçon d'écurie alla la ramasser et la lui tendit.

« Recommence ! » cria Mishaël, qui se tenait à courte distance. Un entraîneur à la barbe curieusement tressée courut après le cavalier et lui donna l'ordre de redresser le torse. Mose assistait à l'entraînement aux côtés de Mishaël.

« Je n'étais pas mauvais cavalier moi-même, mais ceux-ci sont des as, dit-il.

— C'est grâce à l'entraîneur que Josué a fait venir de Syrie. Les chevaux sont beaucoup mieux soignés », expliqua Mishaël à mi-voix.

Deux années avaient passé depuis l'installation dans les plaines de Moab et la maîtrise des Apirous sur ces terres avait, au bout de quelques mois, semblé suffisamment incontestée pour que Mose les partageât entre les tribus de Gad, de Rouben et de Manassé. Et leurs hommes n'avaient pas chômé : les Gadites avaient construit trois villes fortifiées et projetaient d'en édifier cinq autres, les Roubénites aussi en avaient bâti deux et traçaient les fondations de quatre autres. Quant à ceux de Manassé, ils étendaient leurs conquêtes aux quatre points cardinaux, agrandissaient les villes conquises, élevaient et fortifiaient des remparts et, pour couronner le tout, leur donnaient volontiers leurs propres noms. C'est ainsi que Nobah, un des lieutenants de Josué, avait tranquillement changé le nom de Kenath pour lui donner le sien[1], ce qui avait fait rire Mose.

Josué, lui, consolidait ses positions. Ces plaines n'étaient pas Canaan, mais rien n'interdisait de les conserver. Il équipait aussi l'armée : il avait fait forger des armes, notamment des pointes de bronze pour de nouvelles piques, et surtout, il avait envoyé des émissaires en Syrie acheter des arcs et enrôler un professeur d'équitation et un entraîneur. Il avait également fait venir de Syrie des chevaux, des bêtes nerveuses, endurantes et sobres : cinq cents pour autant de cavaliers, que Josué confia à l'entraînement de Mishaël, peut-être plus épris de ces animaux que des humains[2]. Heshbon s'enorgueillissait d'écuries que Ramsès II lui-même eût enviées. Enrichie de deux mille hommes, l'armée comptait désormais un corps de mille archers que deux autres Syriens entraînaient tous les matins.

Après avoir admiré les cavaliers, Mose rentra chez lui à pas lents, s'appuyant de temps à autre sur le bras de Stitho. Il recherchait de plus en plus la compagnie de son épouse. Et Séphira redoublait d'attention à l'égard de Mose depuis l'installation à Heshbon, s'attachant à multiplier les petits riens qu'affectionnait son époux : le fromage blanc un peu fermenté et piquant sur du pain tendre et plat au sésame, les feux de bois de cèdre dont l'odeur lui plaisait tant, le raisin qu'on mettait à glacer dans un puits.

« Viens, ma lampe, lui disait-il en souriant.

— Qu'est-ce qu'une lampe en regard du feu ? répondait-elle sur un ton enjoué. Je ne te suffisais pas, tu as embrasé tout un peuple ! »

Il souriait et appelait Guershôn et Eléazar, et ils s'asseyaient à ses pieds. Il leur caressait la tête, le regard songeur.

« Laissez le feu du Seigneur vous embraser, leur disait-il.

— Tu es un peu pâle », lui avoua Séphira un matin.

Etait-ce vraiment la peau ? Mose se sentait pâle de l'intérieur. Avec le temps, le corps devient comme poreux, le monde extérieur semble le traverser et, inversement, la vie n'y est plus hermétiquement scellée. L'on comprend lentement qu'on ne gouvernera pas éternellement son entourage et l'on commence à se demander quelle sera la dernière fois qu'on accomplira tel geste, qu'on observera la brume de la nuit se dissiper au bas de la colline et qu'on écoutera la nuit le cri féminin de la chouette. Les sens s'émoussent et les passions pâlissent. Les célèbres colères de Mose se faisaient plus rares et moins violentes. Il n'était pas vieux selon les années — quarante-trois —, mais il avait vécu trois vies. Son souffle devenait soudain trop court. Le cœur aussi défaillait.

Il s'éloignait rarement de sa maison et, le plus souvent, c'était pour aller au bord du Jourdain. Là, il regardait l'autre rive comme jadis, près d'Avaris, il contemplait la mer. Ce n'était rien que de l'eau, mais il n'avait plus la force de la faire franchir à son peuple.

« Quand seras-tu prêt ? demandait-il parfois à Josué.

— Nous nous sommes jusqu'ici battus comme des

vagabonds, avec des moyens de fortune, répondait le jeune homme. Mes espions me rapportent que, de l'autre côté, les Cananéens et les Hittites ont de véritables armées. Les Hittites ont aussi des chars. Dis-moi, n'est-il pas juste que nous méritions la confiance du Seigneur et que nous préparions notre armée de telle sorte qu'elle triomphe de ceux qui prétendront nous chasser de la terre qu'Il nous a promise ? »

Mose hochait la tête.

« Et les nôtres, ceux qui étaient restés là-bas ? demanda-t-il un jour.

— Voilà deux ans, comme tu le sais, que j'envoie des émissaires vérifier leur nombre, les pays qu'ils habitent, leur état d'esprit. Des instructeurs sont chargés de les armer pour que, le jour où nous franchirons le Jourdain, ils se joignent à nous de façon à grossir notre nombre. Ils savaient se servir de frondes, ils savent se servir de piques. Elles leur sont envoyées par faisceaux de dix, clandestinement, et ce sont désormais leurs biens les plus précieux.

— Et les Commandements ? »

Josué dirigea vers Mose son regard toujours clair.

« Je leur ai fait envoyer des Lévites qui les leur enseignent et leur apprennent aussi notre histoire depuis que nous avons quitté l'Egypte. Ton histoire, Mose », ajouta-t-il avec un imperceptible sourire.

Mose posa la main sur le bras de Josué.

« L'histoire de la volonté du Seigneur est l'histoire de la faiblesse humaine », dit-il.

Tous observaient les signes subtils, mais certains de son déclin ; ils feignaient de n'en rien voir. Ils lui dissimulèrent ainsi qu'une fois de plus, la cohabitation avec des étrangers portait des fruits douteux. Les femmes de Moab mettaient au monde des enfants d'Israël, et celles d'Israël des enfants de Moabites. Cela n'était pas dans l'ordre.

Car les populations ne partageaient ni toutes, ni toujours l'hostilité de leurs princes. Une jolie fille enfièvre un garçon et annule en lui le sentiment d'allégeances abstraites. L'instinct génésique est aussi soif de conquêtes et la séduction d'une ennemie supposée est encore plus excitante que celle d'une fille conquise d'avance. De même, le spectacle d'un garçon vigoureux fouette chez une fille, qui n'a d'ailleurs que faire de ces allégeances, le désir de prouver qu'elle est plus désirable qu'une autre. Les fêtes des Moabites excitaient les uns et les autres et les jeunes Apirous qui s'y rendaient « pour voir » finissaient par sacrifier comme les autres aux rites de la fertilité, d'abord publics et, pour finir, privés. Plus d'un renard prit ainsi la fuite sous un couple qui s'abattait dans l'herbe et plus d'une chouette s'étonna d'entendre des cris qui ressemblaient étrangement aux siens.

Mais cela était désormais du ressort d'Eléazar, des juges et, le cas échéant, de Josué. On eût accablé Mose à lui rapporter ces manquements, le fait que certains garçons avaient pris l'habitude de se farder les yeux et les amulettes d'Ishtar, la déesse de la fécondité, qu'on trouvait au cou des filles.

Un matin, soutenu par Stitho, Mose entreprit l'escalade du mont Piskah. Il négligea les sept autels abandonnés que Balaam avait fait construire par Balak. Il regarda, au-delà du Jourdain, les plaines et les collines qui s'étendaient jusqu'à la mer. Une terre, enfin ! Celle que le Seigneur leur avait consentie et qui mettrait fin à des siècles d'errance. Et il pleura. Le Seigneur qui lui avait donné le Nil lui refusait le Jourdain.

Quand il fut redescendu, il fit venir Eléazar et lui demanda de convoquer tout le clergé dans le Sanctuaire. Puis il fit appeler Josué, alarmé. Une foule immense se tenait à l'extérieur, s'efforçant d'entendre ce que dirait Mose.

Elle ne le pouvait pas, car sa voix était trop faible. Les Lévites s'étaient serrés autour de lui pour ne pas perdre une seule de ses paroles.

« Ma vie s'achèvera bientôt, annonça-t-il. Il vous faut un chef. Celui dont j'ai vu, tout au long de nos tribulations, qu'il restait sans défaillance habité par l'esprit du Seigneur, le voici. »

Il tendit la main vers Josué, qui avança d'un pas. Mose lui mit la main sur l'épaule.

« Le Seigneur a armé son bras, il vous défendra. Il a aussi armé son esprit, il soutiendra vos cœurs. »

Il demanda un sacrifice pour célébrer la nomination de Josué. Il s'efforça d'y assister debout, puis rentra se coucher.

Le lendemain, il semblait se porter mieux. Josué, Eléazar et les autres — Lévites, juges, ceux des chefs de clans qui avaient survécu — attendirent devant sa maison, le matin, qu'il en sortît comme à son accoutumée pour vaquer à sa toilette. Il vint enfin, un peu plus tard que d'habitude et, les voyant assemblés, il sourit : « Le Seigneur m'a accordé un répit. »

Ils espérèrent que ce répit serait long, mais trois jours plus tard, alors qu'il prenait le soleil devant sa maison, Stitho vint lui annoncer que le repas de midi était prêt. Mose ne répondit pas. Stitho le toucha et retint un cri. Il s'élança pour alerter Séphira. Elle accourut. Mose avait les yeux ouverts. Il était mort en regardant le ciel.

Josué fit détruire les sept autels de Balak et creuser le tombeau de Mose au sommet du mont Piskah[3]. Puis il décréta un deuil de quarante jours, mais on le pleura bien plus longtemps, jusqu'à ce que la traversée du Jourdain rappelât ce peuple à ses buts terrestres et qu'il eût enfin occupé les plaines et les collines de Canaan.

Un des anciens, de ceux qui l'avaient suivi depuis l'Egypte, refusa plusieurs jours de quitter le tombeau, même alors que Josué entreprenait le siège de Jéricho.

« Que serions-nous sans lui ? » dit-il à ceux qui vinrent le chercher.

Avant-propos

À LA BIBLIOGRAPHIE ET AUX NOTES CRITIQUES

Les pages qu'on vient de lire sont fondées sur les récits du Pentateuque (en grec, « cinq étuis »), constitué de la Genèse, de l'Exode, du Lévitique, des Nombres et du Deutéronome, qui vont de la création du monde à la mort de Moïse. Ces cinq premiers livres de l'Ancien Testament sont également connus sous le nom de Livres de Moïse ou Torah. Le lecteur pourrait s'étonner que plusieurs de mes reconstitutions s'en écartent, dans la lettre et dans l'esprit. En voici les raisons générales, le détail étant soumis dans les notes qui suivent.

Les Livres du Pentateuque ont suscité depuis des siècles une littérature exégétique et critique qui emplirait aisément un bâtiment de belle taille. La tradition juive tenait (et tient toujours) qu'ils avaient été rédigés de la main même de Moïse et qu'ils nous étaient parvenus tels quels au travers des siècles ; ce qui leur conférait une vérité indiscutable, sauf à braver les foudres des autorités religieuses chrétiennes autant que juives.

Au cours des siècles, toutefois, certaines réserves se firent jour. Au XVe siècle, par exemple, Isaac ben Yashoush, médecin à la cour musulmane d'Espagne, releva que la liste des rois d'Edom donnée par la Genèse XXXVI ne pouvait avoir été dressée par Moïse, car plusieurs de ces rois avaient régné après sa mort ; ben Yashoush y gagna le surnom d'« Isaac le Gaffeur » et on le renvoya à ses bistouris et thériaques. Au XVe siècle, Tostatus, évêque d'Avila, releva que certains passages, notamment ceux qui racontaient la mort de Moïse, ne pouvaient évidemment avoir été écrits par lui. Plus tard, Spinoza estima que la phrase du Deutéronome XXXIV : « Il ne se leva jamais en Israël un prophète comparable à Moïse... » était suspecte, parce que Moïse était le premier prophète de ce peuple et qu'on ne pouvait faire de comparaisons à cet égard, comparaisons d'ailleurs dénuées de la modestie qu'on prête au grand homme. On finit par admettre *in petto* que les scribes qui avaient recopié les cinq Livres n'avaient pu s'empêcher d'y ajouter quelques notations de leur cru, mais que la tradition devait demeurer : les cinq Livres étaient de la main de Moïse.

Il est d'ailleurs établi de nos jours que « beaucoup de textes législatifs n'étaient pas encore observés au temps de Moïse et même après lui, et donc que le Pentateuque contient des passages importants écrits après lui » (André-Marie Gérard, *Dictionnaire de la Bible*, Robert Laffont/Bouquins, 1989). Le consensus des exégètes est que ces cinq Livres ont été aménagés sous leur forme actuelle entre le VIIIe et le IIe siècle avant notre ère, donc de cinq à dix siècles après la mort du prophète fondateur, certes dans une intention pieuse et même hagiographique, mais souvent au service d'interprétations particulières des origines du judaïsme.

Je ne me suis donc pas senti contraint de suivre à la lettre — et dans ce cas, à quoi bon ? — le texte biblique. Du strict point de vue chronologique, il est d'ailleurs énigmatique ou chaotique.

Mais il y a plus. Depuis le XIXe siècle, des exégètes tels que Karl Heinrich Graf, Wilhelm Vatke et Julius Wellhausen bravèrent les autorités religieuses en analysant les contradictions et redites du Pentateuque et en concluant, dans la célèbre « Hypothèse Documentaire », qu'on y distinguait quatre courants distincts :

• un qui désigne la divinité par le nom de Yahweh, et c'est le courant appelé J (car Yahweh/Jéhovah s'écrit en allemand *Jahweh)* ou yahwiste ;

• un qui la désigne par le nom d'Elohim (pluriel d'*Eloha*, le Très-Haut) et qui est appelé élohiste ;

• un qui traite très longuement des problèmes sacerdotaux, et c'est le courant appelé P (pour *Priester*) ;

• et un dernier courant, spécifique du Deutéronome, qui s'intéresse plus particulièrement aux problèmes éthiques et spirituels et qui est évidemment appelé D.

L'intérêt de ces notions pour le lecteur des notes qui suivent est que chacun de ces courants rapporte souvent les mêmes événements sous un angle différent et même contradictoire. Par exemple, l'épisode célèbre du Frappement du Rocher est décrit par le Livre de l'Exode comme une victoire du Seigneur sur le scepticisme des Hébreux, et par les Nombres comme un manquement grave et même fatal de Moïse, qui lui vaudra la malédiction la plus terrible : ne jamais entrer en Terre promise.

Les découvertes archéologiques et les progrès de l'épigraphie ont, surtout au XXe siècle, considérablement enrichi la connaissance de la période biblique. Beaucoup de travaux ont permis de préciser des détails du Pentateuque, parfois les infirmant et même les contredisant, parfois aussi les confirmant. Deux autres courants se sont dessinés et persistent à ce jour :

• l'un, en majorité universitaire, selon lequel le Pentateuque, comme l'ensemble de l'Ancien Testament, est une mosaïque de textes d'époques et d'auteurs différents, ce qui explique les redites, les lacunes et les contradictions. Néanmoins, il comporte des données historiques exactes, mais modifiées par les tendances des rédacteurs et exigeant, indépendamment de toutes considérations religieuses, une réinterprétation prudente ;

• l'autre selon lequel l'ensemble de l'Ancien Testament est à la fois un ouvrage révélé et un ouvrage d'une vérité historique inexpugnable (puisque révélé), mais qui, paradoxalement, ne saurait être soumis à l'analyse historique sous peine de compromettre les fondations des trois religions révélées. Pour ce courant, les contradictions du Pentateuque n'y sont qu'apparentes et dépassent l'entendement humain.

Ce dernier courant me paraît fondamentalement incohérent : en effet, tout ouvrage qui se veut historique et qui décrit des événements réels est légitimement soumis à l'analyse historique. Paradoxe supplémentaire : ce courant est alimenté par des chrétiens qui se présentent comme érudits et traditionalistes, mais qui ne semblent guère au fait d'une recommandation du pape au XXe siècle. En 1943, en effet, dans son encyclique *Divino Afflante Spiritu*

Pie XII encourageait « la recherche récente qui s'efforce de déterminer le caractère particulier et les circonstances dans lesquelles a travaillé le rédacteur sacré, l'époque à laquelle il a vécu, les sources écrites ou orales dont il s'est inspiré et les formes d'expression qu'il a employées ». *Vox clamantis in deserto...*

Ma conviction est que le Pentateuque, en particulier, rapporte une épopée historique cruciale qui gagne à être reconstituée sous l'angle historique. Il est tout aussi absurde de lui reprocher de n'être pas un document historique que de prétendre qu'il en serait un : la notion d'histoire est récente et ne pouvait même être concevable ou conçue il y a vingt-cinq siècles ou plus. C'était un récit épique dont l'efficacité était fonction des effets littéraires. Le public auquel elle s'adressait était pour la plus grande partie illettré ; il fallait frapper son imagination et des fables telles que la grappe de Canaan que deux hommes peinaient à porter ou la poétique histoire de l'Ane de Balaam étaient plus efficaces que des minutes d'historien ; la preuve en est que leur popularité demeure jusqu'à nos jours.

Un certain préjugé s'oppose à la forme romanesque, que j'ai choisie. Je le crois injustifié : on admet bien des représentations picturales de l'Ancien Testament, et Dieu sait si elles abondent et si elles sont souvent éloignées de la réalité archéologique ; pourquoi n'admettrait-on pas une reconstitution romanesque fondée, elle, sur l'analyse historique de cette épopée ?

Les notes que voici détaillent donc les raisons pour lesquelles j'ai cru bon de rétablir une chronologie et des enchaînements logiques dans le récit et de réinterpréter certains événements, quitte à m'écarter du texte d'origine. On n'échappe guère à son temps et j'ai certes adouci plus d'un trait qui m'est apparu inacceptable : je crois à la bonté et à la hauteur d'âme foncières de Moïse et le tiens pour incapable d'avoir ordonné les massacres effroyables que lui attribue le Pentateuque (Deut. XXXIV, 12) ; c'est la raison pour laquelle ils sont absents du récit. J'imagine encore moins la Puissance céleste ordonnant de tels massacres et allant jusqu'à menacer Israël de cannibalisme (« Vous mangerez vos propres enfants, la chair de vos fils et de vos filles que le Seigneur vous a donnés... » Deut. XXVIII, 53-54). De tels récits purent être jadis efficaces : mais nous avons trop vu d'autres massacres et d'autres horreurs dans les dernières décennies pour croire que le moteur en fut autre que la capacité d'infamie spécifiquement humaine. Telle est également la raison pour laquelle ils sont absents de mon récit.

BIBLIOGRAPHIE ET NOTES CRITIQUES

1. L'Exode

CHAPITRE 1

1. Force est ici de devoir s'écarter du récit légendaire de l'Exode (XII, 37-38) qui dit que le nombre des Hébreux était de six cent mille hommes sur pied, sans compter leurs dépendants et des gens de toutes sortes (v. vol. I, 3e partie, ch. 7, note 1), ce qui aurait représenté au moins un million de personnes, soit les deux tiers de la population de l'Egypte à l'époque. Un tel transfert de population eût certainement laissé des traces dans les chroniques Egyptiennes, à supposer que les autorités royales Egyptiennes l'eussent toléré, mais on n'en retrouve pas trace, ni au XIVe ni au XIIIe siècle avant notre ère. Visiblement, l'auteur de l'Exode tente de conférer à son récit une dimension monumentale, indépendamment de toute vraisemblance démographique.

En outre le même passage de l'Exode ajoute que les Hébreux auraient emmené avec eux « du bétail en grand nombre ». Ce dernier point semble difficile à concilier avec la recommandation que le Seigneur fait conjointement (dans des conditions non précisées) à Aaron et Moïse que chaque agneau soit consommé dans un foyer et qu'on n'en emporte pas de quartiers à l'extérieur de la maison.

(Ex. XII, 46). Or, si les Hébreux eux-mêmes pouvaient ne pas être informés de la difficulté de la migration qu'ils allaient entreprendre, pour le bétail autant que pour eux-mêmes, il n'aurait pu en être de même pour Moïse et pour Aaron, qui était son lieutenant sur place. Il est plus que probable qu'Aaron interdit d'emmener du bétail, pour ne pas ralentir l'exode, mais il est vraisemblable qu'il y eut quand même des paysans qui emportèrent avec eux quelques têtes de bétail, qui représentaient l'essentiel de leurs biens.

2. Il existe un contraste, voire une contradiction, entre les recommandations précises du Seigneur à Aaron et Moïse sur les préparatifs du départ et sur la hâte évidente avec laquelle les fugitifs ont quitté le pays, n'emportant avec eux que de la pâte sans levain, parce qu'ils n'avaient plus de levain (Ex. XII, 39).

3. Tjékou ou Souccoth d'Egypte (car il existe une ville du même nom en Transjordanie ; le nom signifie en hébreu « Les Huttes ») est une localité non encore identifiée et qui devait se trouver à l'ouest de l'actuel lac Timsah ; c'est là que les Hébreux se seraient regroupés avant l'étape d'Etam. Une centaine de kilomètres sépareraient Avaris de Souccoth, une quinzaine Souccoth d'Etam et une cinquantaine de kilomètres encore Etam du goulet entre le grand lac appelé la Grande Noire et le golfe de Suez. Ces distances sont approximatives, étant donné qu'on ne connaît pas l'emplacement de Souccoth et que la configuration de la Grande Noire, qui réunissait les lacs Timsah et Amers (avec peut-être un canal la reliant au lac Menzaleh), a changé au cours des derniers millénaires (v. carte p. 12).

4. C'est ce que laisse entendre le passage de l'Exode (XIV, 1-2), quand Dieu ordonne à Moïse d'user d'une ruse qui consisterait pour les Hébreux à camper entre Pi-hahiroth (« Là où les pistes commencent ») entre Migdol et la mer à l'est de Baal-Céphon. C'est le début de la route côtière vers le Sinaï, mais contrairement à ce qu'indique Dieu dans ce discours, elle n'était aucunement difficile : en effet, elle se trouve dans les terres les plus fertiles d'Egypte et elle était régulièrement empruntée par les Bédouins qui emmenaient paître leurs troupeaux dans le Delta.

De plus, l'Exode (XIV, 9-10) avance que Moïse aurait effectivement guidé les Hébreux à l'endroit indiqué par

Dieu, qu'il les aurait fait camper là et que c'est encore là que l'armée égyptienne les aurait rejoints. Ils auraient alors poussé des clameurs et adressé des reproches à Moïse : « Quoi, n'y a-t-il donc pas de tombeaux en Egypte que tu nous aies emmenés ici mourir dans le désert ! » Sur quoi Dieu aurait ordonné à Moïse d'étendre son bâton pour séparer les eaux et permettre aux Hébreux de traverser la mer des Roseaux en toute sécurité.

Un tel récit reflète surtout la méconnaissance de la géographie égyptienne chez l'auteur de l'Exode. En effet, Pi-hahiroth ne pouvait — son nom l'indique — que se trouver sur la rive orientale de la Grande Noire, à l'ouest de Migdol et effectivement à l'est de Baal-Céphon, là où commençaient les pistes empruntées par les Bédouins dans leur transhumance annuelle, sous surveillance égyptienne. Cette dernière localité, Tahpahnès de son nom égyptien, actuellement au bord du lac Menzaleh, ne pouvait, elle aussi, se trouver que sur la rive orientale de la Grande Noire et il est évident que les Hébreux ne pouvaient pas camper au milieu de l'eau ; ils se trouvaient donc à l'ouest de Migdol, au bord du désert de Shour.

Le récit biblique ne me paraît donc pas soutenable historiquement pour les trois raisons que voici. La première est que, si les armées égyptiennes avaient surpris les Hébreux fugitifs campant à Pi-hahiroth, c'est-à-dire en pleine terre ferme, elles n'eussent pas fait de quartier. Les Hébreux, à pied, auraient été facilement rattrapés par les chars égyptiens, puis par les fantassins. L'auteur de l'Exode n'aurait rien eu à raconter.

La deuxième raison est que Moïse n'aurait guère eu besoin de lever son bâton en ces lieux : il n'y avait pas d'eaux à séparer pour les traverser, ni pour submerger les Egyptiens. Les Hébreux se trouvaient au bord du désert de Shour, comme on l'a dit plus haut.

La troisième est que Moïse, dont l'Exode même nous rapporte qu'il avait fui vers le pays de Madian, connaissait certainement le chemin le plus sûr : il eût été d'une impardonnable témérité d'exposer de trente à quarante mille personnes aux poursuites de l'armée égyptienne entre Baal-Céphon et Migdol, puis de leur faire parcourir une boucle vers le sud, et cela alors qu'il était beaucoup plus rapide d'aller de Souccoth à la mer des Roseaux (v. carte, p. 12).

Il ne nous semble pas que Moïse, qui fut à l'évidence un grand chef, ait pu prendre un parti différent. Les indications du Livre de l'Exode, qui, rappelons-le, fut l'objet de remaniements d'abord yahwistes quelque quatre siècles plus tard, puis élohistes, puis deutéronomistes quelque cinq siècles plus tard, puis encore sacerdotaux après l'exil, soit sept siècles plus tard, ont réinterprété les éléments d'une tradition ancienne selon les lois du récit épique et non de la vraisemblance historique, notion moderne.

5. Je dois les informations relatives à ces deux gués qui traversaient le golfe de Suez à l'érudition du Dr Maurice Bucaille in *Moïse et Pharaon* (Seghers, 1995). Cet auteur en a, en effet, retrouvé la mention dans la *Description de l'Egypte,* sous la plume de Du Bois Aymé. Bien évidemment antérieurs au creusement de l'isthme, ces deux gués abrégeaient de « plus de deux lieues » la route entre l'Egypte et le Sinaï. Le Dr Bucaille cite également une note du R.P. Coroyer, de l'Ecole biblique de Jérusalem, enrichissant une traduction de l'Exode, qui cite un gué à la hauteur de Suez, « qu'utilise le pèlerinage de La Mecque », et « un gué plus dangereux, à la pointe sud des lacs Amers, où aboutissent les traces de pistes anciennes » (voir carte). Cette observation confirme la précédente.

Or, il s'agit là d'observations effectuées à l'époque moderne et nous ne disposons d'aucun élément sur la géographie de la région il y a quelque trente-trois siècles, considérablement modifiée depuis. Les océanographes connaissent bien la rapidité avec laquelle les courants peuvent constituer ou défaire en quelques jours des bancs de sable qui formeront autant de gués.

6. Faire du feu étant une opération difficile, on transportait des braises dans des pots de terre. Ces braises étaient éventuellement alimentées à intervalles réguliers.

7. L'Exode XIV, 27, sous-entend que la traversée de la mer des Roseaux se fit de nuit. Il est toutefois difficile de croire que trente ou quarante mille personnes aient toutes pu franchir cette étendue semi-marécageuse dans l'obscurité, surtout si l'on tient compte du fait qu'y figuraient des femmes, des enfants et des vieillards, déjà épuisés par le voyage qu'ils avaient fait depuis la Basse-Egypte. Il est plus

vraisemblable qu'une partie des Hébreux traversa bien de nuit, mais que le reste acheva la traversée le lendemain.

CHAPITRE 2

1. L'Exode laisse entendre que toutes les familles ou clans énumérés en VI, 14-27 étaient des Lévites, c'est-à-dire des membres de la tribu de Lévi. Ce texte ne fait pas l'unanimité des spécialistes, dont plusieurs observent que la rédaction du Pentateuque est de loin postérieure aux événements décrits et que les tribus n'existaient pas à l'époque. L'objection est renforcée par la liste des Nombres (XXVI, 56-61), considérablement plus détaillée et qui cite spécifiquement treize clans et leurs nombreuses « familles », qui semblent correspondre exactement aux tribus d'Israël (à l'exception de celle de Lévi, qui n'avait pas le statut spécifique de tribu et ne devait donc pas, par la suite, posséder de territoire).

Cette énumération détaillée pose toutefois deux problèmes supplémentaires : d'abord, elle laisse entendre que les douze tribus auraient été représentées en Egypte lors de la captivité, ce qui est douteux, puisque les tribus n'existaient pas encore ; sans doute faut-il, une fois de plus, considérer le chiffre douze comme symbolique. Ensuite, et surtout, elle se trouve en contradiction formelle avec l'assertion de la Genèse (XLVI, 27) selon laquelle « Les membres de la famille de Jacob qui allèrent en Egypte étaient soixante-dix en tout ».

Il faudrait donc supposer, si l'on prend en compte cette dernière assertion, que l'intégralité de la nation hébraïque s'est formée en Egypte lors de la captivité, ce qui est peu plausible, ou bien alors postuler que la totalité des Hébreux de Palestine affluèrent jusqu'au dernier en Egypte, ce qui ne l'est pas davantage ; les deux hypothèses seraient d'ailleurs contredites par le fait que les Egyptiens continuèrent de faire des prisonniers juifs en Palestine bien après l'installation de Jacob.

Il semble que les rédacteurs tardifs du Pentateuque, yahwistes, élohistes et sacerdotaux, aient tiré leurs représentations du peuple hébreu en Egypte de ce que ce peuple était devenu après la première royauté de Saül, comme en témoigne, entre maints autres exemples, le passage de la Genèse (XLIX, 10), qui parle de la royauté de Juda, alors que le premier roi de Juda n'est apparu que près de quatre siècles après la mort de Moïse.

Sans entrer plus avant dans la discussion d'un point extrêmement complexe (cf., par exemple, C. Dennis McKinsey, *The Encyclopaedia of Biblical Errancy,* Amherst, New York, 1995, et Tribus, douze, in *Dictionnaire encyclopédique du judaïsme,* Robert Laffont/Bouquins, 1989), on conclura ici que la notion des douze tribus semble peu plausible antérieurement à l'installation des Hébreux en Palestine. Il semble plus vraisemblable que la population des Hébreux en Egypte était divisée en clans plus ou moins circonscrits.

2. Voir carte, p. 12. Les hypothèses anciennes sur la première partie de la route de l'Exode étaient fondées sur l'identification de la mer des Roseaux à la mer Rouge, qui est erronée. Elles ne pouvaient donc pas prendre en compte l'existence des gués au sud de la Grande Noire, seuls éléments qui permettent d'expliquer le franchissement de la mer des Roseaux « à pied sec ».

3. Une fois de plus, il n'existe aucun texte et aucune inscription égyptienne ou étrangère qui fasse état d'une poursuite d'Hébreux fugitifs par l'armée égyptienne. La seule référence que nous en ayons est donc celle de l'Exode. S'il paraît avéré, à travers l'abondance de détails dans le Livre de l'Exode, que certains Hébreux, voire la quasi-totalité de ceux qui vivaient en Egypte aient bien décidé de fuir le pays, l'absence totale de témoignages égyptiens semble indiquer que la répression de la fuite fut considérée par les Egyptiens comme une opération de simple police. Elle ne méritait donc pas d'être couchée dans les chroniques du temps.

En tout état de cause, cette poursuite militaire semble constituer une contradiction majeure dans le récit biblique ; en effet, elle infirme entièrement la thèse de ce récit selon lequel le pharaon aurait consenti au départ des Hébreux devant l'évidence du pouvoir céleste manifestée par les Dix plaies légendaires. La contradiction est soulignée par le fait que l'Exode n'indique aucune raison du revirement soudain de Ramsès. Dans un accès d'extravagance romanesque, l'auteur de l'Exode écrit même :

« Lorsque le roi d'Egypte apprit que les Israélites s'étaient enfuis, lui et ses courtisans changèrent complètement d'avis et dirent : "Qu'avons-nous fait ? Nous avons laissé nos esclaves israélites prendre leur liberté !" » (Ex. XIV, 5). C'est là faire bon marché de la mémoire que les Egyptiens, et tout particulièrement Ramsès et les prêtres superstitieux, pouvaient garder des récentes calamités qui les avaient forcés à accepter le départ des Hébreux. L'histoire de Ramsès est suffisamment documentée de nos jours pour exclure l'hypothèse d'une telle pusillanimité.

Il paraît plus vraisemblable que Ramsès et ses ministres n'aient pas cru que les Hébreux prendraient réellement le chemin de l'exil et qu'ils aient pensé que seuls quelques milliers de mécontents quitteraient le royaume. Ce ne fut que lorsqu'ils se rendirent compte de l'ampleur de l'exode et du départ brutal d'une grande partie de la main-d'œuvre nécessaire aux travaux du roi qu'ils tentèrent d'abord de barrer la route côtière aux fugitifs. Ne les y ayant pas trouvés, ils descendirent alors vers le sud (v. ch. 1, note 4).

Laissons de côté, pour des raisons théologiques, le discours insoutenable que Dieu est censé avoir tenu à Moïse : « Je rendrai le pharaon obstiné et il poursuivra les Hébreux, de telle sorte que je puisse acquérir de la gloire aux dépens du pharaon et de toute son armée. » (Ex. XIV, 4)

4. L'Exode, jamais à court d'exagérations, avance que le pharaon lui-même « attela son char et prit avec lui six cents chars choisis et tous les autres chars d'Egypte... » (Ex. XIV, 7) et que non seulement il prit lui-même la tête de l'armée pour pourchasser les Hébreux, mais encore qu'il périt sous le retour des flots séparés par le bâton de Moïse. Nous ignorons quels pouvaient être les effectifs de la charrerie égyptienne (celle des Hittites, de loin supérieure, était de deux mille cinq cents chars), mais il est difficile de concevoir que Ramsès ait pu commettre les erreurs suivantes : d'abord, prendre six cents chars au moins pour poursuivre des fuyards désarmés, ensuite pour parcourir de cette façon quelque trois cents kilomètres de terrains accidentés, malaisément praticables pour des chars, d'Avaris à Migdol, enfin, se lancer dans cette expédition de nuit, puisque, selon l'Exode, la traversée fut achevée au matin

du jour suivant, juste avant que les Egyptiens arrivassent en vue des Hébreux sur la rive opposée.

De plus, aucun pharaon n'a jamais péri en mer.

5. « Dans sa communication sur "Les lacs Amers de l'isthme de Suez" qu'il fit à l'Académie des Sciences le 22 juin 1874, rapporte le Dr Bucaille (in *Moïse et Pharaon*, op. cit.), De Lesseps raconte qu'en 1854, campant dans la même région, il avait été le témoin d'une tempête, mesurant à l'occasion que la marée était de l'ordre de un mètre trente à un mètre quatre-vingts. » Par ailleurs, dans le texte cité plus haut de la *Description de l'Egypte* (ch. 1, note 4), Du Bois Aymé rapporte que lorsqu'il emprunta l'un des gués du golfe de Suez, en 1799, Napoléon Bonaparte faillit se noyer dans la marée montante.

Il semble que l'effet de goulet augmentait alors considérablement la hauteur des marées aussi bien que celle des vagues, lors des tempêtes dans la mer Rouge, puisque le fond de la mer des Roseaux semble avoir été sensiblement plus élevé que celui de la mer Rouge. Après le percement de l'isthme de Suez, des amplitudes de l'ordre de soixante-dix centimètres à un mètre ont été régulièrement enregistrées, en dépit de la profondeur du canal et du fait que l'amplitude de la marée peut s'étendre jusqu'à la Méditerranée. Mais, lors de tempêtes, les vagues dépassaient probablement les hauteurs indiquées par Lesseps et peuvent suffire à expliquer largement la déroute de l'armée égyptienne partie à la poursuite des Hébreux.

De telles marées ne pouvaient se produire qu'à l'entrée de l'ancien golfe de Suez, à l'embouchure de la mer des Roseaux, du fait de l'immédiate proximité de la mer Rouge, et ce point confirme encore la localisation du passage des Hébreux.

6. L'Exode (XIV, 28) avance qu'aucun des Egyptiens lancés à la poursuite des Hébreux ne survécut. Sans doute faut-il mettre au compte des exigences du récit épique une affirmation aussi catégorique : même après des cataclysmes aussi gigantesques que le raz de marée qui fut déclenché par l'éruption du volcan Krakatau, en Insulinde en 1883, et qui atteignit quarante mètres de haut, il y eut des survivants. Il y eut probablement des survivants sur les deux rives et les Hébreux les prirent donc comme prisonniers.

CHAPITRE 3

1. V. t. I, « Le Prince sans couronne ».

2. C'est un point qui n'a jamais été évoqué dans les commentaires de l'Exode : si Ramsès avait été réellement décidé à exterminer les Hébreux en fuite, il eût dépêché à leur poursuite, alors qu'ils longeaient les côtes du Sinaï, quelques-unes des galères de la flotte égyptienne qui croisait en mer Rouge depuis le XVe siècle avant notre ère (cf. Lionel Casson, *Ships and Seamanship in the Ancient World*, Princeton University Press, Princeton, 1971).

3. Le personnage de Josué apparaît mal reconstitué dans l'Ancien Testament, en raison des contradictions qui opposent les documents yahwistes et élohistes. En dépit du rôle éminent qu'il joue dans le Livre de l'Exode, et qui est presque supérieur à celui d'Aaron, Josué n'est pas plus mentionné que son père dans la liste des chefs de clans de l'Exode (VI, 14-27). Il apparaît dans le Livre de l'Exode de façon abrupte en XVII, 9, sans même mention du nom de son père, au moment où Moïse lui commande d'aller « avec ses hommes » combattre contre les Amalécites, et le Livre des Nombres (XI, 29) le définit comme étant au service de Moïse depuis qu'il était un jeune garçon ; ce dernier point est sujet à contestation, étant donné que Josué doit avoir au moins entre vingt et trente ans au moment de l'Exode, puisqu'il y conduit sur l'ordre de Moïse la bataille contre les Amalécites. Or, selon nous, Moïse n'est guère beaucoup plus âgé au moment de l'Exode ; il faudrait donc supposer qu'il a eu Josué à son service depuis sa première adolescence, ce qui est peu plausible. De surcroît, Moïse a été absent d'Egypte de trois à cinq ans ; il faudrait donc supposer qu'il aurait emmené Josué avec lui dans sa fuite, ce qui ne semble pas être le cas.

Ce type de contradiction, fréquent dans l'Ancien Testament, peut être attribué à la volonté des auteurs de prêter un âge canonique à tous ses héros et notamment à Moïse, dont il est dit à la fin du Deutéronome (XXXIV, 7) qu'il mourut à cent vingt ans, sans que sa vue ni sa vigueur eussent diminué. Force est une fois de plus de rappeler que le mot *quarante* revêt deux sens en hébreu, *longtemps* et *génération*. Les auteurs ont voulu dire sous une autre forme que Moïse mourut à un grand âge, preuve de la faveur divine. C'est une indication hagiographique ; les connaissances modernes en physiologie de la sénescence font qu'on imagine malaisément un octogénaire conduisant une opération telle que l'Exode et encore moins organisant les institutions religieuses et juridiques d'Israël à cent ans.

S'il fallait prendre le Pentateuque au pied de la lettre, il faudrait alors supposer (Ex. XII, 37) que l'Exode dura bien quarante ans, puisque, lorsque celui-ci commence, Moïse a quatre-vingts ans (Ex. VII, 7). Toutefois, un coup d'œil sur la carte p. 12 indique que c'est vraiment là un temps démesuré pour franchir quelque cinq cents kilomètres jusqu'au pays de Moab, même avec de nombreuses haltes. Le Livre de l'Exode précise (XVI, 1) que, quarante-cinq jours après leur départ d'Egypte, les Hébreux se trouvaient déjà au sud de l'oasis d'Elin, au bord du désert de Sin ou Sinaï, c'est-à-dire sur le 29ᵉ parallèle ; ils avaient donc franchi une centaine de kilomètres, les deux haltes de Mara et d'Elim étant incluses dans ce laps de temps. A ce rythme-là, la distance entre l'Egypte et Moab aurait été franchie en moins de huit mois.

La durée de quarante ans attribuée à l'Exode doit donc être prise au sens symbolique, ainsi que de nombreuses autres indications de l'Ancien Testament, et interprétée comme une exploitation de la notion de longue durée pour imprimer son caractère fabuleux au récit. Une estimation moderne du parcours situe celui-ci entre un et deux ans.

Ces considérations illustrent la difficulté familière aux historiens d'établir une cohérence historique et psychologique dans les récits de l'Ancien Testament, du fait des déchiffrements multiples qu'ils offrent et de leur symbolique apologétique, enrichie par des remaniements successifs. Parmi les invraisemblances et contradictions qu'on y relève, il faut citer celle des rapports de Moïse avec ses parents présumés. On voit d'une part, en effet, que Moïse aurait été le fruit du mariage (qui devait être ultérieurement jugé comme incestueux par la loi mosaïque elle-même) d'Amram, fils aîné de Kohath, avec la sœur de ce dernier, Yokébed, sa propre tante paternelle (Ex. VI, 20 — signalons que, selon le Talmud, Yokébed aurait été « revirginisée » à l'âge de cent trente ans, auquel elle conçut Moïse). On relève d'autre part, dans la liste des chefs de familles qui quittent l'Egypte, les noms de Kohath et d'Amram. Donc, trois générations se seraient retrouvées dans le désert à la sortie d'Egypte, Moïse, son père et son grand-père.

Mais, outre qu'Amram est censé, à l'instar de Lévi, avoir vécu cent trente-sept ans (chiffre purement symbolique, 1-3-7, *aleph, guimel, zayinn,* dont les sens secrets sont création, secours, semence) on ne le voit jamais intervenir dans les conflits incessants qui opposent Moïse à Aaron, à Miriam et à d'autres membres de sa famille. En effet, ni Amram, ni son père Kohath ne se manifestent quand Korah, fils d'Izhar, fils de Kohath, conteste l'autorité de Moïse qui est donc son propre cousin germain, conflit qui se terminera tragiquement selon les Nombres, puisqu'il entraînera non seulement la mort de Korah, mais encore celle de quatorze mille sept cents personnes ! (Nom. XVI, 50).

Force est donc de conclure qu'Amram était mort au moment de l'Exode, et qu'il n'est cité que pour mémoire.

De plus, on trouve parmi les participants de l'Exode Saül, fils de Siméon, qui aurait été le fils d'une épouse cananéenne de ce dernier ; or, cette précision est quelque peu anachronique, étant donné que, selon l'Ancien Testament même, les Hébreux ne devaient parvenir en Canaan que longtemps après l'Exode.

Visiblement les auteurs de l'Exode ont tenté d'établir un catalogue des familles qui partirent d'Egypte, mais ils n'ont pu le faire qu'à travers une succession de traditions déformées, embellies et finalement devenues indéchiffrables entre le XIIIe siècle avant notre ère et l'époque de la rédaction finale du texte de l'Exode qui nous est parvenu, le VIe ou Ve siècle avant notre ère (v. également ch. 2 note 1).

CHAPITRE 4

1. Le Livre de l'Exode (III, 21-22) comporte un commandement attribué à Dieu : « Que l'homme emprunte à son compagnon, la femme à sa compagne, des objets d'argent et des objets d'or. » Passage d'interprétation embarrassante, car on ne voit guère Dieu conseiller aux Hébreux des « emprunts » qu'ils n'auront guère l'occasion

de rendre avant longtemps, sinon jamais, et qui ressemblent dangereusement à de la prévarication pure et simple. Ces « emprunts » ont-ils été faits et l'ont-ils été aux Egyptiens ? Rien ne le dit, mais c'est pourtant ainsi que la tradition l'a interprété. Philon, dans sa *Vie de Moïse,* et l'apologiste chrétien Tertullien, dans *Contre Marcion,* allèguent qu'il se serait agi là d'un dédommagement consenti par les Egyptiens pour les années d'exploitation des Hébreux ; l'explication serait plausible, n'était que le texte parle bien d'emprunts. Et l'on ne voit pas non plus les Egyptiens prêter des bijoux à des gens dont le dieu les a accablés de maux épouvantables et a été jusqu'à faire périr leurs nouveau-nés.

Selon certains exégètes, il s'agirait là d'une prise de guerre faite d'office sans le consentement des propriétaires de bijoux ; il faudrait donc interpréter les versets de l'Exode comme le fait que les Hébreux auraient fait main basse sur les bijoux des Egyptiens. Cela ne va pas davantage dans le sens de la vraisemblance, à moins d'imaginer une épidémie de cambriolages qui ne serait pas allée sans déclencher des réactions violentes de la part des Egyptiens.

Force donc est de s'en remettre au texte même du Livre de l'Exode, qui ne parle ni de prise forcée, ni des Egyptiens. A mon avis, il laisse entendre que les Hébreux, pauvres et démunis, auraient demandé une sorte de cadeau d'adieu. Fut-ce aux Egyptiens ou bien à des Hébreux qui n'auraient pas suivi les autres dans l'Exode ? La question est restée sans réponse jusqu'à la découverte, en 1972, de la stèle Eléphantine, qui indique que l'or, l'argent et le cuivre emportés par les Hébreux dans l'Exode étaient le stipende payé par des fonctionnaires se rebellant contre le pouvoir royal (v. t. 1, « Le Prince sans couronne », ch. 8, note 2, pp. 406-407).

CHAPITRE 5

1. Ce texte s'écarte à l'évidence du chant de gloire illustre de l'Exode XV, 1-18, qui semble être une incise tardive et qui, en tout état de cause, comporte des anachronismes insoutenables. Le verset 14, en effet, évoque l'angoisse qui

a saisi « les habitants de la Philistie », alors que la plus ancienne mention des Philistins en Palestine date de près d'un siècle après l'Exode (v. 1290 avant notre ère — v. t. I, ch. 1, note 4) et remonte à la huitième année du règne de Ramsès III, vers 1194 avant notre ère, soit un peu plus d'un demi-siècle avant la prise de Jéricho. Du temps de Moïse, la Palestine était désignée sous le nom de Canaan. Par ailleurs, le verset 15 évoque, lui, le désarroi des chefs d'Edom, alors que l'Exode ne fait que commencer et que les fugitifs n'ont pas encore eu à traiter avec les Edomites.

2. De très nombreux passages du Pentateuque reflètent nettement les tensions qui surgirent entre Moïse et les Hébreux lors de l'Exode. L'un des plus célèbres est celui où Moïse s'écrie, s'adressant au Seigneur : « Que vais-je faire avec ces gens ? Dans un moment, ils vont me lapider ! » (Ex. XVII, 4-5). Mais il apparaît également que la personnalité même de Moïse ait fait l'objet de contestations âpres et, ce qui est le plus surprenant, de la part de ses proches, comme Aaron et Miriam, ainsi qu'en atteste le passage des Nombres (XII, 1-16) où ils sont punis par le Seigneur pour les calomnies qu'ils ont répandues sur lui.

Ce dernier point pose évidemment la question de l'auteur du Pentateuque. Résumons l'état de la question : les nombreuses répétitions, imprécisions et surtout contradictions des cinq Livres du Pentateuque ont induit depuis le XIXe siècle des spécialistes éminents à conclure que ceux-ci sont une collection de traditions remaniée plusieurs fois au cours des sept siècles qui suivirent la mort de Moïse. Il est à noter que ni les manuscrits, ni les copies contemporaines de l'Ancien Testament en hébreu ne mentionnent jamais que ces cinq Livres auraient été rédigés par Moïse lui-même. Ne décrivent-ils pas la mort du prophète, qu'il n'eût certes pas pu rédiger de sa main (v. également ch. 13, note 1, p. 390).

CHAPITRE 6

1. Plusieurs incidents rapportés par les Livres du Pentateuque indiquent que Moïse affronta une opposition constante tout au long de l'Exode (Ex. XVII, 4 et

XXXII, 19-3, Nom. XII, 1-16 ; XIV, 1-4 ; XVI, 12-15 et 41-42 ; Deut. I, 26-28). Son autorité, sa responsabilité dans l'Exode et les tribulations des Hébreux au cours de celui-ci sont les sujets de contestation les plus fréquents ; son mariage avec la Madianite Séphira, fille de Jéthro, en est également un. Il en ressort donc que le départ d'Egypte ne fit pas l'unanimité des Hébreux, mais seulement d'une majorité et de ses chefs. Ce fut en s'appuyant sur ces derniers que Moïse s'attacha à faire taire toute dissidence et à imposer son autorité, puis sa législation.

2. Une raison de plus de considérer que les « quarante ans » cités par le Pentateuque pour la traversée du « désert » jusqu'à Canaan sont un chiffre symbolique, est le démantèlement du tissu social des Hébreux, qui n'aurait pas manqué de se produire pendant un laps de temps aussi long. S'ils avaient dû errer pendant quarante ans entre le Sinaï et Canaan, les Hébreux se seraient sans doute mués en hordes ingouvernables.

3. L'Exode ne cite pas le poisson parmi les sources d'approvisionnement qui pouvaient s'offrir aux Hébreux. Pourtant, la première partie de leur périple leur fit longer la côte orientale de la mer Rouge, qui est notoirement poissonneuse. Même si ce n'était qu'une source alimentaire d'appoint, Moïse, qui avait déjà fait ce parcours, ne pouvait pas l'ignorer.

4. Le Livre de l'Exode (XII, 37-38) dit que les Hébreux avaient emporté « une grande quantité de bétail, gros et petit ». Mais c'est le même passage qui évalue à six cent mille hommes avec leurs dépendants le nombre des Hébreux, et la mention de ces troupeaux de bétail semble devoir être mise au rang de l'exagération poétique. D'abord, elle suppose que les Hébreux étaient donc prospères, ce qui cadre mal avec la condition d'esclaves ou quasi-esclaves décrite par le Pentateuque. Ensuite, même si les Hébreux n'étaient que trente ou quarante mille, on les voit mal s'embarrasser de gros bétail dans leur fuite, et ce point est d'ailleurs contradictoire avec leurs cris de famine dès les premiers jours du voyage : ils auraient pu abattre et consommer ce bétail au moins pendant la première partie du voyage. Ce furent sans doute quelques moutons et chèvres qu'ils emportèrent avec eux, en trop petit nombre justement pour que ces bêtes pussent satis-

faire la pénurie dont ils se plaignaient. Un point est quasiment sûr : ils n'ont pas emporté d'animaux de basse-cour, ce type d'élevage n'étant alors pas courant en Egypte, surtout en Basse-Egypte, vu l'abondance du gibier de plume dans les parages des lacs (v. également ch. 1, note 1, p. 341).

CHAPITRE 7

1. Rien n'indique que ce soit la totalité des Hébreux d'Egypte qui se soit engagée dans l'Exode. Il est inévitable qu'un certain nombre d'entre eux eût épousé des Egyptiennes, que leurs enfants eussent été considérés comme des Egyptiens et qu'ils se fussent donc assimilés au peuple égyptien. Ils en observaient les coutumes et la religion et sans doute ne voyaient-ils pas de raison de quitter une terre et leurs foyers (sans parler des résistances de leurs épouses) pour s'engager dans une aventure dont ils ne connaissaient pas l'issue. Le Livre de l'Exode rapporte sans ambiguïté la nostalgie que beaucoup d'Hébreux nourrissaient de l'Egypte.

Ecrit plusieurs siècles après les événements, longtemps après que la nation d'Israël se fut constituée, le Pentateuque semble rétrospectivement prêter aux Hébreux d'Egypte une notion claire de leur identité. Mais outre que leur religion était quasiment tombée en déshérence, comme en témoigne le souhait exprimé dans l'Exode de sacrifier à leur Dieu, quatre siècles de présence active dans une civilisation à la culture riche et fortement constituée les avaient nécessairement imprégnés, comme en témoigne également l'épisode du Veau d'or.

2. Selon le Livre de l'Exode, le Seigneur guida les Hébreux tout au long de leur périple par « un pilier de feu et de fumée », noir le jour et lumineux la nuit. Ç'aurait pu être une tornade. Mais il est invraisemblable que la même tornade ait subsisté pendant tout l'Exode, celui-ci n'eût-il duré que deux ans ; et il est hautement improbable que les Hébreux aient eu besoin d'un guide pour les précéder la nuit dans le désert, ce qui laisse supposer qu'ils auraient marché nuit et jour, tout le temps.

Il est plus vraisemblable que les Hébreux aient éclairé leurs campements la nuit selon les manières traditionnelles du temps, par des feux et des torches.

Chapitre 8

1. Cet épisode est inspiré du conflit décrit de manière partiellement élusive par les Nombres (XVI, 1-35), où l'on voit qu'un certain « Korah fils d'Issar, fils de Kohath », défia l'autorité de Moïse. L'omission procède du fait que le passage des Nombres ne dit pas que Kohath est aussi le père d'Amram, qui est le père de Moïse ; ce qui fait que Korah est le cousin germain de Moïse et qu'il y eut donc, dans le clan même de Moïse et au sein de sa propre famille, une rébellion contre lui. L'épisode s'achève sur la mort brutale, spectaculaire et mythologique de Korah et de ses acolytes Dathan et Abiram, de la tribu de Réouben : la terre s'entrouvre sous leurs pieds dans la meilleure tradition mythologique et les engloutit, eux, leurs maisons et leurs biens. On ne sait ce qui advint des « deux cent cinquante hommes notables de la communauté » qui avaient soutenu la sédition de Korah, ni pourquoi cet engloutissement leur aurait été épargné.

Néanmoins, le conflit fut assez important pour que les Nombres lui consacrent trente-cinq versets. Fut-ce le seul conflit entre Moïse et une faction d'Hébreux ? C'est improbable, tout comme l'est la version de la fin brutale des opposants. Bien évidemment, les Nombres mettent la mort spectaculaire de ces derniers au compte de la colère divine ; on peut envisager également des causes moins providentielles, telles qu'une mise à mort ou un bannissement des opposants.

Ce qu'il convient d'en retenir est qu'une opposition aussi marquée posa à Moïse des difficultés considérables dans la formation de l'identité hébraïque, en dépit de l'autorité divine dont il était ou se disait investi.

2. Ayant l'expérience du désert et de ses bandes de pillards, Moïse constitua rapidement un embryon d'armée, comme en témoigne le passage (d'ailleurs assez confus) où, les Hébreux ayant été attaqués par les Amalécites à Réphi-

dim, il donne à Josué l'ordre de contre-attaquer le lendemain (Ex. XVII, 8-9). On ne sait pourquoi l'attaque est remise au lendemain, car ou bien l'attaque des Amalécites avait été victorieuse ou bien elle ne l'avait pas été et, dans ce dernier cas, il n'y avait plus de raison d'attaquer, les pillards ayant fui. Les Hébreux en Egypte n'avaient pas d'armes et il n'y avait pas de raison qu'ils en eussent soudain dans le désert. Il fallait, pour attaquer les Amalécites, qui étaient, eux, armés, que les Hébreux aient disposé d'au moins un armement de fortune. Le seul qu'on puisse imaginer devait consister en piques aux pointes durcies au feu, en frondes, peut-être aussi en massues.

CHAPITRE 9

1. Voir t. I, p. 426, pour la nature scientifique de la manne. Bien évidemment, cette excroissance résineuse provoquée par l'attaque d'un insecte, la cochenille, se trouvait principalement, de par sa nature même, sur les tamaris et non sur le sol, comme l'avance le Livre de l'Exode (XVI, 15), où elle eût été impossible à ramasser. Le détail donné par le Livre de l'Exode (XVI, 21) selon lequel la manne fondait au soleil confirme bien la nature de la manne, de même que la prescription de Moïse selon laquelle la manne ne devait pas être conservée la nuit, sous risque de pulluler de vers.

2. En hébreu, *manhou,* d'où le mot « manne ».

3. Le Livre de l'Exode, qui consacre un texte étonnamment long à la manne (XVI, 14-36), spécifie que chaque homme devait en prendre seulement un *orner* par jour et « par tête sous sa tente » et il précise que l'omer est un dixième d'*éphah* » ; cela faisait environ trois litres et demi de farine par personne (cf. « Manne », André-Marie Gérard, *Dictionnaire de la Bible,* Robert Laffont/Bouquins, 1989), ce qui est considérable, même pour des gens qui ont faim, puisque cela eût représenté quelque cinq kilos de pain au moins, en comptant l'eau. Par ailleurs, il est improbable que, même à l'époque, la manne eût abondé à ce point et supporté une exploitation quotidienne de l'ordre de celle qu'indique le Livre de l'Exode : quelque trois

tonnes et demie par jour pour un millier de personnes, plus de cent tonnes pour les quelque trente mille Hébreux en exil (cinq mille deux cent cinquante tonnes par jour si l'on devait retenir l'ordre de grandeur d'un million et demi d'Hébreux avancé par les mêmes sources !). Il m'a donc paru que cette quantité avait été exagérée par les auteurs à des fins apologétiques, pour indiquer l'ampleur du don céleste, et je l'ai réduite à des proportions plus vraisemblables. Même en comptant quatre personnes par famille, cela représente une quantité considérable, soit plus de vingt-six tonnes.

4. Certains passages du Pentateuque, et notamment du Livre de l'Exode, semblent prêter une équivalence de statut à Moïse et Aaron. D'autres, et notamment le Lévitique, établissent entre eux une différence nette, la préséance étant conférée à Moïse sans ambiguïté. Cette question a été analysée par d'éminents spécialistes, qu'il est impossible de résumer dans le cadre de ces notes ; je n'en citerai ici qu'un exemple. Ainsi, dans le Lévitique, livre d'inspiration sacerdotale, le Seigneur ne s'adresse qu'une fois à Aaron seul (X, 8-9), quatre fois à Moïse et Aaron ensemble et toutes les autres fois à Moïse seul, avec l'injonction *Dis ceci à Aaron, Donne cet ordre à Aaron.* A l'évidence, même aux yeux des auteurs sacerdotaux, et bien qu'Aaron soit le premier grand pontife, c'est Moïse qui détient, du point de vue vétérotestamentaire tout au moins, la préséance absolue.

Cette préséance semble confirmée du point de vue historique. Alors que, durant sa vie en Egypte, Moïse est défini comme « un grand personnage », Aaron, lui, ne semble se distinguer d'aucune façon. Par ailleurs, Moïse est un lettré et il a donc exercé une responsabilité dans l'administration égyptienne, d'où son expérience de l'autorité. Il exerce donc un ascendant sur son demi-frère.

Cette semi-fraternité est confirmée, je le rappelle, par le passage singulier du Lévitique : « Moïse envoya chercher Mishaël et Elzaphan, les fils de l'oncle d'Aaron, Uzziel, et il leur dit : "Venez emmener vos cousins hors du campement, loin du lieu saint." » (X. 4). Si Moïse et Aaron avaient été des frères à part entière, Uzziel eût été aussi bien l'oncle de Moïse et les tournures spécifiques de l'auteur du Lévitique eussent été déplacées.

5. L'importance, à la fin paradoxale, accordée par le Pentateuque aux problèmes d'approvisionnement des

Hébreux durant l'exode, contredit, une fois de plus, la mention des troupeaux de bétail gros et petit que ceux-ci auraient emmenés en grand nombre. Si tel avait été le cas, les Hébreux n'eussent pas exprimé leur nostalgie de la nourriture égyptienne avec tant de clameurs que Yahweh finit par s'en offenser. Mais elle reflète sans doute de façon indirecte un aspect du conflit qui opposa Moïse aux Hébreux, incertains du but de leur fuite d'Egypte et insoucieux des prescriptions de Yahweh, dont Moïse était le messager. Elle confirme donc qu'à l'exception de quelques chefs éclairés, l'Exode et la fondation du peuple d'Israël furent le fait de Moïse et qu'il en fut le maître.

CHAPITRE 10

1. Il est singulier qu'aucun des récits de l'Exode ne mentionne de rencontre des Hébreux avec les caravanes, ni les populations de la côte orientale du Sinaï et de la mer Rouge. Cependant, des caravanes sillonnaient constamment la côte et l'archéologie a indiqué que le Sinaï était loin d'être un désert mille ans avant l'Exode, soit à l'Âge du bronze moyen, à en juger par le très grand nombre de campements bédouins dont on a retrouvé les traces (cf. Emmanuel Anati, *La Montagne de Dieu, Har Karkom*, op. cit.). Le seul approvisionnement en eau, comme à Elim, imposait toutefois des tractations avec les habitants des oasis.

2. Le Livre de l'Exode (XVI, 1), et le Lévitique (XXXIII, 10) citent une halte dans un site nommé Elim où, précise le Lévitique, il y avait « douze sources et soixante-dix palmiers », et qui serait situé à la lisière du désert de Sin, soit à une centaine de kilomètres de la mer des Roseaux. Les chiffres douze et soixante-dix doivent être interprétés symboliquement et n'ont pas de valeur topographique. Elim aurait été la deuxième grande halte de l'Exode. Comme pour le reste des étapes citées par le Pentateuque, il n'a pas été possible de la situer ; la description de la végétation abondante *(Elim* signifie « arbres » en hébreu) évoque une grande oasis qui pourrait correspondre au site

de l'actuel Wadi Garandel (cf. André-Marie Gérard, *Dictionnaire de la Bible,* Robert Laffont/Bouquins. 1989).

Une oasis de cette importance devait comporter une population sédentaire et il est vraisemblable que celle-ci s'était bâti un camp retranché ou une forteresse sur les hauteurs, à laquelle j'ai donné le nom — imaginaire — d'Alaat. Mais il est certain que ces populations de pasteurs-agriculteurs disposaient de réserves qui contribuèrent, fût-ce partiellement, à l'approvisionnement des Hébreux ; ceux-ci, en effet, ne purent subsister pendant les longs mois de l'Exode, sur la manne, ni les cailles virtuellement toxiques (v. ch. 12, note 2) qui tombaient du ciel, ni le poisson que j'ai ajouté aux réserves naturelles de la région.

3. V. t. I, « Le Prince sans couronne ».

CHAPITRE 11

1. L'un des points les plus débattus du comportement de Moïse est son attitude à l'égard des étrangers. De nombreux points du Pentateuque attribuent certes au Seigneur, par le truchement de Moïse, une interdiction du mariage avec des étrangers, qui est puni de la mort des deux conjoints dans le cas de Salu le Siméonite qui épousa Cozbi la Madianite (Nom. XXV, 6-15). La punition est paradoxale, puisque l'Exode rapporte que Moïse lui-même épousa une Madianite. Comment Moïse échappa-t-il donc au châtiment ? Comment put-il admettre au sein des Hébreux son beau-père Jéthro le Madianite, grand-prêtre d'une religion étrangère de surcroît, comment ce grand-prêtre se serait-il rendu à l'invitation de Moïse sans emmener sa fille Séphira, qui avait conçu deux enfants de Moïse ? (Ex.) Les Nombres eux-mêmes donnent au contraire des raisons de penser que le mariage de Moïse fut admis (même s'il fut critiqué par Aaron et Miriam), puisqu'ils décrivent Moïse priant son beau-frère Hobab, le fils de Jéthro, de se joindre à eux dans la conquête de Canaan (Nom. X, 29-32).

2. Outre la gratitude que Moïse ressentait à l'égard de ces Bédouins et Madianites qui l'avaient accueilli pendant ses années d'exil dans le désert, ces contradictions donnent

donc à penser que Moïse fut partagé entre une tolérance naturelle à l'égard des étrangers, à condition qu'ils ne fussent pas hostiles aux Hébreux, et la volonté de renforcer l'identité hébraïque par l'interdiction de mariages avec des étrangers.

3. On attribue à Moïse l'interdiction du mariage intertribal (Nom. XXXVI, 5-9) aux fins de conservation du patrimoine. Mais il semble que toutes ces interdictions soient surtout le fait des rédacteurs postérieurs au Pentateuque.

CHAPITRE 12

1. Le mot sabbat procède d'une rencontre entre le verbe *chabat,* « cesser », et le chiffre sept, *cheba.* La pratique en est très ancienne, les Babyloniens, par exemple, célébrant le 15e jour du mois un repos expiatoire, le *sapattu.*

2. Selon le Livre de l'Exode (XVI, 10-12), Yahweh serait apparu aux yeux de tous dans les nuées, tandis qu'Aaron s'adressait à la communauté réunie, et Il se serait adressé à Moïse pour lui dire d'informer les Israélites qu'entre le crépuscule et la nuit, ils auraient de la viande à manger. Les Nombres sont encore plus précis : « Le Seigneur suscita un vent ; il poussa de l'est les cailles et elles volèrent autour du campement sur toute la longueur franchie dans une journée, à trois pieds au-dessus du sol, aussi loin qu'une journée de marche dans n'importe quelle direction. Les gens furent absorbés à ramasser des cailles ce jour-là toute la nuit et toute la journée du lendemain et même l'homme qui en avait attrapé le moins en avait au moins dix omers. Ils les mirent à sécher sur tout le campement. Mais la viande était à peine entre leurs dents et ils venaient à peine d'y mordre que la colère du Seigneur éclata et il les frappa d'une maladie mortelle. Le lieu fut appelé Kibroth-hattaavah, parce que c'est là qu'ils enterrèrent les gens qui avaient été avides de viande. » (Nom. XI, 31-34). Kibroth-hattaavah signifie « Les tombeaux de la cupidité ».

Relevons ici une contradiction flagrante entre le Livre de l'Exode et le Livre des Nombres, le premier annonçant les cailles comme une récompense, sans aucune mention d'un empoisonnement, le second les décrivant comme une punition.

Théologiquement, par ailleurs, on ne peut qu'éprouver de la difficulté à concevoir que le Seigneur ait envoyé des cailles aux Hébreux pour les empoisonner, d'autant plus que, souffrant d'un ventre creux, tout indiquait qu'ils ne se priveraient pas d'en consommer. Tout aussi périlleuse est l'interprétation de la punition divine : ou bien tous les Hébreux furent empoisonnés, ce qui semble excessif pour une faiblesse somme toute vénielle, ou bien quelques-uns seulement furent empoisonnés, selon une logique difficile à concevoir.

L'affaire semble donc avoir embarrassé les auteurs des deux Livres, qui en ont donné des versions contradictoires.

L'analyse historique offre quelques lumières. Il faut signaler qu'au printemps, du sud au nord, et à l'automne, du nord au sud, les passages de cailles, aussi bien que d'une immense variété d'oiseaux sont réguliers dans la région, qu'il y ait ou pas exode d'humains. « Les migrations d'oiseaux entre l'Eurasie et l'Afrique passent par le Négeb » (Négev), écrit Eitan Tchernov, de l'Université hébraïque de Jérusalem *(Le milieu, la biographie et la faune d'Har Karkom, Négeb, Israël,* in *La Montagne de Dieu, Har Karkom,* par Emmanuel Anati, Jaca Book, Milan, 1986). La dépression du rift syro-africain est une sorte de couloir qu'empruntent les oiseaux de proie, les ciconidés et une grande variété de passeridés.

Reste cependant à évaluer la quantité de cailles qui a pu tomber sur le campement des Hébreux. Selon la *Jewish Encyclopaedia,* une journée de voyage biblique serait de 44 815 m (ce qui est une surévaluation déjà énorme pour une masse pareille de population avançant à pied). Les Nombres spécifiant qu'il y avait des cailles « aussi loin qu'une journée de marche dans n'importe quelle direction », cela donne la superficie extravagante de 2 000 km^2 de cailles. Soit, chaque caille occupant environ 400 cm^2 (20 cm × 20 cm), un total de cinquante millions de cailles, quantité fantastique, hors de toute vraisemblance. Certes, les vols migratoires de cailles sont remarquablement nombreux, puisque des ornithologistes en ont dénombré jusqu'à des dizaines de milliers par vol, mais cinquante millions, cela ressortit à la fable. Comme l'observe l'*Ency-*

clopaedia of Biblical Errancy (par C. Dennis Mckinsey, Prometheus Books, Amherst, New York, 1995), il y eût eu là de quoi remplir plusieurs trains de marchandises. Mais il est vrai que ce n'est pas l'exactitude mathématique qu'il convient de rechercher dans la Bible.

Laissons de côté l'assertion des Nombres selon laquelle celui qui avait capturé le moins de cailles en avait quand même pris dix omers, soit 35 l de cailles ; à raison de quelque 300 g la caille, cela donne 120 cailles pour le plus malchanceux ; le lecteur contemporain en tirera les déductions qui s'imposent. Comme l'annonçait l'avant-propos de cet ouvrage, l'objet de ces pages est, au contraire, de retrouver la vérité historique sous le texte apologétique de l'Ancien Testament.

Le plus troublant est la description de la colère divine qui frappe de mort tous ceux qui mordent à peine aux cailles. Le Livre de l'Exode et les Nombres ayant abondamment décrit les affres de la faim dont se plaignaient les Hébreux, il faut penser que tous se hâtèrent de goûter à la céleste provende et que tous en moururent. En foi de quoi, l'Exode se serait achevé abruptement sur une hécatombe.

Force est donc de se dégager de ces emphases dramatiques et de ces exagérations épiques, destinées à accentuer le récit, et de tenter de retrouver les éléments vraisemblables de ce dernier ; ils se résument à ceux-ci :

La capture de cailles migrant d'Afrique vers le nord en empruntant le rift syro-africain est une certitude ; elle se produit encore de nos jours ;

La quantité de cailles capturées par les Hébreux fut à coup sûr considérablement plus modeste que l'indiquent les chiffres des Nombres : quelques dizaines de milliers sans doute. Mais les vols migratoires de cailles se succédant pendant les premiers jours du printemps, les prises furent suffisantes pour permettre aux Hébreux d'enrichir leur ordinaire.

Les cailles présentent la particularité de pouvoir consommer des plantes toxiques, notamment la belladonne, et d'accumuler dans leur corps, sans en être elles-mêmes incommodées, jusqu'à dix fois la quantité toxique pour un être humain ; ces doses létales semblent concentrées dans les viscères ; la consommation de cailles sauvages non éviscérées peut donc présenter des risques ; on peut en déduire, soit que certaines cailles, mais non toutes, ayant, en effet, consommé des plantes toxiques, ceux qui les mangèrent (plus ou moins bien cuites) éprouvèrent des malaises et qu'il y eut même des morts par arrêt cardiaque chez ceux qui en avaient mangé plus d'une ; soit que les Hébreux consommèrent les cailles non éviscérées. Un détail intrigant est cité par les Nombres (XI, 33) : les cailles furent mises à sécher dans tout le camp, ce qui indiquerait que les Hébreux les auraient destinées à être conservées pour consommation ultérieure ; à cette fin, elles furent donc fendues et ouvertes, sans doute non éviscérées.

Un fait est certain : beaucoup de ceux qui en mangèrent en furent incommodés gravement ou mortellement. D'où l'invention romanesque des Nombres.

Chapitre 13

1. Les Nombres (XXXIII, 16) donnent l'étape de Kibroth-hattaavah comme la huitième depuis la traversée de la mer des Roseaux. C'est là une indication historiquement invérifiable, aucune des trente-sept étapes indiquées (Nom. XXXII, 1-49), à l'exception d'Ecyon-Géber, n'ayant pu être située avec précision par les phalanges d'exégètes et d'historiens qui s'y sont attachés. Il se peut que la plupart de ces localités aient effectivement existé, mais sous d'autres noms (c'est ainsi que Dophkah, par exemple, a été souvent identifiée à l'actuelle Serabet el Khadim), ou bien qu'elles aient disparu depuis lors.

Cette étape pose une fois de plus le problème de l'itinéraire de l'Exode, essentiel à la compréhension de ce récit (v. carte, p. 12). On voudra bien me pardonner de renoncer ici à énumérer en détail toutes les hypothèses sur cet itinéraire, et elles sont nombreuses. Résumons-en simplement les trois groupes principaux :

Celles de la route côtière : elles me semblent infirmées de manière concluante par les Papyrus Anastasi, en plus des travaux d'Alan Gardiner (cités p. 424 du t. I de ces pages) : elles étaient strictement surveillées par une chaîne de forteresses égyptiennes et ne permettaient le franchissement ni vers l'Egypte, ni vers l'Asie sans un permis spécial des autorités égyptiennes. Le Papyrus Anastasi V rapporte que deux esclaves qui s'étaient enfuis par cette route furent recherchés de la sorte par la police des frontières (John A. Wilson, in *Ancient Near Eastern Texts Relating to the Old Testament,* édité par James B. Pritchard, Princeton University Press, Princeton, New Jersey, 1969). Si deux esclaves ne pouvaient s'enfuir par cette route sans être signalés, que devait-il en être de trente mille fugitifs !

Celles de la route transversale : celle-ci, dite Darb el Hajj (route des pèlerins, parce qu'elle mena une vingtaine de siècles plus tard les pèlerins musulmans vers La Mecque), aurait emmené les Hébreux directement de la mer des Roseaux à Ecyon-Géber à travers les déserts de Shour, de Paran et de Sin. Sa difficulté refléterait bien les souffrances endurées par les Hébreux, telles que les décrit le Pentateuque. Elle paraîtrait plus vraisemblable (et elle expliquerait, entre autres, pourquoi les descriptions de l'Exode ne mentionnent pas la possibilité de se nourrir de poisson), mais elle se heurte à une objection historique majeure : ce chemin menait les Hébreux tout droit en Canaan, par une bifurcation le long de la 'Araba. Ils n'auraient donc pas eu à demander le droit de passage aux Edomites et n'auraient pas eu non plus l'occasion d'en découdre avec les Amalécites, dont les territoires se trouvaient bien plus au sud.

De plus, c'était une route inconnue de Moïse, qui, lors de sa fuite individuelle d'Egypte, avait à l'évidence suivi la route du sud, la plus longue, mais la moins pénible, pour arriver à Ecyon-Géber. Il tombe sous le sens que si Moïse avait suivi la route transversale, il eût pris contact avec les Hébreux demeurés en Palestine, alors que le Pentateuque démontre amplement qu'il n'avait pas d'expérience de ce pays et ne rapporte pas la moindre trace de ses rencontres avec les Hébreux de Palestine.

On pourrait objecter que cette route n'était pas si difficile, puisqu'elle était empruntée par les pèlerins de La Mecque : ce serait oublier que le chameau, inconnu des Hébreux, puisqu'il était inconnu en Egypte au temps de Ramsès II, était avec le cheval une monture coutumière de l'Orient, alors que les Hébreux n'avaient ni chameaux, ni chevaux, tout juste quelques ânes.

Les hypothèses de la route de la mer Rouge, qui était la route des caravanes, présentent l'avantage de répondre à ces objections, à la condition de rechercher la montagne où Dieu apparut à Moïse ailleurs que dans les emplacements traditionnels, c'est-à-dire au sud des pics montagneux du Sinaï (v. ch. 6, note 3, pp. 377-378).

CHAPITRE 14

1. Les récits de l'Exode ne mentionnent que deux sites où surgirent des problèmes d'approvisionnement d'eau, Marah et Réphidim. Mais un groupe aussi nombreux que les Hébreux de l'Exode devait s'approvisionner très fréquemment en eau, d'abord en raison de la chaleur qui règne le jour sur les côtes de la mer Rouge, et ensuite pour la préparation des aliments ; enfin parce que, allant à pied et chargés de bien d'autres bagages, dont les tentes, ils ne pouvaient transporter chacun plus de quelques litres à la fois, enfants et vieillards étant évidemment exclus de ce fardeau.

2. On ignore où se trouvait Réphidim. Tout ce qu'on peut avancer est que c'était au sud sur la côte orientale de la mer Rouge, approximativement à la hauteur des actuels oued Feiran et monastère de Sainte-Catherine, en territoire amalécite. En effet, les possibilités de rencontrer les Amalécites plus haut étaient nulles, ces derniers ne pouvant guère traverser en grand nombre le massif montagneux du Sinaï (v. plus bas notes 4 et 1, ch. 15).

3. Le conflit de Réphidim, tel qu'il est rapporté par le Livre de l'Exode, reflète la violence des tensions qui agitaient les Hébreux, puisqu'ils en vinrent à demander si le Seigneur était avec eux ou non (Ex. XVII, 7).

4. Cela ne retranche rien aux mérites historiques de Moïse de supposer que sa connaissance antérieure du terrain lui permit de repérer les lieux où il avait des chances de trouver un cours d'eau. Le Livre de l'Exode (XVII, 6) indique que l'épisode légendaire, connu sous le nom de « Frappement du Rocher », eut lieu près du mont Horeb (ou Sinaï, ou encore Djébel Moussa — v. note 3 pp. 377-378). C'est à proximité de ce mont (à supposer qu'il coïncide bien avec le djébel Moussa) que coule actuellement un oued, l'oued Feiran (ce qui ne signifie évidemment pas que l'oued Feiran soit le torrent issu du Frappement du Rocher). Dans le récit de l'Exode, par ailleurs, l'épisode de

Réphidim suit de près celui des cailles, ce qui indique qu'il se produisit au printemps ou à l'automne, saisons de migration des cailles, mais également de pluies torrentielles et soudaines qui causent souvent des inondations (Cf. *Sinai*, Encyclopaedia Britannica), mais font également jaillir des torrents éphémères.

Deux hypothèses s'ensuivent : ou bien Moïse a mené les Hébreux à l'oued Feiran, ou bien il est parti à la recherche d'un torrent dans les contreforts de la montagne et l'a trouvé. Dans les deux cas, l'invention providentielle d'une source d'eau potable a été interprétée par les auteurs dans une optique hagiographique où l'on voit Moïse, toujours muni de sa baguette de magicien, faire jaillir l'eau d'un simple coup de cette baguette.

5. *Massa wa meriba*, « tentation et querelle ». Tentation parce que les Hébreux avaient voulu mettre leur Dieu à l'épreuve ; querelle, en raison du conflit entre eux et Moïse. L'incident laissa un souvenir tenace dans la mémoire des Hébreux. Dans le Deutéronome (VI, 16 et IX, 22), on prêtera à Dieu cette admonestation : « Vous ne tenterez pas Yahweh, votre Dieu, comme vous l'avez tenté à Massa. »

CHAPITRE 15

1. La première attaque armée dont les Hébreux font l'objet depuis le début de l'Exode (Ex. XVII, 8-9) est attribuée aux Amalécites, mais aucun motif n'en est indiqué : on voit, en effet, ces derniers lancer leur attaque juste après le « Frappement du Rocher ». Il semble toutefois que l'utilisation du point d'eau (le torrent trouvé par Moïse) par les Hébreux et l'agression des Bédouins amalécites soient liées : ces derniers étaient des pasteurs semi-nomades, ils attachaient donc une grande importance à leurs sources d'eau. Voyant des étrangers s'abreuver à un torrent sur leur territoire, ils lancèrent alors une offensive contre eux, assortie de prises de prisonniers comme esclaves (les Amalécites se livraient éventuellement au pillage, comme plusieurs autres populations de l'époque). L'attaque ayant eu lieu près du mont Horeb, il s'ensuit que les Amalécites occupaient la côte septentrionale du golfe d'Akaba,

puisque la côte méridionale était occupée par les Madianites.

La distribution des territoires occupée par les semi-nomades de la région et de l'époque est évidemment imprécise, et même controversée, d'autant plus que la géographie de la région a sensiblement changé au cours des trois derniers millénaires. L'Encyclopaedia Britannica (*Amalekites*) situe le territoire des Amalécites au sud de Juda, c'est-à-dire aux confins du territoire des Edomites, ce qui n'est pas contradictoire, puisque les Amalécites constituaient une branche des Edomites (Gen. XXXVI, 12). Bien que les Amalécites aient été rattachés à la tribu hébraïque d'Ephraïm (Juges, V, 14 et XII, 15), leur hostilité à leurs lointains cousins semble très ancienne, remontant même à l'arrivée des premiers Hébreux en Palestine, et elle devait durer longtemps, puisqu'elle se prolonge trois siècles après Moïse, jusqu'à David.

On ignore l'origine de cet antagonisme, qui serait antérieur à la constitution de l'identité hébraïque et qui pourrait, une fois de plus, avoir eu comme objet le partage de l'eau et de pâturages.

2. Le Livre de l'Exode (XVII, 13), rapporte que Josué passa tous les Amalécites au fil de l'épée, mais à leur départ d'Egypte les Hébreux ne pouvaient être armés de glaives ; ils ne l'étaient pas non plus en Egypte, car les Egyptiens n'auraient certes pas toléré l'existence de milices hébraïques sur leur territoire. S'ils ont, à l'issue du combat, disposé de glaives, ce ne pouvait être que ceux qu'ils avaient pris à l'ennemi. Reste à savoir de quelles armes ils ont pu disposer pour engager le combat sur l'ordre de Moïse, car on ne voit guère qu'ils se soient lancés à mains nues contre les Amalécites, qui avaient, eux, toutes les raisons d'être armés de longue date, vu leurs activités occasionnelles de pillards et leurs querelles inévitables avec les populations voisines, Madianites, Hittites, Moabites et éventuellement Egyptiens. Les hypothèses sont peu nombreuses, comme on l'a vu plus haut (v. ch. 8, note 2) : ils étaient équipés de piques, comme on pouvait en fabriquer avec du bois dont la pointe aurait été durcie au feu, et de frondes.

CHAPITRE 16

1. Les Hébreux ont pratiqué l'esclavage comme tous les peuples de l'époque. Les esclaves étaient soit des prisonniers de guerre, soit des gens qui se vendaient de leur plein gré, et c'est ainsi que des Hébreux pouvaient se vendre à d'autres Hébreux (Lév. XXV, 39-40 et 53). Les esclaves israélites bénéficiaient toutefois d'un traitement de faveur, puisqu'ils pouvaient se racheter à n'importe quel moment et qu'ils se trouvaient de toute façon libérés au terme de la sixième année, la septième étant comptée comme année sabbatique. Il existe de nombreuses références à l'esclavage dans l'Ancien Testament, et elles témoignent que les prescriptions, dont la date de promulgation reste d'ailleurs incertaine, étaient plus ou moins strictement appliquées. Je prête ici à Moïse une magnanimité particulière à l'égard des Amalécites, puisqu'on le voit concéder à ceux-ci la clause libératoire au bout de six ans.

2. Dans leurs différentes synthèses de l'Exode et de l'épopée qui s'ensuivit, le Livre de l'Exode, les Nombres et le Lévitique situent les prescriptions légales de Moïse, ainsi que la construction de l'Arche d'Alliance, pendant le périple qui mena les Hébreux d'Egypte en Canaan. A l'évidence, les auteurs successifs de ces livres ont tenté d'offrir une reconstitution théologiquement satisfaisante, aux fins de démontrer que les fondements du judaïsme furent établis en totalité très vite après la sortie d'Egypte. Du strict point de vue historique, toutefois, cette version semble peu plausible, sinon entièrement improbable. Par exemple, les injonctions divines de Nom. XXVIII, 1 — XXIX, 40 sont en contradiction flagrante avec les descriptions de la pénurie chronique des Hébreux jusqu'à leur arrivée en Canaan : où les émigrants eussent-ils trouvé les deux béliers parfaits, les trois litres et demi de farine mélangés à l'huile d'olive vierge et les six litres de vin destinés aux sacrifices quotidiens, les deux taureaux, le bélier, les sept agneaux et le bouc destinés aux sacrifices mensuels ? Pareillement, les détails de l'érection de la Tente du Tabernacle et de la construction de l'Arche d'Alliance (Ex. XXV, 10 — XXVII, 21) excluent que celles-ci aient été réalisées pendant les pérégrinations des Hébreux : comment ces derniers eussent-ils pu tisser les grands voiles de lin fin et les teindre

de violet, de pourpre et d'écarlate, fondre les garnitures de bronze et plaquer d'or les portants et les parois de l'Arche, fabriquer les chaînes et les rosettes d'or et battre la vaisselle et les candélabres d'or pur ? Comment eussent-ils pu fabriquer les glands en formes de fleurs tissées d'un fil violet, qui devaient orner les manteaux des Hébreux ? (Nom. XV, 37-40)... Les activités de tisserands, de charpentiers, de corroyeurs, de bronziers et d'orfèvres impliquées sont strictement incompatibles avec la condition de nomades des Hébreux jusqu'à leur arrivée en Terre promise. La seule description de la Tente, esquisse du Temple de Salomon, et de sa structure à l'évidence intransportable, suffit à démontrer que les injonctions divines s'adressent à un peuple déjà installé.

Telles sont les raisons pour lesquelles on ne trouvera pas mention de ces injonctions majeures à ce point-ci du récit : elles sont reportées à l'installation des Hébreux à Kadesh-Barnéa.

Chapitre 17

1. Torrent saisonnier qui prend naissance dans les montagnes du désert du même nom et qui se divise en plusieurs bras, les uns coulant vers la mer Morte, le bras principal, souvent enrichi de nombreux affluents, vers le golfe d'Akaba, à Ecyon-Géber (Ladislaus Szczepanski, S.J., *Geographia Historica Palestinae Antiquae,* Sumptibus Pont. Instituti Biblici, Rome, 1928).

2. V. t. I.

3. Selon le Livre de l'Exode (XVIII, 5-6), Jéthro serait allé rencontrer Moïse, accompagné de Séphora et des deux fils du couple, ayant appris les exploits de son gendre. Le texte du Livre est toutefois imprécis, sinon contradictoire. En premier lieu, il rapporte que Jéthro serait allé voir Moïse là où campait ce dernier « à la montagne de Dieu » ; il ne précise évidemment pas où se trouvait cette montagne. Etait-ce au sud du massif montagneux du Sinaï méridional, près du mont Sinaï ? Ou bien était-ce, comme c'est la thèse de ce livre, au mont Karkom, au nord d'Ecyon-Géber ? (V. ch. 6, note 3, pp. 377-378.) Dans les

deux cas, l'initiative de Jéthro paraît peu plausible. Le campement au pied du Sinaï eût, en effet, été provisoire de toute évidence et Jéthro était trop avisé pour infliger à sa fille un parcours de quelque cent cinquante kilomètres alors que Moïse ne pouvait faire autrement que de se diriger vers Ecyon-Géber. Dans le deuxième cas, ce qui semble plus vraisemblable, Moïse ne pouvait non plus manquer de passer par Ecyon-Géber pour se rendre au mont Karkom et l'on conçoit difficilement qu'il n'ait pas alors eu le désir d'aller chez son épouse. Le texte du Livre de l'Exode semble donc changer cette rencontre en un hommage implicite de Jéthro, s'infligeant un long trajet pour aller à la rencontre de Moïse.

De surcroît, la rencontre apparaît comme une incise anachronique, puisqu'elle est décrite (XVIII, 1-27) avant même que Moïse et les Hébreux soient arrivés au Sinaï (XIX, 1-3).

Elle revêt néanmoins une importance considérable, comme on le verra par la suite, puisque sa description commande l'interprétation des rapports entre les Hébreux et les Madianites (v. ci-dessous ch. 1, note 1). Le plus important est que cette rencontre soit actée, en contradiction avec d'autres passages du Pentateuque.

4. Les conseils d'organisation offerts par Jéthro et acceptés par Moïse (Ex. XVIII, 13-27) démontrent de manière indirecte que ce dernier n'est pas, lors de l'Exode, le patriarche chenu et expérimenté que la tradition représente, mais un homme encore jeune et qui n'a pas appris à déléguer ses responsabilités.

2. La Montagne du Seigneur

Chapitre 1

1. Les rapports des Hébreux avec les Madianites semblent s'être détériorés dans des circonstances complexes autant qu'ambiguës. Aucun des cinq Livres du Pentateuque ne permet d'en élucider les causes avec précision. On sait qu'à l'arrivée de Moïse dans la région

d'Ecyon-Géber, il est accueilli par Jéthro, chef madianite et beau-père du prophète, qui lui amène sa fille Séphira et les deux fils que Moïse a eus de cette dernière. Par la suite, Moïse fait de Jéthro son conseiller juridique pour traiter des querelles des Hébreux (Ex. XVIII, 1-27). L'on voit toutefois, par la suite, lorsque les Hébreux sont parvenus dans les parages de la ville de Shittim (ou Abel-Ha Shittim), au nord de la mer Morte et en pays de Moab, que la colère du Seigneur se déchaîne contre les Madianites, parce qu'un Hébreu, Zimri le Siméonite, a amené chez lui une Madianite, Cosbi, fille d'un chef de clan (Nom. XXV, 6-8) ; cela entraîne la colère de Phinéas ou Pinhas), petit-fils d'Aaron et donc neveu présumé de Moïse, qui va transpercer le couple d'un seul coup de lance. L'épisode serait difficilement compréhensible, car Moïse est lui-même marié à une Madianite. « Fais souffrir les Madianites comme ils t'ont fait souffrir par leurs ruses malignes à Péor et abats-les a, exige Yahweh. L'objet de la colère divine serait que des Hébreux, filles et garçons, se sont mêlés à des célébrations du dieu de Péor, le « Baal de Péor », qui avaient apparemment un caractère licencieux.

Mais il existe parallèlement une raison matérielle à l'hostilité soudaine entre Hébreux et Madianites (ces derniers descendent, rappelons-le, de Madian, l'un des six fils d'Abraham) : c'est l'alliance des Madianites avec les Moabites, effrayés par l'irruption soudaine des masses d'Hébreux dans leur pays et la menace que les troupeaux des Hébreux font peser sur les points d'eau.

Il est évidemment difficile de départager le rôle du motif religieux et du motif matériel dans le déclenchement de la guerre entre Hébreux d'une part, Moabites et Madianites de l'autre, mais on ne peut exclure que Moïse, et plus encore les auteurs successifs du Pentateuque, aient excipé des motifs religieux pour justifier la guerre et les massacres atroces que décrivent les Nombres.

Ces considérations ont l'intérêt supplémentaire de préciser l'itinéraire des Hébreux vers Canaan. Elles indiquent par des détails significatifs que le séjour des Hébreux en pays de Moab (Nom. XXII, 1) fut assez long pour leur permettre de constituer des troupeaux et de s'installer de manière au moins semi-sédentaire ; on voit, en effet, que Phinéas est gardien des vases sacrés (Nom. XXXI, 6), ce qui signifie que la Tente du Tabernacle avait déjà été érigée avec tous les accessoires cultuels décrits dans le Livre de l'Exode (XXV, 10-XXVII, 21).

2. Le recrutement de Hobab, fils de Jéthro et donc beau-frère de Moïse (Nom. X, 29-32), suscite les mêmes interrogations que celles qui sont évoquées dans la note précédente. On voit Moïse plaider avec chaleur auprès de Hobab pour que celui-ci se joigne aux convois hébreux. En dépit d'un premier refus de Hobab, Moïse insiste et finit sans doute par emporter l'adhésion de son beau-frère. Mais on ignore comment celui-ci (autant d'ailleurs que sa sœur Séphira) supportèrent la guerre sans merci et les massacres infligés par les Hébreux à leurs frères de sang, les Madianites. Déchirés entre l'allégeance naturelle aux Madianites et celle qu'ils avaient vouée à Moise, ils endurèrent sans doute un cas de conscience dont le Pentateuque ne dit mot.

CHAPITRE 2

1. L'épisode des reproches adressés à Moïse par Aaron et Miriam à cause de son épouse étrangère est rapporté par Nom. XII, 1-15 avec la précision suivante : Séphira était de la tribu madianite des Kouchites. Dans la version des Nombres, Aaron et Miriam sont frappés par la malédiction divine d'une lèpre qui les blanchit sur-le-champ, et Miriam, mais non Aaron, est exclue du campement pour sept jours. La nature de cette « lèpre » provisoire paraissant obscure et discutable et la sanction excessive, il m'a semblé que les semonces de Moïse suffisaient largement à ramener Aaron et Miriam à l'obéissance qu'ils devaient à leur demi-frère et chef.

2. La jusquiame faisait partie des drogues à usage sacré, dont l'usage était commun à tous les peuples de l'Antiquité. Induisant des transes alors interprétées comme signe d'une possession divine, elles étaient occasionnellement consommées par des fidèles, comme le suggère le passage singulier de Nom. XI, 26-29, où l'on voit deux hommes, Eldad et Medad, saisis d'une transe apparemment bizarre.

3. Une tradition née tard, dont le Pentateuque ne souffle mot et qui prend ses racines chez le prophète Michée (VI, 4), voudrait que Miriam ait été une prophétesse. On lui attribuerait même le « Cantique de Moïse »? Le Pentateuque trace toutefois d'elle un portrait vinaigré de femme prompte à contester l'autorité de Moïse et qui se laisse même aller à critiquer le mariage de ce dernier.

4. La réserve à l'égard du mariage de Moïse avec Séphira la Madianite, sinon la franche hostilité à l'égard de cette union semblent s'être poursuivies durant des siècles. Il est, en effet, singulier que les Nombres, par exemple, déclarent qu'il y avait des descendants de Moïse et d'Aaron quand le Seigneur s'adressa à ce dernier, mais que, détaillant la descendance du second, ils ne citent aucun des enfants du premier, Guershôn et Eléazar (Nom. III, 1-4). L'omission, patente, ne saurait être que le fruit d'une censure (v. également ch. 1, note 2, p. 342).

CHAPITRE 3

1. V. carte, p. 12.

2. V. carte, p. 12. Il s'agit, à mon avis, de la région au sud du désert de Parân et au nord-ouest d'Ecyon-Géber, à quelque cinq cents mètres au-dessus du niveau de la mer, comprenant les sites d'Abrona et de Jimna à l'ouest de la 'Araba ; elle pourrait correspondre à la région dite d'Obot (Nom. XXI, 10-11 — v. carte). Aucun des livres du Pentateuque ne lui attribue une importance particulière, mais l'hypothèse d'une halte prolongée des Hébreux est implicitement suggérée par le passage du Livre de l'Exode qui dit qu'après avoir renvoyé Jéthro chez lui, Moïse « retourna dans son propre pays » (Ex. XVIII, 27). Moïse ne peut avoir renvoyé Jéthro au-delà de ce territoire, qui se trouvait aux confins de Moab et d'Edom. Plus à l'est, en effet, il se serait trouvé en territoire amorrite.

Le texte ci-dessus est par ailleurs déconcertant : Moïse ne peut à ce moment-là (après la bataille contre les Amalécites) avoir de pays propre, puisqu'il n'a pas atteint Canaan (où d'ailleurs, selon le Pentateuque, il ne serait jamais entré). Quel peut donc être ce « pays » ? Il ne peut, à mon avis, s'agir que d'un site provisoire, sorte de base où les Hébreux firent une halte prolongée, avant de poursuivre leur chemin vers Canaan ; cette halte aurait été, toujours à mon avis, décidée par Moïse pour mettre un terme à l'errance de plusieurs mois qui menaçait de désintégrer son peuple, et pour lui imposer la Loi et les structures qui en découlaient. Maints passages du Pentateuque, notamment les descriptions de la construction de l'Arche d'Alliance et de la tente qui l'abritait, ainsi que les prescriptions élaborées du culte, sont, en effet, incompatibles avec les conditions matérielles de la marche dans le désert (v. ch. 16. note 2, p. 369) : ils ne prennent leur sens et ne recouvrent leur vraisemblance que dans le contexte d'une sédentarisation prolongée.

L'hypothèse et le choix de ce site me paraissent confortés historiquement et géologiquement.

Historiquement, parce que la soudaine hostilité des Madianites à l'égard des Hébreux, et leur alliance soudaine avec les Moabites ont été motivées par la menace que les nouveaux arrivants font peser sur les points d'eau de la région ; Madianites et Moabites sont, en effet, des pasteurs semi-nomades, et l'eau est essentielle à leurs troupeaux (v. ch. 15, note 1, p. 367). Or, la région d'intérêt commun pour ces deux peuples ne peut se trouver qu'aux confins de leurs territoires respectifs, la vallée de la 'Araba.

Géologiquement, cette région, qui semble aujourd'hui aride, a été abondamment peuplée dès le IIe millénaire avant notre ère : on n'y compte pas moins de trente-neuf sites d'installation humaine, y compris Timna. C'est qu'en effet, elle est abondamment irriguée par de très nombreux cours d'eaux saisonniers, dont le Hiyyon au nord et les nombreux affluents de la 'Araba au sud. Elle offre donc un site pastoral tout à fait propice (v. carte du Négev et du Sinaï in John Rogerson, *Nouvel Atlas de la Bible,* Editions du Fanal, 1987).

Enfin, cette région paraît correspondre le mieux à l'emplacement du mont dit Sinaï (v. ch. 6, note 3, pp. 377-378).

Chapitre 4

1. Dans sa rigueur originelle, le sabbat interdisait même qu'on se déplaçât de plus de cent pas.

2. C'est sans doute dans sa dette à l'égard du modèle égyptien que réside l'une des clefs principales du personnage de Moïse. Pour tous les historiens anciens — Strabon, Clément d'Alexandrie, Eusèbe de Césarée, et même pour le philosophe juif du XIIe siècle Maïmonide — les origines égyptiennes de Moïse ne faisaient guère de doute. Leurs successeurs modernes n'ont pas varié sensiblement : de l'hébraïste anglais du XVIIe siècle, John Spencer, pour qui Moïse n'était pas un Egyptien, mais un Hébreu égyptianisé, à Freud, pour qui c'était un Egyptien hébraïsé qui avait choisi de se tailler un royaume et qui emmena les Hébreux hors d'Egypte pour réaliser une Egypte idéale, tous les historiens qui ont analysé la vie et le personnage du prophète fondateur l'ont fait en se référant à l'influence que la civilisation égyptienne avait exercée sur lui. Même pour l'historien prussien du début de ce siècle, Eduard Meyer, il y avait eu un Moïse égyptien au sens plein de ce terme. Meyer, négligeant presque totalement les indications historiques du Pentateuque, postulait de manière assez extravagante qu'il y avait eu en fait deux Moïse et non pas un seul, l'Egyptien et un homonyme madianite (ce qui démontre incidemment les carences de Meyer en matière de philologie, le nom de Moïse étant hautement improbable pour un Madianite).

3. Le conflit entre les Hébreux d'une part, la coalition des Madianites et Moabites de l'autre, ne s'est pas engagé d'emblée, mais a suivi une période indéterminée de cohabitation. Il a éclaté beaucoup plus au nord, sur la rive orientale du Jourdain et au nord de la mer Morte, à hauteur de Jéricho, dans les « plaines de Moab » (Nom. XXII, 1).

Chapitre 6

1. Horloge à eau. Il en existait de primitives, dont on peut penser que quelques-uns des émigrants en emportèrent des exemplaires dans leurs bagages.

2. L'orage est décrit dans le Livre de l'Exode (XIX, 16-20), mais il se situe trois jours après la rencontre de Moïse avec Yahweh sur la montagne, et au lever du jour.

3. On ne dénombre pas moins de neuf sites (v. carte, p. 12) où diverses théories ont cru pouvoir, depuis quelques décennies, localiser la montagne où Yahweh apparut à Moïse : le djébel Halal, le djébel Sinn Bishr, le djébel Ya'allaq, le djébel Sirbal, le djébel Katherina, le djébel Moussa, dans la presqu'île du Sinaï ; deux autres djébels sur la rive orientale du golfe d'Akaba, en actuelle Arabie Séoudite, dont l'un, le djébel el Lawz, a fait en 1998 l'objet d'un récit quelque peu haletant et sans grande nouveauté archéologique (Howard Blum, *The Gold of Exodus*, Simon & Schuster, New York, 1998).

Aucune de ces localisations ne m'a semblé devoir être retenue, tantôt pour des raisons historiques, tantôt pour des raisons géographiques et topographiques. Ainsi les djébels Halal et Sinn Bishr ne correspondent d'aucune façon à un itinéraire vraisemblable de l'Exode. Le djébel Ya'allaq se trouve à une cinquantaine de kilomètres seulement de la mer des Roseaux et m'a paru faire intervenir trop tôt l'épisode de la manifestation de Yahweh. Les djébels Sirbal, Katherina et Moussa sont historiquement plausibles, mais ne correspondent aucunement aux détails du Pentateuque, lesquels ne peuvent être entièrement rejetés ; ainsi, pour avoir visité la région en 1955, je peux assurer que le djébel Katherina est totalement inaccessible à pied, sauf à disposer d'un équipement d'alpiniste moderne. Les deux djébels de la rive orientale du golfe d'Akaba me paraissent devoir être exclus, ni le Pentateuque, ni la vraisemblance historique ne donnant à penser que les Hébreux aient traversé ce golfe (par quels moyens ?) ; cela les eût d'ailleurs éloignés de la Terre promise dont ils voulaient tant se rapprocher.

La localisation qui m'a paru la plus vraisemblable est celle du Pr Emmanuel Anati, dont la thèse est longuement détaillée et soutenue de façon convaincante dans ses deux ouvrages de même titre et de teneur à peu près identique, *La Montagne de Dieu : Har Karkom* (*op. cit.*, l'un — Payot-Weber éd. — est un in-quarto comportant de nombreuses communications savantes sur les sites étudiés, l'autre — Payot — est un ouvrage de format plus maniable). Entre beaucoup d'autres, il est deux raisons pour lesquelles la thèse du Pr Anati paraît la plus concluante. La première est que le site de Har Karkom se trouve sur la route la plus plausible des Hébreux, lorsque, ayant remonté la côte occidentale du golfe d'Akaba, ils s'engagent vers le nord, à travers le Négev et le pays des Madianites, le Midian, vers Canaan. La seconde est que le site est bien accessible à pied et, à d'autres égards, tels que la végétation, répond de manière beaucoup beaucoup plus satisfaisante aux détails des livres du Pentateuque.

Har Karkom mesure 847 mètres d'altitude et si ses flancs sont abrupts, relève le Pr Anati, « on en fait toutefois l'ascension par le flanc ouest, où deux sentiers bien tracés s'élèvent jusqu'à son plateau en partant de deux points très accessibles. La montagne est en réalité une table calcaire avec des affleurements de silex, qui mesure près de quatre kilomètres de long, du nord au sud, sur environ deux kilomètres de large. » Deux sommets couronnent ce plateau à près de 70 m.

Le nom de Har Karkom, « montagne de Safran », est récent ; il succède à celui de Har Geshoûr qui lui fut donné brièvement et qui succédait lui-même à celui de djébel Ideid, « montagne de la Préparation » ou « montagne de la Multitude ». On pourrait être tenté de l'identifier à la montagne de Hor, trente-quatrième des quarante-deux étapes de l'Exode citées par les Nombres (XXXIII, 1-48), celle où Aaron est dépouillé de ses vêtements de grand-prêtre et où il trouve sa mort (Nom. XX, 22-29), mais la chronologie des livres du Pentateuque ne permet pas de l'inscrire dans cette hypothèse.

4. Peu d'événements légendaires ont suscité autant d'hypothèses extravagantes que la description du Livre de l'Exode (XIX, 17 à XX, 21). Un ouvrage (à succès) paru en 1997 et prétendant, au déni de toute connaissance de l'histoire de l'Ancien Testament, qu'il existerait un code secret dans celui-ci, va jusqu'à avancer que Yahweh aurait été un extraterrestre dont la soucoupe se serait posée sur le mont Sinaï et aurait convoqué Moïse par haut-parleurs !

Deux grands groupes d'hypothèses ont dominé l'étude historique de l'épisode. Le premier postule qu'une éruption volcanique se serait produite dans la région, ce qui expliquerait que la montagne fumât « comme un foyer de four » (Ex. XIX, 18-19). La montagne sur laquelle Yahweh apparut à Moïse aurait donc été un volcan. Le Négev se trouve certes sur le rift syro-asiatique, mais aucune étude n'a pu démontrer l'existence d'un volcan dans la région, ni à aucun des emplacements supposés du mont Sinaï. De surcroît, une éruption n'expliquerait pas l'orage apparemment violent qui se déclencha alors (Ex. XIX, 16 et XX, 18). De plus, les jets de poussière et de pierres, ou bien les coulées de lave incandescente qu'elle aurait déclenchés, auraient fait fuir le peuple plutôt que l'inciter à s'approcher du volcan.

Le second groupe postule qu'une grosse météorite aurait atterri sur la montagne, déclenchant au point d'impact une violente incandescence des roches (lors du flash final de la météorite de Podkamennaya Toungouska, en Sibérie, en 1908, les vêtements des témoins furent brûlés à soixante kilomètres de là). Il faut incidemment rappeler que les chutes de météorites étaient beaucoup plus fréquentes avant 1800 et qu'elles sont à l'origine de la croyance antique que le fer est un métal d'origine céleste. Cette météorite aurait pu tomber pendant l'orage ou, tout aussi vraisemblablement, déclencher celui-ci par une ionisation aiguë des nuages au-dessus de la région. Ma préférence va à ce second groupe d'hypothèses, d'autant plus que le Livre de l'Exode mentionne à deux reprises un son de « trompe aigu » (Ex. XIX, 16 et XX, 18). Une éruption volcanique n'aurait certes pas causé pareil son ; en revanche, l'entrée d'une grosse météorite dans la basse atmosphère aurait pu déclencher un sifflement assimilable à un son de trompe aigu.

CHAPITRE 7

1. Un détail particulier dans le Livre de l'Exode (XXXIV, 29-35) a intrigué les exégètes depuis de nombreuses générations et, incidemment, considérablement influencé les

représentations de Moïse par les artistes : c'est qu'en descendant de son entrevue avec Yahweh sur la montagne, il y avait quelque chose de singulier dans le visage de Moïse, d'effrayant sans doute, puisque les gens avaient peur de l'approcher : la peau de son visage brillait (« La peau de ses faces rayonnait », *La Bible,* traduite et présentée par André Chouraqui, Desclée de Brouwer, 1985), parce qu'il avait parlé avec le Seigneur et il était contraint de porter un voile devant son visage partout où il allait, sauf quand il s'entretenait avec le Seigneur.

Le détail est rappelé avec une insistance troublante, six fois en six versets, ce qui donne à penser qu'il frappa beaucoup les Hébreux.

Une erreur dans la traduction du texte fit que, pendant longtemps, on crut que Moïse portait des cornes, cornes de lumière s'entend ; d'où l'une des plus célèbres représentations du prophète, celle de Michel-Ange. Selon l'exégète américain William Propp *(The Skin of Moses' Face, Transfigured or Disfigured ?* Catholic Biblical Quarterly, 1987), Moïse aurait été plutôt défiguré que transfiguré. On peut supposer que l'affection qui le frappa après un séjour prolongé devant le brasier allumé par la météorite (v. note 4, ch. précédent) était un violent érythème. D'où la nécessité de se protéger du soleil par un voile.

2. La tradition selon laquelle les Tables de la Loi, dites « tables de pierre » par les textes élohistes et yahwistes, évoquent pour plus d'un historien le bloc de diorite sur lequel fut écrit le Code babylonien de Hammourabi (de teneur d'ailleurs très voisine des Dix commandements), deux mille ans avant notre ère, et maints autres textes égyptiens ayant force de loi, qui furent également gravés sur la pierre (cf. André-Marie Gérard, *Dictionnaire de la Bible,* op. cit.). Cela leur conférait le prestige de l'éternité. Moïse sacrifia donc à la tradition en écrivant sur la pierre les commandements d'inspiration divine.

Du point de vue de l'histoire moderne et plus particulièrement de l'histoire des religions, et sans contester aucunement l'inspiration sacrée de Moïse, il est toutefois difficile d'admettre que ce fut Yahweh lui-même qui grava les commandements, et plus encore qu'il les ait regravés après que, sous l'empire de la colère, Moïse eut brisé les premiers. Les contraintes du récit épique, qui tendent à démontrer l'importance que Yahweh accordait à ces commandements — ainsi qu'une conception particulière de l'interventionnisme divin — ne me paraissent pas compatibles avec le respect dû à la divinité. Il me paraît donc plus vraisemblable que Moïse fut convaincu que c'était Yahweh lui-même qui avait guidé sa main.

3. Il semble, selon le Livre de l'Exode, que la prescription du repos du sabbat ait été antérieure à la proclamation des Dix commandements, puisque Moïse l'imposa aux Hébreux durant la première partie de la traversée du désert, quand ils étaient réduits à manger de la manne. Il s'agirait donc d'un rappel, transformant une coutume en un commandement.

Chapitre 8

1. Rappelons que « Baal » signifie simplement « Seigneur » chez les Sémites occidentaux (Manfred Lurker, *Lexikon der Götter une Dämonen*, Alfred Kramer Verlag, Munich, 1984).

2. Les raisons pour lesquelles l'approche de la montagne sacrée aurait été interdite sous peine de mort avant le son du cor (Ex. XIX, 12-13 et 23-24) restent à ce jour mystérieuses, sinon contradictoires ; en effet, on voit dans le Livre de l'Exode (XIX, 21) que Yahweh renouvelle cette interdiction, mais cette fois de façon inconditionnelle, son du cor ou pas. On voit également qu'Aaron seul est autorisé à s'y rendre (Ex. XIX, 25), mais plus loin on constate que Moïse se rend à la montagne avec Aaron, Nadab et Abihou, ainsi que soixante-dix anciens d'lsraël qui voient ainsi le Dieu d'lsraël (Ex. XXIV, 9-10), et, trois versets plus loin, qu'il monte sur la montagne en compagnie de Josué (XXIV, 13).

3. Cette description est empruntée au Livre de l'Exode (XXV, 18-22). Je l'ai reprise, plus par fidélité à des éléments essentiels de la description de l'Arche que par conviction personnelle, car elle est en contradiction formelle avec le troisième commandement (Ex. XX, 4) : « Tu ne feras pas d'image pour toi-même à la ressemblance de quoi qu'il y ait dans les cieux, sur la terre ou dans les eaux. »

Certains auteurs (Richard Elliott Friedman, *Who Wrote the Bible ?* Summit Books, New York, 1987) suggèrent qu'il faut distinguer entre la fabrication d'une statue à l'aide d'un moule dans lequel on coule un métal fondu et sa confection par placage et martelage sur un support de bois ; Yahweh dit, en effet : « Tu ne *fondras* pas de dieux », ce qui signifierait que l'infraction d'Aaron, quand il fabriqua le Veau d'or, fut de l'avoir fait à l'aide d'un moule. Mais on peut s'interroger sur la symbolique de la différence entre ces deux méthodes de production, sinon sur la préférence que Yahweh aurait eu pour la seconde.

Bien que le Livre de l'Exode indique que la description minutieuse de l'Arche soit dictée par Yahweh, le meuble même paraît conforme au coffre royal de Tout Ankh Amon. Le motif des deux chérubins qui recouvrent de leurs ailes le toit de l'Arche me paraît également évoquer, entre autres, celui des déesses dorées qui protègent de leurs bras écartés la chapelle de bois doré contenant la momie de Tout Ankh Amon au Musée du Caire. On ignore l'origine du concept de chérubins aussi bien que les racines du mot hébreu *kerub*.

CHAPITRE 9

1. Le Livre de l'Exode (XXXII, 1-35) jette la responsabilité de l'épisode du Veau d'or sur les Hébreux et Aaron à parts égales : le peuple, voyant que Moïse était absent, aurait dit à Aaron : « Fais-nous des [effigies de] dieux que nous portions devant nous » et ce dernier aurait demandé qu'ils lui remissent leurs bijoux (des boucles d'oreilles, selon le Livre de l'Exode). Aaron aurait donc confectionné un moule à l'effigie d'un taureau et y aurait coulé l'or fondu. Comble de malhonnêteté, tancé par Moïse, Aaron esquive ses responsabilités et prétend (Ex. XXXII, 23-25) que, prié de faire une statue de dieu, il aurait « jeté l'or dans le feu » et qu'une statue de bœuf en serait ainsi sortie par hasard.

L'épisode est difficilement crédible et le récit, suspect de fabrication destinée à discréditer Aaron. La coutume de porter des effigies de dieux en procession, comme lors du festival *sed,* est spécifiquement égyptienne, et l'on peine à croire qu'Aaron, qui a été avec Moïse l'organisateur de la sortie d'Egypte, ait pu à la fois répondre au souhait de ranimer une coutume égyptienne et fabriquer de ses mains un moule de ce qui semble bien avoir été le dieu égyptien de la fertilité, Apis. Or, une volonté aussi caractérisée de retour aux dieux égyptiens me paraît impensable chez un personnage tel qu'Aaron, de surcroît au moment où, au su de celui-ci, Moïse est censé s'entretenir sur la montagne avec Yahweh. L'épisode du Livre de l'Exode me paraît donc être une invention destinée à discréditer Aaron, peut-être à masquer le fait que, jusqu'à sa mort ignominieuse, il s'opposa à Moïse et lui disputa la primauté dans la direction des Hébreux.

Il me paraît donc plus vraisemblable que, ne disposant pas de l'autorité de Moïse, Aaron ait été incapable de s'opposer à une volonté de célébration idolâtre, partagée avec les Madianites. Dès leur entrée dans le Négev, en effet, les Hébreux étaient en contact constant avec les populations locales, Moabites, Edomites, Amorrites, outre les Madianites. Quant au bœuf connu sous le nom de « Veau d'or », il est possible que ç'ait été une effigie du dieu Apis lui-même, laissée sur place par les conquêtes égyptiennes pour servir au culte nouvellement implanté de ce dieu, ou bien d'une représentation syncrétique d'Apis et de Baal Adad.

2. Selon le Livre de l'Exode, Moïse aurait brisé les Tables de la Loi, que Yawheh aurait ensuite récrites pour lui ; on peut se demander s'il ne s'agit pas là d'un effet littéraire destiné à donner encore plus de relief à la faute du peuple ; en effet, il risquerait d'une part de faire apparaître le Tout-Puissant comme assujetti aux colères de Moïse, et de l'autre, de représenter ce dernier comme un personnage incapable de résister à ses passions. Telle est la raison pour laquelle j'ai représenté cet épisode comme une menace non actée.

3. Le Livre de l'Exode parle de l'intention d'un sacrifice du pèlerinage (à Jérusalem — cf. *Pèlerinage,* in *Dictionnaire Encyclopédique du Judaïsme,* Cerf/Robert Laffont, 1989) ; il s'agit là d'un anachronisme évident, dû à la date tardive de récriture du Pentateuque, la *hagigah* n'ayant été instituée qu'après que David eut, au Xᵉ ou XIᵉ siècle avant notre ère, établi Jérusalem comme capitale.

4. Le Livre de l'Exode indique, en effet, que la danse autour du Veau d'or s'est faite peu après l'annonce du Décalogue aux Hébreux. *A posteriori*, l'épisode ne peut évidemment susciter que la réprobation des rédacteurs du Pentateuque.

5. Selon le Livre de l'Exode, les Lévites, ou prêtres, se seraient armés de glaives sur l'ordre de Moïse et auraient exécuté frères, amis et voisins, trucidant ainsi trois mille personnes (Ex. XXXII, 27-29). Le récit laisse quelque peu sceptique, car il n'est pas certain, en premier lieu, que l'institution sacerdotale ait pu être constituée aussi rapidement après l'annonce du Décalogue et que le corps des Lévites eût donc été déjà formé ; ensuite, on a peine à concevoir que Moïse ait réduit de trois mille âmes, soit le neuvième, la population hébraïque de l'Exode, dont le nombre était un atout crucial dans la conquête de nouveaux territoires ; enfin, on se demande sur quels critères les Lévites, même s'ils avaient déjà été constitués, eussent exécuté leur besogne, puisque c'était la totalité des Hébreux qui avait participé à la fête : comment eussent-ils choisi leurs victimes expiatoires ?

Faut-il, par ailleurs, relever le fanatisme et la cruauté inouïe d'une telle vengeance, définie dans les paroles prêtées à Moïse : « Aujourd'hui, vous vous êtes consacrés entièrement au Seigneur, car chacun de vous s'est attaqué à son propre fils et à son propre frère et vous vous êtes donc attiré les bénédictions sur vous-mêmes. » (Ex. XXXII, 29) ? Certains commentateurs ont cru pouvoir défendre la cruauté prêtée à Moïse en arguant qu'il s'agissait d'une autre époque et que les mœurs y étaient différentes ; mais l'histoire abonde en témoignages démontrant que les Egyptiens du temps, par exemple, ne se sont jamais livrés à de telles exactions.

D'un strict point de vue historique, l'épisode me paraît plus relever de l'exagération épique, sinon de l'outrance apologétique que de la vraisemblance : comment Moïse eût-il pu appliquer une punition aussi sévère alors qu'il restait contesté, comme le démontre l'épisode même du Veau d'or ? La mise à mort de trois mille personnes eût risqué de déclencher une révolte culminant dans l'assassinat de Moïse.

CHAPITRE 10

1. Le lecteur voudra bien se référer au Livre de l'Exode pour la liste complète des spécifications, d'une précision déconcertante. Les mesures données sont fidèles à celles du Livre de l'Exode. On gardera en mémoire que la coudée hébraïque est de 45 cm environ.

2. Le Livre de l'Exode (XXV, 19) précise que les chérubins seront en or battu, c'est-à-dire repoussé, donc non fondus.

3. Aucun texte du Pentateuque n'indique que les Hébreux aient eu un trésorier général, ni que c'était Elzaphan, personnage historique et cousin de Moïse (paradoxalement désigné dans le Lévitique, X, 4, comme « fils de l'oncle d'Aaron, Uzziel »). Il semble pourtant que les Hébreux devaient avoir un embryon d'organisation économique pour le recueil de leurs contributions en métaux précieux.

4. Le Livre de l'Exode rapporte que Yahweh aurait ordonné à Moïse de faire tisser dix longueurs de lin fin de vingt-huit coudées de long et de quatre coudées de large chacune pour recouvrir le Sanctuaire, et de les teindre de violet, de pourpre et d'écarlate : cela représente cent vingt-six mètres de lin d'une largeur de 1,80 m. Auxquels il faut ajouter les trois cent cinquante-cinq coudées de draperies de la cour du Sanctuaire, soit quelque cent soixante mètres, soit encore un total de deux cent quatre-vingt-six mètres.

Il faudrait alors penser que les Hébreux auraient emporté avec eux leurs métiers à tisser, ce qui est fortement douteux, vu les conditions de l'Exode et l'encombrement de ces objets. Si les instruments de joaillier et d'ébéniste, peu encombrants, pouvaient bien avoir été emportés, il en allait tout autrement des métiers à tisser. Même si les Hébreux avaient emporté un ou deux métiers à tisser, reste à savoir où ils auraient trouvé des filés de lin, car l'Exode ne permettait certainement ni de cultiver cette plante, ni de la rouir et de la filer.

D'où il ressort que l'Arche et le Sanctuaire transportable n'ont pas pu être achevés d'un coup et que les draperies furent ajoutées quand les Hébreux parvinrent près d'un centre où l'on pouvait se procurer un métier à tisser, des filés de lin et les pigments coûteux du murex — coquillage qui produit la pourpre — ou de la cochenille, insecte qui permet d'obtenir l'écarlate. On a peine à concevoir, de surcroît, que des teinturiers aient pu disposer des cuves et des substances nécessaires au mordançage, indispensable à la fixation des pigments. La réalisation des tentures dont le Pentateuque attribue à Yahweh la commande pour le Sanctuaire et sa cour fut donc remise à une longue étape, par exemple celle de Kadesh, à moins que le tout ne soit le produit d'ajouts postérieurs.

CHAPITRE 11

1. Selon le Livre de l'Exode, l'épisode dit du Veau d'or se situe *après* la nomination d'Aaron et de ses fils comme chefs du clergé ; il m'a semblé que cela la rendrait d'ailleurs encore plus contradictoire, car on conçoit mal que le premier chef du clergé israélite se soit laissé aller à fondre une statue de dieu étranger. Une telle infidélité eût justifié une révocation d'Aaron.

Néanmoins, la reconstitution offerte dans ces pages reste partiellement conforme au Livre de l'Exode en ce qu'elle place bien la réalisation de l'Arche et du Sanctuaire après la nomination d'Aaron.

2. Ex. XXXVIII, 24-25. La valeur du talent exprimée en mesures contemporaines a beaucoup varié au cours des siècles. Au temps de Salomon, IXe siècle, elle était de 571, 200 g. Le talent valant 60 mines et la mine, 50 shekels ou sicles, le poids total de l'or utilisé pour l'Arche et le Sanctuaire serait donc de 16 703, 800 g, soit près de 17 kg. Quant à celui de l'argent, il serait de 60, 500 kg.

CHAPITRE 12

1. Egalement connu sous les noms bibliques de Massa, de Mériba et de Ein Mishpat, le site correspondant n'a pas été localisé avec certitude : il pourrait s'agir soit de

l'actuelle Ein Quoudeis, soit de l'actuelle Ein el Quoudeirât, à une dizaine de kilomètres au nord. Certains spécialistes (cf. C.H.J. de Geus, cité par John Rogerson, in *Nouvel Atlas de la Bible,* op. cit.) optent pour la seconde localisation, le premier site étant plat et pauvre en eau, alors que le second, qui est d'ailleurs une oasis (on l'appelait « Oasis du désert de Sin »), abonde en pâturages et en eau. A mon avis, il est possible que la masse considérable des Hébreux, qui devait, en position debout, occuper au moins cent mille mètres carrés, sans compter les troupeaux, les tentes, le Sanctuaire, etc., ait occupé les deux sites.

Selon le Deutéronome (I, 46), les Hébreux y seraient restés « trente-huit ans », le temps que la génération de ceux qui avaient quitté l'Egypte eût disparu ; il s'agissait pour Yahweh (Dt. II, 14 et Nom. XIV, 21-23) de les punir de leur rébellion. Kadesh a certainement été l'une des étapes principales des Hébreux dans leur avancée vers Canaan ; la région, qui se trouve dans le Négev, à l'extrême-sud de la Palestine, était un carrefour entre les pays d'Edom et de Moab et ce fut, de là en effet, que partirent les éclaireurs à la reconnaissance de la Terre promise. Mais il paraît peu probable que les Hébreux aient retardé leur entrée en Canaan aussi longtemps que l'indique le Deutéronome, d'autant plus qu'ils s'y trouvaient entourés de pays hostiles.

Ce serait à Kadesh qu'aurait eu lieu l'épisode célèbre du Frappement du Rocher (Ex. XVII, 2-7 et Nom. XX, 2-13). Je ne l'ai pas repris dans ce récit, en dépit de sa célébrité, pour deux raisons principales. La première est que Ein Quoudeis et Ein el Quoudeirât comportent toutes deux des puits, que la seconde localité est de toute façon riche en eau et que les plaintes des Hébreux manquant d'eau dans le désert sont un leitmotiv des récits de l'Exode dans le Pentateuque, qui entend plus illustrer les rébellions des Hébreux qu'évoquer un fait historique réel. La seconde est que cet épisode sert surtout à opposer deux interprétations antagonistes : selon le Livre de l'Exode, il témoigne de l'obéissance de Moïse à Yahweh, qui lui ordonne de frapper le rocher et c'est un miracle heureux ; selon les Nombres, il témoigne tout au contraire de la désobéissance de Moïse, qui ne se contente pas de parler au rocher, comme Yahweh le lui avait ordonné, mais le frappe de son bâton et c'est un épisode funeste, celui de la pire désobéissance du prophète. En foi de quoi, il allait alimenter la vindicte de Yahweh. En effet, c'est en raison de cette désobéissance que ni Moïse, ni Aaron n'entreront en Terre promise (punition qui n'est pas évoquée dans le Livre de l'Exode).

Cette contradiction éclatante entre les deux versions du Frappement du Rocher illustre en fait l'antagonisme, bien connu des biblistes, entre la source dite yahwiste, qui a présidé à la rédaction du Livre de l'Exode et qui est favorable à Moïse, et la source dite sacerdotale, qui a présidé à celle des Nombres, et qui le présente souvent sous un jour défavorable. Voici des siècles que les biblistes en débattent (cf. Richard Elliott Friedman, *Who Wrote the Bible ?* op. cit.).

2. La révolte des membres de la tribu de Lévi, originellement appelés Lévites (Nom. XVI, 1-XVII, 13), est un des épisodes les plus significatifs de l'Exode, même si certains commentateurs veulent n'y voir qu'un incident secondaire. Déclenchée par le Lévite Korah, elle inclut, certes, des hommes qui n'appartiennent pas à la tribu de Lévi, tels que Dathan et Abiram, de la tribu de Ruben, mais l'injonction de Moïse : « Ecoutez, vous autres fils de Lévi » (Nom. XVI, 8) indique bien que le noyau de rébellion est constitué par des Lévites, c'est-à-dire de sa propre tribu, « tous gens d'un rang élevé dans la communauté, de bonne réputation et chefs d'assemblées ».

Moïse impose alors aux rebelles l'ordalie, c'est-à-dire le jugement du Seigneur : ils se présenteront avec leurs encensoirs et, dit Moïse, si le Seigneur accepte leur tribut et que la terre ne s'ouvre pas sous leurs pieds pour les emmener dans le Shéol (l'enfer), c'est qu'ils n'auront pas péché dans leurs cœurs. Or, la terre s'ouvre effectivement sous les pieds de Dathan, d'Abiram et le feu du ciel tombe sur les deux cent cinquante Lévites qui sont consumés.

Selon le texte de Nom. XI, 31-32, la terre se serait ouverte sous les pieds de tous les rebelles et les aurait engloutis. Il s'agit là d'une image plus que d'un fait plausible, car on voit mal que la terre n'ait englouti que les rebelles. La suite le confirme, puisque les Hébreux tiennent Moïse, et non le Seigneur, pour responsable du châtiment.

Toute cette histoire doit être, comme l'ensemble de l'Ancien Testament, déchiffrée au second degré. De quoi s'agit-il ? Dathan, Abiram et On, ainsi que deux cent cinquante Lévites contestent l'autorité religieuse de Moïse.

Selon eux, il n'est pas le messager du Seigneur, mais s'exprime de son propre chef. Ce dernier point est confirmé par le propos prêté à Moïse : l'ordalie prouvera si c'est le Seigneur qui l'a inspiré. L'épisode est donc une épreuve de force entre Moïse et des rebelles, Lévites et non-Lévites, qui mettent en doute sa qualité de prophète messager du Seigneur.

La probabilité d'une telle révolte est amplement démontrée par le reste du Pentateuque ; Moïse a dû lutter sans cesse, et jusqu'à la découverte de la Terre promise, pour imposer son autorité de mandant du Seigneur. Toutefois, il m'a été impossible de reprendre l'épisode tel quel dans un récit qui s'efforce de faire la synthèse entre les différents livres du Pentateuque. En effet, ceux-ci varient considérablement au sujet de cet épisode : si l'auteur des Nombres réserve une fin terrible à tous les rebelles, Lévites et non-Lévites, puisqu'ils sont dévorés par des flammes sorties du sol, ensemble avec leurs femmes, leurs fils, leurs maisons et leurs propriétés, le Deutéronome, lui (XI, 6, et plus tard le Psalmiste CVI, 16-18), ne réserve cette fin qu'aux non-Lévites Dathan et Abiram (On étant mystérieusement oublié).

Que faut-il en déduire ? Une fois de plus, qu'il y a eu chez les auteurs du Pentateuque deux tendances très divergentes dans le récit de cette révolte ; l'une favorable à Moïse et dite « yahwiste », qui veut démontrer que le Seigneur a fait prévaloir l'autorité de Moïse en exterminant tous ceux qui s'opposaient à lui, Lévites ou pas ; l'autre, sacerdotale, qui a supprimé toute référence à une révolte des Lévites. En effet, à l'époque où ces textes sont écrits, le rôle historique et divin de Moïse est indiscutable et le statut élevé des Lévites interdit le rappel de cette révolte. Incidemment, la mention des « maisons » et des « propriétés » dans le texte des Nombres ne correspond guère aux conditions matérielles des Hébreux, toujours en route vers la Terre promise et vivant sous des tentes ; elle reflète plutôt la date tardive de la rédaction du texte, postérieure au Livre de l'Exode et au Lévitique.

La mort terrible et spectaculaire réservée à tous les rebelles par les Nombres suggère une exécution capitale sur l'ordre de Moïse, et cette hypothèse semble renforcée par la nouvelle révolte que cette exécution en masse aurait suscitée chez les Hébreux (Nom. XVI, 41) et qui est suivie par une nouvelle vengeance du Seigneur, puisqu'il répand une peste chez les Hébreux... Je n'ai pas suivi cette piste. La mise à mort de deux cent cinquante Lévites me paraissant constituer à la fois une imprudence politique et un acte de barbarie. De surcroît, elle pourrait refléter une attitude partisane des rédacteurs, soit de la source yahwiste qui aurait voulu signer du courroux divin la prééminence absolue de Moïse, soit de la source sacerdotale, qui aurait voulu démontrer la cruauté de Moïse (v. note précédente). Tout au plus peut-on imaginer que Moïse ait chassé les non-Lévites Dathan, Abiram, On et les leurs, de la communauté, punition déjà considérable, qui les exposait, en effet, à la faim ou à l'esclavage.

CHAPITRE 13

1. Selon la tradition, le Pentateuque aurait été écrit de la main même de Moïse. Mais cela rend, en principe, assez difficile de concevoir qu'il ait pu décrire sa propre mort, prévoir que le royaume de Juda recevrait le sceptre, (Gen. XXXVI, 31) ce qui n'advint que près de quatre siècles après Moïse, et encore moins donner en Gen. XXXVI, 31, la liste des rois d'Edom qui régnèrent longtemps après sa mort. Cela étant, les cinq Livres n'offrent pas la moindre information sur la manière dont les Lois ont été communiquées aux Hébreux, ni sur le scripteur et les conditions générales de la rédaction. Il est exclu qu'à l'instar du Décalogue, elles aient été gravées sur la pierre, ce qui eût rendu leur transport difficile. Bien plus probablement, le support utilisé a été le papyrus, qui semble bien avoir été fabriqué hors d'Egypte, notamment en Syrie. La langue utilisée aurait été l'hébreu, *séphath Kenaan,* la « langue de Canaan » (Isa. XIX, 18) ou la « langue de Juda » (Néh. XIII, 24), qui était parlée depuis le XVIe siècle avant notre ère (cf. Geoffrey Rolles Driver, *Hebrew Language,* Encyclopaedia Britannica ; Larry Walker, *Biblical Languages,* in *The Origin of the Bible,* éd. Philip Wesley Comfort, Tyndale House Publishers, Wheaton, III., 1992).

D'un point de vue scientifique, et indépendamment de toute question de foi, un grand nombre des exégètes biblistes s'accorde à rejeter l'hypothèse que Moïse même en ait été le scripteur (à supposer qu'il eût acquis la maîtrise de l'hébreu écrit), car il n'eût certes pas disséminé le texte des Lois sur les quatre Livres de l'Exode, du Lévitique, des Nombres et du Deutéronome, incluant redites et variantes. Il m'est apparu que, vu l'immense importance du texte, Moïse dut recourir à une dictée collective solennelle.

Selon les indications du Livre de l'Exode, les premières rédactions des Lois n'ont pu être faites au plus tôt que lors des longues étapes qui se succédèrent après le départ d'Ecyon-Géber, alors que les Hébreux commençaient leur montée vers Canaan et que Moïse les dotait déjà d'institutions. (Cf. R. E. Friedman, *Who Wrote the Bible ? op. cit.*)

2. J'ai repris ce texte du Livre de l'Exode. Toutefois ce terme de « maison », *beth,* suscite un problème, car on voit dans la suite de l'Ancien Testament que, lorsque David, roi, propose de construire une Maison pour le Seigneur, ce dernier l'interdit par la bouche du prophète Nathan, arguant qu'Il n'a jamais vécu dans une maison depuis que les Israélites ont quitté l'Egypte, mais qu'Il a vécu dans une tente et un tabernacle (2 Sam. VII, 6). Force est alors de conclure que la version actuelle de ce texte a été récrite *après* le règne de Salomon, constructeur du Premier temple, donc après le IXe siècle avant notre ère, quatre siècles plus tard.

3. Cette interdiction a revêtu une grande importance pour les diverses écoles de rédacteurs du Pentateuque, puisqu'on la retrouve quatre fois dans le Pentateuque, deux fois dans le Livre de l'Exode (XXXIII, 19 b et XXXIV 26 b), une autre dans le Lévitique (XXII, 28) et une encore dans le Deutéronome (XIV, 21). Elle peut déconcerter le lecteur moderne, mais c'est en fait une référence aux rites magiques de fécondité des Sémites qui sacrifiaient le même jour l'animal et son rejeton et qui étaient désormais interdits aux Hébreux.

4. Certains versions écrivent : « De la mer Rouge à la mer des Philistins », *Pelishtîm,* i.e., la Méditerranée. Il s'agit à l'évidence de versions tardives, les Philistins, venus d'Anatolie et de Crète, n'ayant occupé la Palestine qu'un siècle plus tard environ.

5. Le Livre de Josué (I, 4), reprenant la promesse de Yahweh, précise « l'Euphrate ».

CHAPITRE 14

1. Il aurait existé selon les historiens de ce nom deux localités portant le nom d'Arad, d'ailleurs peu éloignées l'une de l'autre (une vingtaine de kilomètres) : l'une qui se trouve à une autre vingtaine de kilomètres de Beer-Shéba et qui serait l'ancienne Tell Malhatta, au carrefour de la route qui menait au Sinaï et de celle qui mène de la Judée à la vallée de la 'Araba ; l'autre plus à l'est, au pied d'une montagne, à brève distance de la rive méridionale de la mer Morte (Cf. John Rogerson, *Nouvel Atlas de la Bible,* op. cit.). C'est apparemment de la première que serait partie l'attaque de la coalition Madianites-Moabites contre les Hébreux.

2. Un examen des routes antiques et de l'itinéraire de l'Exode met en lumière un fait qui, à mon avis, n'a pas été approfondi : c'est la préférence des Hébreux pour des routes le plus éloignées possible du nord-ouest. Ils ont ainsi rallongé considérablement l'Exode en contournant le pays de Moab, au sud et à l'est de la mer Morte, pour se retrouver de la sorte en Transjordanie. Il existait pourtant une route qui les eût menés directement de Kadesh à Beer-Shéba et de là, à la Shéphéla et en Canaan, en longeant les monts de Judée, de Béthel et de Samarie (v. carte, p. 12). Tout se passe comme s'ils avaient volontairement évité les routes les plus courtes. Une explication vient alors à l'esprit : c'est que le chemin le plus direct était aussi celui qu'empruntaient fréquemment les Egyptiens dans leurs expéditions militaires outre-Sinaï (v. ch. 16, note 1, p. 394).

3. La première évidence historique d'une religion antique qui ait déclaré qu'une autre était illicite est la réaction des prêtres d'Amon qui s'empressèrent de détruire toutes les traces du culte unique d'Aton instauré par le pharaon Aménophis IV ou Akhenaton, de la XVIIIe dynastie, sitôt que ce roi fut mort. Dans son livre *Moses the Egyptian,* l'égyptologue Jan Assman (Harvard University Press. Harvard, 1997) avance que ce serait le monothéisme d'Akhenaton qui aurait inspiré celui de Moïse et le rejet des autres religions, en premier lieu celui de la religion égyptienne. Cette thèse, déjà soutenue par Sigmund Freud, est séduisante à plus d'un titre, à ce détail près qu'elle me

semble méconnaître deux points essentiels : le premier est que le monothéisme hébraïque était antérieur de quatre siècles à celui des Egyptiens, puisque ce fut Abraham qui eut la révélation d'un Dieu unique. S'il fallait chercher des influences, on arguerait plutôt que ce furent les *Apirous* ou Hébreux qui influencèrent Akhenaton que l'inverse (la mère de ce pharaon était d'ailleurs une Syrienne, certes plus au fait que les Egyptiens des religions originaires de Mésopotamie — Cf. *Histoire générale du Diable* et *Histoire générale de Dieu,* de l'auteur, Robert Laffont, respectivement 1993 et 1997). Le second point est que le monothéisme structurait déjà la religion égyptienne sous son apparent polythéisme et qu'Akhenaton ne fit que lui substituer une latrie exclusive qui trahissait l'esprit même de la religion égyptienne.

On pourrait plutôt inverser la question : le culte solaire d'Akhenaton ne fut-il pas rejeté par le clergé égyptien (et peut-être l'armée) parce qu'il était pour eux originaire d'Asie et qu'il assujettissait l'Etat égyptien aux influences étrangères ?

Reste que la thèse d'Assman introduit une référence nouvelle dans l'étude de Moïse : celle du refus strictement théologique d'une religion.

CHAPITRE 15

1. Les diverses tentatives d'identifier cette épidémie n'ont permis de dégager aucune hypothèse concluante. Bactéries et virus ont beaucoup trop évolué au cours des millénaires pour qu'il soit possible, en l'absence de symptômes, de définir l'infection qui frappa les Hébreux. La seule certitude est qu'il s'agissait bien d'une maladie contagieuse.

2. Cet épisode célèbre autant qu'énigmatique n'est rapporté que par un seul des cinq Livres du Pentateuque, les Nombres (XXI, 6-9) ; sans doute l'omission des autres s'explique-t-elle par le caractère intrinsèquement magique de l'intervention de Moïse autant que par son peu de conformité aux prescriptions religieuses juives. La fabrication d'un objet représentant le mal passait, dans les pra-

tiques religieuses orientales, pour un moyen de s'en défaire (cf. A.M. Gérard, « Serpent d'airain », *Dictionnaire de la Bible,* op. cit.). L'omission des autres Livres du Pentateuque est d'autant plus évidente que, selon les Nombres, c'est sur l'ordre du Seigneur que Moïse fait fabriquer le serpent.

CHAPITRE 16

1. Du point de vue historique, l'un des aspects les plus déconcertants des cinq Livres du Pentateuque est qu'on n'y trouve pas la moindre allusion à la présence des Egyptiens au-delà du Sinaï et dans ce qui devait devenir la Palestine. Or, cette région était depuis la XVIIIe dynastie l'enjeu d'une lutte constante entre l'Egypte et l'Empire hittite. En l'an 5 de son règne, c'est-à-dire en 1274 avant notre ère. Ramsès II traversa la Palestine avec son armée pour livrer combat à la coalition dirigée par le roi hittite Mouwatalli, son égal en âge (vingt-neuf ans, croit-on). La campagne, qui dura de mai à juillet, s'acheva par la semi-victoire égyptienne à la citadelle de Kadesh-sur-l'Oronte (qu'il ne réussit pas à prendre) : de l'avis des historiens, ce fut la première grande bataille de l'Antiquité. A l'époque, il était impossible que les petits royaumes de Palestine n'en fussent pas pour le moins informés, sinon qu'ils fussent impliqués dans ce titanesque conflit. Les Egyptiens avaient de surcroît d'autres raisons de s'intéresser à la Palestine : c'est que les Apirous — terme désignant aussi bien les Bédouins — menaient des incursions contre les postes frontières de la route militaire de Gaza.

Pendant les quatre années suivantes, Ramsès II, dont l'ardeur conquérante a été exaltée, va mettre à profit la victoire de Kadesh-sur-l'Oronte pour établir l'emprise égyptienne sur la future Palestine :

• en 1272, il asservit les populations de Moab, d'Edom (*Séïr*) et de toute la Palestine orientale, qui prétendaient rejeter la tutelle égyptienne ; il traverse Canaan et occupe les territoires à l'est de la mer Morte jusqu'à Damas (*Témesq*) ;

• en 1271, en l'an 9 de son règne, après avoir occupé tous les ports d'Akko, Tyr, Sidon, Beyrouth, Biblos, Irquata, il parachève la reconquête de la Syrie.

• en 1270-1269, une contre-offensive des royaumes hittites locaux, notamment des princes d'Alep et de Karkémish, soutenue par les Hittites de Mouwatalli, contraint Ramsès II de revenir dans les parages. Mais il s'avise alors qu'il ne peut parvenir à assurer des positions militaires stables dans la région, trop éloignée de sa base, et préfère maintenir ses alliances par la diplomatie plutôt que par les armes. Il se retire donc, les combats cessent et la région retombe sous la domination des Hittites (cf. la remarquable reconstitution de Christiane Desroches-Noblecourt, *Ramsès II, la véritable histoire,* op. cit.).

Entre 1274 et 1269 avant notre ère, les Hébreux sont ainsi obligés de rester dans le « maquis » des montagnes du Sinaï, difficilement pénétrables par les troupes égyptiennes. Ils n'ont donc pu gagner le sud-Négev et Kadesh-Barnéa qu'après la cessation des combats, fin 1270-début 1269, et c'est la raison la plus plausible de leur hésitation prolongée à entrer en Canaan.

La totale absence de référence du Pentateuque à ces événements indique la date tardive du texte actuel : celui-ci a été rédigé à une époque où l'Egypte avait perdu toute influence militaire, donc après 1269. Mais elle n'en entraîne pas moins la nécessité d'une relecture de l'Exode à la lumière de la présence égyptienne dans l'ensemble de la région.

Cette présence, en effet, éclaire deux points jusqu'ici mal élucidés : d'abord, le choix de routes orientales, indirectes, vers Canaan (v. ch. 14, note 2, p. 392), ensuite le délai étonnamment long que les Hébreux mettent à entrer en Canaan, alors qu'aucun obstacle majeur ne semble s'opposer à eux. Le Pentateuque donne à penser que ce retard est dû à la volonté du Seigneur de faire périr tous ceux qui sont partis d'Egypte, parce qu'ils Lui auraient refusé leur confiance (Nom. XIV, 11-12 et 21-23). Toutefois, cette volonté est exprimée à Kadesh, alors que des éclaireurs vont partir en reconnaissance dans le pays de Canaan : de longs mois, près de deux ans sans doute, se sont écoulés depuis que les Hébreux ont quitté l'Egypte ; le Seigneur aurait-il alors brusquement changé d'avis ? C'est alors que Moïse interpelle Yahweh : « Et si les Egyptiens entendaient cela ? C'est Toi qui as fait sortir ce peuple d'Egypte par la force. » (Nom. XIV, 13). C'est, d'ailleurs, la seule référence aux Egyptiens après la traversée de la mer des Roseaux qu'on trouve dans le Pentateuque, mais elle est révélatrice : Moïse restait conscient de la présence des Egyptiens dans la région et s'alarmait à l'idée que Yahweh abandonnât les Hébreux à leur sort.

Pour ce qui est de la chronologie de l'Exode, on peut en déduire ce qui suit ; s'il reste impossible en l'état actuel des connaissances de dater précisément le départ d'Egypte des Hébreux, il existe néanmoins un repère sûr : la mort du pharaon « inconnu de Joseph », Séti Ier selon la chronologie adoptée dans ces pages, soit 1279. A cette époque les Hébreux sont encore esclaves en Egypte selon le Livre de l'Exode. L'Exode a donc commencé quelques années plus tard, alors que Moïse était encore chez les Madianites (v. t. I, « Le Prince sans couronne »), c'est-à-dire entre 1278 et le début de l'année 1274. Il est douteux, en effet, qu'ils soient partis plus tard, alors que les armées égyptiennes déferlaient sur la Palestine, en route vers l'Oronte. Parvenus aux limites du sud-Négev, ils y sont restés jusqu'au moment où les troupes égyptiennes se sont repliées et où la Palestine, la Transjordanie et la Syrie sont retombées sous la coupe des Hittites, c'est-à-dire 1269 avant notre ère, dans la dixième année du règne de Ramsès II.

2. Un des points énigmatiques des récits de l'Exode, à première lecture et en faisant abstraction de la menace des armées égyptiennes, est le fait que les Hébreux, qui n'ont pourtant pas hésité à se mesurer aux Amalécites, restent singulièrement prudents à l'égard de leur entrée en Canaan : Moïse, en effet, enverra à deux reprises des équipes d'éclaireurs, chargés de lui faire un rapport sur ce qu'ils ont vu et, comme on sait, l'un de ces rapports est positif, l'autre négatif (ce qui est un autre point mystérieux). Mais si l'on replace dans le contexte la présence des armées égyptiennes, tout s'éclaire (v. note précédente).

3. De Kadesh-Barnéa à Hébron, le trajet aller et retour n'atteint pas deux cents kilomètres.

4. L'emphase épique du rédacteur des Nombres avance, détail célèbre, qu'il fallait deux hommes pour porter une seule grappe de raisin (XIII, 23). On me pardonnera de ne pas l'avoir reprise, l'histoire de la vigne ne comportant pas de traces d'un raisin de telle taille.

5. La population des Hébreux lors de l'Exode représentant quelque trente mille personnes, ce qui est certes une estimation bien inférieure au million minimal d'âmes évoqué par le Pentateuque, il est licite de s'interroger sur la manière dont il faut entendre les rapports entre Moïse et son peuple dans le décor du Sinaï et du Négev.

6. Localités impossibles à situer, car on en trouve d'homonymes dans la vallée du Jourdain et en Galilée. La suite du récit semblerait cependant indiquer qu'il s'agit de celles du Jourdain.

7. Le Livre de l'Exode dit « Hébron » (XIII, 22), ce qui est un anachronisme, car le Livre de Josué (XIV, 13-15) précise que Kiriat-Arba'a, « Ville des Quatre », ne s'appela Hébron que lorsque Josué la donna à Caleb, c'est-à-dire plusieurs années plus tard. La Genèse commet d'ailleurs la même erreur (XXIII, 2).

8. Il n'existe pas de traces historiques d'une race de géants en Palestine, en tout cas pas de gens d'une taille telle que, pour reprendre les termes de Caleb (Nom. XIII, 30-32 ; Deut. II, 10-12), les hommes ressemblaient à des « sauterelles » en comparaison. Le Deutéronome précise pourtant qu'une autre race de géants, les Rephaïm, que les Moabites appelaient Emim, habitait auparavant les mêmes parages ; la Genèse, elle, les appelle Zamzoumim (XIV, 5). Trois siècles plus tard, le personnage du Philistin Goliath (I Sam. XVII, 4) rendra une nouvelle vie au mythe des géants de Palestine. Mais il est douteux que les Rephaïm, Anakim, Emim et autres Zamzoumim aient été des Philistins, puisque ceux-ci ne devaient apparaître dans la région qu'un siècle plus tard environ, vers le XIIe siècle avant notre ère. De toute façon, rien n'autorise à penser que les Philistins, dont on a d'ailleurs retrouvé des squelettes dans des sépultures, aient été des géants, et tout porte à conclure qu'on se trouve là en pleine littérature fantastique : Londres aussi eut plus tard ses géants, Gog et Magog qui mesuraient 4,20 m, Anvers eut Antigone, qui mesurait 12 m de haut, Douai eut Gayant, qui mesurait, lui, 6,50 m... Le mythe d'une dégénérescence physique de l'humanité, qui aurait été autrefois constituée de géants, est tout aussi ancien que tenace.

Si l'on peut à la rigueur supposer qu'une singularité due à des croisements génétiques répétés ait pu produire, dans une population restreinte, un petit groupe de population d'une taille légèrement au-dessus de la moyenne, la conclusion à tirer des récits extravagants attribués aux premiers éclaireurs en Canaan, pays où tout décidément aurait été hors normes, est que le rédacteur affabule, faute de faits ou, plus probablement, pour masquer des faits : la première équipe d'éclaireurs refuse de se rendre en Canaan et, pour se justifier, invoque en effet la présence de ces géants comme seul motif. Il y a donc une autre raison à ce refus, qui suscite la colère divine, et cette raison semble être la menace de troupes égyptiennes.

Incidemment, on observera que le nom du premier des trois géants évoque singulièrement celui du Grand démon des Aryas, Ahriman.

9. Plusieurs textes du Pentateuque font référence à des Hébreux qui se trouvaient outre-Sinaï avant l'Exode. La Genèse (I, 34) évoque ainsi la conquête de Sichem au cours de la période des patriarches, donc avant l'Exode, en effet. L'ensemble du chapitre XXXVIII de la Genèse indique que Juda n'est pas descendu en Egypte et qu'il est resté en Canaan. Mais, surtout, la liste des tribus comporte une variante qui renforce l'hypothèse de Juifs qui n'ont pas connu l'Exode : la tribu de Siméon ne figure pas dans le Deutéronome XXXIII et le total de douze ne peut s'obtenir qu'en divisant la descendance de Joseph en Ephraïm et Manasseh.

Bien plus, deux textes non bibliques, égyptiens, font référence avec certitude à la présence d'Hébreux outre Sinaï (v. t. I, pp. 359-360). Cette présence doit donc être placée au rang des faits historiques.

On ignore le nombre et la répartition de ces populations. Mais il est évident que l'existence de Juifs qui n'avaient pas participé à la promesse divine, puisqu'ils se trouvaient déjà en Terre promise, a posé des problèmes aux rédacteurs du Pentateuque. D'où leur relative discrétion à ce sujet (v. également ch. 5, note 1, p. 404).

10. Descendants de Cham selon le Chroniste, les Amorrhéens ou Amorrites n'ont pas d'identité anthropologique réellement distincte des autres Sémites. Entrés en Mésopotamie au IIIe millénaire avant notre ère, ils y ont fondé la première grande dynastie royale de Babylone, celle à laquelle appartenait au XVIIIe siècle avant notre ère le grand roi Hammourabi, et ils semblent établis sur les deux rives du Jourdain et de la mer Morte lors de l'Exode. Leurs

rois dominent les cinq grandes cités de Jérusalem, de Kiriat-Arba'a ou Hébron, de Yarmoût, de Lakich et d'Eglôn. Les Jébousites ou Jébouséens, présents en Canaan depuis le début du IIe millénaire avant notre ère, pourraient provenir de la souche amorrhéenne, mais les textes bibliques les en distinguent, peut-être en raison des influences hourrites subies par les Jébousites ; ils occupent Jérusalem, mais n'en seront même pas délogés par David lorsqu'il en fera sa capitale (cf. A.M. Gérard, *Dictionnaire de la Bible,* op. cit.).

En dépit de la distinction apparemment formelle que les textes bibliques font entre les Amorrhéens et les Cananéens, la plupart des historiens les identifient à ces derniers.

Les Hittites, membres du grand empire d'Hattousa, qui va du Liban jusqu'à l'Euphrate, ne sont pas des autochtones de Palestine ; si les éclaireurs envoyés par Moïse en trouvent lors de leur expédition, c'est que les Hittites entretiennent des rapports commerciaux et diplomatiques avec les petits royaumes et cités-Etats de la région, au titre de « grands protecteurs ».

La présence d'Egyptiens n'est pas mentionnée par le texte des Nombres. Mais après la demi-victoire contre les Hittites à Kadesh-sur-l'Oronte, les Egyptiens ont entretenu jusqu'à Ramsès III au moins des garnisons dans le Négev pour contrôler les mouvements d'« Apirous », Bédouins et Hébreux, qui forçaient parfois la route militaire de Gaza.

11. Dans le récit du rapport des éclaireurs par les Nombres (XIII, 1-XIV, 45), le refus de ces derniers, à l'exception de Caleb et de Josué, de tenter une entrée en force en Canaan a deux conséquences : la première est que Yahweh retire sa confiance à l'ensemble des Hébreux et la seconde est une condamnation divine non seulement de tous les éclaireurs, à l'exception de Josué et de Caleb, mais également de tous les Hébreux présents à ne jamais pénétrer en Canaan (Nom. XXVI, 1-62). Il s'agit à l'évidence d'une outrance littéraire, car on imagine difficilement que l'Exode massif d'Egypte n'ait abouti qu'à l'entrée de ces deux hommes et des leurs en Terre promise. La punition promise au peuple est attribuée à son refus de tenter l'aventure d'une expédition en Terre promise : toute la génération présente est donc vouée par malédiction divine à mourir dans le désert du Négev. La suite des événements

tels qu'ils sont rapportés par le Pentateuque dément cette malédiction au moins partiellement, puisque les Hébreux arrivent bien loin du désert, jusqu'aux Plaines de Moab, à faible distance de Jéricho, donc de Canaan. On se demande, par ailleurs, qui donc aurait transporté le Sanctuaire et l'Arche d'Alliance si la malédiction s'était avérée, et avec quels soldats Josué aurait fait le siège de Jéricho.

Le même récit ajoute une troisième conséquence, reprise par le Deutéronome (I, 19-46) : la même malédiction veut que Moïse lui-même ne doive jamais entrer en Terre promise (I, 38), ce qui est difficilement explicable, car il n'est pas responsable du refus des Hébreux d'entreprendre une entrée en force en Canaan.

D'un point de vue strictement historique, et indépendamment de toute interprétation exégétique de ces textes, force est d'y relever une lacune : aucune raison plausible n'y est donnée du refus des Hébreux de tenter l'entrée en force en Canaan, à laquelle ils aspirent tant, sinon la présence des trois géants Ahiman, Sheshaï et Talmaï, obstacle plutôt dérisoire pour une population de quelque vingt-sept mille personnes.

CHAPITRE 17

1. Après Kadesh-Barnéa, on constate en effet que les Hébreux rebroussent chemin, selon l'itinéraire indiqué par Nom. XXI. Voir carte p. 12.

2. Ces détails sont repris, sous une forme simplifiée, d'Ex. XXVIII, 13-28.

3. *Id.* Il faut relever que le détail des vêtements sacerdotaux, qui est poussé à un point extraordinaire, appelle bien plus un artisanat urbain que celui que pouvaient pratiquer les Hébreux dans le désert.

4. La Palestine était, en effet, considérablement plus boisée à l'époque que de nos jours.

5. Cette scène est évidemment entièrement fictive. Mais elle se fonde sur l'analyse des rapports entre Moïse et les Hébreux tout au long des cinq Livres du Pentateuque : le prophète y est confronté jusqu'à sa mort à la rébellion, la

« mauvaise volonté » dirait-on dans le langage contemporain, des Hébreux.

Les récits du Pentateuque indiquent que Kadesh-Barnéa fut le site de la crise la plus importante dans les rapports de Moïse avec les Hébreux : découvrant après le rapport des éclaireurs qu'ils ne pouvaient pénétrer en Canaan par la route suivie jusqu'alors, ils se rebellèrent contre lui. La rébellion est mise par Nom. XIV, 26-45 et par Deut. IX, 13-25 sur le compte de « l'entêtement de ce peuple, sa méchanceté et son péché ». Paroles étonnamment cruelles à l'égard du Peuple élu, qui ne peuvent masquer le fait que ce revers de fortune était indépendant de toutes les volontés.

6. C'est l'itinéraire qu'indiquent le Deutéronome (II, 1-3) et les Nombres (XIV, 24-25).

7. L'ephah représentant trente-six litres, cela fait neuf litres.

8. Le hin est un soixantième d'omer et représente environ six litres.

9. On ignore à quelle date furent rédigées les lois sacrificielles, ici reprises de Nom. XXVIII, 1-XXIX, 40. En tout état de cause, elles ne purent l'être que dans la perspective de la prospérité qui suivrait l'installation en Canaan, et non des conditions de vie des Hébreux pendant l'Exode, puisque les textes bibliques rapportent qu'ils vécurent de manne pendant « quarante ans », durée qu'il faut évidemment prendre une fois de plus au sens symbolique, c'est-à-dire, « très longtemps ».

3. L'aube lointaine

Chapitre 1

1. La raison de la mort soudaine de Nadab et d'Abihou est, en effet, obscure, et les causes qu'invoquent les textes bibliques ne sont guère cohérentes : selon Nom. III, 4, ils seraient morts pour avoir, « dans le désert du Sinaï », offert au Seigneur un sacrifice que celui-ci n'avait pas demandé ; la même cause est reprise par Nom. XXVI, 61, sans préci-

sion de lieu, ni de temps ; Ex. XXIV, 1, qui ne semble pas faire cas de leur manquement, les cite, eux et eux seuls, parmi les fils d'Aaron comme appartenant à ceux que le Seigneur avait convoqués sur la Montagne, donc après la sortie du « désert », et Ex. XXVIII, 1 précise que le Seigneur les nomme avec leurs deux frères parmi ceux que le Seigneur désigne pour son service ; Lév. X, 1-4 reprend la thèse du sacrifice non réclamé par le Seigneur, mais I Chron., XXIV, 1-2 ne fait aucune allusion à pareil manquement. Sans doute la mort simultanée de deux frères parut-elle à certains chroniqueurs comme un signe de colère divine et l'on fabriqua une raison à cette coïncidence.

2. Une certaine ambiguïté peut être signalée à ce point-ci du récit : le deuxième fils de Moïse porte le nom d'Eléazar, tout comme le fils d'Aaron auquel revient le pontificat après la mort de son père. On peut se demander s'il s'agit simplement d'une coïncidence ou bien s'il y eut un seul Eléazar dont la postérité fit par convenance un fils d'Aaron. Le fils de Moïse risquait, en effet, de se voir reprocher une ascendance madianite. Par ailleurs, assez curieusement, I Chron. XXIII, 12-18 ne cite pas le nom des fils d'Aaron, en dépit des hautes fonctions du premier, mais cite ceux des fils de Moïse, Guershôn et Eléazar, précisant qu'ils furent de simples Lévites.

3. La version de la mort d'Aaron, selon Nom. XX, 22-29, rapporte que le Seigneur ordonna qu'on déshabillât Aaron encore vivant de ses vêtements sacerdotaux pour en revêtir son fils Eléazar ; cette humiliation suprême s'expliquerait par la rébellion d'Aaron à Mériba (v. ch. 12, note 1, p. 386). Toutefois, aucun texte biblique ne fait état d'une rébellion d'Aaron à Mériba, rébellion qui fait d'ailleurs l'objet d'interprétations contradictoires entre le Livre de l'Exode et les Nombres.

4. Selon la Genèse, les Edomites descendraient d'Edom (Esaü), le fils ainé d'Isaac, et les Edomites auraient donc été « cousins » des Israélites. Comme Israël, Edom aurait fondé douze clans, un pour chacun de ses fils ; c'étaient en tout cas des Sémites. Selon des documents égyptiens, Ramsès II s'empara d'Edom, dit Séïr, au cours de sa campagne de 1273-1272 pour « pacifier » les territoires autour de la mer Morte. Mais lorsque, après la semi-victoire de Kadesh-sur-l'Oronte, Ramsès renonça à sa mainmise par

des moyens militaires, préférant la diplomatie, il se peut qu'Edom ait acquis une certaine indépendance à la fois à l'égard des Egyptiens et des Hittites, sous certaines conditions. Parmi celles-ci, l'interdiction d'alliance avec les Apirous, Bédouins et Israélites confondus, qui constituaient une menace constante pour l'Egypte ; d'où le refus, autrement incompréhensible, du roi d'Edom de laisser les Hébreux emprunter la route qui longeait son royaume à l'est, dite d'ailleurs « route du roi » en souvenir du passage de Ramsès.

5. Nom. XXI, 1-3 rapporte qu'avant de contourner Edom les Hébreux furent attaqués par le roi cananéen d'Arad. Celui-ci fit plusieurs prisonniers et, au terme de la bataille qui s'ensuivit, les Hébreux vainqueurs détruisirent plusieurs villes de ce roi et « appelèrent ce lieu Hormah », c'est-à-dire « destruction ». Je n'ai pas repris ce passage pour deux raisons. D'abord, Arad est à quelque quatre-vingts kilomètres au nord de Kadesh et, quittant ce dernier site, les Hébreux devaient descendre beaucoup plus au sud pour contourner Edom. On ne voit guère que le roi d'Arad ait eu quelque raison que ce soit de les poursuivre si loin de ses bases. On ne saisit pas non plus pour quelle raison les Hébreux auraient livré combat aux Cananéens, alors qu'ils se refusaient à livrer combat à la coalition Edomites-Moabites. Ensuite, la formulation selon laquelle les Hébreux auraient détruit plusieurs villes et les auraient appelées Hormah me semble imprécise, sinon ambiguë.

Il est possible qu'il faille confondre cet épisode avec l'anéantissement du détachement d'Hébreux qui avait tenté d'entrer en Canaan par la route du nord.

CHAPITRE 4

1. Deut. XXII, 5 situe la région où se trouvait Balaam en Aram-Naharaïm, c'est-à-dire en Haute-Mésopotamie, soit à quelque six cents kilomètres de Moab. Les Nombres le situent au « pays des fils d'Ammon », donc chez les Ammonites, bien plus proches. La confusion est due au fait que les Ammonites sont, comme les habitants de

l'Aram-Naharaïm, des Araméens (A.-M. Gérard, *Dictionnaire de la Bible,* op. cit.).

2. Guère rétif aux contradictions, le rédacteur des Nombres fait de Balaam tout à la fois un vrai prophète, capable d'entendre la voix de Yahweh, et un homme vénal, qui cède aux cadeaux somptueux de Balak. Portrait peu convaincant, que je n'ai donc pas repris : prophète oriental, surtout orienté vers l'écoute des voix divines, Balaam ne peut certes pas être le prévaricateur décrit, sans quoi il n'eût pas, dans ses incantations, prononcé l'éloge des Hébreux et de leur Dieu, ce qui lui eût à coup sûr valu la perte de sa clientèle. J'ai imaginé la rencontre avec Moïse, au terme de laquelle l'Araméen déclare sa sujétion au prophète et chef des Hébreux. Invention fondée : l'El araméen et le Baal créateur des Cananéens étaient bien trop proches de Yahweh pour que Balaam ne reconnût pas en Moïse le messager inspiré par la divinité. Et Balaam ne pouvait changer aussi abruptement d'intérêts s'il n'avait rencontré Moïse.

Nom. XXXI, 16 en « rajoute » toutefois, faisant de Balaam le fomentateur de la corruption des Hébreux par les femmes madianites, comme si les prophètes commandaient les instincts génésiques des populations et, plus encore, des populations étrangères. Mais on est en droit de soupçonner que les rédacteurs du Pentateuque n'auraient pu tracer de Balaam un portrait trop flatteur, susceptible de porter ombrage à Moïse.

3. Il semble assuré que le prophète cananéen Balaam refusa de condamner les Hébreux, par respect à l'égard de Moïse. Mais en dépit de son succès millénaire, qui suffit à en justifier l'usage, la fable de l'âne qui se met à parler n'avait certes pas sa place dans ces pages. On peut tout au plus imaginer que Balaam lui-même l'inventa pour justifier ses propres réticences à l'égard de Balak.

CHAPITRE 5

1. Le problème des Hébreux demeurés en Palestine constitue l'une des lacunes les plus évidentes du Pentateuque. Il a déjà fait l'objet de notes dans le t. I de cet

ouvrage (p. 431) et dans le présent tome (ch. 7, note 1, p. 355). De nombreux spécialistes de la Bible estiment que la prise de Canaan et son occupation prolongée n'ont pu être possibles que grâce à la coopération des populations hébraïques présentes en Palestine bien avant l'Exode (Cf. John Rogerson, *Nouvel Atlas de la Bible,* op. cit. ; Paul Johnson, *A History of the Jews,* Harper & Row, New York, 1988).

Cela n'explique toutefois pas pourquoi le Pentateuque n'en fait pas la moindre mention. Deux hypothèses peuvent être avancées : ces Hébreux n'ont joué aucun rôle dans l'Exode et ne sont intervenus dans la conquête de Canaan qu'après la mort de Moïse ; ils pouvaient donc ne pas être mentionnés. Par ailleurs, n'ayant pas eu le bénéfice de la révélation de Moïse, il est possible qu'ils ne se soient pas toujours pliés docilement à la domination de Josué, son héritier, ce qui peut expliquer que le Livre de Josué n'en fasse pas non plus mention. Dans les deux cas, ils posaient des problèmes d'interprétation aux auteurs du Pentateuque et du Livre de Josué. En effet, ces Livres ayant été rédigés bien après les événements, la mention d'Hébreux étrangers à l'épopée de l'Exode et de surcroît rebelles et imprégnés des cultes religieux locaux, hittites et babyloniens, risquait de discréditer leurs descendants.

On peut trouver dans le Pentateuque et la tradition des raisons plausibles à la répartition singulière des territoires attribués aux tribus. N'empêche qu'elle demeure pour le moins erratique : la tribu de Dan, par exemple, s'est vu attribuer un bout de territoire près du mont Hermon et un autre, à près de cent cinquante kilomètres de là, au bord de la mer ; les territoires de la tribu de Manassé se trouvent de part et d'autre du Jourdain, coupés comme par un coin par les territoires de la tribu de Gad ; le territoire de la tribu de Siméon est planté au beau milieu de celui de la tribu de Juda... Certes, les frontières de ces territoires étaient floues et le texte de référence sur ce partage (Jos. XIII, 19) ne mentionne que les cités attribuées. Mais cela suffit mal à expliquer ce partage erratique et le fait que la cité de Kiryat-Yéarim soit tantôt donnée à Juda et tantôt à Benjamin, même si l'on fait intervenir les poussées des Philistins et les places plus ou moins importantes de certaines tribus.

Peut-être trouverait-on un élément d'explication dans le fait qu'après la jonction des Hébreux d'Egypte et de ceux de Palestine, il fallut établir des cotes mal taillées sur la base des territoires qu'occupaient auparavant les Hébreux de Palestine.

2. Lév. XXV, 23.

CHAPITRE 6

1. Cf. Nom. XXXII, 33-42 pour le détail de ces conquêtes en Transjordanie, qui se poursuivirent sans doute après la mort de Moïse.

2. On s'interroge parfois sur le type de chevaux qui furent utilisés dans les batailles du IIIe et IIe millénaire avant notre ère : pour le Moyen-Orient, il n'est qu'une réponse, et c'est l'arabe. Résistant et endurant à la fois, doté de pieds très durs qui n'exigeaient pas d'être ferrés, sa taille au garrot (de 1,42 à 1,50 m, alors que celle d'un cheval de selle français ou d'un Oldenbourg dépasse 1,60 m, presque la hauteur d'un homme à l'époque) permettait de l'enfourcher et d'en descendre sans trop de difficulté à une époque où les étriers n'existaient pas.

3. Selon le Pentateuque, Moïse mourut en Transjordanie, avant l'entrée en Terre promise, et son tombeau était déjà aux temps bibliques (Deut. XXXIV, 6) situé en lieu inconnu, « dans une vallée de Moab, en face de Beth-Péor », c'est-à-dire à brève distance du mont Piskah. Aucun élément historique ou archéologique ne permet de douter de la première assertion, mais on peut toutefois s'étonner de ce que Moïse ait commencé le partage de la Transjordanie entre trois tribus, Gad, Rouben et Manassé (Nom. XXXII, 33-42), comme s'il savait déjà comment disposer des terres de Canaan, alors que les cartes n'existaient pas. Mais, faute d'indice plus concluant, je m'en suis néanmoins tenu aux indications du Pentateuque sur le lieu de la mort de Moïse.

Mon récit diffère toutefois en ce qui touche à l'âge auquel le prophète mourut. Deut. XXXIV, 7, dit que ce fut à cent vingt ans et que Moïse était alors plein de vigueur, et que sa vue n'avait pas baissé ; mais le but des rédacteurs bibliques n'était certes pas l'information historique ni leur souci, la véracité physiologique. Pour ma part, je situe cet âge entre la quarantaine et la cinquantaine, ce qui, il faut le rappeler, était un âge mûr pour le temps et le resta d'ailleurs jusqu'au début du XXe siècle. Prématurément usé par les épreuves et l'intensité inouïe de ses émotions, il se peut que Moïse ait simplement succombé à une défaillance cardiaque.

En ce qui concerne son tombeau, l'anonymat indiqué par le Pentateuque est troublant. Moïse est, en effet, d'une stature historique et symbolique au moins égale sinon supérieure à celle d'Abraham, dont le tombeau, le célèbre Tombeau des Patriarches à Hébron, était et demeure un site connu et révéré de tous. Pourquoi le tombeau de Moïse aurait-il été anonyme ? C'est un des nombreux points obscurs du Pentateuque. En tout état de cause, il me semble que le lieu le plus indiqué aurait été, non une vallée, mais le sommet du mont Piskah, dit également Nébo, d'où il avait, pour la dernière fois, contemplé la Terre promise. Mais ce n'est évidemment qu'une déduction logique parmi d'autres...

Table

Deuxième partie : LA MONTAGNE DU SEIGNEUR

Troisième partie : L'AUBE LOINTAINE

Gerald Messadié dans Le Livre de Poche

L'homme qui devint Dieu n° 6777

« Gerald Messadié a tenté de reconstituer ce qu'avait pu être réellement la vie du Christ, de manière complète, factuelle, quasiment minutée. C'est le portrait d'un homme implanté dans une époque bien précise qu'il trace dans cet épais volume. Il fait revivre ceux qui l'ont entouré, aimé ou condamné, en essayant de clarifier bon nombre d'éléments restés obscurs.

Nous glanons au fil des pages une multitude de renseignements sur la vie à cette époque, ce qui relance l'intérêt et constitue un arrière-plan coloré et vivant. »

Gérard Mannoni, *Le Quotidien de Paris*.

« *L'homme qui devint Dieu*, de Gerald Messadié, c'est le résultat de dix ans de travail pour reprendre la brève et fulgurante trajectoire de Jésus en son temps (...). Passionnant et foisonnant ouvrage (...). La force, l'élan de ces pages suffisent à nous persuader — si besoin était — que Jésus a bouleversé l'état du monde. »

Françoise Ducout, *Elle*.

La Fortune d'Alexandrie n° 14334

En l'an 38 de notre ère, Alexandrie, autant et plus que Rome, est la reine de la Méditerranée. Toutes les races, tous les dieux, toutes les pensées se côtoient dans ses palais, ses ruelles et ses bouges, où voisinent l'orgie et l'ascétisme, la science et la magie, l'administration romaine, le commerce levantin ou juif, les cultes de l'Egypte antique, la philosophie grecque...

La disparition de Delia, une courtisane en vue, après qu'on a tenté de l'empoisonner, va précipiter la ville dans un tourbillon de rumeurs et de violences. Faut-il accuser Anaxo, la magicienne et jeteuse de sorts ? Cornelia, l'épouse de son riche protecteur Alexianus ? Ou quelque secte religieuse, comme ces Esséniens du lac Maréotis que l'on connaît si mal et dont chacun se défie ?

Avec l'étonnante érudition et le prodigieux sens du récit qui ont fait le succès de *L'homme qui devint Dieu*, Gerald Messadié nous entraîne, au fil d'une véritable intrigue policière, dans les profondeurs et les secrets de cette ville fascinante, qui préfigure les grandes mégapoles d'aujourd'hui, et dont il excelle à faire revivre le grouillement, les couleurs, les senteurs, les figures.

Jésus de Srinagar n° 14353

Après l'immense succès de *L'homme qui devint Dieu*, Gerald Messadié poursuit ici une enquête fascinante et iconoclaste au cœur du monde antique, sur les pas de Jésus.

L'homme de Nazareth a-t-il survécu à la crucifixion ? Le tombeau vénéré à Srinagar, au Cachemire, depuis le Ier siècle, serait-il le sien ? Partant de ces hypothèses — étayées par de longues années de recherches, dont les notes rendent compte de façon rigoureuse — Gerald Messadié nous raconte ici, sous la forme d'un roman foisonnant de personnages et de péripéties, le voyage qui conduit Jésus vers le nord de l'Inde, au contact de civilisations oubliées ou méconnues, de traditions religieuses de toutes sortes — mithraïsme, bouddhisme, hindouisme...

Cependant que Saül parcourt l'Empire romain, édifiant une Eglise dévorée par l'appétit de pouvoir, Jésus observe les mille et un visages de la foi humaine. Loin des fanatismes et des anathèmes, son message prône une spiritualité faite de tolérance et d'ouverture à la vie.

Moïse
(t. I. *Un prince sans couronne*) n° 14849

Nous ne connaissons de Moïse que la légende. Quelle fut la réalité ? Qui fut ce géant, fondateur d'une religion appelée à changer la face du monde ? Comme il l'a fait dans son best-seller *L'homme qui devint Dieu*, Gerald Messadié a rassemblé et confronté toutes les sources, parcouru les pays où se déroulèrent ces événements devenus mythiques, afin de reconstituer le personnage et son milieu.

Moïse — le prince Ptahmose — naquit au XIVe siècle avant notre ère, sous le règne de Séti Ier. Il fut le neveu du célèbre Ramsès II. Il fut témoin, tout au long de sa jeunesse, de la corruption et du cynisme qui infectaient la société pharaonique. Puis il fut amené à découvrir la vérité sur sa naissance — une liaison secrète entre sa mère et un travailleur *hapirou*, c'est-à-dire hébreu...

Ce premier volume retrace la révolte de ce peuple après quatre siècles de servitude. Nous découvrons comment le jeune prince sera amené à devenir son chef, et les circonstances dramatiques dans lesquelles il l'entraînera, traversant la mer Rouge, vers le pays de Canaan...

Riche en caractères et en aventures, précis sans didactisme, ce récit romanesque est complété en fin de volume par un appareil de notes apportant l'éclairage de la science biblique, archéologique ou historique.

Du même auteur :

UN PERSONNAGE SANS COURONNE, Plon, 1955.
LES PRINCES, Plon, 1957.
LE CHIEN DE FRANCFORT, Plon, 1961.
L'ALIMENTATION-SUICIDE, Fayard, 1973.
LA FIN DE LA VIE PRIVÉE, Calmann-Lévy, 1978.
BOUILLON DE CULTURE, Robert Laffont, 1986.
(En collaboration avec Bruno Lussato)
LES GRANDES DÉCOUVERTES DE LA SCIENCE, Bordas, 1987.
LES GRANDES INVENTIONS DE L'HUMANITÉ JUSQU'EN 1850, Bordas, 1988.
REQUIEM POUR SUPERMAN, Robert Laffont, 1988.
L'HOMME QUI DEVINT DIEU :
1. LE RÉCIT, Robert Laffont, 1988.
2. LES SOURCES, Robert Laffont, 1989.
3. L'INCENDIAIRE, Robert Laffont, 1991.
4. JÉSUS DE SRINAGAR, Robert Laffont, 1995.
LES GRANDES INVENTIONS DU MONDE MODERNE, Bordas, 1989.
LA MESSE DE SAINT PICASSO, Robert Laffont, 1989.
MATHIAS ET LE DIABLE, Robert Laffont, 1990.
LE CHANT DES POISSONS-LUNES, Robert Laffont, 1992.
HISTOIRE GÉNÉRALE DU DIABLE, Robert Laffont, 1993.
MA VIE AMOUREUSE ET CRIMINELLE AVEC MARTIN HEIDEGGER, Robert Laffont, 1994.
29 JOURS AVANT LA FIN DU MONDE, Robert Laffont, 1995.
COUP DE GUEULE CONTRE LES GENS QUI SE DISENT DE DROITE ET QUELQUES AUTRES QUI SE CROIENT DE GAUCHE, Ramsay, 1995.
TYCHO L'ADMIRABLE, Julliard, 1996.
LA FORTUNE D'ALEXANDRIE, Lattès, 1996.
HISTOIRE GÉNÉRALE DE DIEU, Robert Laffont, 1997.
MOÏSE I. LE PRINCE SANS COURONNE, Lattès, 1998.

Composition réalisée par JOUVE

Achevé d'imprimer en Europe (Allemagne)
par Elsnerdruck à Berlin
LIBRAIRIE GÉNÉRALE FRANÇAISE - 43, quai de Grenelle - 75015 Paris.
Dépôt légal Édit. 2943 - 06/2000

ISBN : 2 - 253 - 14887 - 3 31/4887/1